KB126195

한 권으로 끝내는
셀프 소송의 기술

한 권으로 끝내는
셀프 소송의 기술

초　판 1쇄 발행 2018년 01월 02일
개정판 1쇄 발행 2020년 01월 06일
**　　25쇄 발행** 2024년 05월 02일

지 은 이 송희창, 이시훈
감　　수 이상진
총괄/책임편집 배희원
편집진행 최상진
펴 낸 곳 도서출판 지혜로

출판등록 2012년 3월 21일 제 387-2012-000023호
주　　소 경기도 부천시 원미구 길주로 137, 6층 602호(상동, 상록그린힐빌딩)
전　　화 032-327-5032　｜　**팩　　스** 032-327-5035
이 메 일 book@jihyerobook.com
　　　　　(독자 여러분의 소중한 의견과 원고를 기다립니다.)

ISBN 979-11-87799-12-2 (13320)
값 55,000원

도서출판 지혜로는 경제 · 경영 서적 전문 출판사이며, '독자들을 위한 책'을 만들기 위해
객관적으로 실력이 검증된 저자들의 책만 엄선하여 제작합니다.

한 권으로 끝내는
셀프 소송의 기술

송희창 · 이시훈 지음

셀프 소송 누구나 쉽게 도전할 수 있다.

필자는 부동산이나 법에 관련된 전공과는 전혀 무관한 화학공학과를 졸업했고, 경매 공부를 시작하기 전까지는 등기부등본조차 제대로 읽지 못하는 수준이었다. 그래서 처음 경매를 시작했을 때는 남들과 마찬가지로 껄끄러운 명도도 부담이었고, 부동산이나 법에는 문외한인 필자가 과연 여러 법적 절차를 거치는 경매 투자를 잘 해낼 수 있을지도 걱정이었다. 경매에 갓 입문했던 초보시절, 법적 지식으로 무장하고 상대방을 압박하며 상황을 풀어내는 고수들이 마냥 부러웠다. 그들은 마치 내가 갖고 있지 못한 특별한 능력을 갖고 있는 사람들 같았다.

이처럼 필자 역시도 대부분의 투자자처럼 법적 능력을 완벽히 갖추지 못한 상태에서 경매 전업 투자를 시작하게 되었다. 이 시기에는 경매 입찰에 관한 부분만 터득하고 낙찰 후 법무사가 신청해주는 인도명령에 의존했다(법을 몰라도 투자는 가능하나, 여러 변수에 취약하기 마련이다). 그러다가 우연한 기회에 경매 전문 변호사사무소에서 근무하게 되었고, 그곳에서 수많은 경·공매사건들을 직접 처리하며, 소장 하나하나를 내 것으로 소화하였다. 그 당시 소송에 관해 친절하게 알려주는 사람이 없었음에도 관심을 갖고 노력하니 소송도 충분히 정복할 수 있었다. 이렇게 키워간 소송 능력을 바탕으로, 지금까지 16년이라는 기간 동안 경·공매로 낙찰받은 물건들의 소송 대부분을 법률

전문가의 도움 없이 혼자 처리하여 긍정적인 결과로 마무리해왔다.

필자 역시 비전문가로 시작하여 셀프소송에 관한 부분을 하나씩 터득하여 부동산에 관련된 소송은 모두 무난하게 처리할 수 있는 현재의 수준에 도달하였으니 경매 투자를 하는 사람들의 마음을 누구보다 잘 이해한다고 할 수 있다. 그래서 다시 초심으로 돌아가 초보자도 쉽게 활용 가능한 친절한 소송 책을 집필하고자 했다.

초보의 경우에는 경매물건을 검색하다가 허위라고 판단되는 선순위임차인, 유치권신고사건이 있어도, 이것을 어떻게 풀어야 할지 몰라 입찰을 포기하는 경우가 많다. 법적 하자를 해결하기 위해 법률전문가의 조력을 받을 수도 있으나, 변호사를 선임할 경우에는 약 500만 원 정도의 착수금과 소송 결과에 따라 추가로 성공보수를 부담해야 한다 (이보다 더 적은 수임료를 부르는 변호사도 있지만, 판사 출신 또는 경력이 많은 변호사는 보통 이와 비슷한 수준의 수임료가 시세다). 따라서 본 책의 서식 하나만 잘 활용해도 최소 500만 원 이상의 변호사 수임료를 절약할 수 있는 셈이다.

본 책을 200% 활용하기 위해서는 우선, 자신의 상황과 상대방의 법적 지식수준을 가늠해본 후 첨부된 서식을 수정하여 사용할 것을 추천한다. 책에 첨부한 대부분의 서식들은 실전에서 실제 필자가 사용했던 것들이며, 이 중에는 변호사를 선임하여 작성했던 서식들도 포함되어 있다.

경매 투자를 잘하기 위해서는 부동산의 가치를 분석하는 정확한 눈도 필요하지만, 그에 못지않게 중요한 것이 협상 능력이다. 낙찰자가 원하는 조건으로 협상을 이끌어 내기 위한 가장 강력한 무기는 험악한 외모와 말투가 아닌 적재적소에 꺼내들 수 있는 법적 대처 능력이다.

낙찰자가 법적 절차를 충분히 인지한 상태에서 상대방에게 상황에 따른 법적 대응을 할 수 있다는 사실만으로도 점유자를 대함에 있어 엄청난 자신감을 갖게 해 준다. 이 책에 있는 서식과 각 상황에 맞는 절차를 숙지하고 물건 검색을 한다면, 복잡하고 까다로운 물건을 만나도 수월하게 처리할 수 있는 자신감이 생기기에 그동안 두려움에 지나쳤던 값진 물건들이 보이기 시작할 것이다. 또한 이 책을 소장하는 순간, 아는 것이 힘이라는 사실을 절실히 깨닫게 되리라 생각한다.

특수물건을 해결하는 방법은 이미 정해져 있다.

이 책을 펴내면 아마도 큰 파장이 일어날 것이라 생각한다. 왜냐하면 지금껏 고수들의 전유물로만 여겨졌던 특수물건의 처리절차와 해결 노하우를 이 책에 전부 공개했기 때문이다.

현재 우리나라에선 변호사가 되는 코스 외에는 일반인을 상대로 소송하는 법을 가르쳐주는 곳은 어디에도 없으며, 이 분야에는 일반인이 참고할만한 서적도 없다(기존에 서식 모음집이 있긴 해도 서식이 형식적으로 첨부만 되어있어 실전에 활용하기가 애매하다). 필자 역시도 이러한 어려움을 겪어보았기에 경·공매 투자자들의 고충을 조금이나마 덜어주고자 본 책을 집필하게 된 것이다.

이 책에는 단순히 특수물건에 관한 서식을 첨부만 한 것이 아닌, 입찰부터 낙찰, 그리고 해결하는 각 단계별로 필요한 서식들을 총 정리하였고, 서식을 이용하기 위해 꼭 필요한 법률 지식만을 담았다.

일반 투자보다 경매를 활용한 투자의 수익률이 더 크고, 그중에서도 권리관계가 조금 더 복잡한 특수물건에서 더욱 높은 수익을 거둘 수 있다는 것은 널리 알려진 사실이다. 사실 특수물건이라고 해서 절대 대단한 것이 아니다. 알고 보면 특수물건의 복잡한 문제를 해결하는 방법은 이미 정해져 있고, 사용하는 서식도 제한적이다. 필자는 이 책을 통해 이러한 사실을 알려주고 싶었고, 이 책에 실려 있는 서식들이 그 사실을 깨달을 수 있도록 만들어 줄 것이다.

2008년 처음으로 『송사무장의 경매의 기술』을 출간하였고 일반 대중들에게 큰 호응을 얻게 되었다. 그 이후 유치권과 같은 특수한 물건들에 대한 경험담을 담은 『송사무장의 실전경매』 역시도 경매인들의 필독서로 자리 잡았다. 2012년 그동안 공매 투자에 관해 제대로 된 책이 없어 공매의 절차부터 실전 부분까지 구체적인 공매시스템을 집필했던 『송사무장의 공매의 기술』 이렇게 총 3권의 저서 모두 베스트셀러가 되는 영광을 누렸다. 이 서적들은 출간한 지 수년의 시간이 경과했어도 아직도 꾸준하게 독자들의 사랑을 받고 있다. 가장 큰 이유는 독자들이 실전에 임했을 때 '진짜' 도움을 주는 책이기 때문이 아닐까 생각한다.

앞의 3권 모두가 베스트셀러가 되었기에 필자의 저서 중 경매 분야의 완성본이 될 '소송의 기술'에 오랜 정성과 노력을 쏟을 수밖에 없었다. 독자들이 실전에서 정말 유용하게 활용할 필자의 경매 투자 16년의 모든 노하우와 그간에 사용해왔던 모든 서식들을 담아내기 위해 3년이라는 오랜 시간이 걸린 만큼, 본 저서 또한 경매인들의 필독서로 자리매김하길 바란다.

이 책을 모두 암기하려 하지 말고, 매 상황마다 필요한 것을 찾아가며 보는 백과사전식의 활용이 가장 좋은 방법임을 일러두며 이 글을 마친다. 여러분들의 성공 투자를 진심으로 기원한다.

부동산 분야에서 발생하는 대부분의 사건은 셀프소송이 가능한 것들이다.

로펌에서 일을 하다 보면 주위 사람들이 소송에 관한 조언을 구하는 일이 많다. 상담을 해 주며 항상 느끼는 점은 그들이 조언을 구하는 상황에 대한 해결방법은 생각보다 매우 간단하다는 것이다. 대부분의 사건은 상대방에게 '내용증명'을 보내거나 법원에 '지급명령'을 신청하면 해결될 수 있는 일들이다. 이처럼 매우 간단한 해결방법이 있는데도 많은 사람들은 그 방법을 알지 못해 전전긍긍한다. 그렇다고 이렇게 사소한 사건까지 비싼 수임료를 부담하고 변호사를 선임하는 것도 애매하여, 이런 경우 대략적인 해결방법을 알려주고 직접 해결해 보라고 종용하는 경우가 많은데, 대부분이 혼자서도 쉽게 마무리를 짓곤 한다.

이 책의 공동저자인 송희창 대표님은 부동산 투자를 통해 수백억 원의 투자수익을 얻은 실전 투자자이자, 『엑시트 EXIT』, 『경매의 기술』, 『실전경매』, 『공매의 기술』 책을 출간한 베스트셀러 저자이다. 또한 수많은 부자를 배출한 '행복재테크' 카페의 운영자이기도 한데, 수년 전, 필자는 우연히 송희창 대표님의 저서를 접한 뒤 그 지식의 깊이에 감명받아 '행복재테크' 카페에 가입을 하고 활동하게 되었다.

이곳에서는 상당히 많은 회원들의 부동산 투자는 부동산 시장 상황과 관계없이 항상 현재진행형이다. 필자는 이들이 부동산 투자를 진행하면서 맞닥뜨리는 문제를 옆에서 지켜보며 조력을 해 주고 있는데, 사실 이 중 대부분의 사건은 일반인들도 혼자서 충분히 해결 가능한 것들이다. 부동산 투자 과정에서 맞닥뜨리는 법률적 문제는 그리 대단한 것이 없다. 대부분의 사안은 내용증명을 보내고 협상을 통해 해결이 가능한 정도이다. 그나마 어려운 축에 속하는 것이 명도소송, 점유이전금지가처분 정도이다. 여기서 더 나아가 고수의 영역이라 할 수 있는 유치권, 법정지상권 등의 특수물건에 관한 소송 또한 다른 종류의 소송과 대비해 보았을 때는 그 난이도가 하에 속하기에 일반인들도 충분히 셀프로 해볼 수 있다.

필자의 도움을 받아 사건을 해결했던 이들은 그 이후에 다른 경매물건을 낙찰받더라도 변호사를 선임하지 않고 셀프로 소송을 진행하고 있는데, 그들은 이렇게 말하곤 한다.

"소송이 생각보다 쉬운 것 같아요."

그렇다. 소송이란 것이 곁에서 봤을 때는 매우 복잡하고 어려워 보이지만 실제 부딪쳐서 해보면 누구든 도전할 수 있는 분야인 것이다.

이 책 한 권은 수백만 원 그 이상의 가치가 있다.

사실 책을 쓰는 과정에서 걱정이 좀 들기도 했다. 실전에서 이미 검증된 송희창 대표님의 부동산 투자 노하우가 담긴 각종 서식에, 더욱 완벽한 셀프소송을 위해 현직 변호사의 법률 지식을 더한 책을 공개하는 것은 부동산 경매 시장에 상당한 파급력을 미칠 것으로 보였기 때문이다.

그러나 이는 이미 막을 수 없는 시대적 흐름이다. 최근에는 법원 역시도 셀프소송(나홀로소송)을 지원하기 위해 홈페이지를 대폭 정비하였으며, 대한법률구조공단에서도 셀프소송을 꾸준히 지원하고 있다. 또한 이미 많은 서적 및 블로그, 카페에서도 셀프소송에 필요한 각종 서식을 제공하고 있다. 다만, 이러한 정보들은 체계적으로 정리되어 있지 않고, 실전에서 사용 가능하도록 이 서식들을 변형하는 방법을 모르기 때문에 셀프소송에 대한 어려움을 느끼는 것이다.

이러한 상황 속 어려움을 알기에 이 책에는 초보자들의 이해를 최대한 돕고자 실전에서 실제 사용되었던 서식을 엄선하여 게재하였고, 상황에 따라 얼마든지 변형하여 사용할 수 있도록 친절한 설명을 담았다. 이 책을 활용한다면, 수백만 원의 변호사 비용을 지출하지 않고도 웬만한 소송은 혼자서 완벽히 진행할 수 있을 것이다.

이 책은 다른 책과의 차별점이 명확하다. 이론서, 실전서 중 그 어느 한쪽으로도 치우치지 않는다는 점이다. 부동산 낙찰 후 필연적으로 발생하는 분쟁에서 이용할 수 있는 내용증명, 합의서, 소장, 고소장 등 다양한 서식을 담았으며, 대부분이 송희창 대표님이 실전에서 이용하여 우월한 협상을 유도하고 소송에서도 승소를 이끌어 냈던 서식이라는 점에 주목할 필요가 있다. 여기에 필자의 변호사로서의 법률지식이 더해졌으며, 수십 년의 변호사 경력을 가지고 있는 이상진 변호사님의 감수를 통하여 실전과 이론을 모두 완벽히 잡았다.

이 책의 서식을 모방하고 활용하라. 그러면 독자분들 역시도 별다른 어려움 없이 홀로 내용증명, 합의서 작성 및 이기는 소송을 진행할 수 있을 것이며, 이러한 사건 해결 능력은 나아가 더욱 성공적인 투자로 보답할 것이라 믿는다.

목차
CONTENTS

한 권으로 끝내는 소송의 기술 (경매일반편) _ 313

04. 체납관리비에 관한 분쟁 협상 _ 434

처음부터
이길 수 있는
소송의 기초

01 PART

셀프소송 실전 고수 따라하기

경매 및 공매를 활용한 투자에서 소송능력을 갖춘다면, 명도뿐 아니라 여러 상황에서 보다 수월하게 사건을 처리할 수 있게 된다. 예를 들면 내용증명 한 통으로 낙찰부동산에 있는 점유자를 적절히 압박하여 수월하게 이사협의를 이끌어낼 수도 있고, 이른바 유치권, 선순위임차인 물건에서는 점유이전금지가처분, 인도명령, 명도소송, 형사고소 등을 통해 특수한 상황 또한 해결할 수가 있다.

이런 소송능력은 법률을 전공하지 않은 일반인에게는 어렵게 느껴질 수도 있겠으나, 현재 성공한 투자자라 해도 처음부터 협상이나 법적 대응에 능했던 것은 아니라는 사실을 기억하자. 법률 전공자라도 처음에는 선배들이 사용하는 방법과 서식을 '모방'하는 것에서 시작한다.

이 책에는 투자자가 실전에서 활용할 수 있는 서식이 체계적으로 사례별 정리되어 있다. 책을 숙독한 뒤 필요할 때마다 해당 서식을 잘 이용하면, 어느 순간 투자를 위한 협상과 법적 대응에 관해 자신만의 노하우가 생길 것이다.

이 책에서 다루는 서식은 크게 나누어 ① 내용증명, ② 계약서 및 합의서 양식, ③ 법원에 제출하는 소송서류와 수사기관(검찰, 경찰)에 제출하는 서류이다. 먼저 서식에 관한 기초 지식을 설명한 후 실전에서 바로 사용할 수 있는 구체적 사례에 대한 서식을 다루었다. 기초 지식을 쌓지 않은 상황에서 각 사례에 대한 서식을 접하게 되면, 나중에 스스로 서식을 적절히 변형하여 활용하기 어려울 수 있으니 반드시 기초지식부터 탄탄히 쌓도록 하자. 그러면 어느 순간 당신은 남들이 부러워하는 고수의 경지에 다다라 있을 것이다.

2 소송의 기초, 내용증명

1. 내용증명이란

　내용증명이란 자기 의사를 상대방에게 전할 때 그 문서의 내용과 발송 사실을 공신력 있는 기관을 통해 공적으로 증명하는 것을 말한다. 내용증명은 후일 소송을 할 경우를 대비하여 권리자가 채무자에게 언제 어떤 내용의 의사표시를 하였다는 사실을 증명하기 위한 증거를 확보하는 기능도 있지만, 채무자를 심적으로 압박하여 자발적인 이행을 촉구하는 기능도 있다. 경매·공매에서는 낙찰자가 점유자를 상대로 명도를 진행하거나 관리사무소와 체납관리비에 관하여 협상을 진행할 때 유용하게 사용할 수 있다.

　따라서 낙찰자 개개인의 상황에 맞게 내용증명을 적절히 활용한다면 낙찰 후 본격적인 법적 절차(명도소송, 점유이전금지가처분 등)에 착수하기 전이라도 충분히 상대방을 압박하여 합의를 이끌어낼 수 있다. 또한, 소송이 진행될 경우에 점유자에게 발송한 내용증명은 증거자료로 사용할 수 있다는 사실도 염두에 두자.

2. 내용증명을 보내는 목적

1) 협상 전 심리적 압박

내용증명은 낙찰자가 세입자를 내보내야 하는 경우, 관리비가 많이 체납되어 있어서 관리사무소와 밀린 요금 문제를 협상할 경우 또는 정당한 요구임에도 불구하고 공공기관에서 수용하지 않을 경우 등 낙찰후 부딪힐 수 있는 여러 상황에서 요긴하게 쓰인다.

낙찰자가 점유자를 상대로 명도를 이끌어내기 위한 내용증명을 작성할 때는, 만약 협의가 이루어지지 않아 판결을 받고 강제집행(부동산 명도집행)까지 진행하게 된다면 소송비용 및 강제집행비용을 점유자에게 청구할 것이고, 낙찰자의 부동산 소유권 취득일로부터 명도완료 시까지 매달 임대료 상당의 부당이득을 청구할 것이라는 등의 문구를 기재한다. 협상이 결렬될 경우 단호한 법적 조치를 취하겠다는 뜻을 내비친 내용증명은 상대방에게 큰 압박과 부담으로 다가올 것이다. 결국, 점유자가 낙찰자로부터 이런 내용증명을 받게 되면 심리적으로 많은 부담을 느끼게 되므로 적절한 선에서 합의가 이루어질 수 있다.

예를 들어 낙찰부동산을 전 소유자나 임차인이 점유하고 있는 경우, 관리사무소 입장에선 그동안 관리비를 적극 징수하지 않았던 부분에 대하여 업무상 과실 책임을 묻겠다는 내용증명을 받는 것만으로도 엄청난 심리적 부담감을 느끼게 된다.

이렇듯 내용증명은 어떤 내용을 증명한다는 사실에 앞서 상반된 입장에 있는 상대방에게 심리적인 압박을 주어 원만한 합의를 이끌어내는 데에 유용한 수단으로 작용한다.

2) 증거 보전의 필요성

민사소송절차에서 당사자 사이에 다툼이 있는 사실은 증거에 의하여 인정하여야 하고 그러한 증거로는 증인, 문서 등 여러 가지가 있는데, 열 명의 증인보다 한 장의 문서가 훨씬 더 가치가 있는 경우가 많다. 다음은 상대방에게 보낸 내용증명이 강력한 증거자료로 활용될 수 있는 경우이다.

① 일정한 내용의 의사표시나 통지를 할 때 : 개인의 경우 돈을 빌려주고 차용증이나 영수증을 받지 못했는데 채무자가 빌린 사실이 없다고 할 때, 차용금을 지급하라는 의사표시를 내용증명으로 할 수 있다. 내용증명 자체로는 돈을 빌려준 사실 자체가 증명되는 것은 아니지만, 보낸 내용증명에 대하여 채무자가 돈을 빌린 사실을 인정하면서도 무이자로 빌렸다고 하든지, 변제기가 아직 도래하지 않았다든지, 변제기를 유예해 달라는 등의 취지로 답변을 보내오는 경우에는 유리한 증거가 될 수 있다.

② 계약을 해제 · 해지할 때 : 주택임대차의 경우 임대인과 임차인은 계약기간 만료 전에 내용증명을 보내서 계약연장을 하지 않겠다는 의사표시를 할 수 있고, 임대인은 임차인이 2기 이상 차임을 연체하였음을 이유로 계약해지의 의사표시를 내용증명으로 할 수 있다. 그 외 부동산매매계약을 체결하고, 매도인과 매수인 모두 계약해제 통보를 내용증명으로 할 수 있다. 또한, 상품할부구매계약이나 방문판매 · 전화권유판매 · 다단계판매 등에 의한 상품구매계약을 했을 때 청약철회 통보를 내용증명으로 할 수 있다.

③ 채권의 경우 그 성격에 따라 1, 3, 5, 10년의 기간이 지나면 소멸시효[1]가 완성하여 그 채권이 소멸하는데 채무의 이행을 촉구하는

---

1) 권리자가 권리를 행사할 수 있음에도 불구하고 권리를 행사하지 않는 사실 상태가 일정 기간 계속된 경우에 그 권리의 소멸을 인정하는 제도이다.

'최고[2]'를 함으로써 시효중단이 가능하다. 이때 내용증명으로 최고를 해야만 추후 증명하기가 쉽다. 다만, 최고를 한 뒤 6개월 이내에 소를 제기하는 방법으로 권리를 행사하지 않으면 시효중단의 효력은 사라진다는 것을 명심해 두자. 채권을 양수받은 경우에도 채무자에게 내용증명으로 채권양도통지를 해야만 채무자 또는 제3자에 대해 진정한 채권자의 지위를 인정받을 수 있다.

3. 내용증명 작성방법

내용증명은 특별한 형식이 정해져 있는 것이 아니다. 다음의 네 가지 사항만 충족하면 된다.

첫째, 자신에게 맞는 상황의 제목을 적는다. 예를 들면 '최고서', '임대차계약 해지 통보', '매매계약 해제 통보' 등 여러 형태의 제목을 쓸 수 있다.

둘째, 발신인의 성명과 주소를 기재하고, 수신인의 성명과 주소를 기재한다.

셋째, 자신의 상황과 추후 진행할 법적인 절차를 고려하여 그에 맞는 내용을 기재하면 된다. 소를 제기하기 전에 보내는 내용증명이라면 중요한 증거자료가 될 수 있으므로 신중하게 작성해야 한다. 경매 및 공매에서 효과만점인 내용증명을 작성하려면 항상 읽는 이의 입장을 충분히 헤아리며 작성해야 한다. 압박만 강하게 한다고 좋은 것이 아니므로 자신의 상황에 맞게 상대방의 수준과 처지를 고려하여 작성하

---

2) 재촉하는 뜻을 알린다는 의미로, 상대방에게 일정한 행위를 하도록 독촉하는 내용의 통지를 하는 것을 의미하는 법률 용어이다.

는 것이 좋다.

넷째, 문서의 내용이 완성되었으면 맨 마지막에 작성 일자와 발신인의 성명을 쓰고 그 옆에 도장을 날인한다. 여러 장일 경우에는 문서 간 간인을 하는 것이 좋다(문서의 1쪽과 2쪽 사이에 도장을 찍고, 2쪽과 3쪽 사이에도 도장을 찍는 방식으로 순서대로 맨 마지막 장까지 도장을 찍는 것이 간인이다).

이 책에는 실전에서 유용하게 사용할 수 있는 각종 상황에 대한 내용증명 서식들이 있다.

[서식 2-16] 낙찰 후 법적 절차 최고
[서식 2-37] 관리비 징수 독촉
[서식 2-46] 차임 연체를 이유로 임대차계약 해지 통보
[서식 2-54] 공매에서 명도소송을 제기하기 전 단계에서
[서식 3-2] 낙찰 후 지분 취득 통보
[서식 3-14] 선순위임차인에게 형사고소 및 민사진행절차 최고
[서식 3-36] 법정지상권 소멸청구
[서식 3-38] 낙찰 후 유치권 포기 최고
:
:
등 여러 상황에서 대처할 수 있는 다수의 내용증명 수록

서식 1-1 **내용증명(채무불이행을 사유로 매매계약해지 통보)**

내 용 증 명

제목 : 매매계약해지 통보

수신인 : 주식회사 ㅇㅇㅇ리츠 대표이사 송 ㅇ ㅇ

주　소 : 경기 부천 원미구 ○○로 ○○ ○○○○클라스 ○○○○

발신인 : 강 ○ ○
주　소 : 서울특별시 은평구 ○○로 ○○○힐스테이트 108동 805호

1. 귀하의 일익 번창하심을 기원합니다.

2. 다름이 아니오라 귀하께서 본인에게 일금 이억칠천만 원에 매수 했던 '경기 안산시 단원구 와동 ○○○-10 지하 1층 지상 3층 다가구주택 597.53㎡'에 관하여 20○○. 9. 12.에 지급하기로 약정했던 잔금 5,000만 원을 지급하지 않았고, 20○○. 10. 1.까지 잔금을 지급하라는 뜻을 다시 통보하였지만 귀하는 차일피일 지급을 미루고 있습니다.

3. 이에 본인은 귀하에게 채무불이행을 원인으로 위 다가구주택에 관하여 체결한 매매계약을 본 서면을 통해 해지하는 바입니다.

20○○. ○. ○.

발신인　강 ○ ○ (인)

서식 1-2 **내용증명(관리단에게 공용부분 하자보수 및 내부수리 요청)**

내 용 증 명

제목 : 공용부분 수리 요청 및 내부 도배 보수 요청

수신인 : 관리소장님
주　소 : 인천 남동구 ○○로 ○○(○○동), ○○○○리안○차 관리사무소

발신인 : 송 ○ ○ (H.P : 010-0000-0000)
주　소 : 경기 부천시 원미구 ○○로 ○○(○○동) ○○아트 304호

〈부동산의 표시〉

인천 남동구 구월동 ○○○○-17, ○○리안 1○○○호

귀하의 무궁한 발전을 기원합니다.

발신인은 상기 부동산의 구분소유자입니다. 다름이 아니오라 20○○. 5. 10. 토요일부터 일요일까지 2일간 비가 내렸는데, ○○리안 2차 외벽으로부터 본 세대로 누수가 되어 피해가 발생했습니다. 건물 외벽부분은 명백하게 전체 오피스텔의 공용부분입니다. 집합건물법 제25조에 의하면 관리인(입주자대표회의)은 공용부분의 보존·관리의 의무가 있습니다. 본인 및 본인 세대의 입주자는 매월 부과하는 수선유지비 및 장기수선충당금을 납부하고 있으므로 위에 언급한 공용부분에 관하여 수선보수를 해주실 것을 정식으로 요청하는 바입니다.

또한, 외벽보수공사 후에 이번 비로 인하여 세대 내부의 도배가 모두 젖어서 사용하지 못하게 되었는바 도배부분도 보수를 해주시기 바랍니다. 만약 보수가 어렵다면 본인이 공사업자를 통해 보수공사를 하고, 그 금액을 청구하는 것으로 하겠습니다. 이에 답변 바라오니 조치를 취해주시기 바랍니다.

(누수된 부분과 파손된 도배 사진을 첨부합니다.)

20○○. ○. ○○.

발신인 송 ○ ○ (인)

4. 내용증명의 발송

1) 우체국에서 직접 보내는 방법

문서가 완성되었으면 본인 보관용 1부 외에 추가로 사본 2부를 더 만든다(본인 보관용 1부, 우체국 보관용 1부, 상대방용 1부). 내용증명의 대상이 2인 이상일 경우 추가되는 인원마다 사본을 각각 1통씩 추가해야 한다. 발송한 내용증명의 배달 일자 및 수취인을 증명하는 증거자료를 남기기 위해서는 등기 형식으로 된 '배달증명'을 보내야만 한다. 그러면 내용증명을 누가 받았는지에 대한 여부가 확인된 배달증명서가 다시 발신인에게 온다. 근래에는 우편시스템이 개편되어 배달증명을 보내지 않았더라도 본인이 발송한 내용증명의 배달 상황이나 수령자에 관하여 '인터넷 우체국' 사이트(http://www.epost.go.kr)를 통해서 대략적으로 확인할 수 있다.

2) 인터넷으로 보내는 방법

내용증명을 보낼 때는 앞에서 본 것처럼 같은 내용의 서류 3부를 준비하여 우체국을 직접 방문하는 방법을 가장 많이 이용하고 있는데, 의외로 많은 사람들이 인터넷으로 내용증명을 보낼 수 있다는 사실을 모르고 있다. 인터넷으로도 내용증명을 쉽게 보낼 수 있으니, 이 방법을 적극 활용하면 많은 시간을 절약할 수 있을 것이다.

> **1단계**
>
> 인터넷 우체국 사이트(http://www.epost.go.kr)에 접속한다.
>
> **인터넷우체국** www.epost.go.kr N Pay
> 택배 · EMS · 쇼핑 · 우편 · 고객센터 · 우체국알뜰폰 · 위치 검색 · B2B · 우표
> 경조우편카드, 우체국 쇼핑, 택배, EMS, 등기소포배달, 우편번호 조회, e 그린우편, 내용증명 안내.

메인화면에서 '우편' 항목에 커서를 올려두면 하위메뉴가 나타나는
데, 여기서 '증명서비스'의 '내용증명' 부분을 클릭한 후, 그 다음 화
면에서 '신청' 버튼을 클릭한다.

가입한 뒤 '로그인'을 하거나 아니면 '비회원 신청'을 선택한다. 그
리고 배달증명 부가서비스를 선택할지 여부도 체크하고, 내용증명
을 수취할 사람을 선택·입력한다. 모든 정보의 입력을 마쳤으면,
마지막으로 하단의 '본문작성' 버튼을 클릭한다.

4단계

'본문작성' 버튼을 누르면 내용증명 문서편집툴이 실행된다. 내용
증명을 해당 페이지에서 직접 작성할 수도 있고, 기존의 문서파일을
불러올 수도 있다. 편한 방법을 선택하여 진행한다.

작성을 완료하면 최종적으로 '미리보기'를 통하여 상대방에게 보낼 내용증명 양식을 미리 확인할 수 있다. 마지막으로 잘못된 것은 없는지 꼼꼼히 확인한 후 상단부에 있는 '작성완료' 버튼을 클릭한다.

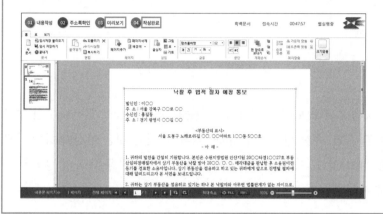

최종적으로 비용을 결제한다.

내용증명

↟ HOME › 우편 › 증명서비스 › 내용증명

▌신청내역

우편종류	받는분 수	페이지 수(소인면페이지 포함)	총 금액	
등기통상	1 명	2 페이지	내용증명 수수료	1,950 원
			우편 요금 및 등기수수료	3,920 원
			계약 수수료	240 원
			합계 : 6,110 원	

▌결제 시 포인트 사용이 가능합니다.

총 금액	6,110 원	
포인트 사용	0 원	[포인트조회] [포인트사용안함]
실 결제금액	6,110 원	

› 사용 가능 포인트 단위 : 10Point (1Point = 1원)
› 무통장을 제외한 타 결제수단과 함께 사용 가능(예약서비스는 일부 제한)
› 신청 취소 시 : 포인트 환불됨
› 포인트는 인터넷우체국(ePOST)에서 사용 가능

▌결제수단 선택

› 인터넷우체국은 국가에서 운영하는 공공사이트로 공정거래위원회고시(2015-15호)에 의하여 믿고 안전하게 구매할 수 있습니다.

결제수단 선택   ● 신용카드   ○ 즉시계좌이체   ○ 전자지갑   ○ 휴대폰
○ 카카오페이   ○ 11페이   ○ 네이버페이   ○ 페이코

□ 신용카드

카드선택   [카드종류를 선택하여 주십시오. ▼] [제휴카드안내]

› 신용카드 30만원 이상 결제 시 공인인증서가 필요합니다. (2005.11.01.부터 시행)
› 법인카드는 금액에 상관없이 공인인증서가 필요합니다.
› 우체국 스타트 체크카드로 결제 시 이용금액의 10%(월 최대 1만원) 포인트 적립되며, 적립된 포인트는 인터넷우체국(ePOST)에서 사용하실 수 있습니다.

[결제]

이러한 방법을 이용하는 것에 익숙해지면 투자자는 시간을 상당히 절약할 수 있다는 장점이 있다. 우체국 방문을 통한 방법, 인터넷을 통한 방법을 모두 이용해본 뒤 자신에게 맞는 방법으로 이용하도록 하자.

5. 내용증명의 도달 여부 확인방법

내용증명을 보내고 시간이 지났는데도 상대방에게서 아무런 연락이 없으면, 혹시 상대방이 내용증명을 못 받은 것은 아닌가 하여 답답할 때가 있다. 이때 내용증명이 도달했는지 여부를 다음의 방법을 통해 확인해 보자.

1단계

인터넷 우체국 사이트(http://www.epost.go.kr)에 접속한다.

2단계

내용증명을 발송할 때 발송문서에 붙여진 스티커를 보면 등기번호가 기재되어 있다. 그 등기번호를 확인한다.

```
이 우편물은 20  -09-11
제 31113020    호에 의하여
내용증명우편물로 발송하였음을 증명함
서울무역센터우체국장
                    대한민국 KOREA
```

3단계

인터넷 우체국의 메인화면 우측 부분에 '등기번호로 조회'란에서 스티커에서 확인한 등기번호를 입력하고, '검색' 버튼을 클릭한다.

4단계

위와 같은 절차로 등기번호를 조회하면, 다음과 같은 형식으로 화면이 나타난다. 해당 내용을 자세히 보면, 발신인·수신인은 물론이고, 수신인이 언제 내용증명을 수령했는지도 확인할 수 있다.

'자세히 보기' 버튼을 클릭하면, 내용증명이 어떠한 경로로 배달되었는지, 누가 수령하였는지도 확인할 수 있다.

6. 내용증명에 관하여 알아두어야 할 필수지식

1) 내용증명은 답변기한 내에 답변을 해야 한다?

내용증명의 말미에는 종종 "본 서면에 대한 답변은 ○월 ○일까지 해주시기 바랍니다."라는 문구가 기재되고, 그 기한은 매우 촉박하게 정해진 경우가 있다. 이때 필자는 내용증명을 받은 사람이 촉박하게 정해진 기한에 흥분하며 어쩔 줄 몰라 하는 경우를 많이 보았다.

그런데 내용증명은 쌍방이 공식적인 절차를 통해 서로 주고받는 서면일 뿐이므로, 일방적으로 상대방에게 기한을 정해 답하라고 요청한다고 하더라도 상대방이 정해준 기한 내에 답변이 어려운 경우에는 충분한 준비를 통해 그 기한 이후에 답변을 보내도 무방하다. 오히려 대응전략에 대한 준비가 안 된 상태에서 상대방이 요구한 시한 내에 급히 내용증명을 보내려다가 일부라도 불리한 내용을 자백하는 내용의 회신을 하면 회신자만 손해일 뿐이다.

내용증명을 받더라도 철저한 자료 검토 후에 답변하는 것을 추천한다. 다만, 언제까지 답변을 하지 않을 시 고소나 소송을 제기하겠다고 하는 경우에는 최대한 그 기한을 준수하거나 상대방에게 미리 연락하여 답변이 며칠 늦겠다고 이야기해 두는 것이 불필요한 분쟁을 줄이는 방법이 될 수 있다.

2) 내용증명을 받으면 웬만하면 답변하도록 하라

상대방이 내용증명을 보내왔다는 것은 모종의 법적 조치를 준비하고 있다는 신호일 가능성이 높다. 내용증명은 송사에 휘말리면 증거 역할을 하기도 하는데, 이때 상대방의 불리한 주장에 대해 아무런 답변을 하지 않았다는 것은 송사에서 내용증명 수령자에게 불리한 사실로 고려될 여지가 있다. 때에 따라서 아무런 답변을 하지 않았다는 것이 상대방의 주장을 인정하는 것으로 보일 수 있기 때문이다. 따라서 내용증명을 받았는데 그 내용에 대해 인정할 수 없다면 간략하게라도 자신의 입장을 담은 내용증명을 보내는 것을 추천한다.

3) 내용증명을 분실하였으면 우체국에 발급신청을 하라

내용증명을 분실하였어도 당황하지 말자. 발송인 또는 수취인은 내용증명을 발송한 다음날부터 3년까지는 발송우체국에 대하여 특수우편물수령증·주민등록증 등의 관계자료를 제출하고 내용증명의 재증명을 청구할 수 있다(우편법 시행규칙 제54조 제1항).

4) 하고 싶은 말을 모두 쓰는 것이 능사는 아니다

내용증명은 나중에 재판에서 증거로 활용될 수 있다. 실제 많은 재판에서 내용증명은 증거로 제출되고 있다. 만일 내용증명의 본문 내용 안에 불리한 내용이 포함되어 있다면 재판에서 불리하게 작용할 수 있으므로 주의를 요한다. 자신에게 100가지 유리한 주장을 기재해 놔도 불리한 내용이 1가지라도 포함되어 있다면, 그것이 결정적인 증거가 되어 소송의 승패가 갈릴 수도 있다. 특히 법원은 자신 스스로 쓴 내용증명의 유리한 내용은 그 내용을 딱히 신뢰하지 않는 반면에, 자신에게 불리한 내용을 쓴 것은 신뢰성이 매우 높다고 본다. 따라서 내용증명은 하고 싶은 말 모두를 기재하는 것보다는 중요한 내용을 최대한 간결하게 기재하는 것이 좋다.

실전TIP 내용증명의 수취인불명 시 주소 확인방법

　내용증명을 보냈지만, 수신인이 이사를 해서 수취인불명이 되어 반송되는 경우가 있다. 이때 수신인이 이사한 주소를 알 수 있는 방법이 있을까?

　이럴 때 시도해 볼 수 있는 방법이 있다. 주민 센터에 방문하여 상대방의 주민등록초본을 떼어보는 것이다. 주민등록법에 의하면 주민등록초본의 교부신청은 본인이나 세대원만 할 수 있는 것이 원칙이나, 채권·채무관계 등 정당한 이해관계가 있는 자가 신청하는 경우에는 본인이나 세대원이 아닌 경우에도 교부해 준다. 이 서류로 주소를 확인하면 된다.

　신청서 양식은 다음과 같고, 채권자와 채무자의 서명 또는 날인이 되어 있고 변제기일이 적혀 있는 계약서 등 채권·채무관계 또는 보증사실을 밝혀 주는 자료와 반송된 내용증명 우편물을 첨부해서 제출한다(주민등록법 시행규칙 별지 제7호 서식).

■ 주민등록법 시행규칙 [별지 제7호서식] <개정 2017. 5. 29 >　　　　본인인 경우 민원24(www.minwon.go.kr)에서도
　　　　　　　　　　　　　　　　　　　　　　　　　　　　　　신청할 수 있습니다.

주민등록표 열람 또는 등 · 초본 교부 신청서

※ 뒤쪽의 유의 사항을 읽고 작성하기 바라며, 해당하는 내용 앞의 [ ]에 √표를 합니다.　　　　　　　　(앞쪽)

신청인 (개인)	성명	(서명 또는 인)	주민등록번호	
	주소　(시 · 도)　　　　(시 · 군 · 구)		※ 시 · 도, 시 · 군 · 구까지만 작성 (실제 주소는 작성하지 않아도 됩니다.)	
	대상자와의 관계		연락처	
	수수료 면제 대상 [ ]국민기초생활수급자 [ ]국가보훈 대상자 [ ]그 밖의 대상자( )			

신청인 (법인)	기관명	사업자등록번호
	대표자　　　　　　　(서명 또는 인)	연락처
	소재지	
	방문자 성명　　　주민등록번호	연락처

열람 또는 등 · 초본 교부 대상자	※ 신청인이 본인의 주민등록표를 열람하거나 등 · 초본 교부를 신청하는 경우에는 작성하지 않습니다.	
	성명	주민등록번호
	주소	

	열람	[ ]등본 사항　　　　　　　[ ]초본 사항		
신청 내용	※ 개인 정보 보호를 위해 아래의 등 · 초본 사항 중 필요한 사항 선택하여 신청할 수 있습니다.			
	등본 교부 [ ] 통	1. 과거의 주소 변동 사항	[ ]전체 포함 [ ]최근 5년 포함	[ ]미포함
		2. 세대 구성 사유	[ ]포함	[ ]미포함
		3. 세대 구성 일자	[ ]포함	[ ]미포함
		4. 세대원의 전입일 / 변동일	[ ]포함	[ ]미포함
		5. 세대원의 변동 사유	[ ]포함	[ ]미포함
		6. 교부 대상자 외 세대주와 다른 세대원의 이름	[ ]포함	[ ]미포함
		7. 주민등록번호 뒷자리	[ ]포함(□본인, □세대원)	[ ]미포함
		8. 세대원의 세대주와의 관계	[ ]포함	[ ]미포함
		9. 동거인	[ ]포함	[ ]미포함
		10. 외국인 배우자 / 외국인 부모	[ ]포함	[ ]미포함
	초본 교부 [ ] 통	1. 개인 인적 사항 변경 내용	[ ]포함	[ ]미포함
		2. 과거의 주소 변동 사항	[ ]전체 포함 [ ]최근 5년 포함	[ ]미포함
		3. 과거의 주소 변동 사항 중 세대주의 성명과 세대주와의 관계	[ ]포함	[ ]미포함
		4. 주민등록번호 뒷자리	[ ]포함	[ ]미포함
		5. 전입일 / 변동일	[ ]포함	[ ]미포함
		6. 변동 사유	[ ]포함	[ ]미포함
		7. 병역 사항	[ ]포함	[ ]미포함
		8. 재외국민 국내거소신고번호 / 외국인등록번호	[ ]포함	[ ]미포함

용도 및 목적	
증명 자료	

「주민등록법 시행령」 제47조와 제48조에 따라 주민등록표의 열람 또는 등 · 초본 교부를 신청합니다.

　　　　　　　　　　　　　　　　　　　　　　　　　　　　년　　　　월　　　　일

시장 · 군수 · 구청장 또는 읍 · 면 · 동장 및 출장소장 귀하

210mm×297mm[백상지 80g/㎡ (재활용품)]

내용증명을 보내려는데 수취인의 기존 주소만 알고 새 주소를 모르는 경우 수취인의 새 주소를 알아내는 방법은 다음과 같다.

1단계

내용증명 수취인의 현 주소지가 정확히 파악되지 않아도 일단 내용증명을 먼저 작성하여 그자의 기존 주소로 발송한다. 머지않아 내용증명이 반송되어 올 것이다.

2단계

앞의 신청서 서식을 집에서 출력하거나 인근 주민센터를 방문하여 같은 서식을 작성한다. 이 서식과 함께 반송된 내용증명, 채권·채무관계를 증명할 수 있는 서류(차용증, 임대차계약서, 판결문 등)를 챙긴다.

3단계

인근 주민센터를 방문하여 신청서 서식을 제출하면서 수취인의 주민등록초본 교부를 신청한다. 만약 수취인이 이사를 간 뒤 전입신고를 하였다면, 이사 간 주소를 확인할 수 있다.

이와 같이 채권·채무관계가 있는 경우 채권자는 주민등록초본을 발급하여 채무자의 현 주소지를 확인할 수 있으므로, 내용증명이 반송된 경우에 이러한 방법을 적절히 활용해 보도록 하자. 다만 소송을 제기할 계획이 있다면, 그 소송절차에서도 송달이 실패할 경우 주민등록초본을 뗄 수 있으므로 그 절차를 이용하여도 된다.

자신의 권리를 지켜주는 계약서

법에 익숙하지 않은 사람이라면 '계약서'라는 단어만 보아도 마음이 편하지 않을 것이다. 어려운 용어와 알아보기 쉽지 않은 작은 글자가 빽빽하게 적혀 있는 보험약관부터 떠올리면서 계약서 작성은 쉽지 않은 일이라고 고개부터 저을 수 있다. 그런데 계약서 작성만 잘해도 자신의 소중한 권리를 안정적으로 지켜내고, 소송까지 갈 여지가 있는 부분을 추가로 꼼꼼하게 약정해둔다면 분쟁 없는 생활을 할 수 있게 된다.

실제 계약서가 대단히 거창한 법률문서가 아니기에, 계약을 할 때 기본적인 사항은 반드시 숙지하고, 추가로 분쟁이 생길 수 있는 부분에 관하여 사전에 약정을 해둔다면 자신의 권리를 충분히 지킬 수 있다.

1. 계약이란

계약은 쉽게 표현하면 당사자 간의 약속이다. 약속한 당사자가 그 약속을 지키지 않으면 일방 당사자가 막대한 손해나 피해를 입을 수 있으므로, 계약이라는 형식을 빌려 구속력 있는 약속을 이행할 것을 서로 다짐하는 것이다.

집을 사기로 계약한 경우에 그 합의의 구속력이 인정되지 않는다면,

매도인이 그 사이 시세가 상승했다는 이유로 매매대금을 올려달라고 주장하면서 그렇게 하지 않으면 계약을 일방적으로 파기하겠다고 주장할 수도 있다.

이렇게 당사자의 신뢰는 보호할 가치가 있으므로, '계약'이라는 제도로 쌍방 당사자가 합의한 바를 쉽사리 파기할 수 없도록 하는 것이다. 이를 이른바 '계약의 구속력'이라 한다.

2. 계약에 관한 필수 지식

1) 계약서를 작성하지 않으면 계약이 성립되지 않은 것이다?

계약서를 작성하지 않으면 계약이 성립되지 않은 것으로 생각하는 사람들이 많은 것 같다. 그러나 이는 사실이 아니다.

계약은 ① 2인 이상의 당사자가 ② 특정한 목적사항을 정하여 ③ 쌍방이 그것을 지킬 것을 약속하면 곧바로 성립하는 것이다. 계약서의 작성은 필수요소가 아니다. 편의점에 가서 1,000원짜리 아이스크림을 사면 그 순간, 편의점주와 소비자 간에는 편의점주가 아이스크림을 건네주고, 소비자는 그 대가로 1,000원을 건네주기로 하는 계약이 성립되는 것이다. 이런 경우에는 계약서를 따로 작성하지는 않는다.

그렇다면 계약서를 작성하는 것이 필수요소가 아니라면 계약서는 왜 작성하는 것일까. 계약의 종류·규모는 매우 다양한데 규모가 큰 계약의 경우에는 추후 분쟁이 발생할 위험도 높으므로 쌍방의 합의사항을 더욱 명확히 하고, 분쟁의 해결방법도 확실히 정해 놓기 위해 작성하는 것이라고 보면 된다. 이렇게 미리 작성해 둔 계약서는 추후 계약의 합의 내용을 밝히는 데에 증거자료가 되고, 합의하지 않았던 애매한 사항에 관해 쌍방의 책임 소재를 가리는 기준이 될 수도 있다.

2) 계약금을 지급하지 않으면 언제든지 계약을 파기할 수 있다?

　분양계약이든 전세계약이든 계약금을 걸어놓은 상황에서 더 좋은 집을 찾게 되어서 원래 체결한 계약을 파기하려고 하는 경우에, 분양자나 소유자에게 주었던 계약금을 반환받을 방법이 없는지를 궁금해하는 사람들이 의외로 많다. 애석하게도 정답은 '받을 수 없다'이다. 실무를 하다 보면 계약의 구속력을 과소평가하는 사람들을 종종 만나게 되는데, 구두계약이든 서면계약이든 그 구속력에 있어서는 한쪽 당사자의 단순 변심만으로 쉽게 벗어날 수 없는 것이 원칙이다. 다만 매매계약의 경우 계약금의 교부자는 계약금을 포기하고, 계약금의 수령자는 계약금의 배액을 상환하면 그 계약의 구속력에서 일방적으로 벗어날 수 있도록 우리 법에서 특별히 규정하고 있을 뿐이다. 부동산 매매계약을 체결한 뒤 매도인에게 계약금을 주지 않으면 그 계약을 일방적으로 파기할 수 있다고 생각하는 사람도 많은 것으로 보이는데, 사실 매도인이 문제 삼지 않아서 그렇지, 막상 소송으로 가면 매수인은 매도인에게 계약금을 지급한 뒤, 그 계약금을 포기하는 방법으로 계약을 해제하지 않는 이상 계약을 마음대로 해제할 수 없다.

> ### 대법원 2008. 3. 13. 선고 2007다73611 판결
>
> <u>계약이 일단 성립한 후에는 당사자의 일방이 이를 마음대로 해제할 수 없는 것이 원칙</u>이고, 다만 주된 계약과 더불어 계약금계약을 한 경우에는 민법 제565조 제1항의 규정에 따라 임의 해제를 할 수 있기는 하나, 계약금계약은 금전 기타 유가물의 교부를 요건으로 하므로 단지 계약금을 지급하기로 약정만 한 단계에서는 아직 계약금으로서의 효력, 즉 위 민법 규정에 의해 계약해제를 할 수 있는 권리는 발생하지 않는다고 할 것이다. 따라서 당사자가 계약금의 일부만을 먼저 지급하고 잔액은 나중에 지급하기로 약정하거나 계약금 전부를 나중에 지급하기로 약정한 경우, 교부자가 계약금의 잔금이나 전부를 약정대로 지급하지 않으면 상대방은 계약금 지급의무의 이

행을 청구하거나 채무불이행을 이유로 계약금약정을 해제할 수 있고, 나아가 위 약정이 없었더라면 주계약을 체결하지 않았을 것이라는 사정이 인정된다면 주계약도 해제할 수도 있을 것이나, 교부자가 계약금의 잔금 또는 전부를 지급하지 아니하는 한 계약금계약은 성립하지 아니하므로 (민법 제565조 제1항) 당사자가 임의로 주계약을 해제할 수는 없다 할 것이다.

앞의 사례는 부동산 매매계약서를 작성한 다음날 매수인이 계약금을 지급하기 전에 매도인이 변심한 사안이다. 여기서 대법원은 매도인이 계약금을 받은 바 없다고 하더라도 이미 매매계약이 성립한 이상 매도인이 부동산매매계약을 일방적으로 해제·파기할 수 없다고 판단하였다. 매매계약을 해제하고 싶으면 매도인으로서는 일단 매수인으로부터 계약금을 지급받은 후에 계약금의 배액을 매수인에게 지급하면서, 매수인으로서는 일단 매도인에게 계약금을 지급한 뒤에 그 계약금을 포기하면서 해제권을 행사할 수 있을 뿐이다.

계약금을 지급하였든 지급하지 않았든 간에, 계약이 성립된 것으로 판단된다면 당사자는 계약상 책임을 부담하고 일방 당사자의 의사만으로는 그 계약의 구속력에서 벗어날 수 없다. 계약서에 도장을 찍는 행위가 얼마나 큰 책임이 따르는 것인지를 항상 염두에 두도록 하자.

3. 계약서 작성방법

계약서를 작성하라고 하면 막막하게 느껴질 것이다. 어떻게 시작하고 어떤 내용을 넣어야 할지조차도 생각이 나지 않을 것이다. 사실 계약서는 특별히 정해져 있는 형식이 없다. 양 당사자의 합의 내용을 정확히 기재하고 양 당사자가 서명·날인을 하면 그로써 충분하다. 다만, 많이 이용되는 계약서 작성양식은 있으므로 이를 이용하면 편리하다.

1) 합의서 형식의 계약서

계약서는 주로 합의서 형식으로 작성된다. 계약서의 제목을 기재한 다음 계약당사자가 합의한 바를 나열하고서 마지막에 계약당사자가 서명·날인하는 방식이다.

서식 1-4 토지사용대차[3] 계약서

토지사용대차계약서 ← 계약서 제목은 적당히 정하면 된다.

홍길동(주민등록번호 58○○○○-1○○○○○○, 이하"갑")과 김철수(주민등록번호 60○○○○-1○○○○○○, 이하"을")는 서울 도봉구 도봉3로 ○○ 소재 토지의 사용대차와 관련하여 다음과 같이 합의한다.

다 음

제1조(계약의 목적) 을은 갑이 소유한 토지상에서 주말농장 운영을 위해 이 계약을 체결한다.

← 계약 체결의 목적을 계약서 초반부에 기재하는 것이 보통이다.

제2조(용어의 정의)

1. "대상 토지"라 함은 '서울 도봉구 도봉3로 ○○ 대 1,000㎡'를 말한다.

← 용어를 정의하는 것이 편하다면 용어 정리를 미리 해 준다.

2. ……

제3조(갑과 을의 의무)

① 갑은 대상 토지를 을에게 무상으로 사용할 수 있도록 제공한다.

② 대상 토지의 제공조건은 다음과 같다.

　가. 기간 : 20○○. 1. 1.부터 20○○. 12. 31.까지

　나. 용도 : 주말농장시설의 운영

---

3) 사용대차란 기본적으로는 임대차와 유사한 개념이나 임대차는 임대료를 받는 계약인 반면, 사용대차는 '무상'이라는 점에 차이가 있다.

③을은 대상 토지를 주말농장시설 외 용도로 사용할 수 없다.

④을은 대상 토지를 제3자에게 사용하도록 점유를 이전하여서는 안
된다.

*계약에 따른 쌍방의 의무
를 형식에 구애받지 말고
자세히 기재한다.*

......

제6조(계약의 해지)

①갑은 계약기간이 시작되고서 1년이 지나면 언제든지 계약을 해지
할 수 있다. 다만 갑이 을에게 계약해지의 의사를 표시한 때로부
터 3개월 이후에 계약해지의 효력이 발생한다.

②을은 갑이 계약 해지의 의사를 표시한 때로부터 3개월 이내에 대
상 토지를 인도하여야 하고, 그렇지 않으면 3개월이 지난 때부터
월 100만 원의 손해배상금을 지급한다.

......

*계약의 해제 및 파기에 관한
사유도 미리 정해둔다.*

제8조(관할법원) 이 계약과 관련하여 발생하는 당사자 간의 모든 분
쟁은 서울중앙지방법원이 담당한다.

2000. 0. 00.

갑   홍 길 동 (인)

(주소)

*계약당사자 및 서명날인,
주소 표시를 한다. →*

을   김 철 수 (인)

(주소)

2) 각서·서약서 형식의 계약서

당사자 일방이 이미 계약상 의무를 이행한 경우 나머지 당사자만이
자신의 의무를 이행하겠다는 뜻을 각서 또는 서약서 형식으로 남겨두

는 방법이다. 약정서, 서약서, 확약서, 이행각서 등의 제목을 붙이기도 한다.

서식 1-5 서약서(채무 이행에 대한 내용)

서 약 서

홍길동은 20○○. ○. ○○. 김철수로부터 30,000,000원을 빌렸습니다. 홍길동은 20○○. ○○. ○○.까지 김철수에게 빌린 돈 30,000,000원과 이에 대한 연 10%의 이자를 상환할 것을 서약하며, 이를 어길 경우 홍길동은 20○○. ○○. ○○.부터는 연 25%의 비율에 의한 이자를 합산한 금액을 김철수에게 지급하겠습니다.

20○○. ○. ○○.

서약자 홍 길 동 (서명날인)

4. 표준계약서 및 특약사항의 활용

1) 표준계약서

우리나라 정부 부처, 각종 단체에서는 법령의 근거에 따라 표준계약서를 제정·배포하고 있는 곳이 많다. 대부분의 사람들은 계약서에 대해 무지하여 속칭 갑에 의해 이루어지는 불공정계약이 많기 때문에 일반 국민들의 편익을 위해 표준계약서를 제정하여 사용하도록 장려하고 있다. 계약을 체결할 일이 있다면 인터넷 포털 사이트 등에서 표준계약서가 존재하는지를 먼저 확인한 뒤 그 계약서를 활용할 것을 추천한다. 다음 표의 표준계약서 이외에도 셀 수 없이 많은 종류의 표준계약서가 존재한다.

표 1-1 표준계약서 현황

번호	표준계약서 명칭	제정기관
1	주택임대차계약서	법무부
2	상가건물임대차계약서	법무부
3	상가건물 임대차권리금계약서	국토교통부
4	임대주택 표준임대차계약서	공정거래위원회
5	상가(공동주택복리시설) 분양계약서 표준약관	공정거래위원회
6	근저당권설정계약서	공정거래위원회
7	저당권설정계약서	공정거래위원회
8	건축공사 표준계약서	국토교통부
9	건설업 표준하도급계약서	공정거래위원회
10	민간건설공사 표준도급계약서	국토해양부
11	발코니 창호공사 표준계약서	공정거래위원회
12	주택건설공사 감리용역 표준계약서	국토해양부
13	프랜차이즈(외식업, 교육서비스업 등) 표준계약서	공정거래위원회
14	상조서비스 표준약관	공정거래위원회
15	동의서(수술, 마취 등) 표준약관	공정거래위원회
16	산후조리원 표준약관	공정거래위원회
17	헬스장이용 표준약관	공정거래위원회

2) 특약사항의 중요성

계약서를 제대로 작성해 두면 추후 법적 문제가 생겨도 쉽게 해결할 수 있는 경우가 많다. 즉, 계약서만 꼼꼼히 작성해 둔다면 불필요한 분쟁에 휘말릴 여지가 적을 뿐만 아니라 시간과 비용을 아낄 수 있는 것이다. 이렇게만 얘기하면 무슨 말인지 쉽게 이해되지 않을 것이다.

예를 들어, 당신이 아파트 한 세대를 4억 원을 주고 매수했다고 가정해 보자. 계약금 및 중도금 조로 2억 원을 지급했고, 이제 잔금 2억 원만 지급하면 소유권을 받아올 수 있는 상황이다. 그런데 혹시나 하는 마음에 부동산등기사항증명서(등기부)를 발급받았는데 이게 웬일인가. 매매계약서 작성 당시 존재하지 않았던 1억 6천만 원 상당의 가압류가 설정되어 있는 것이 아닌가. 이 가압류가 설정되어 있는 상태에서는 소유권을 넘겨받는다고 하더라도 추후 가압류가 본압류로 이행되면 부동산이 경매로 넘어가 부동산의 소유권을 잃을 수도 있다. 이러한 상황이라면 당신은 반드시 이 부동산매매계약을 해제하고 계약금 및 중도금 2억 원을 돌려받고 싶을 것이다. 하지만 법적으로 이러한 상황에서 부동산매매계약을 해제할 수 없다.

> ### 대법원 1999. 6. 11. 선고 99다11045 판결
>
> 매수인은 매매목적물에 대하여 가압류집행이 되었다고 하여 매매에 따른 소유권이전등기가 불가능한 것도 아니므로, 이러한 경우 매수인으로서는 신의칙 등에 의해 대금지급채무의 이행을 거절할 수 있음은 별론으로 하고, 매매목적물이 가압류되었다는 사유만으로 매도인의 계약 위반을 이유로 매매계약을 해제할 수는 없다고 할 것인바, 원심이 인정한 바와 같이 이 사건 제1토지에 대하여 다른 사람으로부터 청구금액이 금 70,000,000원으로 된 가압류집행이 되었다 하더라도, 그 당시 가압류청구금액에 상당하는 미지급 매매잔대금이 남아 있었던 이 사건에서, 가압류를 이유로 한 피고의 매매계약 해제의 의사표시는 적법하다고 할 수 없다.

우리 법원은 부동산매매계약을 체결한 뒤 그 부동산에 대하여 가압류집행이 되었다고 하더라도 매수인은 그 계약을 해제할 수 없다고 보고 있다. 가압류가 집행되어 있더라도 소유권을 받아오는 것은 충분히 가능하므로, 가압류 상당액의 대금지급을 거절하면 된다는 것이다. 그

러나 매수인으로서는 가압류와 같은 불안요소가 있는 상태에서 부동산의 소유권을 받아오기 쉽지 않을 것이며, 추후 법적 분쟁이 발생하였을 때 적절히 대처할 수 있다는 확신도 없기 때문에 하루빨리 계약을 해제하고 싶은 마음뿐일 것이다.

그런데 만약 당신이 부동산매매계약서 특약사항에 "부동산이 가압류, 가처분 등의 사유로 매도인이 그 소유권을 온전히 건네줄 수 없는 사정이 생겼을 때에는, 매수인이 일방적인 의사로 이 계약을 해제할 수 있다. 이때 매도인은 매수인의 계약 해제의 의사표시 후 3일 이내에 이미 받은 돈을 반환하여야 한다."라고 기재해 두면 어떻게 될까? 이는 계약당사자 간의 계약 해제사유에 관한 별도의 합의가 있었던 것이므로, 앞서 본 대법원 판례에서 선언하고 있는 법리와 관계없이 가압류 사실을 이유로 하여 부동산매매계약을 곧바로 해제할 수 있다.

이처럼 계약서를 잘 활용하면 불필요한 법적 분쟁을 최소화할 수 있을 뿐만 아니라, 당신이 하루하루 마음 졸일 일도 훨씬 줄어들 것이다.

5. 계약당사자의 표시

1) 자연인과 법인

계약서에 당사자를 표시할 때 특별히 어려운 것은 없으나 '법인'과 계약을 체결할 경우에는 법인에 대한 정확한 이해가 선행되어야 한다. 법인은 말 그대로 '법이 인정한 사람'이라고 생각하면 된다. 인격체는 오직 사람뿐이지만, 법으로 '법인'이라는 존재를 만들어 사람과 동일하게 취급해 주는 것이다. 이러한 법인은 사람과 동일하게 취급되기 때문에 사람과 같이 재산을 소유할 수 있으며 계약의 주체가 될 수도 있고 소송당사자가 될 수도 있다.

법인과 계약을 체결하기 전에는 항상 스스로 '법인등기사항증명서

(구명칭 : 법인등기부등본)'를 발급받아 그 법인이 존재하는지와 대표자가 누구인지를 확인해야 한다.

법인등기사항증명서는 인터넷등기소(http://www.iros.go.kr)에서 발급받을 수 있다. 법인과 계약을 체결하는 경우 그 대표자 또는 그 대표자로부터 정당하게 권한을 위임받은 대리인과 계약을 체결하지 않으면 아무런 효력이 없다. 존재하지 않는 법인과 체결한 계약도 마찬가지이다. 따라서 법인과 체결하는 경우에는 미리 법인등기사항증명서를 발급받아 법인의 존재와 그 대표자를 확인해 두어야 한다. 필자의 지인은 법인등기사항증명서를 제대로 확인하지 않아 존재하지도 않는 법인과 계약을 체결한 경우가 있었다. 사기를 당한 것이다.

혼동하지 말아야 하는 것이 '개인사업자의 상호'와 '법인'의 구별이다. 개인사업자의 경우에는 계약서를 작성하면서 "○○물산 대표 홍길동"과 같은 형식으로 이름을 기재하는 경우가 많다. 이 경우는 법인과 계약이 아니라 개인과 계약이라고 보아야 한다. 즉, 이 경우 계약의 상대방은 "○○물산"이 아니라 "홍길동" 개인이 되는 것이다. 법인과 개인을 반드시 구별하여, 법인일 경우에는 계약 체결 단계에서 더더욱 치밀한 확인을 거치도록 하자.

≫ **개인사업자의 경우**

○○물산 대표 홍길동 ← 계약의 당사자
서울 강동구 아리수로 93길 ○○

≫ **법인의 경우**

주식회사 ○○물산 대표이사 홍길동 ← 계약의 당사자
서울 강동구 아리수로 93길 ○○

참고로, 법인과 계약을 체결한 경우에는 그 법인에만 책임을 물을 수 있을 뿐이지, 그 대표이사 개인에게는 책임을 물을 수 없다. 대표이사 개인에게도 책임을 묻기 위해서는 애초에 그러한 뜻을 계약서에서 명확히 기재해 두고 대표이사 개인의 도장도 날인하도록 해야 한다. 법인을 계약서에서 "을"로 표시했다면 계약서의 계약당사자 표기란에 "을"과 함께 "을"의 하단에 "을의 연대채무자 홍길동" 또는 "을의 연대보증인 홍길동"이라고 기재한 후 대표이사의 개인 도장을 날인받아 놓으면 대표이사 개인에게도 법인의 채무를 이행할 것을 청구할 수 있다.

≫ **법인의 대표이사에게도 책임을 지우려는 경우**

을   주식회사 ○○물산 대표이사 홍길동
             ↖ 계약의 당사자
      서울 강동구 아리수로93길 ○○

을의 연대채무자 홍길동 ↖ 계약의 당사자
      서울 강남구 테헤란로87길 ○○

2) 대리인에 의한 계약 체결

당사자가 계약서에 직접 서명·날인을 하기 어려운 사정이 있어 대리인이 대신하여 서명·날인하는 경우가 있다. 이때도 대리인이 본인의 위임을 받은 것이 맞는지 꼼꼼히 확인하여야 한다. 만약 본인으로부터 계약 체결에 관한 아무런 대리권도 부여받지 않은 상대방과 계약을 체결한다면 그 계약은 효력이 없게 된다. 대리인이 계약 체결장소에 나타난 경우에는 항상 본인이 직접 작성한 위임장 및 본인의 인감증명서, 대리인의 신분증을 제시해 달라고 요청하여야 한다. 법인의 경우 대표자가 아닌 임원, 직원이 나온 상황에서도 확인이 필요하다.

부부간에는 민법상 일상가사대리권이라는 것이 인정되지만, 부동산매매계약 체결과 같은 처분행위에 관해서는 본인의 별도 위임 없이 배우자가 대리할 수 없다. 따라서 부부간이라도 본인의 위임장 및 인감증명서를 반드시 확인해야 한다.

위 임 장

1. 거래 대상 부동산의 표시

소재지	

2. 위임인 및 수임인의 인적사항

위임인	주소				
	주민등록번호		전화		성명	
수임인	주소				
	주민등록번호		전화		성명	

제1조 상기 위임인은 수임인에게 상기 거래 대상 부동산의 매매계약과 관련하여 계약체결 및 거래대금 수령 사무를 위임합니다.

제2조 상기 위임인은 거래계약체결 상대방에게 위임사실을 알리기 위하여 별첨과 같은 인감증명서를 첨부함과 동시에 위임인의 인감도장을 날인하여 수임인에게 지급합니다.

※ 별첨 : 인감증명서 1부. 끝.

20○○. ○. ○○.

상기 위임인 ○ ○ ○ (인)

4 민사소송 기초지식

1. 소송의 진행절차

대부분의 사람들은 소송을 경험해 볼 일이 거의 없다. 아마 평생 한 번도 소송을 경험해 본 적이 없는 사람들이 대부분일 것이다. 그러나 투자자라면 소송을 할 일이 종종 생기기 때문에 건물명도(인도)소송, 부당이득청구소송, 손해배상청구소송, 대여금소송 등 정도는 스스로 할 수 있는 능력을 갖추는 것이 좋다. 소송의 절차와 형식을 참고하여 스스로 간단한 소송을 할 수 있다면, 투자 방향을 다각화하여 비용을 최소화하고 수익률을 극대화할 수 있기 때문이다.

일반적으로 민사소송은 대체로 다음과 같은 절차로 진행된다.

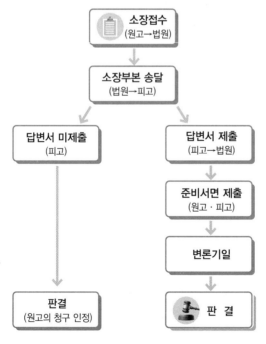

소장의 제출

원고는 분쟁의 해결을 위해 소장을 작성해서 법원에 제출한다. 원고는 소장의 작성 양식을 준수하여야 한다. 피고를 명확히 특정하고, 어떠한 이유로 피고에게 소송을 제기하는 것인지를 밝히며, 자신의 주장사실을 입증할 수 있는 증거를 제출하여야 한다.

피고의 답변서 제출

피고가 원고의 청구를 다투는 경우에는 소장 부본을 송달받은 날로부터 30일 이내에 답변서를 제출해야 한다. 피고가 소장을 송달받고도 답변서를 제출하지 않는 경우 법원은 피고가 원고의 청구를 인정한 것으로 간주하고 원고의 청구대로 판결한다.

준비서면 제출

원고가 제출한 소장에 대하여 피고가 답변서를 제출하고 나면 원고·피고는 쌍방 구분 없이 추가로 서면을 제출하는데, 이때에는 '준비서면'이라는 제목으로 주장과 증거를 정리하여 제출하면 된다. 상대방의 주장을 반박하고 싶을 때에는 언제든지 서면을 작성해서 필요한 증거와 함께 법원에 제출하면 된다. 통상적으로 원고·피고가 번갈아가며 상대방의 주장을 반박하면서 서면을 제출한다.

변론기일

서면 공방이 어느 정도 진행되면 법원은 변론기일의 날짜와 시간, 법정을 지정하여 통지해 준다. 소장 제출일로부터 언제쯤 변론기일이 지정된다고 일률적으로 설명하기는 어려우나, 통상적으로 소장 제출일로부터 빠르면 2~3개월, 늦으면 6개월이 지나서 잡히기도 한다. 변론기일이 계속 지정되지 않는다면 재판부에 전화를 해서 실무관에게 문의를 해 보아도 되고, '기일지정신청서'를 제출하면 곧바로 잡아주기도 한다. 변론기일은 원고와 피고가 법원에 직접 출석하여 판사 앞에서 각자의 주장을 구두로 설명할 수 있는 날이라고 생각하면 된다. 이때 판사는 궁금한 점을 당사자에게 물어보기도 하고, 쌍방이 조정할 의사가 있는지 확인하기도 한다. 쌍방이 추가로 제출할 증거자료가 있거나 증인신문이나 감정 등을 할 예정이라면 변론기일은 여러 차례 진행될 수 있다.

변론기일 전에 변론준비기일이 잡히기도 하는데, 쟁점이 다소 복잡해 보이는 사건은 변론기일을 열기 전에 미리 쟁점 및 증거를 정리하는 차원에서 법원이 지정하는 것이다.

재판정에 출석하면 일반적으로 다음과 같이 자리가 배치된다.

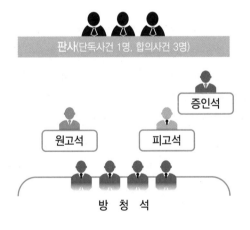

판사(단독사건 1명, 합의사건 3명)

증인석

원고석　　피고석

방 청 석

방청석에서 기다린 뒤 재판장이 자기 사건을 호명하면 앞자리(원고석 또는 피고석)에 착석하면 된다.

판결선고

원고·피고 간의 공방이 어느 정도 마무리되면 법원은 심리를 종결하고(이를 '변론종결'이라고 한다) 판결선고기일을 지정한다. 재판부의 사정에 따라 다르지만, 통상적으로 마지막 변론기일로부터 약 1달 정도 뒤에 판결을 선고한다. 판결을 선고할 때에는 법정에 출석하지 않아도 되고, 판결문은 주소지로 보내준다. 판결에 불복한다면 판결문을 송달받은 때로부터 2주 이내에 법원에 항소장을 제출하여야 한다. 다만, 소송목적의 값이 3,000만 원 이하인 사건(이른바 '소액사건')의 경우에는 변론을 마치고 그 자리에서 곧바로 판결을 선고하기도 한다.

2. 실전 소송에 임하기 전 꼭 알아두어야 할 사항

1) 판사 앞에서 구두변론을 잘해야 한다?

법정 드라마를 본 적이 있는가. 변호사가 법정에 서서 판사를 향해 이야기하며, 자신이 맡은 의뢰인의 억울함을 위풍당당하게 호소한다. 판사는 변호사의 구체적인 변론을 끝까지 경청해 주며, 원고·피고 당사자의 장황한 이야기도 귀 기울여 들어 준다. 아마도 많은 사람들은 이런 모습이 법정에서 일반적으로 벌어지는 풍경이라 생각할 것이다.

재판을 처음 방청하는 사람들이 항상 하는 이야기가 있다. 특별한 진행 과정 없이 몇 마디의 말만 주고받은 채 재판이 이렇게 순식간에 끝나는 줄 몰랐다고. 드라마에서 봐 왔던 풍경과는 너무나도 다른 모습이다. 구두변론은 그리 화려하거나 길지 않으며, 변호사는 자신의 핵심 주장만 간략히 설명하는 정도에 그친다. 근래에 들어 구두변론이 강조되어 변호사들이 판사 앞에서 구두변론을 길게 하는 사례가 늘고는 있지만, 보통 1개의 사건에 5~10분 정도의 시간만 배정되기 때문에 재판부는 변론기일에 핵심적인 내용만 다루고 쌍방의 자세한 주장 내용은 서면에서 다루는 것을 선호한다.

물론 재판부에 자신의 주장을 명확히 설명하여 이해시키는 것은 매우 중요하다. 하지만 재판부에 대한 설득은 말로 하는 것이 아니라 서면을 잘 작성하고 필요한 증거를 적절히 제출하는 방법이 훨씬 효과적임을 잊지 말자. 구두변론은 잠깐이고 시간이 지나면 잊혀질 수밖에 없지만, 서면은 영원하고 판사는 판결문을 작성하기 위해 그 서면을 수차례 반복해서 읽어본다.

이러한 사실을 간과하고 변론기일에 판사 앞에서 당신이 하고 싶은 이야기를 장황하게 늘어놓기만 한다면, 당신은 아마 판사로부터 "자세한 이야기는 서면으로 정리해서 제출해 주세요."라는 말만 듣게 될 것이다.

2) 판사가 알아서 판단해 준다?

'원님 재판'이라는 말이 있다. 고을에서 분쟁이 발생한 경우 원님이 양 당사자를 불러놓고 일정한 절차 및 원칙도 없이 제멋대로 판결을 내렸다는 데에서 유래한 말이다. 최근에는 같은 사안을 두고도 판사마다 서로 다른 판단을 내리는 것을 비꼬는 의미로 쓰이기도 한다. 그런데 이러한 부정적 인식은 법원에서 진행되는 재판의 '룰'을 정확히 모르는 데에서 비롯된 오해이기도 하다.

민사소송을 하려면 반드시 염두에 두어야 할 중요 원칙이 있다. 변론주의와 처분권주의가 그것이다.

(1) 변론주의

변론주의란, 소송자료(사실과 증거)의 수집 및 제출 책임은 당사자에게 있고, 당사자가 수집하여 법원에 제출한 소송자료만 재판의 기초로 삼아야 한다는 원칙이다. 즉, 판사가 알고 있는 사정이라도 이는 소송에서 전혀 고려될 수 없고, 당사자가 그에 대한 사실을 주장하고 그에 대한 증거를 제출해야 한다는 것이다. 즉, 판사는 '판단'만 하는 것이지 소송 전반에는 개입하지 않는다. 이러한 원칙 때문에 같은 사안이라도 다른 판단이 내려질 수 있다.

다음과 같은 사건이 있다고 가정해 보자.

> A라는 사람이 2000년 무렵 B, C, D에게 각각 돈을 빌려주었다. 시간이 지났는데도 B, C, D가 돈을 갚지 않자 A는 2017년 무렵 B를 상대로 빌려준 돈을 갚으라는 소송을 제기하고 C, D를 상대로도 동일한 소송을 제기하였다.
> (1) A는 B에 대한 사건에서는 차용증을 잃어버려 제출하지 못하였다. 다만, 우연히 판사는 B가 A로부터 돈을 빌린 사실을 알게 되었다.
> (2) A는 C, D에 대한 사건에는 차용증을 제출하였다. C는 법정에 나와 돈을 갚으려고 했으나 사업에 어려움이 있어 아직 갚지 못했다고 얘기했고, D는 돈을 빌린 것은 맞으나 이미 10년의 기간이 지나 소멸시효가 완성되었다고 주장하였다.

이런 경우 각 사건의 승패는 어떻게 귀결될까? 결론부터 얘기하면, A는 B에 대한 사건에서는 패소, C에 대한 사건에서는 승소, D에 대한 사건에서는 패소하게 된다.

변론주의 원칙에 의하면 자신에게 유리한 사실을 주장하는 당사자는 그 유리한 사실을 증명할 수 있는 증거를 제출할 책임이 있다(이른바 '증명책임', '입증책임'). 그런데 A는 B에 대한 돈을 빌려주었다는 사실을 증명할 만한 증거(차용증)를 제출하지 못했다. 이러한 상황이라면 B가 A에게 돈을 빌렸다는 것을 스스로 인정하지 않는 한 돈을 빌려주었다는 증거가 없으므로 A는 소송에서 지게 된다. 판사가 사실을 알고 있든 말든 간에 상관없다. 또한 C, D에 대한 재판의 경우, D는 법정에서 대여금 채권은 10년의 기간이 지나 소멸시효가 완성되어 대여금채무가 소멸되었다고 주장했는데 그러한 주장은 소송자료로 판결에서 감안이 된다. 따라서 D는 A에게 돈을 갚지 않아도 된다는 판결이 나온다. C는 소멸시효가 완성되었다는 주장을 하지 않았으므로 법원은 C에게 돈을 갚으라고 명한다.

이처럼 변론주의는 우리나라 소송 법제에 있어 가장 기초가 되는 원칙이며, 소송이라는 게임의 핵심 룰이다. 주장 및 증거 제출을 소홀히 하면 안 된다. 같은 사실관계라도 소송당사자의 대응방법에 따라 언제나 다른 결과가 발생할 수 있다.

(2) 처분권주의

처분권주의를 쉽게 얘기하면, 법원은 당사자가 신청한 대상·범위 내에서만 판결한다는 원칙이다. 여기서도 예를 하나 들어보자.

> A라는 사람이 건물을 소유하고 있는데, B가 그 건물을 점유하며 사용·수익하고 있다. A와 B 사이에 어떠한 임대차계약관계도 없다. 그런데 A는 법원에 B를 상대로 부당이득반환청구소송이 아닌 임대료지급청구소송을 제기하였다.
> 한편, 감정인 의견에 의하면 해당 부동산의 적절한 임대료는 월 100만 원이라고 한다. 그런데 A는 B에 대해 감정인이 감정한 임대료보다 적은 월 50만 원만 지급하라고 청구하고 있다.

이럴 때 법원은 어떻게 판단할까?

우선, 법원에서 보았을 때는 B가 A의 건물을 무단으로 점유하여 사용·수익하고 있으므로, B에게 부당이득반환책임이 있다고 생각할 것이다. 그런데 A는 부당이득이 아닌 임대료의 지급을 청구하고 있을 뿐이다. 그렇다면 법원은 B에게 임대료지급책임이 인정되지 않는다고 보아 건물주 A의 청구를 기각한다. 설령 임대료지급의무가 인정된다고 가정하더라도, 건물주 A가 지급을 구하는 월 50만 원만 지급하라고 판결하고, 월 100만 원의 지급을 명하지는 않는다.

이것이 바로 처분권주의이다. 법원은 당사자가 신청한 대상·범위 내에서만 판결을 선고하지, 그 이상까지 법원 스스로 나서서 당사자의 권리를 구제해 주지는 않는다. 소송을 제기하는 자로서는 항상 이러한 점을 명심하여야 자신에게 최상의 결과를 내기 위한 전략을 짤 수 있을 것이다.

3. 관할법원 결정하기

소송을 진행해 본 경험이 없다면 소장을 어느 법원에 접수하여야 하는지 정확히 알기 어렵다. 경매절차에서 주로 활용되는 인도명령은 낙찰을 받은 경매법원에 신청서를 제출하면 된다. 그러나 공매절차에서는 인도명령 제도가 없어 낙찰자는 건물인도소송을 제기하거나, 그 외에 경매로 받은 부동산이라도 건물철거소송, 부당이득반환소송을 제기해야 할 때가 있다. 이럴 때 소송을 제기하는 자는 스스로 법원을 선택하여 소장을 제출하여야 한다.

법원 사이에서는 재판권 행사의 분담을 정하고 있다. 이를 관할이라 한다. 소송을 제기할 때 소장을 제출하여야 하는 관할법원에 대해서는 다음과 같은 몇 가지 규칙이 있다.

첫째, 피고의 주소지를 관할하는 법원에 소를 제기하여야 한다. 이 것이 관할을 결정함에 있어서 모든 소송에서 통용되는 가장 중요한 원칙이다. 다만, 원고가 상대방에 대해서 금전청구(부당이득반환, 임대료 등)도 하는 경우라면 채권자인 원고의 주소지를 관할하는 법원에도 소를 제기할 수 있다.

둘째, 건물명도소송, 소유권이전등기소송 등과 같은 부동산에 관한 소송일 때에는 그 부동산의 주소지를 관할하는 법원에도 소를 제기할 수 있다.

셋째, 관할법원이 여러 곳인 경우에는 그중에서 원고가 자유롭게 선택하여 소를 제기할 수 있다.

위 규칙 말고도 다른 규칙도 있기는 하지만, 경매·공매사건 및 전형적인 유형의 소송을 제기하는 사람이라면 위 정도의 관할 규칙만 알아도 충분하다.

위와 같은 규칙을 잘 이용하면, 소송을 제기하려는 사람은 자신이 출석하기 편한 법원을 선택하여 소를 제기할 수 있다. 다음과 같은 상황을 가정해 보자.

> 경기도 부천시에 사는 낙찰자가 전라도 광주에 소재한 토지를 낙찰받았다. 그런데 그 토지 위에 법정지상권이 성립하지 않는 건물이 있고, 건물의 문은 잠겨 있으며 건물 소유자는 경상북도 포항시에 살고 있다.

이러한 상황에서 낙찰자는 그 건물의 소유자에 대하여 ① 건물철거청구, ② 부당이득반환청구(지료)를 한꺼번에 할 수 있다. 이때 관할법원은 어떻게 될까?

첫 번째 규칙에 의하면, 낙찰자(원고)는 건물 소유자(피고)의 주소지를 관할하는 대구지방법원 포항지원이나 낙찰자의 주소지를 관할하는 인천지방법원 부천지원에 소를 제기할 수 있다. 피고의 주소지를 관할하는 법원에 소를 제기하는 것이 원칙이나, 이 사건은 지료 상당의 부당이득반환청구(금전청구)도 함께 구하고 있기에 원고의 주소지를 관할하는 법원에도 소를 제기할 수 있기 때문이다.

두 번째 규칙에 의하면, 철거청구의 대상이 된 건물의 주소지를 관할하는 광주지방법원에 소를 제기할 수 있다.

세 번째 규칙에 의하면, 낙찰자는 첫 번째, 두 번째 규칙에 따른 대구지방법원 포항지원, 인천지방법원 부천지원, 광주지방법원 세 군데 중에서 한 곳을 선택하여 소를 제기할 수 있다. 이럴 때 낙찰자로서는 자신의 주소지와 가장 가까운 인천지방법원 부천지원에 소를 제기하면 매우 편할 것이다. 주소지에 따른 관할법원은 아래에 있는 [표 1-2]를 참조하면 된다.

소송을 제기할 때 관할법원이 너무 멀리 위치한 경우라면 쉽게 지칠 수 있다. 재판이 진행되는 경우 변론기일은 많으면 5번 이상도 진행되는 경우가 있기 때문이다. 따라서 소장을 접수하기 전에 위 규칙에 따라 반드시 관할법원을 확인한 뒤, 자신이 가장 출석하기 편한 위치의 법원을 선택하여 소장을 접수하도록 하자.

표 1-2 고등법원·지방법원과 그 지원의 관할구역

고등법원	지방법원	지원	관할구역
서울	서울중앙		서울특별시 종로구·중구·강남구·서초구·관악구·동작구
	서울동부		서울특별시 성동구·광진구·강동구·송파구
	서울남부		서울특별시 영등포구·강서구·양천구·구로구·금천구

서울	서울 북부		서울특별시 동대문구 · 중랑구 · 성북구 · 도봉구 · 강북구 · 노원구
	서울 서부		서울특별시 서대문구 · 마포구 · 은평구 · 용산구
	의정부		의정부시 · 동두천시 · 양주시 · 연천군 · 포천시, 강 원도 철원군. 다만, 소년보호사건은 앞의 시 · 군 외 에 고양시 · 파주시 · 남양주시 · 구리시 · 가평군
		고양	고양시 · 파주시
		남양주	남양주시 · 구리시 · 가평군
	인천		인천광역시
		부천	부천시 · 김포시
	춘천		춘천시 · 화천군 · 양구군 · 인제군 · 홍천군. 다만, 소년보호사건은 철원군을 제외한 강원도
		강릉	강릉시 · 동해시 · 삼척시
		원주	원주시 · 횡성군
		속초	속초시 · 양양군 · 고성군
		영월	태백시 · 영월군 · 정선군 · 평창군
대전	대전		대전광역시 · 세종특별자치시 · 금산군
		홍성	보령시 · 홍성군 · 예산군 · 서천군
		공주	공주시 · 청양군
		논산	논산시 · 계룡시 · 부여군
		서산	서산시 · 당진시 · 태안군
		천안	천안시 · 아산시
	청주		청주시 · 진천군 · 보은군 · 괴산군 · 증평군. 다만, 소년보호사건은 충청북도
		충주	충주시 · 음성군
		제천	제천시 · 단양군
		영동	영동군 · 옥천군
대구	대구		대구광역시 중구 · 동구 · 남구 · 북구 · 수성구 · 영 천시 · 경산시 · 칠곡군 · 청도군
		서부	대구광역시 서구 · 달서구 · 달성군, 성주군 · 고령군
		안동	안동시 · 영주시 · 봉화군
		경주	경주시
		포항	포항시 · 울릉군

		김천	김천시 · 구미시
		상주	상주시 · 문경시 · 예천군
		의성	의성군 · 군위군 · 청송군
		영덕	영덕군 · 영양군 · 울진군
부산	부산		부산광역시 중구 · 동구 · 영도구 · 부산진구 · 동래구 · 연제구 · 금정구
		동부	부산광역시 해운대구 · 남구 · 수영구 · 기장군
		서부	부산광역시 서구 · 북구 · 사상구 · 사하구 · 강서구
	울산		울산광역시 · 양산시
	창원		창원시 의창구 · 성산구 · 진해구, 김해시. 다만, 소년보호사건은 양산시를 제외한 경상남도
		마산	창원시 마산합포구 · 마산회원구, 함안군 · 의령군
		통영	통영시 · 거제시 · 고성군
		밀양	밀양시 · 창녕군
		거창	거창군 · 함양군 · 합천군
		진주	진주시 · 사천시 · 남해군 · 하동군 · 산청군
광주	광주		광주광역시 · 나주시 · 화순군 · 장성군 · 담양군 · 곡성군 · 영광군
		목포	목포시 · 무안군 · 신안군 · 함평군 · 영암군
		장흥	장흥군 · 강진군
		순천	순천시 · 여수시 · 광양시 · 구례군 · 고흥군 · 보성군
		해남	해남군 · 완도군 · 진도군
	전주		전주시 · 김제시 · 완주군 · 임실군 · 진안군 · 무주군. 다만, 소년보호사건은 전라북도
		군산	군산시 · 익산시
		정읍	정읍시 · 부안군 · 고창군
		남원	남원시 · 장수군 · 순창군
	제주		제주시 · 서귀포시
수원	수원		수원시 · 오산시 · 용인시 · 화성시. 다만, 소년보호사건은 앞의 시 외에 성남시 · 하남시 · 평택시 · 이천시 · 안산시 · 광명시 · 시흥시 · 안성시 · 광주시 · 안양시 · 과천시 · 의왕시 · 군포시 · 여주시 · 양평군
		성남	성남시 · 하남시 · 광주시
		여주	이천시 · 여주시 · 양평군
		평택	평택시 · 안성시
		안산	안산시 · 광명시 · 시흥시
		안양	안양시 · 과천시 · 의왕시 · 군포시

4. 단독판사와 합의부

재판에 출석한 경우 사안에 따라 판사가 1명만 있는 경우도 있고 3명이 있는 경우도 있다. 판사가 1명만 있는 경우를 '단독판사'라고 하며, 판사가 3명이 있는 경우를 '합의부'라 칭한다. 소송물가액 2억 원을 기준으로 그 이하이면 단독판사가, 초과면 합의부가 재판을 진행한다. 소송물가액 3,000만 원 이하의 사건은 소액사건이라고 하여 따로 구분하나, 단독판사가 진행한다는 점에서는 다르지 않다.

단독판사가 진행하든지, 합의부가 진행하든지 큰 차이는 없으나 1심 판결선고 후의 항소법원부터는 큰 차이가 있다. 우리나라 심급제도는 다음의 그림과 같이 구성되어 있다.

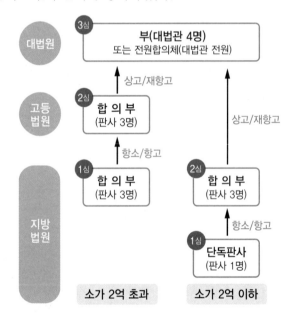

우리나라 법원은 지방법원, 고등법원, 대법원 3심급 구조를 취하고 있다. 소송이 제기되면 위 그림과 같이 2가지 중 하나의 절차에 따라 소송이 진행되는데, 앞서 본 기준에 따라 1심을 단독판사가 진행하는

지, 합의부가 진행하는지를 먼저 정하게 된다. 1심이 단독판사를 통해 진행되는 경우 항소를 하면 지방법원의 합의부에서 항소심이 진행되고, 1심이 합의부를 통해 진행되는 경우 항소를 하면 고등법원에서 항소심이 진행된다. 다만, 어느 경우든 최종심(3심)은 대법원에서 진행된다.

1심 재판을 인천지방법원 부천지원의 단독판사가 진행한 경우, 2심 재판은 인천지방법원의 합의부에서 진행된다. 이 부분이 헷갈릴 수 있으니 주의하자.

실전TIP **항소, 상고, 항고, 상소의 차이점 및 판결, 결정·명령의 구분**

소송 관련 서적에서 항소, 상고, 항고, 상소라는 용어를 본 적이 있을 것이다. 위 용어를 접한 사람은 재판의 결과에 불복한다는 의미 정도로 눈치껏 이해했을 테지만, 위 용어가 정확히 어떠한 의미인지 알고 있는 사람은 흔치 않다. 위의 네 단어는 모두 실제 법률에서 쓰이는 용어로 세부적인 의미는 모두 다르다.

'항소'는 지방법원의 제1심판결에 대한 불복신청을, '상고'는 항소심의 판결에 대한 불복신청을 의미한다. 이에 대응하여, '항고'는 지방법원의 제1심 결정·명령에 대한 불복신청을, '재항고'는 항고심의 결정·명령에 대한 불복신청을 의미한다. 그리고 항소, 상고, 항고를 모두 통틀어 '상소'라고 칭한다.

판결과 결정·명령의 구분도 재판절차에 익숙지 않은 사람에게는 쉽지 않을 것이다. 쉽게 구분하면, 결정과 명령은 비교적 가벼운 사안이나 절차에 관한 것을 정하는 것이고, 판결은 원고가 소장을 접수하여 원고와 피고가 치열한 공방을 거친 뒤 재판부가 결론을 내려주는 것이라고 생각하면 되겠다.

5. 서면 작성요령

1) 소장, 답변서, 준비서면의 구별

소송을 제기한 자를 '원고', 소송을 당한 자를 '피고'라 한다. 가압류·가처분사건이나 인도명령사건과 같은 결정·명령사건의 경우에는 원고라는 용어 대신 '채권자' 또는 '신청인', 피고라는 용어 대신 '채무자' 또는 '피신청인'이라는 용어를 사용한다.

이때 본안소송[4]에서 원고와 피고 쌍방이 제출하는 서면의 명칭에 대해서 알아보자.

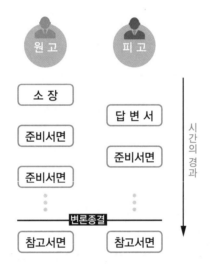

원고가 법원에 처음 제출하는 서면을 '소장'이라 한다. 소장에는 원고와 피고가 누구인지를 정확히 특정하는 것이 중요하고, 피고를 공격

---

4) 가압류·가처분과 같은 절차를 '보전소송', '보전처분'이라 한다. 그런데 이러한 절차는 당사자 간의 권리관계를 종국적으로 확정하는 것이 아니라, 임시적이고 잠정적인 절차에 불과하다. 이와 대비하여 '본안소송'이란 당사자 간의 권리관계를 종국적으로 확정하는 단계로, 법원에 원고가 정식으로 소장을 접수함으로써 개시되는 절차를 의미한다.

하는 이유에 대해 이해하기 쉽게 명확히 정리하여야 한다. 이러한 소장이 법원에 접수되면 법원은 피고에게 그 소장을 송달해 주면서 소장을 송달받은 날로부터 30일 이내에 피고의 입장을 담은 서면을 제출하라고 통지한다.

피고의 입장을 담은 첫 서면이 바로 '답변서'이다. 원고가 소장을 제출한 후, 피고가 답변서를 제출한 다음부터는 원고와 피고가 차례대로, 때로는 차례를 지키지 않고 자신의 주장과 입장을 담은 서면을 법원에 제출한다. 이것을 '준비서면'이라고 한다.

법원에서 보았을 때 원고와 피고 양쪽 입장이 정리되었다고 생각되면, 변론을 종결하고 판결선고기일을 지정한다. 가끔 보면 법원의 판사 앞에서 이야기를 하면 곧바로 판결을 선고해 주는 것으로 생각하는 사람들이 있는데, 절대 그렇지 않다(소액사건은 예외가 있음). 변론을 종결하고 보통 한 달 정도 뒤에 판결선고기일을 지정한다. 판사는 한 달의 기간 동안 쌍방이 제출한 서면을 검토한 뒤 판결을 선고하게 된다. 변론이 종결되고 판결이 선고되기 전까지도 서면을 제출할 수 있는데, 이때 제출하는 서면은 '참고서면'이라고 칭한다.

판사의 입장에서는 변론종결 전에 제출된 소장 및 답변서, 준비서면을 가장 중요하게 취급하며, 변론종결 뒤에 제출된 참고서면은 꼭 읽어보지 않아도 관계없으나 보통 읽어보기는 한다. 따라서 중요한 내용은 반드시 소장, 답변서 및 준비서면에서 다루어야 하며, 증거의 경우 반드시 변론이 종결되기 전에 제출하여야 함을 기억하자.

2) 소장 작성방법

(1) 소장의 기재사항

소장에는 일반적으로 다음의 사항을 차례대로 기재한다고 생각하면 된다.

① 제목

② 당사자의 성명·명칭 및 주소

③ 사건명

④ 청구취지

⑤ 청구원인

⑥ 입증방법 및 첨부서류

⑦ 작성날짜

⑧ 제출당사자의 성명 및 날인

⑨ 법원의 표시

소장을 실제 작성해 보자. 만약 조태훈이 주식회사 홍길동건설에게 5,000만 원을 빌려주었고, 20○○. 1. 1.부터 월 0.5%의 이자를 받기로 약정했다면 다음과 같이 소장을 작성하면 된다.

서식 1-7 **소장(대여금청구소송)**

소 장

원 고 조태훈
　　　　서울 강북구 솔매로○○길 50
피 고 주식회사 홍길동건설
　　　　부천시 원미구 길주로○○번길 19-○○
　　　　대표이사 김철수　　◤ 원고, 피고를 표시하고 주소를 적는다.
　　　　　　　　　　　　　　주식회사의 경우, 주소 다음에
　　　　　　　　　　　　　　대표이사를 기재한다.

대여금청구의 소　　◤ 사건명은 청구원인에 맞게
　　　　　　　　　　'○○○청구의 소'라는 식으로
　　　　　　　　　　적절히 기재하면 된다.

원고가 판결받기 원하는 ➤ **청 구 취 지**
요지를 기재한다.

1. 피고는 원고에게 50,000,000원 및 이에 대한 20○○. 1. 1.부터 이 사건 소장 부본 송달일까지는 연 6%의, 그 다음날부터 다 갚는 날까지는 연 12%의 각 비율에 의한 금원을 지급하라.

2. 소송비용은 피고가 부담한다.

3. 제1항은 가집행할 수 있다.

라는 판결을 구합니다.

청 구 원 인 ➤ 소송을 제기하게 된 이유를
최대한 자세히 기재한다.

1. 원고와 피고의 대표이사 김철수는 동갑내기 친구입니다. 원고와 피고의 대표이사 김철수는 친구로서 가끔씩 연락하면서 친하게 지내왔는데, 피고의 대표이사 김철수는 20○○. 12. 무렵 원고에게 전화를 걸어와서 자신이 운영하고 있는 사업체에 돈이 급하게 필요하다면서 돈을 좀 빌려달라고 요청하였습니다. 이에 원고는 차용증서를 작성해 줄 것을 요청하고 피고에게 20○○. 12. 31. 금 50,000,000원을 이자 월 0.5%(연 6%), 변제기 20○○. 3. 1.로 정하여 대여하였습니다(갑 제1호증 차용증서, 갑 제2호증 통장거래내역).

원고가 제출하는 증거는 '갑 제○호증'으로, ➤
피고가 제출하는 증거는 '을 제○호증'으로 표기한다.

2. 피고는 원고로부터 돈을 빌려 간 뒤 이자를 전혀 지급하지 않았음은 물론이고, 약정한 기한이 지났는데도 원금도 돌려주지 않고 있습니다. 피고의 대표이사 김철수는 고의적으로 원고의 연락도 회피하고 있습니다.

3. 그러므로 피고는 원고에게 원고가 대여한 50,000,000원 및 이에 대한 20○○. 1. 1.부터 이 사건 소장 부본 송달일까지는 약정이율 연 6%의, 그 다음날부터 다 갚는 날까지는 소송촉진 등에 관한 특례법에서 정한 연 12%의 각 비율에 의한 지연손해금을 지급할 의무가 있다고 할 것입니다.

입 증 방 법

1. 갑 제1호증   차용증서

1. 갑 제2호증   통장거래내역

원고의 주장사실을 증명할 수 있는 자료를 준비하여 기재한다.

첨 부 서 류

1. 법인등기사항증명서

당사자가 법인인 경우, 등기사항증명서를 반드시 제출하자.

20○○. ○. ○○.

원고 조 태 훈 (인)

서울북부지방법원 귀중

관할법원을 선택하여 적는다.

(2) 소송당사자의 표시

개인을 상대로 소송을 제기하는 경우 '이름', '주소' 순으로 기재하면 된다. 개인사업자도 그 대표를 당사자로 기재하면 되고, 굳이 상호까지 기재할 필요는 없다. 법인을 상대로 소송을 제기하려면 항상 '등기사항전부증명서'를 발급받아 그 법인이 존재하는지 여부와 대표가 누구인지를 확인해야 한다. 소장에서 법인은 '법인명', '주소', '대표자' 순으로 표시하면 된다.

(3) 청구취지의 작성방법

소송에 익숙하지 않은 사람이라도 앞의 서식을 보면 간단한 소장 정도는 작성할 수 있을 것이다. 그런데 다른 부분보다 '청구취지' 부분은 작성에 어려움이 있을 수 있고, 이 부분은 소송 종류에 따라 다르므로 청구내용에 따라 정확한 기재례를 찾아 작성하면 좋다.

청구취지란 쉽게 설명해서 '원고가 원하는 판결의 결론'이다. 원고는 재판부에게 판결을 선고할 때 '청구취지'와 같은 결론을 내려달라고 요청한다. 판결문에서 '주문'이라는 항목이 있는데, 원고가 승소할 시에는 원고의 청구취지가 그대로 주문이 되고, 피고가 승소할 시에는 주문에 '원고의 청구를 기각한다.'라고 기재된다.

청구취지는 다음의 기재례를 참고해서 작성하면 되고, 청구취지를 어떻게 작성해야 하는지 모르겠다면 청구하고 싶은 내용이 무엇인지를 그냥 최대한 자세히 기재하라. 재판부가 이해해서 판결문에서는 적절히 청구취지를 정리해 줄 것이다. 다만, 까다로운 판사를 만나는 경우에는 조금의 꾸중을 들을 수는 있으나, 별로 개의치는 않아도 된다.

≫ 청구취지 기재례

[금전지급청구]

① 변제기 및 이자약정이 있는 경우
  피고는 원고에게 100,000,000원 및 이에 대한 20○○. 1. 1.부터 다 갚는 날까지 연 24%의 비율에 의한 금원을 지급하라.

② 변제기 및 이자약정이 있고, 소송촉진 등에 관한 특례법에서 규정한 연 12% 비율의 지연손해금을 함께 청구하는 경우
  피고는 원고에게 100,000,000원 및 이에 대한 20○○. 1. 1.부터 이 사건 소장 부본 송달일까지는 연 5%의, 그 다음날부터 다 갚는 날까지는 연 12%의 각 비율에 의한 금원을 지급하라.

③ 갑과 을이 피고에게 동일한 조건으로 돈을 빌려준 경우
  피고는 원고 갑에게 50,000,000원, 원고 을에게 40,000,000원 및 위 각 금원에 대한 20○○. 1. 1.부터 다 갚는 날까지 연 12%의 비율에 의한 금원을 각각 지급하라.

---

④ 원고가 연대채무자들에 대하여 돈을 갚으라고 청구하는 경우
   피고들은 연대하여(공동하여) 원고에게 70,000,000원 및 이에 대한 20○○. 1. 1.부터 다 갚는 날까지 연 12%의 비율에 의한 금원을 지급하라.

⑤ 낙찰자가 무단점유자를 상대로 건물인도와 함께 차임 상당 부당이득을 청구하는 경우
   피고는 원고에게 20○○. 1. 1.부터 별지 목록 기재 건물의 인도완료일까지 월 750,000원의 비율에 의한 금원을 지급하라.

⑥ 임대인이 차임지급을 연체한 임차인을 상대로 건물인도를 청구하는 경우
   피고는 원고로부터 40,000,000원에서 20○○. 1. 1.부터 별지 목록 기재 건물의 인도완료일까지 월 1,000,000원의 비율에 의한 금액을 공제한 나머지 금원을 받음과 동시에 원고에게 위 건물을 인도하라.

[특정물의 인도청구]

① 토지나 건물의 인도만을 청구하는 경우
   피고는 원고에게 별지 목록 기재 부동산을 인도하라.

② 토지나 건물의 일부에 대한 인도를 청구하는 경우
   피고는 원고에게 서울 ○○구 ○○길 ○○ 대 200㎡ 중 별지 도면 표시 1, 2, 3, 4, 5, 1의 각 점을 차례로 잇는 선내 (가) 부분 100㎡를 인도하라.

③ 건물의 점유자에 대해 퇴거를, 건물 소유자에 대해 건물철거 및 토지인도를 청구하는 경우
   원고에게, 피고 갑은 별지 제1목록 기재 건물 중 별지 도면 표시 1, 2, 3, 4, 5, 1의 각 점을 차례로 연결한 선내 (가) 부분 48㎡에서 퇴거하고, 피고 을은 위 건물을 철거하고, 별지 제2목록 기재 토지를 인도하라.

[부동산 등기 관련 청구]

① 토지나 건물의 매수인이 매도인을 상대로 이전등기를 청구하는 경우
피고는 원고에게 별지 목록 기재 부동산에 관하여 20ㅇㅇ. ㅇ. ㅇㅇ. 매매를 원인으로 한 소유권이전등기절차를 이행하라.

② 매수인이 매도인에게 잔금을 지급받음과 동시에 이전등기를 해달라고 청구하는 경우
피고는 원고로부터 50,000,000원을 받음과 동시에 원고에게 별지 목록 기재 부동산에 관하여 20ㅇㅇ. 7. 1. 매매를 원인으로 한 소유권이전등기절차를 이행하라.

③ 토지를 공동매수한 3인이 매도인을 상대로 이전등기를 청구하는 경우
피고는 원고들에게 서울 관악구 관악로 ㅇㅇ 대 350㎡ 중 각 3분의 1 지분에 관하여 각 20ㅇㅇ. 1. 1. 매매를 원인으로 한 소유권이전등기절차를 이행하라.

④ 진정한 소유자가 위법하게 마쳐진 등기의 말소를 청구하는 경우
피고는 원고에게 별지 목록 기재 부동산에 관하여 수원지방법원 20ㅇㅇ. 9. 10. 접수 제58ㅇㅇ호로 마친 소유권이전등기의 말소등기절차를 이행하라.

⑤ 토지거래허가구역 내 토지를 매수한 원고가 매도인에게 토지거래허가신청을 청구하는 경우
피고는 원고에게 별지 목록 기재 부동산에 관하여 20ㅇㅇ. ㅇ. ㅇㅇ. 매매를 원인으로 한 토지거래허가신청절차를 이행하라.

[공유물 분할청구]

① 공유물 분할 중 현물분할을 구하는 경우
서울 ㅇㅇ구 ㅇㅇ길 36 대 4,500㎡ 중 별지 도면 표시 1, 2, 5, 6, 1의 각 점을 순차 연결한 선내 (가) 부분 1,600㎡를 원고의 소유로, 같은 도면 표시 2, 3, 4, 5, 2의 각 점을 순차 연결한 선내 (나) 부분 2,900㎡를 피고의 소유로 분할한다.

② 공유물 분할 중 가액분할을 구하는 경우

별지 목록 기재 부동산을 경매에 부쳐 그 대금에서 경매비용을 공제한 나머지 금액을 원고에게 3/10, 피고에게 7/10의 각 비율로 분배한다.

[배당이의 청구]

① 피고의 배당액에 이의가 있어 배당이의소송을 제기하는 경우

서울중앙지방법원 20○○타경14○○○호 부동산 임의경매사건에 관하여 위 법원이 20○○. 2. 3. 작성한 배당표 중 피고에 대한 배당액 10,000,000원은 2,000,000원으로, 원고에 대한 배당액 1,000,000원을 9,000,000원으로 경정한다.

이러한 청구취지를 제1항으로 기재하고, 제2항은 "2. 소송비용은 피고가 부담한다.", 제3항은 "3. 제1항은 가집행[5]할 수 있다."라고 함께 기재하는 것이 보통의 기재방법이다. 다만, '금전지급청구소송', '부동산인도소송'에서는 가집행을 구할 수 있으나, 공유물 분할이나 배당이의, 부동산 등기 관련 소송의 경우에는 가집행 선고가 불가능하다.

(4) 청구원인의 작성방법

청구원인은 소송을 제기한 이유를 자세히 기재하는 부분이다. 승소하기 위해서는 판사를 설득해야 하기 때문에 이해하기 쉽고 논리적인 글을 작성하는 것이 중요하다. 판사는 해당 사건과 관련하여 소송당사자들은 어떤 관계인지, 소송당사자들 간에 무슨 일이 있었는지 전혀 알지 못하고, 판사에게는 그런 내용을 일일이 찾아볼 시간도 없다. 따라서 판사는 현재 사건에 대해서 아무것도 모르고 있다는 전제하에 글을 적어야 하는 것이다. 결국 판사에게 사건의 전반적인 내용을 이해

---

5) 가집행할 수 있다는 말의 의미는 판결이 확정되기 전이라도 그 판결 내용에 따라 강제집행을 할 수 있다는 뜻이다.

시키고 판사가 내 편을 들도록 하는 것이 글을 작성하는 목적이기 때문에 '설명문'과 '논설문'의 성격이 혼합된 글을 작성하는 것이라 이해하면 된다.

글의 순서는 크게 상관은 없으나, 일반적으로 ① 당사자의 지위, ② 사실관계, ③ 법리적 주장, ④ 결론 순으로 기재하는 것이 보통이다. 당사자의 지위에는 소송당사자들이 어떤 사람인지를 적고, 사실관계에는 소송당사자들 간에 어떠한 일이 있었는지를 자세히 기재한다. 이때 사실관계를 입증할 수 있는 증거도 함께 제출해야 한다(ex. 부동산등기사항증명서, 계약서 등). 법리적 주장 부분에는 이미 설명한 사실관계에 터 잡아 어떤 법률이 적용되는지, 어떤 판례가 적용될 수 있는지를 인용해서 적는다. 판례를 인용할 때에는 판례 번호만 적으면 되고, 굳이 해당 판결문 전문을 첨부할 필요는 없다. 결론 부분에는 주장을 요약하고, 소송을 제기한 사람으로서 어떠한 판결을 원하는지를 정리하면 된다. 글을 작성하면서 목차를 잡는 것이 필수사항은 아니지만, 글이 다소 길어진다면 판사 입장에서 읽기 편하도록 목차도 기재할 것을 추천한다.

이처럼 글을 4단계 구조로 작성해야 한다고 생각하면 처음에는 다소 어려울 수도 있으나, 이 책에는 각 소송별로 청구원인은 어떤 형식으로 적어야 하는지에 대한 실전 서식이 첨부되어 있으므로 이를 모방하여 유사한 방식으로 작성해도 충분하므로 특별히 어려운 점은 없을 것이다.

(5) 입증방법의 표시

원고는 입증방법(증거)을 제출하면서 '갑 제1호증'과 같은 형태로, 피고는 '을 제1호증'과 같은 형태로 표시하면 된다. 가압류·가처분사건과 같은 신청사건은 소명방법이라고 하여 '소갑 제1호증', '소을 제1호증'과 같은 형태로 표시한다.

실전TIP 입증(증명)과 소명의 차이

입증(증명) 및 소명이란 어느 사실의 존재 여부에 관하여 법관이 확신을 얻게 하는 입증행위를 의미하며, 통상 본안소송에서는 입증을, 가압류·가처분의 경우에는 소명이라는 용어를 사용하고 있으나, 실질적으로 양자 간에 차이가 없다고 봐도 무방하다.

》 갑호증을 첨부한 사례

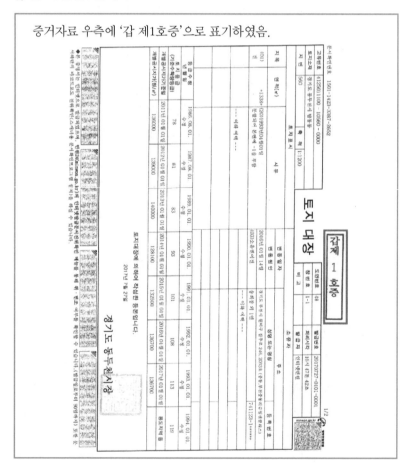

증거자료 우측에 '갑 제1호증'으로 표기하였음.

앞의 그림에서 알 수 있듯이, 증거 또는 소명자료를 제출할 때에는 해당 증거 또는 소명자료의 우측에 '갑 제1호증' 또는 '소갑 제1호증'이라는 문구를 세로로 기재한다. 하나의 증거가 여러 장이더라도 하나의 증거라면 첫 장에만 위와 같은 표기를 하면 충분하다. 참고로, 법률사무소에서는 갑 제○호증, 을 제○호증 도장을 사용하는데, 도장이 없다면 글씨로 써도 무방하다. 다만, 판사가 기록을 읽어볼 것을 염두에 두고 그 표시를 알아보기 쉽게 하는 것이 중요하다.

근래에는 전자소송이 활성화되어 전자적 방법으로 증거 또는 소명자료를 제출할 수 있게 되었는데, 이 경우에는 반드시 위와 같은 표시를 할 필요는 없다. 전자소송 사이트에서 증거 또는 소명자료를 제출하면 저절로 하단에 증거번호 또는 소명자료 번호가 매겨지기 때문이다.

(6) 별지 부동산 목록의 작성방법

소유권이전등기청구소송이나 건물철거소송, 건물인도소송과 같이 '부동산'을 대상으로 한 청구의 경우에는 청구취지, 청구원인에서 '별지 목록 기재 부동산'이라고 표시하는 경우가 많다. 토지와 같이 주소와 면적만으로 정확히 특정되는 부동산은 청구취지에서 부동산을 곧바로 표시·기재해도 무방하나, 아파트와 같은 집합건물의 경우에는 몇 층 건물인지, 각 층의 넓이 및 용도는 무엇인지를 모두 표시해 주어야 부동산이 정확히 특정될 수 있기 때문에 따로 '별지'를 만들어 부동산의 구체적 내용을 전부 기재하는 것이다. 일반적으로 '주소'만 있으면 해당 부동산이 특정된 것이 아닌가 하고 생각할 수도 있겠지만, 주소만으로는 한 글자의 오기만 있어도 잘못된 등기를 할 염려가 있어 부동산의 구체적 내용을 전부 기재한다.

건물인도청구소송 소장의 청구취지는 일반적으로 다음과 같이 기재한다.

```
                          청 구 취 지

     1. 피고는 원고에게,
         가. 별지 목록 기재 부동산을 인도하고,
         나. 20○○. ○. ○○.부터 위 부동산의 인도완료일까지 월
             700,000원의 비율에 의한 금원을 지급하라.
     2. 소송비용은 피고가 부담한다.
     3. 제1항은 가집행할 수 있다.
     라는 판결을 구합니다.
```

이때 별지 목록에서 부동산의 표시는 소장의 마지막 장에 다음과 같이 기재하면 된다. 토지나 일반건물의 기재는 특별히 어려울 것이 없으나, 집합건물은 등기사항증명서의 기재 순서대로 기재해야 함을 기억해 두자.

》 토지의 경우 '별지'

```
     [별지]
                          부동산의 표시

     서울 강남구 삼성동 ○○ 대 220㎡
     끝.
```

》 토지와 그 지상 일반건물을 함께 기재할 경우의 '별지'

```
     [별지]
                          부동산의 표시

     1. 서울 강남구 삼성동 ○○ 대 220㎡
     2. 서울 강남구 삼성동 ○○
        [도로명주소] 서울 강남구 테헤란로○○길 ○○
```

위 지상 철골조 평슬라브지붕 3층 근린생활시설 및 다가구주택

1층 142.80㎡

2층 142.80㎡

3층 134.70㎡

끝.

》》 집합건물의 경우 '별지'

[별지]

부동산의 표시

(1동의 건물의 표시)

서울 노원구 공릉동 ○○, ○○아파트 제11동

[도로명주소] 서울 노원구 ○○로 ○○

철근콘크리트조 박공지붕 5층 아파트

1층 1,340㎡

2층 1,340㎡

3층 1,340㎡

4층 1,340㎡

5층 1,340㎡

(대지권의 목적인 토지의 표시)

서울 노원구 공릉동 ○○(화랑로 ○○○) 대 2,400㎡

(전유부분의 건물의 표시)

제5층 제510호 철근콘크리트조 120㎡

(대지권의 표시)

소유권 대지권 2,400분의 23. 끝.

별지에 표시해야 하는 부동산이 여러 개라면 숫자를 앞의 "토지와 그 지상 일반건물을 함께 기재할 경우의 별지"와 같이 차례대로 번호

를 붙여 표시하면 충분하며, 이때 본문에서 해당 부동산을 지칭할 때에는 '별지 목록 제1항 기재 부동산', '별지 목록 제2항 기재 부동산'과 같이 지칭하면 되겠다.

이 책을 읽다 보면 서식의 본문 중에 '별지 목록 기재 부동산'이라는 표현이 많이 등장할 것인데, 추후 별지 목록은 생략할 것이니 이와 같은 별지의 기재가 생략되어 있다는 점을 반드시 염두에 두고 서식을 활용하도록 하자.

(7) 문서의 규격

문서의 규격은 사실 크게 문제 되지는 않는다. 다만, 변호사들은 한글프로그램을 기준으로 할 때 글자크기는 20포인트(제목), 12포인트(본문), 글씨체는 휴먼고딕(제목), 휴먼명조(본문)를 주로 사용하고, 줄간격은 읽는 사람이 편안하게 느끼도록 200~230%로 설정하는 것이 보통이다. 참고로 2016. 8. 1. 개정 및 시행된 민사소송규칙에서는 소송서류의 용지는 A4 크기로 하고, 위로부터 45㎜, 왼쪽 및 오른쪽으로부터 각각 20㎜, 아래로부터 30㎜의 여백을 두도록 하였으며, 글자크기는 12포인트 이상으로 하고, 줄간격은 200% 이상으로 하도록 하였고, 준비서면의 분량은 30쪽 이내로 제출하도록 하였다.

판결문도 이러한 규격을 사용하고 있기 때문에 판사들이 읽기 쉽도록 유사한 양식을 사용한다.

(8) 인지대, 송달료의 납부 및 영수증 첨부

소장을 제출할 때에는 인지대와 송달료도 납부하고 그 영수증을 함께 제출해야 한다. 전자소송의 경우 소가(소송목적물의 가격)를 입력하면 제출 과정 중에 인지대, 송달료를 납부하는 절차가 함께 진행되나, 전자소송을 이용하지 않는다면 인지대, 송달료도 일단은 직접 계산해서 납부해야 한다. 만약 인지대와 송달료를 잘못 계산하여 납부했다면 법원에서 보정명령이 나와 비용을 추가로 납부하도록 지시할 것이므로, 계산이 틀릴 것을 너무 걱정하지 않아도 된다. 뒷부분에 인지대, 송달료 계산법이 나오니 참고하도록 하라.

은행에서는 인지대 및 송달료 납부를 위한 서식을 비치하고 있으니 그것을 이용하면 된다. 보통 신한은행을 이용하며, 인지대와 송달료를 납부하고 그 영수증을 소장에 첨부하여 제출하면 된다.

》 인지대의 납부

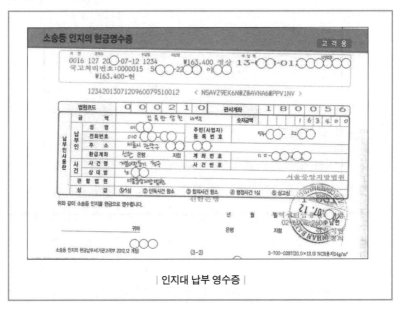

| 인지대 납부 영수증 |

| 송달료 납부 영수증 |

3) 답변서 작성방법

앞 사례에서 주식회사 홍길동건설의 대표이사 김철수가 소장을 받아보았는데, 사실은 김철수가 이미 돈을 갚은 상황이라고 가정해 보자. 이럴 때는 주식회사 홍길동건설 대표이사 김철수가 법원에 답변서를 제출하여 이미 돈을 갚아 채무가 없음을 항변해야 한다. 이러한 내용을 형식에 구애받지 않고 장황하게 써도 법원은 충분히 그 내용 취지에 따라 판단을 해 주긴 하나, 전형적인 서식을 사용하여 작성하면 판사가 서면을 읽기 편할 것이다.

여기서 만약 주식회사 홍길동건설 대표이사 김철수가 답변서에서 원고가 주장하는 사실에 대한 답변을 침묵하는 경우에는 상대방의 주장을 인정하는 것으로 간주한다. 하지만 기억이 안 난다고 하거나 모르겠다고 답변하는 경우에는 원고의 주장에 대해 다투는 것으로 본다. 원고가 근거 없이 주장하는 사실이 있다면 반드시 이를 답변서에서 지적하자. 다만, 쟁점과 관련 없는 사실에 대해서는 일일이 반박하지 않아도 무관하다.

원고가 원하는 판결의 결론을 소장에서 '청구취지'라고 쓰는 것처럼 피고는 이에 대비하여 '청구취지에 대한 답변'을 쓴다. 피고의 입장에서는 '원고의 청구를 기각한다.'는 기재가 피고가 원하는 판결의 결론이 된다.

`서식 1-8` **답변서**

답 변 서

사 건 <u>20○○가단100○○○</u> 대여금
　　　　　⬉ 소장이 제출된 때와 달리 사건번호가 부여된 상황
원 고 조태훈　　 이므로 사건번호를 반드시 기재한다.
피 고 주식회사 홍길동건설

위 사건에 관하여 피고는 다음과 같이 답변합니다.

청구취지에 대한 답변

1. 원고의 청구를 기각한다.
2. 소송비용은 원고가 부담한다.
라는 판결을 구합니다.　　 ⬉ 전형적으로 쓰이는 문구이다.

청구원인에 대한 답변

1. 피고는 원고의 주장처럼 원고로부터 50,000,000원의 돈을 빌린 사실이 있습니다. 그러나 피고는 20○○. 3. 1. 원고 명의의 신한은행 126-884○○○-02-001 계좌로 위 원금 및 이자 합계 51,000,000원을 이체하는 방법으로 빌린 돈을 모두 변제하였습니다(을 제1호증 통장거래내역).

2. 따라서 피고는 원고에게 50,000,000원 및 이에 대한 이자를 지급

할 의무가 없으므로, 원고의 이 사건 청구를 기각하여 주시기 바랍니다.

입 증 방 법

1. 을 제1호증   통장거래내역

20○○. ○. ○○.

피 고   주식회사 홍길동건설
대표이사 김 철 수 (인)

서울북부지방법원 민사1단독 귀중

↖ 사건이 배당되어 재판부가 정해
지면 해당 재판부도 함께 기재
하는 것이 좋다.

4) 준비서면 작성방법

원고와 피고는 각각 소장과 답변서를 제출한 다음부터는 자신의 주장을 담아 준비서면을 작성해서 제출하여야 한다. '준비서면'이라는 용어는 '변론기일'에 있을 본격적인 변론을 대비해서 주장 내용을 미리 준비하여 제출한다는 의미로 쓰이는 것이다.

소장 및 답변서에 못다 한 이야기가 있다면 반드시 준비서면을 작성해서 제출하는 것이 좋다. 통상 원고는 피고의 답변서를 받아보면 피고의 주장에 대해 반박할 필요가 있다고 느껴서 준비서면을 제출하게 되고, 피고는 원고의 준비서면을 받아보면 재반박할 필요가 있다고 생각해서 준비서면을 제출하는 식으로 자연스럽게 쌍방이 연속적으로 준비서면을 제출하게 된다. 변호사들의 경우 보통 소장 및 답변서는 간단히 작성하고, 준비서면에서 본격적인 주장을 전개하는 경우가 많다. 주장하는 사실에 부합하는 증거를 첨부해야 함은 물론이다.

준 비 서 면

사   건   20○○가단10○○○ 대여금

원   고   조태훈

피   고   주식회사 홍길동건설

위 사건에 관하여 원고는 다음과 같이 변론을 준비합니다.

다   음 *피고의 주장에 대해 반박할 내용을 논점에*
         따라 순서대로 자세히 기재한다.

1. 피고는 답변서에서 20○○. 3. 1.자에 51,000,000원의 돈을 원고
   명의의 ○○은행 126-884○○○-02-001 계좌로 송금한 바 있으므
   로, 원고가 구하는 대여금을 이미 모두 변제하였다고 주장합니다.

2. 그러나 피고의 주장은 사실이 아닙니다. 원고는 피고에게 이 사
   건 소송에서 구하는 대여금 50,000,000원 외에 별도로 20○○. 1.
   31.자에 50,000,000원을 빌려준 사실이 있습니다(갑 제3호증 차용
   증서, 갑 제4호증 통장거래내역). 피고가 원고에게 20○○. 3. 1.
   송금한 돈은 위 돈을 갚은 것이지, 원고가 이 사건 소송에서 구하
   는 20○○. 12. 31.자 차용증서의 돈을 갚은 것이 아닙니다.

3. 따라서 피고의 주장은 부당하므로, 원고의 이 사건 청구를 인용[6]
   하여 주시기 바랍니다.

입 증 방 법

주장한 내용을 입증할 수 있는
자료를 첨부한다.

1. 갑 제3호증   차용증서
1. 갑 제4호증   통장거래내역

---

[6] '인용'이란 인정하여 용납한다는 뜻으로, 원고의 청구를 법원이 받아들인다는 의미
이다. 이에 대비하여 '기각'이란 법원이 원고의 청구를 받아들이지 않겠다는 의미
로, 소송에서 피고의 손을 들어주는 것을 의미한다.

20○○. ○. ○○.

위 원고 조 태 훈 (인)

서울북부지방법원 민사○단독 귀중

5) 반소장 작성방법

민사소송은 원고가 법원에 '소장'을 접수하면, 피고가 '답변서'로 반박한 후 원·피고가 번갈아가며 '준비서면'을 제출하는 것이 일반적인 형태다. 그런데 피고가 오히려 공격할 수 있는 조건에 있다면, 소장에 관한 방어로 답변서를 제출하는 것에 그치지 않고 '반소장'을 제출하여 원고를 공격할 수도 있다.

반소라 함은 소송이 진행되는 중에 피고가 그 소송절차에 병합하여 원고를 상대로 제기하는 소를 말한다. 예컨대 원고가 소유권에 기하여 건물의 인도를 청구하는 데에 대하여 피고가 임차권의 존재를 주장하며 그 청구를 거부하는 것은 단순한 방어에 불과하다. 그러나 만약 피고가 부동산의 소유권이 본래 등기상 전 소유자인 피고 자신에게 여전히 있다고 주장하면서 원고에 대해 소유권이전등기의 말소소송을 제기한다면 이것은 반소에 해당한다.

반소가 제기되면, '원고'의 지위는 '원고(반소피고)'가 되고, '피고'의 지위는 '피고(반소원고)'가 된다. 원래 진행되고 있던 소송은 '본소'라 칭하며, 반소장의 작성방법은 소장과 거의 유사하다.

반소장(원고의 건물철거청구에 대해 피고가 반소로써 대지 소유권이전등기를 구한 사례)

반 소 장

사　건　　<u>20○○가합○○○○</u> 건물철거 등
피고(반소원고)　이 ○ ○　　← 본소의 사건번호를 적는다.
　　　　　　　　　　　반소장을 접수하면 반소사건번호는 따로 부여된다.
　　　　　　서울 도봉구 ○○로 ○○
원고(반소피고)　송 ○ ○
　　　　　　부천 원미구 ○○로 ○○

소유권이전등기청구의 소

위 사건에 관하여 피고(반소원고)는 다음과 같이 반소를 제기합니다.

반소 청구취지

1. 원고(반소피고)는 피고(반소원고)에게 별지 목록 기재 부동산 중 4034/24032 지분에 관하여 진정명의회복을 원인으로 한 소유권이전등기절차를 이행하라.
2. 반소로 인한 소송비용은 원고(반소피고)가 부담한다.
라는 판결을 구합니다.

반소 청구원인

1. 원고(반소피고, 이하 원고라 약칭합니다)는 서울북부지방법원 20○○타경○○○○호 강제경매사건에서 별지 목록 기재 부동산(이하 '이 사건 토지'라 합니다)의 4034/24032 지분을 낙찰받고 그 소유권을 취득한 뒤, 본소를 통해 피고(반소원고, 이하 피고라 약칭합니다)가 대지권을 취득한 적이 없다고 주장하며 이 사건 토지 위의 건물 부분(102호)의 철거를 구하고 있습니다.

2. 대법원은 "집합건물에 있어서 구분소유자의 대지사용권은 전유부분과 분리처분이 가능하도록 규약으로 정하였다는 등의 특별한 사정이 없는 한 전유부분과 종속적 일체불가분성이 인정되므로 (집합건물의 소유 및 관리에 관한 법률 제20조 제1, 2항), 구분건물의 전유부분에 대한 저당권 또는 경매개시결정과 압류의 효력은 당연히 종물 내지 종된 권리인 대지사용권에까지 미치고, 그에 터 잡아 진행된 경매절차에서 전유부분을 경락받은 자는 그 대지사용권도 함께 취득한다 할 것이다."는 입장을 취하고 있습니다 (대법원 2008. 3. 13. 선고 2005다15048 판결).

3. 그런데 피고 역시 이 사건 토지 위의 건물 부분을 서울북부지방법원 20○○타경○○○○호 임의경매사건을 통해 그 소유권을 취득하였습니다(갑 제1호증 등기사항증명서, 을 제1호증 폐쇄등기부등본). 따라서 피고는 이 경매절차에서 이미 대지권을 취득하였다고 할 것이며, 별개의 경매절차를 통해 원고 명의로 경료된 소유권이전등기는 원인무효의 등기라고 할 것입니다.

4. 따라서 원고는 피고에게 이 사건 토지 중 4034/24032 지분에 관하여 진정명의회복을 원인으로 한 소유권이전등기절차를 이행할 의무가 있습니다.

입 증 방 법

1. 을 제1호증   폐쇄등기부등본
   ▶ 피고의 지위에서 제출하는 것이므로 '을 제○호증'으로 제출한다.
   이미 제출한 것이 있다면 증거번호를 이어 적는다.

20○○. ○. ○○.

피 고(반소원고) 이 ○ ○ (인)

서울북부지방법원 제○민사부 귀중

1. 소송당사자 표시의 정정방법

소송을 진행하기 전에 가장 먼저 확정되어야 하는 것이 '원고'와 '피고', 즉 소송당사자다. 이 소송당사자는 원고가 정확히 특정해야 할 책임이 있다. 하지만 소송을 제기할 당시에 피고의 이름을 몰랐다든지[7], 사건 진행 중에 이름을 개명하였거나, 법인명이 변경되는 등의 사정이 발생하여 원고와 피고의 표시를 바꿔야 하는 경우가 생길 수 있다. 이때는 '당사자표시정정신청서'를 제출하면서 이를 입증할 수 있는 서류를 함께 제출하면 된다.

종종 주소보정을 위해 발급받은 주민등록초본에서 당사자의 이름이 개명된 사실을 발견하기도 하는데, 이때 역시도 당사자표시를 변경해 달라는 신청을 해야 한다. 피고가 사망한 사실을 모르고 사망자를 피고로 표시하여 소를 제기한 경우에도 이 서식을 이용하여 피고를 상속인으로 변경하여야 하며, 피고 스스로도 이 양식을 이용하여 자신의 이름이 바뀌었다는 사실을 신고할 수 있다. 아무런 신청도 없이 법원이 알아서 변경해 주진 않으니 유의하자.

서식 1-11 당사자표시정정신청서

당사자표시정정신청서

사　건　20○○가합○○○○ 건물철거 등
원　고　홍길동

---

7) 이름을 모르는 사람을 상대로 소송을 시작할 수도 있으나, 최소한의 정보를 통해 그 사람이 어떤 사람인지는 분명히 해야 하는데, 이때는 전화번호를 알아둔 다음 통신사에 대한 사실조회를 통해 명의자를 알아내어 상대방을 특정할 수도 있다.

피　고　김 철 수

위 사건에 관하여 원고는 다음과 같이 당사자표시의 정정을 신청합
니다.

다　음

○ 변경 전 당사자 표시
　피 고　김 철 수
　서울 강남구 ○ ○ 로 ○ ○

○ 변경 후 당사자 표시
　피 고　김 우 빈
　서울 강남구 ○ ○ 로 ○ ○

첨 부 서 류
1. 주민등록초본

20○○. ○. ○○.
원 고　홍 길 동 (인)

서울중앙지방법원 제○민사부 귀중

2. 주소를 변경하고자 하는 경우의 정정방법

1) 법원으로부터 주소보정명령을 받은 경우

소송을 제기하면 원고가 작성한 소장을 피고의 주소지로 송달한다. 그런데
여러 가지 이유로 송달이 실패하는 경우가 있다. '폐문부재'(여러 차례 방문하
였음에도 사람이 없어서 서류를 전하지 못한 경우), '이사불명'(이사를 간 경
우), '주소불명'(주소가 정확히 확인되지 않는 경우)의 경우가 대표적이다. 이러
한 경우 법원은 원고에게 '주소보정명령'을 발령하면서 피고의 주소지를 다시

확인할 것을 명한다.

서식 1-12 주소보정명령

수원지방법원 성남지원
보 정 명 령

사 건 2000가단220000 청구이의
　　　　[원고 임○○ / 피고 조○○]
원고 소송대리인 법무법인 ○○ 담당변호사 김○○,노○○ (귀하)
소장에 기재된 피고 조○○에 대하여 소장부본이 송달되지 않습니다.
[피고 조○○　　　　　　　　　송달불능사유: 이사불명　　　　　　　　　]
주민번호: 640815-○○○○ 송달주소: 대전 유성구 ○○○로 23,1○4동 1○2호 (○○동,
○○마을아파트11단지)
　원고는 이 보정명령을 받은 날로부터 14일 안에 아래와 같은 요령으로 주소보정을 하시기
바랍니다. 송달료의 추가납부가 필요한 경우에는 주소보정과 함께 그 금액을 납부하여야
합니다.
　위 기한 안에 주소보정을 하지 아니하면 소장이 각하될 수 있습니다.(민사소송법 제255조 제
2항 참조)

　　　　　　　　　　　2000. 11. 10.

　　　　　　　　　　판사　　김　○　정

주소변동 유무	□ 주소변동 없음		종전에 적어낸 주소에 그대로 거주하고 있음
	변동 있음	□ 주소 (주민등록상 주소가 변동)	
		□ 송달장소 (주민등록상 주소는 변동 없음)	
송달신청	□ 재송달신청		종전에 적어낸 주소로 다시 송달
	□ 특별송달신청		□ 주간송달　□ 야간송달　□ 휴일송달
			□ 종전에 적어낸 주소로 다시 송달 □ 새로운 주소로 송달 □ 송달장소로 송달
	□ 공시송달신청		주소를 알 수 없으므로 공시송달을 신청함 (첨부서류:　　　　　　　　　)

　　　　　　　　　20　.　.　.　　원고 법무법인 ○○ 담당변호사
김○○,노○○

　　　법원의 주소보정명령[8]을 가지고 인근 주민센터를 방문하면, 법원의 주소보
정명령 서류를 확인한 후 해당하는 사람의 주민등록초본을 발급하여 준다. 다

---

8) 전자소송이라면 '주소보정명령(열람용)'이 아닌 '주소보정명령등본'을 발급받아서
　가져가야 한다.

만, 어떤 사람이 특정되려면 적어도 그 사람의 ① 이름과 주민등록번호, 또는 그 사람의 ② 이름과 주소(과거 주소지 포함)가 확정되어야 한다. 이 두 가지가 주소보정명령에서 확인되면 주민센터는 주민등록초본을 발급해 준다.

주민등록초본을 떼어보면 피고가 여전히 같은 주소에 사는 것으로 확인되는 경우도 있고, 이사를 간 경우로 확인되기도 하는데, 각 상황에 따라 적절히 대처하면 된다.

① 전입신고상 주소변동이 없는 경우 : 특별송달 중 야간송달을 신청하는 방법을 추천한다.
② 전입신고상 주소변동이 있는 경우 : 변동된 주소를 법원에 신고하여 그 주소로 송달이 이루어지도록 한다.
③ 전입신고상 주소변동이 없는데 실제로는 이사를 간 것으로 확인되는 경우 : 공시송달[9]을 신청한다.
④ 해당 주소에 사는 것이 명백함에도 야간송달까지 실패하는 경우 : 야간송달 또는 휴일송달을 다시 한번 더 신청하거나 공시송달을 신청한다.

서식 1-13 **주소보정서**

주소보정서

사　　건　　20○○가합○○○○　건물철거 등
원　　고　　홍○○
피　　고　　김○○

위 사건에 관하여 원고는 아래와 같이 피고의 주소를 보정합니다.

---

9) 법원이 송달할 서류를 보관해 두었다가 당사자가 나타나면 언제라도 교부할 뜻을 법원 게시장에 게시하는 송달방법이다. 사실상 송달이 불가능하므로 법적으로 송달이 된 것으로 보고, 절차를 진행하겠다는 선언이라고 볼 수 있다. 공시송달은 게시한 날로부터 2주(외국에서 할 송달에 있어서는 2개월간)를 경과함으로써 그 효력이 생긴다. 그러나 동일한 당사자에 대한 이후의 공시송달은 게시한 다음 날부터 그 효력이 생긴다(민사소송법 196조).

주소 변동 유무	□ 주소변동 없음	종전에 적어낸 주소에 그대로 거주하고 있음		
	□ 주소변동 있음	새로운 주소 : (우편번호 -)		
송달 신청	□ 재송달신청	종전에 적어낸 주소로 다시 송달		
	□ 특별송달신청	□ 주간송달 □ 야간송달 □ 휴일송달		
		□ 종전에 적어낸 주소로 송달 □ 새로운 주소로 송달		
	□ 공시송달신청	주소를 알 수 없으므로 공시송달을 신청함 (첨부서류 :)		
20 . . . 원고(채권자) (서명 또는 날인) 법원 귀중				

20○○. ○. ○○.

원 고 홍 ○ ○ (인)

서울중앙지방법원 제○민사부 귀중

2) 소송 중 주소가 변동된 경우

소송 진행 중에 소송당사자가 이사를 가는 경우, 소송당사자는 그 이사 간 곳의 주소를 법원에 신고하여야 한다. 만약 새로운 주소를 제출하지 않는다면 법원이 보내주는 서류를 수령할 수 없게 된다. 만약 주소 변경신고를 소홀히 할 경우, 상대방 주장에 대해 적절히 대응하지 못하여 패소판결이 선고될 수 있으므로 주소 변경신고는 소홀히 하지 않도록 유의하자.

주소변경신고서

사 건 20○○가합○○○○ 건물철거 등

원 고 홍○○

피 고 김○○

위 사건에 관하여 원고는 민사소송법 제185조제1항에 따라 다음과 같이 주소 변경을 신고합니다.

다 음

1. 종전의 주소
   서울 서초구 서초대로 2○○
2. 변경된 주소
   서울 동작구 동작대로 5○○

첨 부 서 류

1. 주민등록초본

20○○. ○. ○○.

원고 홍○○ (인)

서울중앙지방법원 제○민사부 귀중

6. 입증을 위한 기초지식

입증이란 당사자의 주장에 대하여 사실의 진위를 판단하기 위한 증거를 제출하는 것을 의미한다. 보통 '증거'라고 하면 차용증서와 같이 문서로 된 '서증'을 생각하기 쉬우나, 소송에서는 이 방법 말고도 다양하다. 사실관계에 따라 입증방법을 잘 선택해야 한다. 법원은 어떠한 자료를 제출할 것을 직접적으로 권하지 않기 때문에, 어떠한 방법으로 증거를 제출할 것인지 당사자가 직접 선택하여야 함을 명심하자.

증거의 입증방법으로는 서증, 증인, 감정, 검증, 당사자본인신문, 사실조회신청 등이 있다. 서증은 가장 쉽고 보편적인 입증방법이기에 많이 이용되고 있으나, 소송절차에 익숙하지 않은 사람들은 다른 입증방법을 어떻게 활용할 수 있는지 몰라 제대로 이용하지 못하고 있다. 여기서는 소송 중에 많이 이용되는 절차만을 중점적으로 다루도록 한다.

1) 서증

서증은 종이문서로 된 증거를 말한다. 서증의 중요성은 백번을 강조해도 지나치지 않다. 그만큼 증거 중에서 서증은 가장 중요하고 널리 이용되며, 증거가치도 높게 평가되기 때문이다. 소송에서 이기기 위해서는 서증을 미리 많이 확보해 두어야 함을 잊지 말자. 다만, 초보자가 유의해야 할 점은 서증의 원본을 소지하고 있는 경우 그 원본을 절대 법원에 제출해서는 안 된다는 것이다. 서증을 제출할 때는 반드시 사본을 제출하라. 법원에 제출한 서류는 다시 돌려받을 수 없다. 그래서 증거는 사본으로 제출하면 충분하며, 만약 상대방이 문서가 위조되었다는 식의 주장을 한다면 그때 법원에 원본을 들고 가서 제시하면 그만이다.

한편, 소송에서 유리한 증거로 쓰일 수 있는 문서가 어디에 있는지는 알겠는데 그 문서를 도저히 확보할 방법이 없다면 어떻게 해야 할까? 이러한 경우는 흔히 발생한다. 필요한 문서는 은행이 소지하고 있는 통장거래내역일 수도 있고, 상대방이 보유한 계약서일 수도 있다. 어쩌면 공공기관에 보관된 건축허가서류일 수도 있을 것이다. 문서를 보유한 사람이 누구인지에 따라 소송당사자는 문서를 확보하기 위해 이용할 수 있는 방법이 몇 가지 있다.

(1) 문서송부촉탁신청

문서를 소지하고 있는 자에게 법원이 문서송부를 요청하여 그 문서를 확보하는 방법이다. 일반적으로 문서송부촉탁신청은 공공기관이나 회사 등 법인에 보관 중인 문서에 대해 하는 것이 보통이다. 소송당사자는 일개 개인이나 법인에 불과하므로 해당 기관에 문서의 열람 또는 복사를 요청하여도 거절당할 염려가 많으나, 법원이 직접 그 문서의 송부를 요청하는 경우 특별한 사정이 없는 한 해당 기관은 최대한 그 요청에 협조한다.

보통 문서송부촉탁을 신청하는 경우 변론기일에 먼저 구두로 재판장에게 "○○에 대하여 문서송부촉탁을 신청합니다."라고 이야기한다. 당사자의 신청이 터무니없는 것이 아니라면 재판장은 궁금한 점을 물어본 뒤 "그러면 일단 한번 신청서를 제출해 보세요."라고 이야기할 것이다. 그러면 신청자는 변론기일을 마친 뒤 곧바로 문서송부촉탁신청서를 양식에 맞게 작성해서 법원에 제출하면 된다. 변론기일이 잡히지 않아 신청이 너무 늦어질 것 같은 경우에는 변론기일에 구두신청 없이 곧바로 신청서를 작성해서 법원에 제출해도 무방하다.

법원은 당사자가 제출한 문서송부촉탁신청서 내용을 검토한 뒤 신청이 타당하고 받아들일 필요성이 있다고 판단하면 해당 기관에 문서송부촉탁서를 보낸다. 법원으로부터 문서송부촉탁서를 받은 기관은 별다른 절차 없이 요청하는 문서를 스스로 정리하여 법원에 서류를 보내주는 것이 보통이다. 그런데 송부촉탁하는 기관이 법원 또는 검찰청인 경우에는 절차가 조금 다르므로 더 신경을 써야 한다. 법원 또는 검찰청의 경우에는 인력 문제 등으로 신청자가 직접 복사를 해야 하기 때문이다.

대법원 인터넷 홈페이지(www.scourt.go.kr)의 '나의 사건검색'을 이용하여 사건진행내용을 수시로 확인하다 보면 담당재판부에서 보낸 문서송부촉탁서가 검찰청, 법원에 도달하였다는 표시를 보게 된다. 이때 신청자는 해당 기관에 전화를 걸어 복사일정을 잡아야 한다. 신청자가 검찰청, 법원을 방문하여 서류 복사를 완료하면, 검찰청, 법원은 그 서류를 곧바로 당사자에게 교부해 주는 것이 아니라 다시 검토를 거쳐 사건이 진행되고 있는 담당재판부로 보내준다.

이러한 절차를 거쳐 문서가 담당재판부에 접수되면, 당사자는 다시 담당재판부에 열람복사신청을 해서 그 문서 내용을 확인하고, 중요한 서류는 증거번호(갑호증 또는 을호증)를 부여해서 다시 담당재판부에 제출해야 한다.

≫ 문서송부촉탁신청 과정

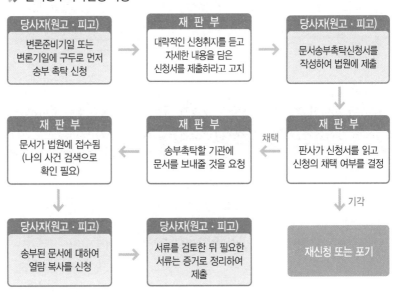

문서송부촉탁신청서

사　건　20○○가단○○○○　가등기말소
원　고　송○○
피　고　박○○

위 사건에 관하여 원고는 주장사실을 입증하기 위하여 다음과 같이
문서송부촉탁을 신청합니다.

다　음

1. 송부촉탁할 기관
　명칭 : 부천시 오정동 주민센터
　주소 : 부천시 오정구 오정로 252번길 88(오정동, 오정동 주민센터)
　전화 : 032-****-****

2. 송부촉탁할 기록
　피고 박○○(주민번호 : 57****-*******)의 주민등록등본, 가족관계
　증명서 및 위 사람의 아버지를 호주로 한 제적등본 및 가족관계증
　명서

3. 증명하고자 하는 사실
　피고는 피고 자신과 소외 박○○과 아무런 친인척관계가 없다고
　주장하는바, 이러한 주장에 대한 진위를 확인하고자 합니다.

20○○. ○. ○○.
원 고 송 ○ ○ (인)

의정부지방법원 민사○단독 귀중

(2) 문서제출명령신청

상대방이 소지하고 있는 문서를 확보하기 위해서 주로 이용하는 방법이다. 계약서를 작성하는 경우 보통 2부를 만들어 계약의 당사자 쌍방이 각 1부씩 가진다. 그런데 소송을 제기하는 당신이 계약서를 분실하였다면 어떻게 할 것인가? 이때 상대방에게 그 계약서를 제출할 것을 요청할 수 있을 것이나, 그 계약서가 당신에게 유리한 내용이라면 상대방은 제출을 거부할 수도 있다. 또는 상대방이 제3자와 사이에 작성한 계약서나 상대방이 작성한 회계장부가 우리 소송에 필요할 수 있다. 이러한 때에 문서제출명령신청절차를 이용하면 상대방은 그 문서의 제출을 거부할 수 없게 된다.

소송 상대방이 아닌 자에 대해서도 같은 명령을 신청할 수 있으나, 재판부로서도 재판과 밀접한 관련성이 인정되는 제3자가 아니면 문서제출명령을 발령하는 데에 다소 소극적이다.

≫ 문서제출명령신청 과정

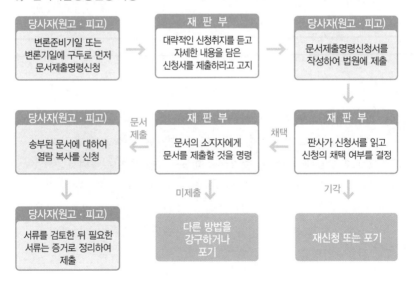

문서제출명령신청서

사　　건　20○○가단○○○○ 위약금

원　　고　송○○

피　　고　이○○

위 사건에 관하여 원고는 주장사실을 입증하기 위하여 다음과 같이
문서제출명령을 신청합니다.

다　음

1. 문서의 표시

　　원고와 피고 사이에 작성한 20○○. 1. 2.자 임대차계약서

2. 문서의 취지(내용)

　　원고가 피고에게 이 사건 부동산을 임대하기로 하면서 원고와 피
　　고의 합의 내용에 따라 작성한 계약서

3. 문서를 가진 사람

　　피고

4. 증명할 사실

　　원고와 피고 사이에 작성한 20○○. 1. 2.자 임대차계약서에는 특
　　약사항에 피고가 2기 이상의 차임을 연체한 경우 최고의 절차 없
　　이 즉시 임대차계약이 해지되고 피고는 원고에게 위약벌로 300만
　　원을 지급하기로 하는 내용의 약정을 체결한 바 있습니다. 원고는
　　해당 계약서를 분실하였으므로, 피고가 소지한 임대차계약서를
　　통해 위와 같은 내용의 약정이 존재하였음을 입증하기 위하여 문
　　서제출명령을 신청합니다.

5. 문서제출의무의 원인(해당란에 ✔표시)

□ 상대방이 소송에서 인용한 문서를 가지고 있음(인용문서)

□ 신청자가 문서를 가지고 있는 사람에게 그것을 넘겨달라고 하
    거나 보겠다고 요구할 수 있는 사법상의 권리를 가지고 있음
    (인도·열람문서)

☑ 문서가 신청자의 이익을 위하여 작성되었음(이익문서)

☑ 문서가 신청자와 문서를 가지고 있는 사람 사이의 법률관계에
    관하여 작성된 것임(법률관계문서)

□ 그 밖에 제출이 필요한 문서

사유 :

20○○. ○. ○○.

원고 송○○ (인)

대전지방법원 천안지원 민사○단독 귀중

2) 증인

당신이 친구에게 500만 원을 빌려주었다고 가정해 보자. 돈을 계좌
이체로 보내주었기에 따로 차용증을 받지도 않았다. 시간이 지난 뒤
당신은 친구에게 500만 원을 갚으라고 독촉하였는데, 당신의 친구는
자신이 당신의 사업을 도와준 적이 있어 그 보답으로 500만 원을 받았
던 것이지 돈을 빌린 것이 아니었다며 500만 원의 반환을 거부하고 있
다. 실제 당신의 친구가 당신의 사업을 도와준 적도 있었다. 이럴 때
당신이 친구를 상대로 소송을 제기하면 어떻게 될까? 아마도 당신은
돈을 빌려준 사실을 입증하지 못하여 소송에서 패할 수 있을 것이다.

그러나 당신이 주장하는 사실은 증인을 신문하는 방법으로 입증할
수도 있다. 당신이 친구에게 돈을 빌려주기로 한 당시에 그 옆에 제3
자가 있었다면 그 사람을 증인으로 신청하여 친구에게 송금해 준 돈이

빌려준 돈임을 입증하는 것이다.

증인은 소송에서 승패를 가를 수 있는 중요 변수가 되는 경우가 많으므로, 유리한 증인을 선정하기 위해 노력하여야 하며, 질문도 신청 당사자에게 유리한 내용으로 잘 구성해야 한다. 다만, 소송물가액이 3,000만 원 이하인 소액사건의 경우에는 실무적으로 증인신청을 잘 받아주지 않고, 사실확인서를 제출하도록 권유하는 것이 보통이니 이 점을 유의하도록 하자. 증인이 법원에 직접 출석하여 한 증언이 사실확인서보다 훨씬 강력한 증거가 되는 점도 알아두어야 한다.

증인을 신청하는 경우 변론기일에 먼저 구두로 재판장에게 "ㅇㅇㅇ를 증인으로 신청합니다."라고 이야기한다. 이때 증인을 통해 입증하고자 하는 바가 무엇인지를 설명하여 재판장으로 하여금 증인신청을 받아들이도록 잘 유도해야 한다. 증인신청이 받아들여진다면 신청자는 변론기일을 마친 뒤 곧바로 증인신청서를 작성하여 담당재판부에 제출해야 한다. 담당재판부에 의해 채택된 증인은 다음 변론기일에 출석하여 진실만을 말할 것을 선서하고 나서 원고와 피고의 질문에 답하게 된다. 증인은 법관 앞에서 서약하였으므로, 여기서 거짓말을 하게 되면 형법상 위증죄로 처벌받을 수 있다.

증인은 '소환' 방식과 '대동' 방식이 있다. '소환'은 말 그대로 법원이 그 증인에게 출석요구서를 보내어 소환하는 것이며 '대동'은 신청 당사자가 그 증인을 직접 데리고 법정에 출석하는 방식을 뜻한다. 어느 방식을 취하든 간에 미리 증인신문기일을 정한 뒤에 증인신문을 진행하지, 곧바로 진행하지는 못한다. 일방 당사자가 법정에 증인을 무작정 데리고 간다고 해서 증인신문을 할 수는 없다는 것이다. 상대방이 미리 주신문사항(신청 당사자가 증인에게 물어볼 사항을 적은 서면)을 보고 반대신문을 준비할 시간을 주어야 하기 때문이다. 대동 방식은 특별한 비용이 발생하지 않으나, 소환 방식은 미리 담당재판부에 문의한 뒤 증인여비를 예납하여야 한다. 증인여비는 증인의 거주지에 따라 다르나 서울을 기준으로 약 6만 원 정도 한다.

'나의 사건검색'을 확인하면 담당재판부의 전화번호가 나온다. 담당재판부에 증인여비로 얼마를 예납하여야 하는지를 문의한 뒤 민사예납금 명목으로 미리 돈을 납부하고 증인신청서에는 다음과 같은 법원보관금 영수증서를 증인신청서에 첨부하여 제출한다. 전자소송에서는 증인신청서를 내는 과정 중에 증인여비를 납부하는 절차가 있다.

≫ 증인여비 예납

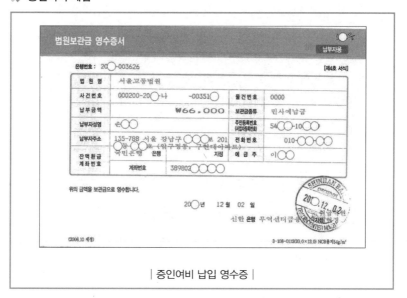

| 증인여비 납입 영수증 |

서식 1-17 증인신청서

증인신청서

1. 사건 : 20○○가합○○○○ 건물인도 등
2. 증인의 표시

이 름	최 ○ 지
직 업	공인중개사
주민등록번호	○○○○○○ - ○○○○○○○

주소	고양시 덕양구 ㅇㅇ로 ㅇㅇ ㅇㅇ공인중개사사무소
전화번호	010-ㅇㅇㅇㅇ-ㅇㅇㅇㅇ
이메일	
원·피고와의 관계	아무런 관계없음

3. 증인이 사건에 관여하거나 내용을 알게 된 경위

　　최ㅇ지는 이 사건 건물의 맞은편에 위치한 ㅇㅇ공인중개사사무소를 운영하고 있는 공인중개사입니다. ㅇㅇ공인중개사사무소는 이 사건 건물이 훤히 보이는 위치에 있어 유치권자들이 건물을 점유하거나 현수막을 거는 방법으로 유치권 행사를 공고하였다면 이를 쉽게 인식할 수 있습니다. 이에 원고는 객관적 제3자인 위 증인을 통하여 피고가 20ㅇㅇ. 5. 1. 이전부터 유치권을 행사하면서 이 사건 건물을 점유했다는 주장이 사실이 아님을 입증하고자 합니다.

4. 신문사항 정보(신문사항 개요)

　　증인신문사항은 추후 별도로 제출하겠습니다.

5. 희망하는 증인신문방식(해당하는 곳에 체크 표시)

　　□ 증인진술서 제출방식　　☑ 증인신문사항 제출방식
　　□ 서면에 의한 증언방식

6. 그 밖에 필요한 사항

　　1) 출석확보를 위한 협력방안

　　　□ 증인대동　　☑ 소환　　　□ 기타

　　2) 예상 소요시간(주신문)

　　　☑ 15분　　　□ 30분　　　□ 기타

　　　　　20ㅇㅇ. ㅇ. ㅇㅇ.
　　　　　위 원고　송 ㅇㅇ　(인)

　　　　대전지방법원 제ㅇ민사부　귀중

이와 같은 내용의 증인신청서를 담당재판부에 제출하여 증인이 채택되면, 담당재판부는 곧바로 증인신청서에 기재된 주소지로 증인에게 증인출석요구서를 송부한다. 이러한 출석요구서를 받은 증인은 법원에 출석하여 증언할 의무가 있다. 증인이 정당한 사유 없이 출석하지 않을 경우 법원은 증인에 대해 구인(경찰관이 증인을 강제로 붙잡아 법정에 출석시키는 것)을 명하거나 500만 원 이하의 과태료를 부과할 수도 있다. 통상 1회 불출석만으로는 구인명령이나 과태료 부과를 하지 않고, 2회 이상 불출석한 경우에 행하고 있다. 따라서 출석요구서를 받은 증인이 해당 변론기일에 법정에 나올 수 없을 정도의 병환이 있거나 중요한 출장 등의 불가피한 사정이 있는 경우에는 미리 담당재판부에 불출석사유서를 제출하는 것이 좋다.

증인을 신청한 자는 증인신문사항을 미리 작성하여 법원에 제출하여야 한다[10]. 상대방이 미리 증인신문사항을 받아 반대신문을 준비할 기회를 주기 위해서이다. 소송절차에 익숙하지 않은 사람이라면 물어볼 것을 미리 상대방에게 알려주는 것이 불합리하게 느껴질 수 있겠지만, 상대방의 반대신문권을 보장해주기 위해서 꼭 따라야 할 절차이다. 증인신문사항은 적어도 증인신문기일 1주일 전에는 제출해야 한다.

증인신문사항은 증인에게 '입증하려는 내용과 관련된 사실'들 위주로 질문할 수 있도록 기재해야 한다는 것을 명심하자. 만약 증인을 불러두고 "원고가 평소에 행실이 나쁘지 않았느냐", "피고가 억울하다고 생각하지 않느냐"와 같은 질문을 한다면 곧바로 판사가 제지할 것이다. 왜냐하면, 위 질문은 증인이 알고 있는 '사실'이 아닌 '의견'을 묻는 것에 불과하기 때문이다. 나아가 질문도 간략하게 핵심만 물어야 판사나 증인이 쉽게 이해할 수 있을 것이라는 점도 잊지 말도록 하자.

---

10) 단독판사사건의 경우에는 상대방의 수에 3을, 합의부사건의 경우에는 상대방의 수에 4를 더한 통수만큼 제출하여야 한다.

[20ㅇㅇ가합ㅇㅇㅇㅇ 건물인도 등]

증인 최ㅇ기에 대한 신문사항

1. 증인은 ㅇㅇ공인중개사사무소를 운영하고 있지요.

2. 증인은 언제부터 같은 사무소를 운영해 왔나요.

3. 공인중개사사무소는 ㅇㅇ미메이드 건물에 인접해 있나요.

4. 증인의 공인중개사사무실 창문을 통하여 곧바로 ㅇㅇ미메이드 건물을 바라볼 수 있지요.

5. 증인은 20ㅇㅇ. 5. 1.경 ㅇㅇ미메이드 건물을 자유롭게 출입할 수 있었나요.

6. 증인은 그 무렵 ㅇㅇ미메이드 건물을 자유롭게 출입할 수 있었다고 기억하는 특별한 이유가 있나요.

7. (을 제ㅇ호증 사진을 제시) 증인은 20ㅇㅇ. 5. 1.경 이 사진에 있는 현수막이 ㅇㅇ미메이드 건물에 부착되어 있는 것을 보았나요.

8. 증인의 기억으로는 사진의 현수막이 언제 ㅇㅇ미메이드 건물에 걸렸던 것으로 기억하나요.

9. 기타신문사항

일방 당사자가 증인을 불러 질문을 하였다면, 반대 당사자에게도 반대신문을 할 기회가 주어진다. 일방 당사자에게 유리한 내용만 물어본 것일 수도 있으므로, 반대 당사자에게도 증언 내용을 반박할 기회를 부여하는 것이다. 반대 당사자는 증인신문사항을 미리 받아본 뒤 반대신문할 사항을 작성해서 증인신문이 있는 당일에 들고 가면 된다[11]. 증인 신문을 한 다음 곧바로 반대신문사항을 재판부에 제출하고 반대신문을 하면 되며, 증인의 증언을 듣고 질문을 유연하게 바꿔가면서 물어도 무 방하다.

서식 1-19 증인 반대신문사항

[20○○가합○○○○ 건물인도 등]

증인 최○기에 대한 반대신문사항

1. 주신문사항 3, 4항과 관련하여,

　가. 증인은 공인중개사사무소에서 ○○미메이드 건물이 곧바로 보인다고 증언한 바 있지요.

　나. 피고 측이 확인한 바로는 증인의 사무소에서 ○○미메이드 건물이 곧바로 보이지는 않고, 사무실 한쪽에 있는 구석진 작은 창문으로만 볼 수 있는 것 같은데, 어떤가요.

　다. 증인이 매일 ○○미메이드 건물을 볼 수 있는 것은 아니지요.

2. 주신문사항 5, 6항과 관련하여,

　가. 증인은 ○○미메이드 건물이 언제 완공되었는지 알고 있나요.

　나. ○○미메이드 건물의 시공사는 ○○종합건설이 자금난에 빠져 20○○. 5. 말 부도가 난 사실을 알고 있나요.

　다. 부도가 난 시기에 이미 공사업자들이 건물을 점유하고 있는 것을 보지 못하였나요.

---

11) 주신문사항과 마찬가지로 여러 통을 준비해 가야 한다.

라. 증인은 20○○. 5. 1. 무렵에 ○○미메이드 건물에 중개업무를
위해 들어가 본 사실이 있나요.

3. 주신문사항 7, 8항과 관련하여,

가. 아까 현수막을 본 시기가 겨울 무렵이라고 하셨지요.

나. 현수막을 찍은 사진을 보면 사람들이 반팔을 입고 있는데 증
인의 말에 의하면 겨울 잠바를 입고 있어야 하는 것 아닌가요.

4. 기타 반대신문사항

증인에 대한 주신문, 반대신문이 한 번씩 이뤄졌다고 증인신문절차
가 종결되는 것은 아니다. 증인을 신청한 자는 반대신문에 대해 방어
를 하는 의미에서 다시 재(再)주신문을 할 수 있다. 주신문을 다시 한
다는 의미이다. 재주신문 뒤에 반대 당사자는 다시 한번 증인에게 질
문할 수 있는 기회를 얻을 수도 있다. 이러한 절차가 모두 끝나면 재판
장이 직접 증인에게 궁금한 점을 물어보기도 한다.

경험상 우리 측에 유리하다고 생각했던 증인도 막상 법정에서 증언
하게 되면 말을 횡설수설하는 경우가 많고, "잘 기억이 나지 않습니
다."라고 증언하는 것을 많이 목격하였다. 그만큼 증인신문 과정에서
는 여러 변수가 있으니 치밀한 준비와 고민이 필요한 절차임을 명심하
자. 또 증인으로 하여금 자신의 기억에 반하는 사실을 증언하게 하는
경우에는 해당 증인은 위증죄, 그런 증언을 부탁한 사람은 위증교사죄
로 처벌받을 수 있으니 주의해야 한다.

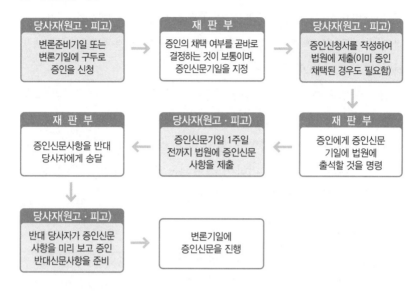

3) 감정신청

감정은 전문가의 도움을 얻어 증거를 획득하는 방법이라고 이해하면 된다. 예를 들어, 무단으로 건축된 건물에 관한 철거청구소송을 제기한 경우 그 건물에 관해서는 등기사항증명서가 존재하지 않으므로 건물을 명확히 특정하려면 감정기관의 도움이 필요하다. 또한, 토지에 관한 자료 및 허위임차인이 무상으로 거주한 기간 동안의 부당이득금(임대료)을 산정하려는 경우에도 그 금액에 이견이 있으므로 전문가의 도움이 필요하다. 이런 식으로 전문가의 도움이 필요한 영역에서 당사자는 감정신청을 통해 자신에게 필요한 내용을 명확하게 입증할 수 있다. 다만, 감정신청은 초기비용이 많이 지출되므로 그 부분은 미리 감안해야 한다(승소하면 감정비용을 상대방으로부터 받아낼 수 있긴 하다).

감정도 보통 변론기일에 출석해서 구두로 신청한 뒤, 재판장이 감정신청서를 제출하라고 하면 변론기일을 마친 후에 제출하는 것이 보통의 진행방법이다. 다만, 임대료 감정과 같이 반드시 필요하고 간단한 감정의 경우에는 빠른 소송 진행을 위해 변론기일 전에 신청서를 제출하는 경우도 자주 있다.

법원은 필요하다고 인정하는 경우에는 공공기관·학교, 그 밖에 상당한 설비가 있는 단체 또는 외국의 공공기관에 감정을 촉탁할 수 있는데, 이 경우에는 감정기일을 열지 않고 감정인의 선서도 요구하지 않는다. 권위있는 기관에 의하여 진행되는 감정이라면 그 공정성·진실성 및 전문성이 담보된다고 보기 때문이다.

≫ 감정신청 과정

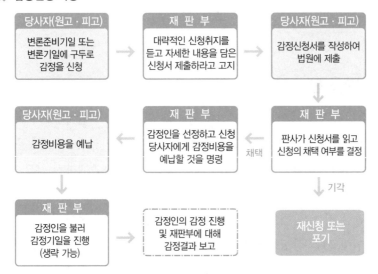

감정신청서

사　　건　20ㅇㅇ가단ㅇㅇㅇㅇ 부당이득반환

원　　고　송 ㅇ ㅇ

피　　고　홍 ㅇ ㅇ

위 사건에 관하여 원고는 주장사실을 입증하기 위하여 다음과 같이 감정을 신청합니다.

다　음

1. 감정의 목적

　피고가 점유하고 있는 건물의 적정 월 임대료를 입증하기 위함입니다.

2. 감정의 목적물

　서울 ㅇㅇ구 ㅇㅇ로 ㅇㅇ길 ㅇㅇ 지상건물 101호

3. 감정사항

　감정 목적물을 임대할 때의 20ㅇㅇ. 1.부터 현재까지 매달 적정 임대료를 감정하되, 보증금이 없는 경우로 금액을 산정해 줄 것

20ㅇㅇ. ㅇ. ㅇㅇ.

원고　송 ㅇ ㅇ　(인)

서울중앙지방법원 민사ㅇ단독 귀중

　토지나 건물이 등기가 되어 있고 그 전부가 소송의 목적물인 경우에는 해당 토지나 건물을 특정하기가 쉽다. 그러나 토지나 건물 일부분, 미등기건물이 소송의 목적물인 경우 이를 특정하는 것은 쉬운 일이 아

니다. 토지와 건물을 분명히 특정하지 않으면 설령 재판에서 승소하였다고 하더라도 집행하기 어려울 수 있다. 그래서 토지나 건물을 특정하기 어려운 경우 법원에 감정을 신청하여 감정기관의 도움을 받아 측량을 하고, 그 측량자료를 근거로 토지나 건물을 명확히 특정하면 된다.

서식 1-21 감정신청서(측량을 통한 건물 특정)

감정신청서

사　　건　　20○○가단○○○○　부당이득반환
원　　고　　송○○
피　　고　　홍○○

위 사건에 관하여 원고는 주장사실을 입증하기 위하여 다음과 같이 감정을 신청합니다.

다　음

1. 감정의 목적
   원고는 피고들이 서울 ○○구 ○○길 ○○ 소재 토지상에 임의로 건축한 건물의 철거를 구하고자 본 감정신청에 이른 것입니다.

2. 감정의 목적물
   서울 ○○구 ○○길 ○○ 토지상에 세워진 미등기건축물

3. 감정사항
   서울 ○○구 ○○길 ○○ 토지상에 건축된 건물의 구조(건축재질, 지붕재질, 층수, 건축물 종류 등), 위치, 면적을 특정하여 도면을 작성할 것

20○○. ○. ○○.
원고　송○○ (인)

서울중앙지방법원 민사○단독 귀중

감정신청서를 제출하고 법원에 의해 감정이 채택되면 감정료를 납부해야 전문가에 의해 감정이 진행된다. 감정료는 부동산의 필지 수, 넓이, 공시지가 그리고 어떤 감정인이 진행하느냐 등에 따라 천차만별이므로 얼마가 나올지 예측하기가 어렵다. 다만, 시가감정의 경우는 평균적으로 1~2백만 원, 지료 및 임대료감정은 평균적으로 1~3백만 원, 공유물분할 등을 위한 측량감정의 경우는 1~2백만 원 정도 나올 것이다. 많이 나오면 이 금액의 1.5배에서 2배가 나오기도 하고, 적게 나오면 이 금액의 절반 정도만 나오기도 한다.

감정신청서를 제출하여 받아들여지면 재판부는 감정인 후보자에게 감정료를 통보해 달라는 요청을 한다. 그리고 난 뒤 재판부는 당사자에게 그 금액을 알려주는데 은행에 가서 감정료를 납부하고 영수증을 법원에 제출하면 된다. 감정료는 신청자가 먼저 납부해야 하지만 종국적으로는 재판 결과에 따라 패소한 자가 부담한다.

≫ 감정료의 예납

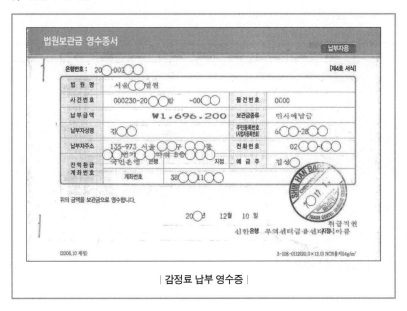

| 감정료 납부 영수증 |

감정료를 예납해도 그 사실을 재판부에서 저절로 알 수는 없다. 감정료를 예납한 당사자는 감정료를 예납하였음을 재판부에 신고하여야 한다. 감정료 납부서를 작성하여 그 서식에 영수증을 첨부하여 제출하면 된다.

`서식 1-22` 감정료납부서

감정료납부서

사　　건　　20○○가단○○○○ 부당이득반환
원　　고　　송○○
피　　고　　홍○○

위 사건에 관하여 원고는 다음과 같이 감정료를 납부합니다.

다　음

1. 감정료 금 1,696,200원

첨 부 서 류

1. 영수증

20○○. ○. ○○.
원고 송○○ (인)

서울중앙지방법원 민사○단독 귀중

4) 사실조회신청

공공기관이나 법인, 개인 등에 대하여 문서 제출 요구가 아니라 사실확인이 필요한 경우가 있다. 그러한 때에는 사실조회신청이 적절한 입증방법이 된다.

≫ 사실조회신청 과정

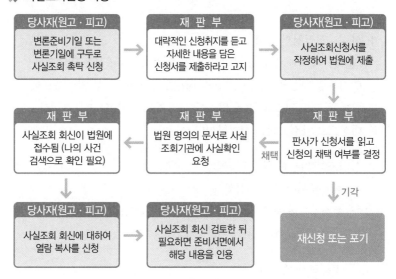

변호사들도 실무에서 사실조회신청을 상당히 많이 활용하고 있다. 그만큼 개인적으로 확인할 수 없었던 사실을 사실조회신청을 통해서는 확인 가능한 경우가 많다는 것이다. 사실조회신청은 개인보다는 공공기관, 법인, 단체에 대하여 하는 것이 보통이며, 개인에 대해서는 사실조회신청보다는 증인신청을 하는 것이 보통이다.

서식 1-23 **사실조회신청서(주민등록번호 및 주소 확인)**

사실조회신청서

사　　건　20○○가단○○○○○ 손해배상(기)

원　　고　송○○

피　　고　이○○

위 사건에 관하여 원고는 주장사실을 입증하기 위하여 다음과 같이
사실조회를 신청합니다.

다 음

1. 사실조회신청의 목적

　원고는 피고의 주소를 확인하기 위해 주소보정명령을 가지고 민
원기관을 방문하였으나 피고의 현주소를 확인할 수 없었으므로,
이에 원고는 피고의 현재 주소를 파악하기 위해 위 3개 통신사를
대상으로 사실조회를 신청합니다.

2. 사실조회 기관의 명칭 및 주소

　가. 에스케이텔레콤 주식회사

　　　주소 : 서울 중구 을지로 65 (을지로2가) SK-T타워 법무팀

　　　전화 : 02-6100-2114

　나. 주식회사 케이티

　　　주소 : 성남시 분당구 불정로 90 (정자동)

　　　전화 : 031-727-0114

　다. 주식회사 엘지유플러스

　　　주소 : 서울 용산구 한강대로 32

　　　전화 : 02-1544-0010

3. 사실조회사항

　가. 대상자의 인적사항

　　　성명 : 이○○

　　　전화번호 : 010-○○○○-○○○○

　　　지위 : 서울중앙지방법원 20○○가단○○○○ 손해배상(기)

　　　사건(이 사건 소송)의 피고

나. 조회할 내역

귀사에 위 전화번호를 사용하였거나 사용하고 있는 가입자 이
○○의 주민등록번호 및 주소

20○○. ○○. ○○.

원고 송 ○ ○ (인)

대전지방법원 민사○단독 귀중

5) 금융거래정보제출명령신청

금융거래정보제출명령신청은 은행 등 금융기관에 대한 문서제출명
령신청, 사실조회신청방법이라고 알고 있으면 된다. 실무적으로는 사
실조회신청으로 신청하는 경우가 많으나 법적 근거 규정이 다소 다르
므로 이 서식은 따로 알아두는 것이 좋다. 금융거래정보제출명령신청
이 받아들여지면 은행으로부터 신청 대상인의 계좌거래내역 및 관련
서류를 받아볼 수 있다.

다만, 열람하고자 하는 계좌거래내역의 기간을 무한정 확장하지 않
도록 하자. 확인하고자 하는 기간이 너무 길면 개인정보가 침해될 수
있다는 염려 때문에 법원에 의해 신청이 받아들여지지 않을 가능성이
높다. 통장거래내역 확인 기간을 어느 정도까지 허용하는지 명시적인
규정은 없으나, 적어도 입증하고자 하는 사실과 받아보려는 계좌거래
자료 간에 연관성이 인정되어야 한다.

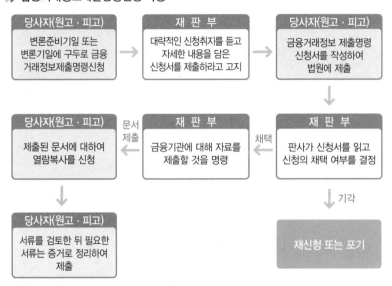

서식 1-24 금융거래정보제출명령신청서(무상임차인각서 유무 확인)

금융거래정보제출명령신청서

사   건   20○○가합○○○○ 건물인도

원   고   송○○

피   고   박○○

위 사건에 관하여 원고는 주장사실을 입증하기 위하여 다음과 같이
금융거래정보제출명령을 신청합니다.

대상기관의 명칭 및 주소

명칭 : 주식회사 ○○은행

주소 : 서울특별시 중구 을지로 ○○

명의인의 인적사항

성명 : 김○○

주민등록번호 : 84○○○○-1○○○○○○

사용목적

피고는 이 사건 부동산에 설정된 주식회사 ○○은행 명의의 근저당권보다 먼저 전입신고를 하였기 때문에 대항력이 있다고 주장합니다. 그러나 주식회사 ○○은행이 20○○. 5. 12. 이 사건 부동산에 근저당권을 등기하면서 설정한 채권최고액에 비추어 보면 이 사건 부동산에 관하여 선순위임차인이 없었음을 전제로 한 것으로 보입니다. 통상적으로 선순위임차인이 있는 경우 금융기관은 대출을 실행하기 전에 그 임차인의 무상임차인각서를 받고 있는바, 피고가 주식회사 ○○은행에 무상임차인각서를 제출하였는지 확인하기 위함입니다. 첨부하는 자료도 함께 금융기관에 송부해 주시기 바랍니다.

요구하는 거래정보 등의 내용

귀 은행이 경기도 광명시 ○○로 ○○ 소재 부동산(첨부자료 1)에 관하여 20○○. 5. 12. 채권최고액 300,000,000원의 근저당권을 설정하고 대출을 실행하면서 김○○(84○○○○-1○○○○○○)와 작성한 서류 일체를 사본하여 송부할 것. 무상임차인각서가 있다면 그것도 반드시 함께 첨부하여 송부할 것.

첨 부 서 류

1. 등기사항전부증명서

20○○. ○. ○○.

위 원고 송 ○ ○ (인)

수원지방법원 성남지원 제○민사부 귀중

금융거래정보제출명령신청서

사 건 20○○가합○○○○ 투자금반환
원 고 송○○
피 고 양○○

위 사건에 관하여 원고는 주장사실을 입증하기 위하여 다음과 같이
금융거래정보제출명령을 신청합니다.

대상기관의 명칭 및 주소

명칭 : ○○○○은행
주소 : 서울특별시 중구 을지로 ○○

명의인의 인적사항

법인명 : 주식회사 ○○ (135711-○○○○○○○)
사업자등록번호 : 126-86-○○○○○

요구 대상 거래 기간

20○○. 4. 1.부터 20○○. 3. 31.까지

사용목적

피고는 주식회사 ○○의 대표이사입니다. 원고는 피고와 동업약정
을 하고 투자금 명목으로 피고의 요청에 따라 주식회사 ○○의 ○○
은행 계좌로 돈을 송금한 사실이 있습니다. 그런데 피고는 원고의
투자금을 피고 개인을 위해 사용한 것으로 보이는바, 그 사용내역을
구체적으로 밝히고자 함입니다.

요구하는 거래정보 등의 내용

주식회사 ○○(법인등록번호 135711-○○○○○○○, 사업자등록
번호 126-86-○○○○○) 명의의 ○○은행 계좌 ○○○-○○○-○○
-○○○에 대한 입출금내역 일체(이체 상대방에 대한 정보를 반드시
포함하여 회신할 것)

20○○. ○. ○○.

원고 송○○ (인)

수원지방법원 성남지원 제○민사부 귀중

6) 과세정보제출명령신청

국세청이나 세무서로부터 과세정보, 세금계산서 등 자료를 제출받
고자 한다면 국세기본법의 규정에 따라 국세청, 세무서에 대하여 과세
정보제출명령을 신청할 수 있다. 과세정보제출명령신청 역시 문서제
출명령신청, 사실조회신청의 일종이라고 이해하면 되겠다.

>> 과세정보제출명령신청 과정

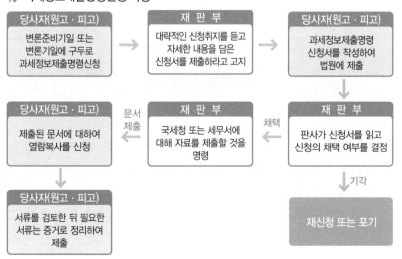

과세정보제출명령신청서

사　　건　20○○가합○○○○○ 건물인도 등

원　　고　송○○

피　　고　주식회사 ○○종합건설

위 사건에 관하여 원고는 그 주장사실을 입증하기 위하여 다음과 같이 과세정보제출명령을 신청합니다.

대상기관의 명칭 및 주소

명칭 : ○○세무서

주소 : 서울 성동구 광나루로 ○○(송정동 67-○)

전화 : 02-460-0000

명의인의 인적사항

법인명(단체명) : 주식회사 ○○종합건설

대표자 : 이○○

사업자등록번호 : 126-○○-○○○○○

요구대상거래기간

20○○. 1. 1.부터 20○○. 12. 31.까지

사용목적

피고는 2009. 6.경 건축주인 주식회사 ○○프라자와 사이에 이 사건 부동산 신축공사에 관하여 총 공사대금 30억 5,000만 원으로 정하여 공사도급계약을 체결하고, 2010~2011년 동안 공사를 진행하면서 위 공사대금 중 일부만 수령하였다는 이유로 21억 원 상당의 유치권을 주장하고 있습니다. 피고가 실제 공사를 진행하고 선급금 및 공사진척도에 따른 기성금을 수령하였다면, 그에 따라 피고가 건축주인 주식회사 ○○프라자를 공급받는 자로 하여 세금계산서를 발행하였을 것이므로 그 내역을 조회하여 피고 주장의 진위를 밝히고자 본 신청에 이르렀습니다.

요구하는 거래정보 등의 내용

주식회사 ○○종합건설(사업자등록번호 126-○○-○○○○○)이 공급자로서 주식회사 ○○프라자(사업자등록번호 207-○○-○○○○○)를 공급받는 자로 하여 20○○년 1월 1일부터 20○○년 12월 31일까지 발행한 세금계산서 내역 일체

20○○. ○. ○○.
원고 송○○ (인)

인천지방법원 제○민사부 귀중

7. 변론

1) 변론기일, 변론준비기일, 조정기일의 차이

소장을 제출하고 상대방도 답변서를 제출하면, 법원으로부터 어느 날 '변론기일통지서', '변론준비기일통지서' 또는 '조정기일통지서'를 받게 된다. 이 통지서에는 언제 어디에서 재판 또는 조정이 열리므로 출석하라는 내용이 기재되어 있다. 이제 본격적으로 재판절차가 진행되는 것이다.

위 기일에는 어떠한 차이가 있을까? 위 기일에서 무슨 내용이 중점적으로 다루어지는 것인지를 이해하면 당사자로서는 재판을 위한 더

욱 철저한 대비를 할 수 있을 것이다.

변론기일이란 쉽게 말해 소송 진행 및 소송당사자의 주장을 듣기 위해 판사, 소송당사자, 그 밖의 소송관계인이 출석하는 날을 말한다. 피고의 답변서가 제출된 경우 변론기일을 잡는 것이 보통이나, 상황에 따라 조정기일이나 변론준비기일을 먼저 지정하기도 한다. 조정기일은 소송당사자의 합의를 위해 법원이 중재하는 자리이며, 변론준비기일은 본격적인 재판에 들어가기 전에 쟁점을 정리하는 절차라고 이해하면 된다. 가처분·가압류사건에서는 '심문기일'이라는 용어가 사용되는데 '변론기일'과 유사하다는 정도로 이해하면 된다.

표 1-3 기일의 비교

	변론기일	변론준비기일	조정기일
주재자	재판부 전체 (합의부사건의 경우 3명, 단독사건의 경우 1명)	보통 판사 1명이 진행	판사 1명 또는 조정위원이 진행
목적	당사자 쌍방의 주장을 듣기 위해	사건의 쟁점을 정리하고, 증거신청 의견을 듣기 위해	합의·양보를 통하여 분쟁을 조기 종결하기 위해
다음 절차	변론기일을 한 번 더 지정할 수도 있고, 변론을 종결하여 판결선고기일을 지정할 수도 있음	변론기일을 지정 (쟁점이 복잡한 사건의 경우 변론준비기일을 또 지정할 수도 있음)	합의가 성립한 경우 곧바로 재판이 종결되나, 합의가 성립하지 않은 경우 소송절차로 이관되어 변론기일 또는 변론준비기일이 지정됨

소송당사자가 가장 신경 써서 준비를 철저히 해야 하는 때는 바로 변론기일이 지정된 경우이다. 변론기일은 소송당사자들이 판사 앞에서 자신의 주장을 이야기할 수 있는 자리이다. 판사는 미리 기록을 읽어보고 쌍방의 주장과 증거를 정리한 뒤, 그 날 소송당사자들에게 궁금한 점을 묻곤 한다. 이때 소송당사자는 판사의 질문사항을 예상하여

철저히 대비하여야 하며, 상대방의 공격에도 즉각적으로 대응할 수 있어야 한다. 변론준비기일도 변론기일과 크게 다르지 않게 진행되므로, 철저한 준비가 필요하다.

이에 반해, 조정기일은 사건의 실질적 심리보다는 쌍방의 화해를 유도하는 자리라고 생각하면 된다. 변론기일보다는 편하게 참석해도 좋다. 때로는 판사가 아닌 일반 조정위원이 절차를 진행하기도 한다. 다만 화해 및 합의를 위해 판사도 설득할 수 있는 필승의 협상안을 가지고 조정기일에 참여하여야 한다. 무작정 합의를 하지 않겠다고만 한다면, 판사에게 좋지 않은 인상을 줄 수 있다는 사실을 유의하자.

2) 변론기일을 대비한 꼼꼼한 준비요령

(1) 서면은 미리 제출하라!

변론기일 이전에 준비서면 및 증거는 미리 제출하여야 한다. 아무리 늦어도 전자소송의 경우는 2일 전, 일반소송의 경우는 5일 전에는 서면을 제출해야 한다. 아무리 늦어도 이 정도이고, 적어도 변론기일 7일 전에는 서면을 제출하는 것이 좋다. 판사들이 가장 싫어하는 것 중 하나가 변론기일 당일에 서면을 들고 와서 제출하는 것이다. 실제 법정에 앉아 있다 보면 재판 당일에 서면을 들고 와서 판사로부터 꾸지람을 듣는 경우를 적지 않게 목격할 수 있다.

문서송부촉탁신청, 사실조회신청, 증인신청과 같은 증거방법의 신청은 먼저 구두변론으로 신청한 뒤 신청서를 제출하는 것이 보통이나, 변론기일이 생각보다 늦게 잡히고 시간적 여유가 있다면 신청서를 미리 제출하는 것이 좋다.

(2) 구두변론을 위해 출석 전에 핵심주장을 정리하라!

근래에는 법정에서 간단한 구두변론을 하는 것이 매우 당연한 절차로 자리 잡았다. 특히 첫 기일에 출석하면, 재판부는 원·피고에 대해 자기주장을 구두로 간단히 변론해 줄 것을 요청한다. 이때 소송당사자는 자신의 주장을 요약하여 핵심적인 내용을 잘 전달할 수 있도록 해야 한다. 판사들은 기록을 대략적으로라도 검토하고 나오므로, 당사자가 쓸데없이 길게 이야기를 하거나 쟁점이 아닌 이야기를 장황하게 늘어놓는 것을 좋아하지 않으니 이를 주의해야 한다.

(3) 대법원 '나의 사건검색'을 활용하라!

'나의 사건검색'이란 대법원 홈페이지(www.scourt.go.kr)에서 사건 당사자들의 편의를 위하여 사건진행 사항에 관한 정보를 제공하고 있는 기능이다. 종전까지는 사건번호만으로도 조회할 수 있었지만, 개인정보(죄명, 채권채무관계 등)로 인한 인권침해의 소지가 있어 현재는 사건당사자만 확인할 수 있도록 사건번호 및 당사자명, 자동입력방지문자까지 입력해야 조회할 수 있다. '나의 사건검색'은 경락부동산의 인도명령사건이나 그 외 낙찰자가 제기한 명도소송, 부당이득반환청구의 소 등 본안소송, 가압류·가처분과 같은 보전처분[12] 사건이라면 모두 검색할 수 있다.

'나의 사건검색'에서는 상대방이 법원에 제출한 서면이 있는지, 변론기일은 언제, 어디서 열리는지 등의 정보를 모두 확인할 수 있다. 변론기일이 열리기 전에 이러한 정보를 미리 확인한 다음 참석한다면, 소송당사자로서는 더욱 충실한 변론은 물론이고 상황에 따른 유연한 대응을 할 수 있을 것이다. '나의 사건검색' 활용방법은 다음과 같다.

---

12) 채권자 개인의 권리를 보장하기 위해 소송 전 또는 소송 중에 채무자가 재산을 은닉하거나 처분하는 행위 등을 금지하는 잠정적 조치를 의미한다. 가압류와 가처분을 보전처분이라 한다.

대법원의 '나의 사건검색' 사이트에 접속한다.

나의 사건검색 - 대법원 www.scourt.go.kr/portal/information...
대법원 **사건**번호 **검색**, 판례, 법률 정보 등 제공.

법원, 사건번호, 당사자명 및 자동입력방지문자를 입력 후 '검색' 버튼을 누른다.

먼저, 사건이 진행 중인 법원을 선택하고, 미리 확인한 사건번호를 입력한다. 당사자명은 원고와 피고 한 사람의 이름 중 두 글자 이상만 입력하면 된다. 예를 들어 이름이 '홍길동'일 때 '홍길', '길동', '홍길동' 모두 검색할 수 있다. 다만, '주식회사'와 같은 명칭은 흔하고 널리 쓰이는 명칭이므로, '주식', '회사', '식회'와 같이 입력하면 검색이 되지 않는다.

당사자명	입력(예시)
홍길동	홍길, 길동, 홍길동
주식회사 행복재테크	행복, 재테크, 행복재테크

사건검색을 하기 전 하단부의 '사건검색 결과 저장'에 체크를 하자. 여기에 체크를 해 둘 경우 같은 컴퓨터로 같은 사건을 검색할 때에 자동 저장이 되어 있어 다시 확인할 때 매우 편리하다.

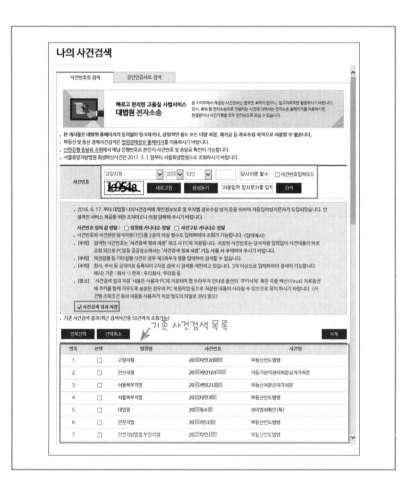

3단계

'사건일반내용' 탭에서 사건의 개괄적 정보를 확인한다.

사건 정보에 관한 입력을 완료하고 '검색' 버튼을 클릭하면 다음과 같은 창이 나온다. 사건 정보에 대한 개괄적 정보(당사자, 재판부, 종국 결과 등)를 확인할 수 있다. 여기서 본안사건은 물론이고, 가압류·가처분사건, 부동산인도명령사건 등 법원에서 진행 중인 거의 모든 사건에 대한 정보를 얻을 수 있다.

| 사건일반내용 | 사건진행내용 | | | 인쇄하기 | 나의 사건 검색하기 |

, 사건번호 : 서울서부지방법원 20█타인2█

기본내용

청사배치

사건번호	20█타인2█	사건명	부동산인도명령
재판부	경매7계 (전화:02-3271-1327)		
접수일	20█.06.29	종국결과	20█.06.30 인용
항고접수일		항고연	
항고종국일		항고결과	
송달료, 보관금 종결에 따른 잔액조회	잔액조회		
결정문송달일	20█.07.06	확정일	

최근기일내용

일자	시각	기일구분	기일장소	결과
		지정된 기일내용이 없습니다.		

, 최근 기일 순으로 일부만 보입니다. 반드시 상세보기로 확인하시기 바랍니다.

최근 제출서류 접수내용

일자	내용
	접수된 문서내용이 없습니다.

, 최근 제출서류 순으로 일부만 보입니다. 반드시 상세보기로 확인하시기 바랍니다.

관련사건내용

법 원	사건번호	구분
서울서부지방법원	20█타경94█	기타

당사자내용

구 분	이 름	결정문송달일	확정일
신청인	1. 김█훈	20█.07.06	
피신청인	1. 김█희	20█.07.05	

4단계

'사건진행내용' 탭에서 사건의 구체적 진행정보를 확인한다.

'사건진행내용' 탭을 클릭하면 문건 접수내역 및 변론기일, 판결선고기일 등 정보를 모두 확인할 수 있다. 변론기일에 참석하기 전에 이 부분을 확인하면 상대방이 변론기일 전에 제출한 문건이 있는지를 미리 확인할 수 있다. 전자소송의 경우에는 상대방이 문건을 접수하면 문자메시지 및 이메일로 알려주기 때문에 예전보다는 그 쓰임새가 적어졌으나, 그래도 항상 '나의 사건검색'을 활용하는 습관을 들여야 한다.

'사건진행내용'에서는 '확인' 버튼을 누르면 문건의 송달 결과도 확인할 수 있다. 문건이 송달되지 않으면 '수취인불명', '주소불명'과 같이 기재되어 있는 경우도 있다.

법원에서 진행 중인 사건은 앞에서와 같이 '나의 사건검색'에서 대부분 확인할 수 있다. 그런데 경매사건(인도명령 제외)의 진행 상황만은 유일하게 다른 홈페이지에서 검색하여야 한다. 경매사건의 진행 상황은 '법원경매정보 사이트(www.courtauction.go.kr)' 에 접속하여 확인하도록 하자.

1단계

법원경매정보 사이트에 접속하고, 첫 화면에서 '경매사건검색' 탭을 클릭한다.

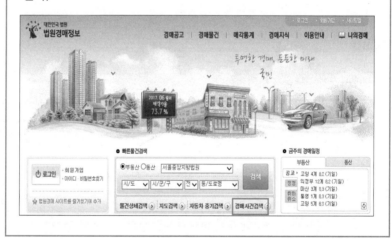

법원 및 사건번호를 입력하고 검색을 누른다.

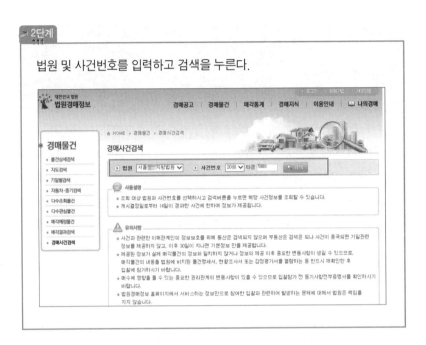

경매사건의 진행상황을 확인한다.

◎ 항고내역

물건번호	항고제기자	항고접수일자	항고		재항고		확정여부
		접수결과	사건번호	항고결과	사건번호	재항고결과	
			검색결과가 없습니다.				

◎ 관련사건내역

관련법원	관련사건번호	관련사건구분
서울○○지방법원	20○○타인3○	인도명령

◎ 물건내역

물건번호	1	> 물건상세조회 > 매각기일공고 > 매각물건명세서	물건용도	아파트	감정평가액	570,000,000원		
목록1		서울특별시 ○○구 ○○로 1○, 8○동 7층7○호 (산○○, ○○아파트) 🖼			목록구분	집합건물	비고	미종국
물건상태		매각준비 -> 매각공고 -> 매각 -> 매각허가결정 -> **대금납부**						

🖼 : 등기기록 열람

◎ 목록내역

목록번호	소재지	목록구분	비고
1	서울특별시 ○○구 ○○로 1○, 8○동 7층7○호 (○○동, ○○아파트) 🖼	집합건물	미종국

◎ 당사자내역

당사자구분	당사자명	당사자구분	당사자명
채권자	주○○○ ○○○○○○○○○○	채무자겸소유자	망 ○○○
채무자겸소유자	망 ○○○○ ○○○ ○○○	채무자겸소유자	망 ○○○○ ○○○ ○○○
채무자겸소유자	망 ○○○○ ○○○ ○○○	근저당권자	손○○
가압류권자	주○○○ ○○○○○○○	교부권자	성○○○○(○○○○○○)
교부권자	국○○○○○○○○○○○(○○○)	교부권자	서○○○○○○○(○○○○)
교부권자	국○○○○○○○○○○○(○○○)	배당요구권자	서○○○○○○○

관심사건등록 🖨 인쇄 < 이전

앞의 자료 중 '관련 사건내역'을 보면 '서울○○지방법원'에 접수된 '20
○○타인3○'이란 사건번호가 있는데, 이것이 같은 경매사건의 낙찰자가
신청한 인도명령의 사건번호다. 이러한 인도명령사건의 진행상황을 확인
하고 싶다면, '나의 사건검색'으로 가서 해당 사건번호 및 당사자명을 입
력하면 된다.

3) 부득이하게 기일에 참석하기 어려운 경우

보통 첫 기일은 법원에서 일방적으로 법원의 일정에 맞추어 지정한다. 그 때문에 첫 기일이 지정된 경우 소송당사자는 일정을 예상하지 못하여 참석하기 어려운 경우가 많다. 첫 기일에 출석하면 두 번째 기일부터는 쌍방의 의견을 듣고 기일을 지정하는데, 이러한 절차를 거쳐 정한 기일조차도 소송당사자로서는 사후에 급한 일이나 다른 일정이 생겨 참석이 어려울 수 있다. 이럴 때는 어떻게 해야 할까?

이때는 상대방의 동의를 얻어 '변론기일변경신청서'를 제출하면 된다. 기일의 종류가 무엇인지, 출석하기 어려운 사유가 무엇인지에 따라 제목과 내용은 유연하게 바꾸어 사용하면 된다. 출석하기 어려운 사유는 합리적이어야 하고, 지극히 개인적인 일을 이유로 변론기일을 변경해 달라고 요청해서는 안 된다. 추석 직전에 기일이 지정되어 지방에 있는 법원으로 가는 차편이 모두 매진되었다든지, 원만한 종결을 위해 당사자들끼리 합의를 진행하고 있다든지, 회사에서 외국 출장이 있어 참석하기 어렵다든지, 사실조회를 신청하였는데 아직 회신이 도착하지 않아 특별히 변론할 내용이 없다는 등의 합리적 사정을 기재하여야 한다.

`서식 1-27` 변론기일변경신청서

변론기일변경신청서

사　건　20○○가단○○○○ 건물인도 등
원　고　김○○
피　고　정○○

위 사건에 관하여 변론기일이 20○○. 12. 15. 10:20으로 지정되어 있습니다. 원고는 지난 변론기일에 ○○구청에 대한 사실조회를 신청하였고 그 신청이 채택되어 20○○. 11. 10. ○○구청에 사실조회

서가 도달하였습니다. 그런데 ○○구청은 아직까지도 귀원[13]에 사실
조회에 대한 회신을 제출하지 않은 상황입니다.

원고는 ○○구청에 대한 사실조회 회신을 바탕으로 변론을 정리할
계획인데, 사실조회 회신이 도착하지 않은 이상 이번 변론기일은 헛
되이 보낼 우려가 있사오니, 이 점 잘 살펴 이해하여 변론기일을 변
경하여 주시길 바랍니다.

※ 희망기일 : 20○○. 1. 12. 또는 1. 19. 11시 이후

*상대방과 가능한 날짜를 미리 맞추어 희망기일을 적는 것이 보
통이다. 다만, 재판부마다 같은 요일에 재판을 하므로 원래 지정
된 요일로 날짜를 맞추어야 한다.*

신청에 동의함.

피고

*상대방의 동의를 구한 후,
서명 또는 날인을 받는다.*

20○○. ○. ○○.

위 원고 김 ○ ○ (인)

서울중앙지방법원 민사○단독 귀중

변호사는 희망기일만 맞으면 변론기일 변경에 쉽게 동의해주는 편
이기 때문에 상대방이 변호사를 선임한 경우에는 변론기일의 변경에
동의를 요청하는 것이 상대적으로 쉽다. 그런데 상대방이 변호사를 선
임하지 않았다면 상대방에게 변론기일 변경에 동의해 달라고 요청하
기 매우 어려울 것이다. 이때는 상대방의 동의를 받지 말고 그냥 제출
하자. 이러면 변론기일이 변경되지 않을 가능성이 높으나, 간혹 변론
기일 변경을 해 주는 경우가 있으며, 특히 첫 기일은 법원이 소송당사
자들의 의견을 묻지 않고 잡은 것이기 때문에 당사자의 사정을 고려하
여 변론기일 변경을 해 주는 경우도 많다.

상대방의 동의를 받기 위해서는, 이메일이나 팩스로 위 변론기일변
경신청서를 송부해주고 상대방에게 위 서류의 '신청에 동의함'이라는

---

13) 귀원 : 귀 법원의 줄임말. 귀 법원 또는 귀원 중 하나의 용어를 택하여 쓰도록 한다.

기재 부분에 서명 또는 날인해 달라고 한다. 그리고 이메일이나 팩스로 변론기일변경신청에 대한 동의를 받으면 원래의 변론기일변경신청서 뒤에 첨부하여 법원에 제출하면 된다. 팩스로 온 변론기일변경신청서는 화질이 매우 떨어질 것이기에 원래의 변론기일변경신청서 뒤에 따로 첨부해서 제출하는 것이다.

법원에서도 변론기일 변경을 위해서 미리 검토할 시간이 필요하므로, 적어도 지정된 변론기일의 1주일 전에는 제출하도록 하자. 변론기일이 변경되었는지는 '나의 사건검색'에 들어가서 확인해 보면 된다. 기일 변경 결정이 나지 않는다면 재판부에 전화해서 기일 변경 여부를 물어보아도 좋다. 통상 재판이 있는 날에는 재판부가 전화를 받지 않는다.

4) 법정에 다른 사람을 대신 출석하게 하는 방법

소송당사자가 아닌 다른 사람이 변론기일에 대신 참석할 수는 없을까? 변론기일에 참석할 수 없는 사정이 생긴다면 부모님이나 친구라도 대신 보내고 싶은 심정일 것이다. 하지만 변호사 아닌 사람은 원칙적으로 민사소송에 대신 참여할 수 없다. 소송을 대리할 수 있는 권한은 변호사에게만 인정되기 때문이다.

그러나 예외적으로 ① 소액사건(소송물가액이 3,000만 원 이하)에 있어서는 당사자의 배우자·직계혈족·형제자매는 법원의 허가 없이도 소송대리인이 될 수 있고, ② 단독판사가 심리·재판하는 1심사건(소송물가액이 2억 원 이하) 중 소송물가액이 1억 원 이하인 사건에서도 당사자의 배우자 또는 4촌 안의 친족으로서 당사자와의 생활관계에 비추어 상당하다고 인정되는 경우, 당사자와 고용, 그 밖에 이에 준하는 계약관계를 맺고 그 사건에 관한 통상사무를 처리·보조하는 사람으로서 그 사람이 담당하는 사무와 사건의 내용 등에 비추어 상당하다고 인정되는 경우에 한하여 변호사가 아닌 사람도 법원의 허가를 받아 당사자 대신 법정에 출석할 수 있다.

즉, 단독판사가 관할하는 사건 중 소송물가액이 1억 원 이하인 사건에 대해서만 변호사 아닌 사람의 소송대리가 허용될 수 있고, 소송물가액이 1억 원 초과인 사건에 대해서는 변호사 아닌 사람의 소송대리가 허용될 수 없다.

법원은 소송위임장(소액사건), 소송대리허가신청 및 소송위임장 양식을 상시 비치해 두고 있으며, 이는 '대한민국법원 나홀로소송' (http://pro-se.scourt.go.kr)의 '서식모음' 게시판에서도 찾아볼 수 있으니 이를 활용하면 된다.

서식 1-28 소송위임장(소액사건)

소송위임장 (소액사건)

사건번호 20 가소   (담당재판부 : 제   단독)

원 고
피 고

위 사건에 관하여 아래와 같이 소송대리를 위임합니다.

---

1. 소송대리 위임
   가. 소송대리할 사람의 이 름
                          주 소
                          연락처 (   )   -
                          [팩스번호 : (   )   -
                          이메일 주소 :   ]
   나. 당사자와의 관계(해당란에 ✔ 해 주시기 바랍니다)
       □ 배우자
       □ 직계혈족(부모, 자 등)
       □ 형제자매
       □ 호주
       [신분관계 증빙서류]

---

2. 소송위임할 사항

  가. 일체의 소송행위, 반소의 제기 및 응소

  나. 재판상 및 재판 외의 화해

  다. 소의 취하

  라. 청구의 포기·인낙 또는 독립당사자참가소송에서의 소송탈퇴

  마. 상소의 제기 또는 취하

  바. 복대리인의 선임

  사. 목적물의 수령, 공탁물의 납부, 공탁물 및 이자의 반환청구
    와 수령

  아. 담보권행사, 권리행사최고신청, 담보취소신청, 담보취소
    신청에 대한 동의, 담보취소 결정정본의 수령, 담보취소결
    정에 대한 항고권의 포기

  자. 기타(특정사항 기재요)

20 . . .

위 위임인 : 원(피)고   (날인 또는 서명)

법원   귀중

`서식 1-29` 소송대리허가신청과 소송위임장

소송대리허가신청과 소송위임장

[담당재판부 : 제   민사부(단독)]

사   건   20ㅇㅇ가단(합, 소)ㅇㅇㅇㅇ   구상금

원   고 ㅇㅇㅇ

피   고 ㅇㅇㅇ

이 사건에 관하여 원고(또는 피고)는 다음과 같이 소송대리허가신청
과 소송위임을 합니다.

- 다   음 -

1. 소송대리허가신청

　가. 소송대리할 사람의 이름 : ○ ○ ○ (주민등록번호 또는 한자)

　　서울 서초구 서초대로 3 ○ ○

　　(우편번호 : ○ ○ ○ ○ ○)

　　전화번호·휴대전화번호 :

　　팩시밀리번호 또는 전자우편주소 :

　나. 신청이유(해당란에 ☑ 해 주시기 바랍니다)

　　☐ 당사자의 배우자 또는 4촌 안의 친족으로서 밀접한 생활관
계를 맺고 있음

　　☐ 당사자와 고용 등의 계약관계를 맺고 그 사건에 관한 일반
사무를 처리·보조하여 왔음

2. 위임 사항

　가. 반소·참가·강제집행·가압류·가처분에 관한 소송행위 등 일체
의 소송행위

　나. 변제의 영수

　다. 반소의 제기

　라. 소의 취하, 화해, 청구의 포기·인낙 또는 독립당사자참가소송
에서의 소송탈퇴

　마. 상소의 제기 또는 취하

　바. 대리인의 선임

　사. 기타(특정사항 기재요)

첨부서류 [14]

1. 재직증명서　　　1통

---

14) 소송대리할 사람이 본인과 고용관계에 있는 경우 재직증명서를 제출하고, 소송대
리할 사람이 본인과 배우자 또는 4촌 이내 친족관계에 있는 경우 가족관계증명서
를 제출하여야 한다.

1. 가족관계증명서　　1통
1. 주민등록표등본　　1통

20○○. ○○. ○○.
신청인 겸 위임인 원고(또는 피고) ○ ○ ○ (날인 또는 서명)
연락처 : ○○○-○○○○-○○○○

○○지방법원 (○○지원) 제 ○민사부(단독) 귀중

◇ 유의사항 ◇

1. 연락처란에는 언제든지 연락 가능한 전화번호나 휴대전화번호를 기재하고, 그 밖에 팩스 번호, 이메일 주소 등이 있으면 함께 기재하기 바랍니다.
2. 원칙적으로 변호사만이 소송위임에 따른 소송대리인이 될 수 있습니다.
3. 다만, 단독판사가 심리·재판하는 사건 중 수표금·약속어음금, 은행 등이 원고인 대여금·구상금·보증금, 자동차손해배상보장법에 따른 손해배상청구 등과 소송목적의 값이 1억 원 이하인 사건에서만 변호사가 아닌 사람이 법원의 허가를 받아 소송대리인이 될 수 있습니다.

5) 변론기일의 예절

① 법정에 들어가기 전에 휴대폰은 반드시 전원을 끄거나 무음 상태로 전환한다. 법정에서의 재판은 엄숙한 분위기로 진행되고 진동소리도 매우 잘 들리기 때문에 가끔 판사가 휴대폰 진동소리를 지적하는 경우도 있다.

② 법정에 들어가자마자 판사를 향해 가벼운 묵례를 하라. 판사가 보고 있든지 안 보고 있든지 상관없다. 판사에 대한 기본예절이다.

③ 법정 내에서는 웬만해서는 옆 사람과 잡담하지 마라. 사건과 관련된 내용을 이야기하고 싶다면 잠시 나와서 이야기를 나눈 뒤

다시 법정으로 들어가는 방법을 추천한다.

④ 재판에 출석한 경우 사안에 따라 판사가 1명만 있는 경우도 있고 3명이 있는 경우도 있다. 판사가 1명만 있는 경우를 단독판사라고 하며, 판사가 3명이 있는 경우를 합의부라 한다. 단독판사든 합의부든, 재판부를 향해서 할 이야기가 있다면 "판사님"이라는 용어보다는 "재판장님"이라는 용어를 사용할 것을 권한다. "재판장님"이라는 용어가 높임말이며, 실제 변호사들은 "판사님"이라는 호칭을 잘 쓰지 않는다.

⑤ 법정에서는 '요' 체보다는 '다' 체를 사용하는 것이 좋다. 필자도 항상 주의하고 있지만, 평소에 주로 사용하는 화법과는 달라 어색한 까닭에 이를 완벽히 실천하기가 쉽지는 않다. 하지만 '다' 체를 주로 사용하는 것이 청자 입장에서 더 격식이 있어 보이고, 화자 스스로도 차분하게 말할 수 있는 장점이 있다.

⑥ 재판부가 이야기하고 있을 때는 결코 중간에 말을 잘라서는 안 된다. 꼭 하고 싶은 말이 있다면 재판부가 말을 멈춘 다음에 공손히 "재판장님, 죄송한데 한 말씀 더 드려도 되겠습니까." 정도로 말을 꺼낸 뒤, 재판장이 허락할 경우 하고 싶은 말을 덧붙이는 것이 좋다.

⑦ 또한, 상대방이 아무리 밉고 거짓말을 하는 것이 뻔히 보여도 재판부 앞에서는 결코 과도하게 흥분하거나 상대방을 비난해서는 안 된다. 재판에서는 쌍방이 사건의 사실관계를 자기에게 유리하게 왜곡하는 법이기에, 다소의 거짓말이 존재한다. 판사도 이러한 사실을 매우 잘 알고 있다. 항상 증거를 인용하며 상대방의 주장에 차분히 반박하는 식으로 변론하는 것이 좋다.

⑧ 변론기일에서 하고 싶은 말을 다 하지 못하였다고 걱정할 필요는 없다. 소송에서는 서면으로 하는 변론이 최우선이고, 구술로 하

는 변론은 서면으로 하는 변론에 비하면 그 중요성이 크지 않다.

⑨ 지정된 기일에는 늦어도 10분 전에 법정에 도착해서 본인의 사건을 호명할 때까지 기다려야 하고 절대 지각해서는 안 된다(법원은 대개 주차공간이 협소하기 때문에 대중교통을 이용하는 것이 좋다).

6) 변론의 종결

소송당사자 쌍방이 주장 및 입증을 마친 것으로 보이면, 법원은 소송당사자 쌍방의 의견을 물어 변론을 종결한다. 양 당사자의 주장과 입증자료는 더 이상 받지 않고, 판결을 선고하겠다는 것이다. 물론 변론종결 이후 판결선고 전까지 서면을 추가로 제출할 수는 있으나, 기존의 주장을 보충하는 정도만 가능하고 새로운 주장 및 증거를 제출할 수는 없다. 법원은 변론을 종결할 뜻을 밝히고, "판결은 20○○년 ○월 ○일 오전 10시에 ○○○호 법정에서 선고하겠습니다."라고 얘기한다. 판결선고는 보통 마지막 변론기일로부터 1달 뒤에 이루어지며, 당사자는 판결선고기일에 참석하지 않아도 된다. '나의 사건검색'에서 소송의 승패 정도는 빠른 시간 내에 확인할 수 있고, 판결문은 주소지로 보내주기 때문이다.

다만, 변론이 종결된 뒤 다시 변론을 진행하고 싶다거나 추가로 제출하고자 하는 증거가 있다면 변론재개신청서를 제출할 수 있다. 상황에 따라 법원은 변론을 재개해 줄 수도 있다.

변론재개신청서

사 건 20○○가단○○○○ 건물인도 등
원 고 김○○
피 고 정○○

위 사건에 관하여 20○○. 1. 12. 변론이 종결되었고, 20○○. 2. 16. 10:00 판결선고기일이 지정되어 있습니다. 그런데 최근 원고가 피고를 고소한 서울중앙지방검찰청 20○○형제○○○○호 사건에서, 피고가 경매방해죄를 범하였다는 이유로 귀원 20○○고단○○○ 경매방해사건으로 기소되었습니다. 피고가 경매방해 혐의로 기소당한 자료를 추가로 변론에 현출시킬 수 있도록 변론을 재개하여 주실 것을 간곡히 요청드립니다.

20○○. ○○. ○○.

원고 김○○ (인)

서울중앙지방법원 민사○단독 귀중

실전TIP 제3자가 진행 중인 소송에 참가하는 방법

1. 소송의 승계방법

신탁공매 물건의 경우, 신탁회사가 부동산의 점유자를 상대로 명도소송을 제기한 상황에서 해당 물건을 신탁공매에 부치는 경우가 종종 있다. 이때 공매공고에서는 보통 명도소송 사건번호를 적어두며, 해당 부동산을 매수하는 사람은 그 소송 역시 인수해가야 한다는 뜻을 함께 기재해두곤 한다.

명도소송의 경우 부동산 소유자가 제기할 수 있으므로, 신탁된 물건의 소유권이 매수인에게 이전되면 소송의 당사자 역시 바뀌어야 하는 것이 당연하다. 이때 신탁회사는 '원고', 매수인은 '원고승계참가인'이 되고, 매수인은 이미 진행되고 있는 사건에 소송승계참가신청서를 제출하여 해당 소송에 참여해야 한다.

서식 1-31 소송승계참가신청서

소송승계참가신청서

사　　건	20○○가합○○○○　건물명도
원　　고	○○신탁 주식회사
원고승계참가인	홍 ○ ○
	서울 ○○구 ○○로 ○○
피　　고	김 ○ ○

위 사건에 관하여 원고승계참가인은 다음과 같이 권리승계인으로서 참가합니다.

청 구 취 지

1. 피고는 원고승계참가인에게 별지 목록 기재 부동산을 인도하라.
2. 소송비용은 피고가 부담한다.
3. 제1항은 가집행할 수 있다.
라는 판결을 구합니다.

참가이유 및 청구원인

1. 원고는 별지 목록 기재 부동산(이하 '이 사건 건물'이라 합니다)
   에 관하여 피고를 상대로 하여 귀원에 건물명도청구의 소를 제기
   하여 진행 중에 있습니다. 원고승계참가인은 20○○. ○. ○○.
   원고로부터 이 사건 건물을 매수하고, 20○○. ○. ○○. ○○지
   방법원 ○○등기소 접수 제○○○○호로 소유권이전등기를 마
   쳤습니다.

2. 따라서 원고승계참가인은 이 사건 소송목적인 권리 전부를 승계
   한 사람이므로, 원고승계참가인은 피고에게 위 건물의 인도를 청
   구하고자 이 건 참가에 이르렀습니다.

첨 부 서 류

1. 등기사항전부증명서(건물)

20○○. ○. ○○.

원고승계참가인 홍 ○ ○ (인)

○○지방법원 제○민사부 귀중

2. 소송의 보조참가

소송 결과에 이해관계가 있는 제3자는 한쪽 당사자를 돕기 위하여 법원에서 진행 중인 소송에 참가할 수 있다. 여기서 이해관계라고 함은 사실상·경제상 또는 감정상의 이해관계가 아니라 법률상의 이해관계를 말하는 것으로, 그 소송의 판결의 기판력이나 집행력을 당연히 받는 경우 또는 적어도 그 판결을 전제로 하여 보조참가를 하려는 자의 법률상의 지위가 결정되는 관계에 있는 경우를 의미한다(대법원 2017. 6. 22. 선고 2014다225809 판결). 참가신청은 참가의 이유를 밝혀 참가하고자 하는 소송이 진행 중인 법원에 해야 하며, 법원은 참가를 허가할 것인지 아닌지 여부를 결정한다.

예를 들어 유치권신고서가 접수된 경우라면, 채권자는 종종 해당 유치권자를 상대로 유치권부존재확인의 소를 제기하곤 하는데, 낙찰자는 그 결과에 따라 유치권을 인수해야 할 이해관계가 있는 것이다. 이러한 경우 해당 소송이 진행 중이라면, 낙찰자는 소유자로서 '원고보조참가인'으로 보조참가신청서를 제출하고 소송에 참가할 수 있다.

보조참가신청서

사   건   20○○가합○○○○ 유치권부존재확인

원   고   주식회사 ○○은행

원고보조참가인   홍 ○ ○

피   고   주식회사 ○○건설

위 사건에 관하여 원고보조참가인은 원고를 돕기 위하여 이 사건 소송에 참가하고자 하오니 허가하여 주시기 바랍니다.

참 가 이 유

1. 원고보조참가인은 별지 목록 기재 부동산(이하 '이 사건 건물'이라 합니다)을 ○○지방법원 20○○타경○○○○호 임의경매사건에서 낙찰받고 이 사건 건물의 소유권을 취득한 자입니다(첨부서류 등기사항증명서).

2. 이 사건의 결과에 따라 원고보조참가인은 피고가 주장하는 유치권을 인수할 염려가 있으므로, 이 사건 참가신청에 이르게 된 것입니다.

첨 부 서 류

1. 부동산등기사항증명서

20○○. ○. ○○.

원고보조참가인 홍 ○ ○ (인)

○○지방법원 제○민사부 귀중

8. 판결선고 및 상소

1) 판결의 선고

판결을 선고하기로 한 날이 되면, 법정에서 재판장이 판결을 선고한다. 법정 앞에 가면 그 날 선고하는 사건 목록이 게재되어 있다. 통상의 경우 여러 개의 사건을 한 번에 선고하는 것이 보통이다. 재판부의 성향이나 사건의 경중에 따라 선고방식이 조금씩 다를 수 있다. 원고가 승소할 경우에는 원고가 승소하였다는 취지의 판결 주문을 낭독하고, 원고가 패소할 경우에는 "원고의 청구를 기각한다."고 선고하는 것이 보통이지만, 상황에 따라 이유를 간단히 읊어주거나 간략하게 '원고 승', '원고 패'라고만 선고하는 경우도 있다. 물론 사건 내용에 따라 원고가 일부 승소만 할 수도 있다. 판결을 선고하였다고 하여 그 자리에서 당사자에게 판결문을 교부해 주는 것은 아니다.

2) 판결서를 읽는 방법

판결이 선고되면 법원은 며칠 내로 원고와 피고에게 판결문을 발송한다. 원고와 피고는 빠르면 수일 내, 늦으면 2~3주 뒤에 판결문을 받아볼 수 있다. 그런데 판결문이라는 것이 법률용어에 익숙하지 않은 사람이 읽으면 난해하게 느껴질 수가 있다. 판결문에는 생소한 법률용어가 등장하기도 하고, 당사자가 이해하기 어려운 법리가 선언되기도 하며, 문장 또한 상당히 길어 한 번에 알아듣기 힘든 경우가 많기 때문이다.

그러나 단언컨대, 법률용어에 익숙하지 않은 사람도 판결문을 천천히 여러 번 반복해서 읽다 보면 이해할 수 있다. 처음이 힘들 뿐이다. 판결문은 정해진 규칙에 따라 전형적인 서식을 가지고 있다. 이러한 전형적인 서식을 알아둔다면 판결문을 훨씬 수월하게 읽고 이해할 수 있을 것이다.

서 울 중 앙 지 방 법 원
판   결

사   건   20○○가단○○○○ 건물철거 등
원   고   송○○
　　　　　군포시 ○○로 ○○, 102동 103호(○○동, ○○아파트)
피   고   박○○
　　　　　서울 ○○구 ○○로 ○○(○○동)
변론종결   20○○. 12. 17.
판결선고   20○○. 1. 14.

주   문
1. 피고는 원고에게 별지 목록 제2항 기재 건물을 철거하고, 같은 목
　록 제1항 기재 토지를 인도하라.
2. 소송비용은 피고가 부담한다.
3. 제1항은 가집행할 수 있다.

청 구 취 지
주문과 같다.

이   유
1. 기초사실

(증거에 따라 사실관계를 확정)

2. 판단

> (확정된 사실관계를 법률 및 판례에 적용하여
> 쌍방의 주장을 판단)

3. 결론
그러므로, 원고의 청구는 이유 있어 인용한다.

판사   ○ ○ ○   (서명)   ㉑

[별지]
(부동산 목록 생략)

(1) 주문

판결서의 앞부분에 기재되는 사건번호, 원고, 피고, 변론종결일, 판결선고일은 이해하는 데 특별히 어려움이 없을 것이다. 그런데 그 다음에 나오는 '주문'부터가 법률용어에 익숙하지 않은 사람에게는 다소 어렵게 느껴질 수 있다. 주문은 재판의 결론에 해당하는 부분으로, 원고의 청구에 대한 법원의 최종 답변이다. 즉, 주문은 재판의 결론을 간단·명료하게 축약해 둔 부분이므로, 주문 뒤에 나오는 '이유' 부분을 읽지 않더라도 재판의 결론을 완벽히 알 수 있다.

원고가 전부 승소할 경우 원고가 소장을 제출하면서 기재한 '청구취지'가 주문이 된다. 원고가 전부 패소할 경우 주문란에는 "1. 원고의 청구를 기각한다. 2. 소송비용은 원고가 부담한다."라고 기재되는 것이 일반적이다.

(2) 청구취지

청구취지는 원고가 소장에서 어떠한 종류, 내용, 범위의 재판을 구하였는가를 표시하는 부분이다. 원고의 청구를 전부 인용하는 판결에서는 주문과 청구취지가 같으므로, "주문과 같다."라고 기재해 둔다. 다만, 원고의 청구 중 일부만 받아들이거나 원고의 청구를 기각하는 경우에는 청구취지를 자세히 기재한다.

(3) 이유

판결서를 많이 접해보지 않은 사람들은 판결서의 '이유' 부분을 읽기 힘들어하고, 정확히 이해하지 못한다. 판결서는 이유 부분이 가장 길며, 법률용어도 많이 등장하여 이해가 쉽지 않기 때문이다. 그런데 판결서 대부분은 동일한 구조로 되어 있으므로 그 구조를 알고 있으면 더 쉽게 판결서를 읽을 수 있다.

판결서의 이유 부분은 크게 3부분으로 구성되어 있다. '기초사실', '판단', '결론'이 그것이다.

'기초사실'에서는 원고와 피고 쌍방이 제출한 주장 및 증거를 바탕으로 사실관계를 확정한다. 사실관계가 명확하지 않으면 법률 및 판례를 적용해서 판단할 수 없기 때문에 먼저 기초사실을 명확히 하는 것이다. 소송 중에 유리한 증거를 제출하는 것은 바로 이 '기초사실'을 우리에게 유리하게 확정하기 위한 작업이다.

'판단'에서는 원고와 피고의 법률적 주장을 정리하고 확정된 기초사실에 법률 및 판례를 적용하여 어느 쪽 주장이 타당한지를 판단한다. 여기서는 일반인에게 다소 생소한 판례나 법률용어가 나와 이해가 쉽지 않을 수 있다.

'결론'에서는 판단에 따른 소송의 결론을 간단히 정리해서 기재한다.

이 정도만 알고 있어도 판결서를 직접 읽는 데에 큰 어려움은 없을 것이다. 다소 어렵게 느껴진다면 판결서를 천천히 여러 번 반복해서 읽어 보라. 그러다 보면 내용이 이해될 것이다. 처음이 힘들 뿐이다. 판결문을 읽을 기회가 있다면 두려움을 버리고 꾸준히 도전하라.

실전TIP 판결문의 경정신청

판결에 잘못된 계산이나 기재, 그 밖에 이와 비슷한 잘못이 있음이 분명한 때에는 법원이 직권으로 또는 당사자의 신청에 따라 경정결정을 할 수 있다. 판결문 중 당사자 이름 및 주소 부분에 오타가 있거나 단순한 계산상 착오가 있는 경우 많이 이용된다.

서식 1-33 판결경정결정신청서

판결경정결정신청서

사　　건　　20○○가합○○○○　건물명도
원　　고　　김○○
　　　　　　○○시 ○○구 ○○길 ○○
피　　고　　유○○
　　　　　　○○시 ○○구 ○○로 ○○

신 청 취 지

귀 법원 20○○가합○○○○ 건물명도사건의 판결문 중 피고의 주소 "○○시 ○○구 ○○길 ○○"를, "○○시 ○○구 ○○로 ○○"로 경정한다.
라는 결정을 구합니다.

신 청 이 유

위 사건에 관하여 피고의 주소지는 위 경정결정하여야 할 "○○시

○○구 ○○로 ○○"의 잘못 표기임이 분명하므로 신청취지와 같이
경정하여 주시기 바랍니다.

첨 부 서 류

1. 판결문정본
1. 주민등록등본

20○○. ○. ○○.

원 고 김 ○ ○ (인)

○○지방법원 귀중

3) 항소 및 상고

소송에서 패소한 당사자는 상급법원에 상소를 할 수 있다. 원고가 일부만 이겼다면 원고도 일부 지고 피고도 일부 진 것이므로, 원·피고 모두 상소할 수 있다. 1심에서 지면 '항소'를, 2심에서 지면 '상고'를 해야 하고, 항소와 상고는 통틀어 '상소'라고 칭한다.

민사소송에서 상소를 할 수 있는 기간은 판결서를 송달받은 날로부터 2주 이내이다[15]. 여기서 헷갈리지 말아야 할 것은 '판결선고일로부터 2주 이내'가 아니라 '판결서를 송달받은 날로부터 2주 이내'라는 점이다. 항소장, 상고장은 판결을 선고한 법원에 제출하면 된다. 항소장, 상고장이 법원에 제출되면 해당 법원은 소송기록을 상급법원으로 송부한다. 항소장을 제출하면 기한의 제한 없이 항소심에서 새로운 준비서면을 제출하면 되고, 상고장을 제출하면 대법원에서 '소송기록접수통지서'가 오는데 이것을 받은 때로부터 20일 이내에 상고이유서를 작성하여 제출하여야 한다.

항소장 및 상고장을 상소기간 중에 제출하지 않으면 그 판결은 확정된다. 소송당사자로서는 그 판결내용에 더 이상 이의를 제기할 수 없다는 것이다. 아무리 억울해도 그 내용에 대해서는 법원에서 더 이상 다툴 수 없게 된다.

<mark>서식 1-34</mark> 항소장

항 소 장

사   건   20○○가단○○○○ 건물인도 등
원고(항 소 인)   김○○
              서울 종로구 새문안로○길 ○○

---

15) 참고로, 가압류·가처분신청이 기각된 경우에는 채권자는 결정문을 송달받은 날로부터 1주 이내에 즉시항고를 해야 한다.

피고(피항소인)　정○○
　　　　　서울 서초구 강남대로 ○○○

위 사건에 관하여 서울중앙지방법원은 20○○. 3. 16. 원고 패소판결을 선고하였는바, 원고는 이에 불복하므로 다음과 같이 항소를 제기합니다(판결정본은 20○○. 3. 30.에 송달받았음).

제1심 판결의 표시

1. 원고의 청구를 기각한다.
2. 소송비용은 원고가 부담한다.

항소취지

1. 제1심 판결을 취소한다.
2. 피고는 원고에게 별지 목록 제2항 기재 건물을 철거하고, 같은 목록 제1항 기재 토지를 인도하라.
3. 소송비용은 피고가 부담한다.
4. 제2항은 가집행할 수 있다.

항소이유

추후 준비서면으로 제출하겠습니다.

첨부서류

1. 납부서
1. 항소장 부본

20○○. 4. 10.
원 고　김 ○ ○ (인)

서울중앙지방법원　귀중

상 고 장

사 건 20○○나○○○○ 건물인도 등
원고(피상고인) 김 ○ ○
　　　　　　　서울 종로구 새문안로○길 ○○
피고(상 고 인) 정 ○ ○
　　　　　　　서울 서초구 강남대로 ○○○

위 사건에 관하여 서울중앙지방법원은 20○○. 6. 15. 피고 패소판결을 선고하였는바, 피고는 이에 불복하므로 다음과 같이 상고를 제기합니다(판결정본은 20○○. 6. 22.에 송달받았음).

제2심 판결의 표시

1. 제1심 판결을 취소한다.
2. 피고는 원고에게 별지 목록 제2항 기재 건물을 철거하고, 같은 목록 제1항 기재 토지를 인도하라.
3. 소송비용은 피고가 부담한다.
4. 제2항은 가집행할 수 있다.

상고취지

원심판결을 파기하고, 사건을 서울중앙지방법원 합의부에 환송한다.
라는 재판을 구합니다.

상고이유

추후 제출하겠습니다.

첨부서류

1. 납부서
1. 상고장 부본

20○○. 7. 5.
위 피고 정 ○ ○ (인)

대법원 귀중

실전TIP 법정기간을 계산하는 방법

　항소장, 상고장은 소송당사자가 판결서를 송달받은 날로부터 2주 이내에 제출해야 한다. 만약 2월 1일 오후 3시에 판결서를 송달받았다면 언제까지 항소장, 상고장을 제출하여야 할까? 2월 15일 오후 3시까지일까?

　법률 규정을 보면 문서의 제출기한을 규정해 둔 경우가 많다. 하나 더 예를 들어보면, 경매절차와 관련하여 서류 제출기한에 관해서는 다음과 같이 규정하고 있다.

> 민사집행법 제15조(즉시항고)
> ② 항고인은 재판을 고지받은 날부터 1주의 불변기간 이내에 항고장을 원심법원에 제출하여야 한다.
> ③ 항고장에 항고이유를 적지 아니한 때에는 항고인은 항고장을 제출한 날부터 10일 이내에 항고이유서를 원심법원에 제출하여야 한다.

　인도명령신청이 기각된 경우 즉시항고로만 불복할 수 있으므로 위 규정의 규율을 받는데, 낙찰자는 위 규정에 따라 인도명령을 고지받은 날로부터 1주일, 즉 7일 이내에 항고장을 제출하여야 하고, 항고장을 제출한 날부터 10일 이내에 항고이유서를 제출하여야 한다. 그렇다면 위 '1주' 및 '10일'의 기간은 정확히 어떻게 계산하여야 할까.

　법정기간을 계산할 때에 두 가지 법칙을 기억해야 한다. 첫 번째는 '초일불산입의 원칙', 두 번째는 기간의 말일이 토요일 또는 공휴일인 경우에 기간은 그 다음날로 만료한다는 것이다. '초일불산입(初日不算入)의 원칙'은 문자 그대로 첫 번째 날은 제외하여 계산하라는 것이다. 다만 초일이 0시부터 시작하는 때에는 첫 번째 날도 포함하여 계산한다.

　이해를 돕기 위해 예를 들어보자. 뒤의 달력을 보면서 날짜를 세어보면 훨씬 이해가 쉬울 것이다.

6/7(수)에 인도명령 기각결정이 나고 낙찰자가 6/8(목) 오후 2시에 그 결정문을 수령하였다고 가정해 보자. 그렇다면 낙찰자는 민사집행법 규정에 따라 재판을 고지받은 날인 6/8(목) 오후 2시부터 1주의 기간 내에 항고장을 제출해야 한다. 그런데 초일불산입의 원칙에 따라 6/8(목)을 제외하고 1주를 세어야 한다. 그렇다면 결국 6/9(금)부터 그 날을 포함하여 7일을 세는 것이 되어 6/15(목)이 항고장 제출의 말일이 되고, 시간은 자정까지가 마지노선이 된다. 6/8 오후 2시에 받았다고 하여 마지막 날인 6/15 오후 2시까지 제출해야 하는 것이 아니다.

만약 6/15(목)에 항고장을 제출하였다면 항고이유서는 언제까지 제출하여야 할까? 같은 방법으로 계산하면 그 날로부터 10일 이내에 항고이유서를 제출하여야 하므로 6/25(일)이 말일이 된다. 그런데 말일이 공휴일인 경우 그 다음날로 기간이 만료되는 것으로 계산해야 하므로, 최종적으로 항고이유서 제출 말일은 6/26(월)이 되며, 그 날 자정까지 제출하면 된다.

법정기간에 관한 계산 착오나 기간 도과로 인한 낭패를 줄이기 위해서는 늦어도 기간 만료 1~2일 전에 여유 있게 제출하거나 미리 항고장에 구체적인 항고이유를 기재하여 제출하는 것이 좋다.

6
JUNE

SUN	MON	TUE	WED	THU	FRI	SAT
				01	02	03
04	05	06	07 결정일	08 송달일	09	10
11	12	13	14	15 항고장 제출말일	16	17
18	19	20	21	22	23	24
25	26 항고이유서 제출말일	27	28	29	30	

9. 소가계산 및 소송비용액확정신청

1) 소송에서 이기면 소송비용 전부를 상대방으로부터 받을 수 있을까?

판결문을 보면 소송 결과에 따라 '주문' 부분에서 "소송비용은 원고가 부담한다." 혹은 "소송비용은 피고가 부담한다."고 기재되어 있거나 소송비용을 원·피고가 나눠서 부담하는 것으로 기재되어 있다. 소송비용은 패소한 당사자가 부담하는 것이 원칙이기 때문에, 재판 결과에 따라 판결문에서 소송비용의 분담에 관하여 정하는 것이다. 이러한 원칙 때문에 소송에서 이기면 소송비용 전부를 상대방으로부터 받을 수 있다.

그런데 문제는 다른 곳에서 발생한다. 판결에서 말하는 '소송비용'과 일반적으로 생각하는 '소송절차를 진행하는 과정에서 지출한 비용'은 엄연히 다르기 때문이다. 경매절차에서 낙찰자가 변호사를 선임해 점유자를 상대로 명도소송을 제기해 판결을 받고 강제집행까지 진행한 경우, 낙찰자는 소송절차를 진행하면서 지출한 비용 전부를 점유자로부터 받아낼 수 있을까. 사람들 대부분은 이것이 가능하다고 알고 있을 테지만, 이는 사실과 다르다.

소송을 제기하는 자는 인지대, 송달료는 물론이고, 법무사에게 서류 작성을 의뢰하는 경우에는 법무사비용, 변호사를 선임한 경우에는 변호사비용까지 지출하게 된다. 소송에서 승소한 뒤 강제집행을 실시하는 경우 집행수수료, 집행관여비를 지출한다. 낙찰자는 이 비용 전부를 점유자로부터 보전받을 수 있을까. 결론부터 말하면, 그렇지 않다.

다른 비용은 전부 보전받을 수 있고, 법무사비용도 법무사 보수표에서 정한 합리적인 금액 상당은 실무상 보전받을 수 있다. 그러나 '변호사비용'은 상대방으로부터 전부 보전받을 수 없고 일부만 보전받을 수 있다. 대법원규칙으로 제정된 '변호사보수의 소송비용산입에 관한 규칙'이라는 것이 있는데, 이 규칙에서는 소송에서 승소한 자가 패소한 상대방에게 지급을 구할 수 있는 변호사 보수의 상한선을 규정하고 있다.

표 1-4 변호사 보수 산입기준

소송목적 또는 피보전권리의 값	소송비용에 산입되는 비율 또는 산입액
300만 원까지 부분	30만 원
300만 원을 초과하여 2,000만 원까지 부분 [30만 원 + (소송목적의 값 - 300만 원) $\times \dfrac{10}{100}$]	10%
2,000만 원을 초과하여 5,000만 원까지 부분 [200만 원 + (소송목적의 값 - 2,000만 원) $\times \dfrac{8}{100}$]	8%
5,000만 원을 초과하여 1억 원까지 부분 [440만 원 + (소송목적의 값 - 5,000만 원) $\times \dfrac{6}{100}$]	6%
1억 원을 초과하여 1억 5천만 원까지 부분 [740만 원 + (소송목적의 값 - 1억 원) $\times \dfrac{4}{100}$]	4%
1억 5천만 원을 초과하여 2억 원까지 부분 [940만 원 + (소송목적의 값 - 1억 5천만 원) $\times \dfrac{2}{100}$]	2%
2억 원을 초과하여 5억 원까지 부분 [1,040만 원 + (소송목적의 값 - 2억 원) $\times \dfrac{1}{100}$]	1%
5억 원을 초과하는 부분 [1,340만 원 + (소송목적의 값 - 5억 원) $\times \dfrac{0.5}{100}$]	0.5%

'소송목적의 값'은 '소가'라고도 하는데, 소가를 계산하는 방법은 뒤에서 자세히 다룬다. 상대방에게 소송을 통해 2,000만 원의 지급을 청구했다면 그 소송의 소가는 2,000만 원이 되는데, 이 소가를 위 표의

계산식에 대입하면 200만 원이 된다. 즉, 상대방에게 2,000만 원의 지급을 청구하기 위해 500만 원을 주고 변호사를 선임하였다고 하더라도 상대방에게 청구할 수 있는 변호사비용은 최고 상한이 200만 원이라는 것이다. 나머지 300만 원은 고스란히 변호사를 선임한 당사자가 부담해야 한다. 위의 경우 만약 변호사에게 100만 원만 지급하였다면 상대방에게 청구할 수 있는 변호사 비용은 실제 지급한 비용인 100만 원으로 제한된다. 즉, 상대방으로부터 지급받을 수 있는 변호사 비용은 위 규칙에서 정한 변호사 보수와 당사자가 실제 지급한 변호사 보수 중 적은 금액이 되는 것이다.

따라서 승소하면 상대방으로부터 지출한 비용 전부를 보전받을 수 있을 것이라는 막연한 기대감만으로 변호사를 선임해서는 안 된다. 변호사에게 수임료를 지급하여도 충분한 수익이 날 것으로 기대되는 경우 또는 변호사의 조력이 중요한 사건에서만 변호사를 선임하는 것이 옳다.

2) 소송비용의 계산방법

소송비용을 계산하는 방법은 다소 복잡해 보일 수 있다. 그러나 요령을 익혀두면 생각보다 어렵지 않고, 소송을 제기하기 전에 지출해야 할 비용을 미리 계산해 볼 수 있으므로 여러모로 도움이 된다. 실제 소장을 제출할 때나 가처분신청서를 작성할 때에 소송비용을 계산해야 한다. 소장을 제출할 때에 소가를 계산해서 그에 맞추어 인지대 및 송달료를 내야 하고, 가처분신청서에는 목적물 가액을 기재해야 하기 때문이다(가처분신청서에 기재한 목적물 가격은 법원에서 담보제공 금액을 정하는 기준이 된다).

소송비용에는 여러 항목이 포함될 수 있으나, 대부분의 사건은 ① 인지대, ② 송달료, ③ 변호사 보수, ④ 감정비용, ⑤ 증인여비 등과 같은 정도의 항목만 포함된다.

(1) 소가의 계산방법

소송비용을 계산하기 위해서는 먼저 '소가'를 산정하는 방법을 알아야 한다. 소가는 '소송목적의 값'의 준말로 원고가 소송을 통해 달성하려는 목적의 경제적 이익을 돈으로 평가한 금액을 말한다. 만약 원고가 피고에게 돈 500만 원을 지급하라는 소송을 제기한다면 그 소송의 소가는 500만 원이 된다. 이처럼 소송을 통해 돈을 청구하는 경우는 소가의 계산이 매우 쉽다. 그러나 정작 중요한 문제는 이보다 복잡한 소송의 경우이다. 건물의 철거를 구하거나 토지의 인도를 구하는 소송 등에서 그 소송을 통해 원고가 얻는 경제적 가액이 얼마라고 단정 짓기 어렵기 때문이다. 그래서 이에 대해서는 〈민사소송 등 인지법〉, 〈민사소송 등 인지규칙〉에서 그 방법을 구체적으로 정하고 있다.

1단계

물건가액 또는 권리가액을 계산한다.

금전청구소송 외 소송의 소가를 구하기 위해서는 물건가액 또는 권리가액을 우선적으로 계산하여야 한다.

표 1-5 **물건가액의 산정방법**

물건의 종류	물건가액
토지	개별공시지가에 100분의 50을 곱한 금액
건물	시가표준액에 100분의 50을 곱한 금액
유가증권	액면금액
유가증권 이외 증서	200,000원

표 1-6 **권리가액의 산정방법**

권리의 종류	권리가액
소유권	물건가액
점유권	물건가액의 1/3
지상권 또는 임차권	물건가액의 1/2
지역권	승역지 가액의 1/3
담보물권 (유치권, 질권, 저당권)	피담보채권의 원본액(물건가액이 한도) 단, 근저당권의 경우는 채권최고액
전세권	전세금액(물건가액이 한도)

그런데 물건가액을 계산하기 위해서는 토지의 개별공시지가 및 건물의 시가표준액을 먼저 알아야 한다. 토지의 개별공시지가 및 건물의 시가표준액은 다음과 같이 계산할 수 있다. 처음이 어렵지 한두 번만 해보면 그리 어려운 계산은 아니다.

토지의 개별공시지가	◎ 개별공시지가 = m²당 개별공시지가 × 토지면적(m²) ◎ http://www.gov.kr (정부24 사이트) 　- '토지대장'을 발급받으면 확인 가능
건물의 시가표준액	◎ 시가표준액 = 건물신축가격기준액 × 구조지수 × 　용도지수 × 위치지수 × 경과연수별 잔가율 × 면적 　× 가감산특례 ◎ '부동산시가표준액표' 책을 보고 계산할 수 있음 ◎ 전자소송 사이트(https://ecfs.scourt.go.kr) 또는 대한법률구조공단 사이트 (http://www.klac.or.kr)를 이용하면 소가까지 한꺼번에 계산해 줌

토지의 개별공시지가를 계산하는 방법은 매우 쉬우나, 건물의 경우에는 상대적으로 어렵다. 이에 대한법률구조공단 사이트에서는 건물의 소가를 단번에 계산해주는 서비스를 제공하고 있다. 이를 활용하면 초보자가 건물에 관한 시가표준액 및 소가를 충분히 계산해 낼 수 있다. 이를 이용하는 방법은 뒤에서 자세히 설명한다.

물건가액 또는 권리가액을 이용하여 소가를 계산한다.

물건가액 및 권리가액을 알고 있다면, 이를 바탕으로 하여 소가를 계산할 수 있다.

표 1-7 소송의 종류에 따른 소가 산정방법

소송의 종류	소 가
물건의 인도·명도 또는 방해배제를 구하는 소	◎ 소유권에 근거 : 물건가액의 1/2 ◎ 지상권·전세권·임차권·담보물권에 근거 : 물건가액의 1/2 ◎ 계약의 해지·해제·계약기간의 만료를 원인으로 하는 경우 : 물건가액의 1/2 ◎ 점유권에 근거 : 물건가액의 1/3
금전지급청구의 소	◎ 청구금액(이자는 불산입)
정기금청구의 소 (기간 미확정)	◎ 기발생분 및 1년분의 정기금 합산액
공유물분할 청구의 소	◎ 물건가액에 원고의 공유지분 비율을 곱해 산출한 가액의 1/3
경계확정의 소	◎ 다툼이 있는 범위의 토지부분의 가액
사해행위취소의 소	◎ 취소되는 법률행위의 목적 가액을 한도로 한 원고의 채권액
확인의 소	◎ 물건 및 권리가액에 따라 결정
소가를 산출할 수 없는 재산권상의 소 및 비재산권상의 소	◎ 5천만 원 단, 특허소송, 주주대표소송 등 회사관계소송, 소비자단체소송은 1억 원

표 1-8 등기·등록 등 절차에 관한 소송의 소가 산정방법

등기·등록의 종류	소가
소유권이전등기	◎ 물건가액
제한물권의 설정등기 또는 이전등기	◎ 지상권 또는 임차권 : 물건가액의 1/2 ◎ 담보물권 또는 전세권 : 피담보채권액(물건가액이 한도) 단, 근저당권의 경우 채권최고액
가등기 또는 그에 기한 본등기	◎ 권리의 종류(소유권, 전세권 등)에 따른 가액의 1/2
말소등기 또는 말소회복등기	◎ 설정계약 또는 양도계약의 해지나 해제에 따른 경우 : 등기의 종류에 따른 가액 ◎ 등기원인의 무효 또는 취소에 기한 경우 : 등기의 종류에 따른 가액의 1/2
등기의 인수를 구하는 소	◎ 물건가액의 1/10

표 1-9 집행법상 소송의 소가 산정방법

소송의 종류	소가
집행문부여 또는 집행문부여에 대한 이의의 소	◎ 그 대상인 집행권원에서 인정된 권리가액의 1/10
청구이의의 소	◎ 그 대상인 집행권원에서 인정된 권리가액
제3자이의의 소	◎ 그 대상인 집행권원에서 인정된 권리가액을 한도로 한 원고의 권리가액
배당이의의 소	◎ 배당증가액

청구가 여러 개인 경우에는 그 청구의 성격에 따라 전부 합산하거나 가장 큰 금액을 소가로 정한다.

1개의 소장에 여러 개의 청구를 한꺼번에 신청하는 경우 그 여러 청구의 경제적 이익이 독립한 별개의 것일 때에는 합산하여 소가를 산정해야 하고, 그 경제적 이익이 같거나 중복되는 때에는 중복되는 범위 내에서 흡수되며, 그중 가장 큰 금액인 청구의 가액을 소가로 한다.

건물명도도 구하고 부당이득도 구하는 경우에는 두 개의 소가를 따로 계산하여 합하지 말고, 건물명도 부분의 소가만 계산하면 된다. 부당이득금을 청구하는 것은 독립한 경제적 이익을 구하는 것이 아니고 건물명도소송의 부대목적에 불과하기 때문이다.

건물철거, 토지인도 및 부당이득을 함께 구할 경우에는 토지를 인도받는 것이 주된 목적이므로, 토지인도 부분의 소가만 계산하면 된다.

(2) 인지대의 계산방법

소가를 계산해 냈다면 마침내 계산된 소가를 바탕으로 소장을 제출할 때 납부해야 할 인지대를 계산할 수 있다.

표 1-10 1심 소가에 따른 인지액

소가	인지대
1천만 원 미만	◎ 소가 × 50/10,000
1천만 원 이상 1억 원 미만	◎ 소가 × 45/10,000 + 5,000
1억 원 이상 10억 원 미만	◎ 소가 × 40/10,000 + 55,000
10억 원 이상	◎ 소가 × 35/10,000 + 555,000

※ 계산된 인지액이 1천 원 미만이면 그 인지액은 1천 원으로 하고, 1천 원 이상이면 100원 미만은 계산하지 않는다.

항소심 또는 상고심의 경우에는 상소로써 불복하는 범위의 소가를 기준으로 인지액을 산정하고, 항소장에는 [표 1-10]에서 계산한 인지액의 1.5배에 해당하는 인지를, 상고장에는 [표 1-10]에서 계산한 인지액의 2배에 해당하는 인지를 붙여야 한다. 그리고 항고 및 재항고 시에는 해당 신청서에 붙이는 인지액의 2배에 해당하는 인지를 붙인다. 그 외의 신청 등에는 다음의 기준을 따른다.

표 1-11 **그 외 신청의 인지액**

소가	인 지 대
가압류·가처분의 신청	◎ 1만 원 단, 임시의 지위를 정하기 위한 가처분은 그 본안의 소에 따른 인지액의 1/2이며, 상한선은 50만 원으로 함
경매신청	◎ 5천 원
채권압류명령신청 집행정지신청	◎ 2천 원
재산명시신청 및 채무불이행자명부 등재 및 말소신청	◎ 1천 원

참고로, 전자소송의 경우에는 인지대를 10% 할인해 준다.

(3) 송달료의 계산방법

송달료는 특별히 어려울 것이 없다. 뒤의 [표 1-12]의 '당사자 수'를 계산할 때 원고와 피고 각 1명씩이라면, 2명으로 계산하여야 한다는 점만 유의하면 된다. 괄호의 '가소', '가단', '가합' 등은 사건번호를 표시할 때 삽입되는 문구다. 1회 송달료는 2020. 7. 1. 기준으로 5,100원이지만, 이 금액은 때때로 인상되니 주의하도록 하자.

표 1-12 송달료 계산표

사건의 구분	송 달 료
민사 소액사건[16] (가소)	당사자 수 × 1회 송달료 × 10회분
민사 제1심 단독사건[17] (가단)	당사자 수 × 1회 송달료 × 15회분
민사 제1심 합의사건[18] (가합)	당사자 수 × 1회 송달료 × 15회분
민사 항소사건(나)	당사자 수 × 1회 송달료 × 12회분
민사 상고사건(다)	당사자 수 × 1회 송달료 × 8회분
민사 항고·재항고사건(라, 마)	당사자 수 × 1회 송달료 × 5회분
화해사건(자)	당사자 수 × 1회 송달료 × 4회분
독촉사건(차, 차전)	당사자 수 × 1회 송달료 × 6회분
민사조정사건(머)	당사자 수 × 1회 송달료 × 5회분
가압류, 가처분사건 (카합, 카단)	당사자 수 × 1회 송달료 × 3회분
임시의 지위를 정하는 가처분사건(카합, 카단)	당사자 수 × 1회 송달료 × 8회분
가압류, 가처분결정에 대한 이의, 취소사건(카합, 카단)	당사자 수 × 1회 송달료 × 8회분
담보취소사건(카담)	당사자 수 × 1회 송달료 × 2회분
담보제공, 담보물변경, 담보권리행사최고사건(카담)	당사자 수 × 1회 송달료 × 2회분 (담보권리행사최고사건은 3회분)
재산명시, 채무불이행등재사건(카명)	당사자 수 × 1회 송달료 × 5회분
재산조회(카조)	당사자 수 × 1회 송달료 × 2회분
채권 등 집행사건(타채)	당사자 수 × 1회 송달료 × 2회분
부동산 등 경매사건(타경)	(신청서상의 이해관계인 수 + 3) × 1회 송달료 × 10회분
부동산인도명령사건(타인)	당사자 수 × 1회 송달료 × 3회분
소송비용액확정신청사건(카확)	당사자 수 × 1회 송달료 × 3회분

---

16) 소액사건이란, 단독판사가 진행하는 소송물가액이 3,000만 원 이하인 민사사건

17) 단독사건이란, 단독판사가 진행하는 소송물가액이 2억 원 이하인 민사사건

18) 합의사건이란, 합의부가 진행하는 소송물가액이 2억 원 초과인 민사사건

토지인도소송을 제기할 경우 소송비용 계산

건물에 관한 소송의 경우 소가를 구하는 방법이 다소 복잡하므로 뒤에서 설명하는 것처럼 대한법률구조공단 사이트를 이용하는 방법을 추천한다. 다만, 토지 관련 소송의 경우에는 공시지가가 있어 소송비용을 계산하는 방법이 상대적으로 훨씬 더 간단하다.

여기서는 토지를 낙찰받았는데 토지의 개별공시지가가 350,000원/㎡이고, 낙찰받은 토지의 넓이는 1,000㎡라고 가정해 보자. 그리고 낙찰자가 1명, 토지를 점유하며 유치권을 주장하는 업체가 1곳이 있다고 가정해보자.

1단계 : 물건가액 계산

○ 토지의 개별공시지가

= ㎡당 개별공시지가 × 토지면적(㎡)

= 350,000원/㎡ × 1,000㎡ = 350,000,000원

○ 토지의 물건가액

= 개별공시지가에 100분의 50을 곱한 금액

= 350,000,000원 × 50/100 = 175,000,000원

2단계 : 소가 계산

○ 소유권에 근거하여 물건의 인도·명도 또는 방해배제를 구하는 소

= 물건가액의 1/2 = 175,000,000원 × 1/2 = 87,500,000원

3단계 : 인지대 계산

○ 소가가 1천만 원 이상 1억 원 미만인 경우

= 소가 × 45/10,000 + 5,000

= 87,500,000원 × 45/10,000 + 5,000 = <u>398,700원</u> (100원 미만 버림)

※ 단, 전자소송의 경우 인지대 10% 할인

4단계 : 송달료 계산

○ 단독사건(소가 2억 원 이하의 사건)의 송달료
  = 당사자 수 × 5,100원 × 15회분
  = 2명(원고 1명, 피고 1명) × 5,100원 × 15회분 = 153,000원

5단계 : 소송비용의 합계

○ 소송 제기 단계에서 원고가 납부하여야 할 소송비용
  = 인지대 + 송달료
  = 398,700원 + 153,000원 = 551,700원

소송을 제기할 때 원고는 인지대와 송달료를 납부해야 하고, 추후 소송에서 이기면 이 비용을 피고로부터 받아낼 수 있다.

실전 사례 ② **공매물건의 명도소송 소송비용 계산**

공매로 '건물'을 낙찰받고, 상대방(피고)이 2명인 경우를 가정해서 계산해 보자. 건물인도소송 역시 인지대를 계산하기 위해서는 '소가'가, 송달료를 계산하기 위해서는 '당사자 수'가 먼저 확정되어야 한다.

1단계 : 물건가액 계산

○ 건물의 시가표준액
  = 건물신축가격기준액 × 구조지수 × 용도지수 × 위치지수 × 경과연수별 잔가율 × 면적 × 가감산특례

※ 건물의 시가표준액은 계산이 복잡하므로 뒤에서 보는 것처럼 대한법률구조공단 사이트를 이용한다. 여기서는 200,000,000원으

로 가정한다.

○ 건물의 물건가액

= 시가표준액에 100분의 50을 곱한 금액

= 200,000,000원 × 50/100 = 100,000,000원

2단계 : 소가 계산

○ 소유권에 근거하여 물건의 인도 · 명도 또는 방해배제를 구하는 소

= 물건가액의 1/2 = 100,000,000원 × 1/2 = 50,000,000원

3단계 : 인지대 계산

○ 소가 1천만 원 이상 1억 원 미만인 경우

= 소가 × 45/10,000 + 5,000

= 50,000,000원 × 45/10,000 + 5,000 = <u>230,000원</u>

※ 단, 전자소송의 경우 인지대 10% 할인

4단계 : 송달료 계산

○ 단독사건(소가 2억 원 이하의 사건)의 송달료

= 당사자수 × 5,100원 × 15회분

= 3명(원고 1명, 피고 2명) × 5,100원 × 15회분 = <u>229,500원</u>

5단계 : 소송비용 합계

○ 소송 제기 단계에서 원고가 납부하여야 할 소송비용

= 인지대 + 송달료

= 230,000원 + 229,500원 = <u>459,500원</u>

3) 소송비용을 쉽게 계산하는 방법

소송을 제기할 때에는 인지대 및 송달료를 미리 예납해야 하는데, 소송에 익숙하지 않은 일반인들 입장에서는 인지대 및 송달료를 미리 계산하기가 쉽지 않다.

이러한 어려움을 덜어주기 위해 인지대 및 송달료를 쉽게 계산해 주는 곳이 있다. 대한법률구조공단 사이트(http://www.klac.or.kr)가 바로 그곳이다. 대한법률구조공단 사이트로 들어가 주요서비스 메뉴 중 '소송비용자동계산'을 클릭해보자.

'소송비용자동계산' 메뉴를 클릭하면 다음과 같은 화면이 나온다. 여기서는 여러 기능을 제공하는데, 구체적으로 '본안사건 인지 및 송달료 계산', '보전사건 비용계산', '경매신청 비용계산', '상속지분 계산', '기타사건 비용계산' 기능이 제공된다.

여기서 빈칸을 채우고 '계산하기' 버튼을 누르면 자동으로 각종 소송비용을 계산해 준다. 여기서는 소가를 1,000만 원으로 하고 당사자 수를 2명(원고 1명, 피고 1명)이라고 가정해서 계산해 보자.

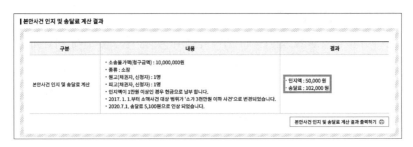

| 인지대 및 송달료가 계산된 화면 |

소가가 1,000만 원인 경우 인지대는 50,000원(=10,000,000×45/10,000+5,000), 송달료는 102,000원(=2×5,100원×10회분)이 되어 소송제기 단계에서 소송비용은 합계 152,000원(=50,000원+102,000원)이 지출된다. 참고로, 법원전자소송 사이트에서도 소송비용 계산을 위한 계산기 기능을 제공하고 있으므로 두 개 사이트 모두 이용해 보고 편한 곳을 이용하면 된다.

실전TIP 대한법률구조공단 사이트를 이용한 건물소가 계산

소가 계산은 앞의 설명을 활용하되, 만약 소송비용 계산에 부담이 있다면 대한법률구조공단 사이트를 적극적으로 이용하도록 하라.

대한법률구조공단 사이트를 활용하여 소송비용을 계산할 때에도 우선적으로는 소가를 계산해야 하는데, 건물에 관한 소송의 경우에는 소가를 계산하는 것이 초보자에게 쉽지 않다. 이때 역시 같은 대한법률구조공단 사이트를 이용하면 쉽게 건물에 관한 소가를 계산해 낼 수 있다.

1) 정부24시(http://www.gov.kr)에 가서 토지대장과 건축물대장을 발급받은 뒤 몇 가지 정보를 미리 확인하여 체크해 둔다.

① 토지대장 : 토지의 현 개별공사지가 확인

고유번호	4128710300 - ▓▓▓ - 0000				토지 대장		도면번호	1		발급번호	▓▓▓▓ -00303-3131
토지소재	경기도 고양시 일산서구 ▓▓▓						장번호	1-1		처리시각	13시 58분 38초
지번	3		▓▓▓ 축척	수치			비고			발급자	인터넷민원

토지표시				소유자			
지목	면적(㎡)		사유	변동일자		주소	
				변동원인	성명 또는 명칭		등록번호
(08) 대	32863.9		(51)1996년 03월 01일 고양시에서 행정관할구역변경	1996년 10월 23일 (23)일부대지권설정			
(08) 대	32863.9		(51)2006년 05월 16일 고양시 일산구에서 행정관할구역변경	---- 이하여백 ----			
			---- 이하여백 ----				
등급수정 년월일	1985. 05. 15. 설정						
토지등급 (기준수확량등급)	215						
개별공시지가기준일	2013년 01월 01일	2014년 01월 01일	2015년 01월 01일	2016년 01월 01일	2017년 01월 01일	2018년 01월 01일	2019년 01월 01일	용도지역 등
개별공시지가(원/㎡)	2330000	2341000	2341000	2351000	2351000	2361000	2456000	

토지 대장에 의하여 작성한 열람본입니다.
20▓▓년 ▓월 ▓일

경기도 고양시 일산서구청장

② 집합건축물대장 표제부 : 주구조, 주용도, 지붕 부분 및 사용승인일(준공일자) 확인

집합건축물대장(표제부, 갑)

(2쪽 중 제1쪽)

| 고유번호 | 4128710200-3-▨▨▨▨ | 민원24접수번호 | ▨▨▨▨ - 96844▨ | 명칭 | ▨▨마을 603동 | 호수/가구수/세대수 | 0호/0가구/76세대 |

| 대지위치 | 경기도 고양시 일산서구 ▨▨▨ | 지번 | 8 | 도로명주소 | 경기도 고양시 일산서구 ▨▨로 ▨▨ | | |

※대지면적	32,855 ㎡	연면적	7,365.33 ㎡	※지역	일반주거지역	※지구		※구역	
건축면적	4,651,098 ㎡	용적률 산정용 연면적	7,028.48 ㎡	주구조	철근콘크리트조	주용도	공동주택(아파트)	층수	지하 1층/지상 19층
※건폐율	14.156 %	※용적률	163.934 %	높이	53.042 m	지붕	철근콘크리트,박공지붕	부속건축물	동 ㎡
※조경면적	㎡	※공개 공지/공간 면적	㎡	※건축선 후퇴면적	㎡	※건축선 후퇴거리	m

건축물 현황

구분	층별	구조	용도	면적(㎡)	구분	층별	구조	용도	면적(㎡)
주3	지1	철근콘크리트조	지하대피소	338.85	주3	6층	철근콘크리트조	아파트	369
주3	1층	철근콘크리트조	아파트	389.16	주3	7층	철근콘크리트조	아파트	368
주3	2층	철근콘크리트조	아파트	374.16	주3	8층	철근콘크리트조	아파트	368
주3	3층	철근콘크리트조	아파트	374.16	주3	9층	철근콘크리트조	아파트	368
주3	4층	철근콘크리트조	아파트	368	주3	10층	철근콘크리트조	아파트	368
주3	5층	철근콘크리트조	아파트	368	주3	11층	철근콘크리트조	아파트	368

이 등(초)본은 건축물대장의 원본 내용과 틀림없음을 증명합니다.

담당자 : 시민봉사과
전 화 : 031 - 8075 - 7205

발급일 : 20▨▨년 08월 01일

고양시 일산서구청장

※ 표시 항목은 총괄표제부가 있는 경우에는 기재하지 않을 수 있습니다.

(2쪽 중 제2쪽)

| 고유번호 | 4128710200-3-▨▨▨▨ | 민원24접수번호 | ▨▨▨▨ - 96844▨ | 명칭 | ▨▨마을 603동 | 호수/가구수/세대수 | 0호/0가구/76세대 |

| 대지위치 | 경기도 고양시 일산서구 ▨▨▨ | 지번 | 8 | 도로명주소 | 경기도 고양시 일산서구 ▨▨로 ▨▨ | | |

구분	성명 또는 명칭	면허(등록)번호	※주차장				승강기		허가일	1991.09.14
건축주	▨▨토건(주)	110111-0******	구분	옥내	옥외	인근	면제	승용 2 대	비상용 대	착공일	1991.09.18
설계자	(주)종합건축사사무소 ▨▨건축	이표공합 6호	자주식	287 대	233 대	대	대	※하수처리시설		사용승인일	1994.05.19
공사감리자	신도시아파트 일산지역 제2조 공동감리단			287 대	233 대	㎡	㎡	형식	종말처리장	관련 주소	
공사시공자 (현장관리인)	▨▨토건(주)	110111-0******	기계식	대	대	㎡	㎡	용량	인용	지번	

※건축물 에너지효율등급 인증		※에너지성능지표(EPI) 점수		※녹색건축 인증			※지능형건축물 인증		
등급				등급			등급		
에너지절감률(또는 1차에너지 소요량)	%(kw/h)	인증점수	점	인증점수		점	도로명	
유효기간: . . ~ . .		유효기간: . . ~ . .		유효기간: . . ~ . .				

| 내진설계 적용 여부 | | 내진능력 | | 특수구조 건축물 | | 특수구조 건축물 유형 | | | |
| 지하수위 | G.L m | 기초형식 | | 설계지내력(지내력기초인 경우) | ㎡ | 구조설계 해석법 | | | |

변동사항

변동일	변동내용 및 원인	변동일	변동내용 및 원인	그 밖의 기재사항
2005.05.16 2011.10.05	고양시 일산서구에서 행정관할구역 변경 건축물대장 기초자료 정비에 의거 [총괄표제부][총번호]8 지붕' -> '지1']표제부(연면적:'67012.992' -> '7365.33 ',용적률 산정용 면적:'0' -> '7026.48') 직권변경 - 이하여백 -			

※ 표시 항목은 총괄표제부가 있는 경우에는 기재하지 않을 수 있습니다.

③ 집합건축물대장 전유부 : 구조, 용도, 면적 확인

※ 단, 일반건축물대장의 경우에는 표제부, 전유부로 나뉘지 않는다.

2) 대한법률구조공단 사이트(http://www.klac.or.kr)에 접속하여 주요서비스
중 '소송비용자동계산'을 클릭한 후, 상단 메뉴에서 '기타사건 비용계산'
탭을 선택한다.

3) '기타사건 비용계산' 탭 아래에서 '건물소가산정' 탭을 선택한다. 여기
서 신축건물기준가액은 자동적으로 입력되나, 다른 항목은 스스로 선택
하여 입력해야 한다. '선택' 박스를 누르면 건물의 현황에 대해 선택을
할 수 있게 나와 있는데, 이를 건축물대장을 보고 선택하면 수치가 저절
로 입력된다.

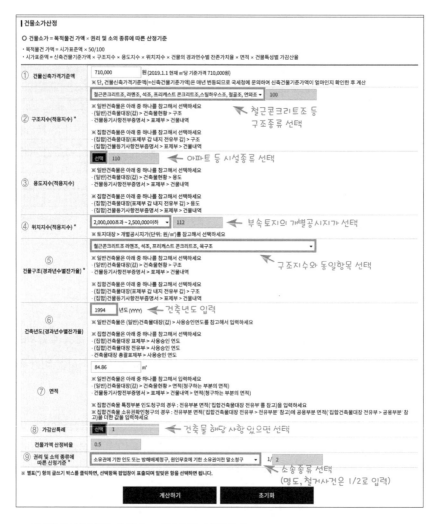

① 건물신축가격기준액 : 자동으로 입력된다.

② 구조지수 : 건축물대장 표제부에서 확인한 주구조를 선택한다.

③ 용도지수 : 건축물대장 표제부에서 확인한 건물의 용도를 선택한다.

④ 위치지수 : 토지대장에서 확인한 가장 최근년도의 개별공시지가를 선택한다.

⑤ 건물구조 : 건축물대장 표제부에서 확인한 주구조를 선택한다.

⑥ 건축년도 : 건축물대장 표제부에서 확인한 사용승인일을 기재한다.

⑦ 면적 : 건축물대장 전유부에서 확인한 전유부분 면적을 기재한다.
(만약 건축물대장과 부동산등기사항증명서의 면적이 다르게 확인될 시 건축물대장의 면적을 기준으로 한다.)

⑧ 가감산특례 : 한번 읽어보고 해당사항이 없으면 '가감산율 대상 없음'에 체크하면 된다.

⑨ 권리 및 소의 종류에 따른 산정기준 : 소송의 종류를 선택한다. 명도소송은 '소유권에 기한 인도소송' 부분을 선택하면 된다.

4) 수치 입력을 완료한 뒤 '계산하기' 버튼을 누르면 건물의 시가표준액과 소가까지 전부 계산된다. 소장에 이 표를 첨부해서 제출하면 재판부에서는 소가를 확인하는 과정에서 이를 참고한다.

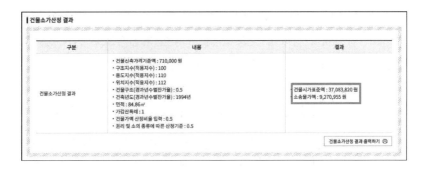

4) 소송비용액확정신청

소송의 마무리는 판결이다. 재판부는 소송당사자가 그동안 제출했던 소장, 답변서, 준비서면, 참고서면 및 증거자료를 검토한 뒤 판결을 선고한다. 1심, 2심판결은 그 판결을 당사자가 송달받고서 14일이 지나면, 대법원 판결은 판결선고와 동시에 확정된다. 더 이상 판결의 내용을 다툴 수 없게 된다는 말이다.

판결서의 주문에는 소송비용을 누가 부담하는지가 기재되며, 판결이 확정되면 원고 또는 피고는 판결서의 주문에 따라 상대방에 대해 소송과정에서 지출한 소송비용을 지급해 줄 것을 청구할 수 있다. 승소하였다면 반드시 상대방에 대해 소송비용도 청구하여 지출한 소송비용을 최대한 회수하도록 하자. 소송비용의 확정신청은 본안소송이 진행되었던 제1심법원에 신청하여야 한다. 즉, 소송이 최종적으로 2심 또는 대법원에서 끝났더라도 소송비용액확정신청은 1심법원에 해야 한다.

소송비용액확정신청서를 제출하면, 법원은 상대방에게 소송비용액에 관한 의견을 제출하라고 통지한 뒤 양 당사자가 제출한 서면과 소명자료를 검토해서 소송비용을 확정하여 양 당사자에게 통지해 준다. 이에 불복하는 당사자는 소송비용액확정결정문을 송달받은 날로부터 1주일 이내에 이의신청 또는 즉시항고를 할 수 있다.

서식 1-36 소송비용액확정신청서

소송비용액확정신청서

신 청 인   송 ○ ○

군포시 산본로 ○○, 1○○동 1○○호(○○동, ○○아파트)

피신청인 박 ○ ○

서울 ○○구 ○○로 ○○(○○동)

신 청 취 지

위 당사자 사이의 이 법원 20○○가합○○○○, 서울고등법원 20○○나○○○○ 손해배상(기) 사건의 판결에 의하여 피신청인이 신청인에게 상환하여야 할 소송비용액은 금 3,482,000원임을 확정한다.

신 청 이 유

신청인(원고)과 피신청인(피고) 사이의 이 법원 20○○가합○○○○ 손해배상(기) 사건에서 20○○. 1. 5. 신청인의 승소, 소송비용은 피신청인이 부담한다는 판결이 선고되었고, 이에 피신청인이 항소하였으나 서울고등법원 20○○나○○○○ 손해배상(기) 사건에서 20○○. 10. 16. 피신청인의 항소를 기각하고 항소비용은 피신청인이 부담한다는 판결이 선고되었으며 그 후 위 판결이 확정되었으므로, 피신청인(피고)이 신청인(원고)에게 상환하여야 할 소송비용액을 확정하여 주시기를 바라며, 별지 계산서를 첨부하여 신청합니다.

소명방법 및 첨부서류

1. 소송비용계산서
1. 각 판결문 사본
1. 송달증명원
1. 기타 소명자료(영수증 등)

20○○. ○. ○○.

신청인 송 ○ ○ (인)

서울중앙지방법원 귀중

※ 소송비용계산서의 부본은 상대방 수만큼 제출하여야 한다. 전자소송에서는 부본 수가 문제되지 않는다.

[별지]

소송비용계산서

비용항목		비용액		참고사항
제1심	인지대		원	
	송달료		원	
	변호사보수	착수금 :	원	
		사례금 :	원	
	소송출석여비(교통비, 식대,일당)		원	
	감정료		원	
	증인여비		원	
제2심	인지대		원	
	송달료		원	
	변호사보수	착수금 :	원	
		사례금 :	원	
제3심	인지대		원	
	송달료		원	
	변호사보수	착수금 :	원	
		사례금 :	원	
소송비용액확정신청 인지대			원	
위 신청서 송달료			원	
합계금			원	

소송에서 승소한 후 또는 부동산을 낙찰받은 후에 강제집행을 하는 과정에서 추가로 비용을 지출하였다면 이러한 비용 역시 집행비용액 확정신청을 통해 상대방으로부터 변제받을 수 있다.

집행비용액확정신청서

신 청 인 박○○

    부천시 ○○구 ○○로 ○○

피신청인 주식회사 ○○테크

    부천시 ○○구 ○○○로 ○○

    대표이사 이 ○ ○

신 청 취 지

피신청인이 신청인에게 상환할 집행비용액을 금 19,942,750원으로 확정한다.

라는 결정을 구합니다.

신 청 이 유

1. 신청인은 인천지방법원 부천지원 20○○타경○○○○ 부동산 임의경매사건에서 경기도 부천시 ○○구 ○○로 ○○ 토지 및 위 지상건물(이하 '이 사건 부동산'이라 합니다)을 낙찰받아 20○○. 4. 3. 위 낙찰대금 전액을 납부함으로써 소유권을 취득한 소유자이고, 피신청인은 이 사건 부동산에 관하여 대항력 없는 임차인 겸 허위유치권신고자입니다(소갑 제1호증의 1, 2 각 등기사항증명서, 소갑 제2호증 경매사건검색 참조).

2. 신청인은 피신청인에 대하여 이 사건 부동산의 임의인도를 구하였으나 피신청인은 이에 응하지 않아 신청인은 귀 법원에서 인도명령결정을 받아 20○○. 7. 3. 인도집행을 마쳤습니다(소갑 제3, 4 호증 각 경락부동산인도명령 및 인도집행조서 참조).

3. 신청인이 위 인도집행을 하면서 소요된 비용이 금 19,942,750원이며 그 자세한 내역은 별지와 같습니다(소갑 제5호증의 1 내지 7

각 법원보관금 영수증서, 집행비용예납안내, 각 법원보관금영수
증서, 물품보관계약서, 각 영수증 참조).

4. 따라서 신청인은 집행비용 금 19,942,750원을 받기 위하여 피신청
인을 상대로 집행비용액확정신청을 하기에 이른 것입니다.

소 명 방 법

1. 소갑 제1호증의 1, 2 각 등기사항증명서
1. 소갑 제2호증　　　경매사건검색
1. 소갑 제3호증　　　인천지방법원 부천지원 결정(매각부동산인
　　　　　　　　　　도명령)
1. 소갑 제4호증　　　부동산인도집행조서
1. 소갑 제5호증의 1　법원보관금영수증서(집행관여비 등)
1. 소갑 제5호증의 2　접수증(집행비용예납안내)
1. 소갑 제5호증의 3　법원보관금영수증서(집행노무비)
1. 소갑 제5호증의 4　법원보관금영수증서(집행노무비 추가납부)
1. 소갑 제5호증의 5　물품보관계약서(보관창고계약서)
1. 소갑 제5호증의 6, 7 각 영수증(1개월 보관창고비용 및 차량운송비)

20○○. ○. ○○.
신청인 박 ○ ○ (인)

인천지방법원 부천지원 귀중

[별지]

집행비용계산서

비 용 항 목	비 용 액	비 고
1. 집행관여비 등	92,750원	
2. 집행노무비	1,290,000원	

3. 집행노무비추가비용	11,560,000원	공장기계를 보관 장소로 옮기는데 전문적인 기술자가 필요. 노무비가 추가 발생한 것임.
4. 보관창고비용 및 운송비	7,000,000원	
합 계	19,942,750원	

법원에 소송비용액확정신청 또는 집행비용액확정신청을 하면 양 당사자의 의견을 듣고 최종적으로 소송비용 및 집행비용을 확정하는 결정을 한다. 이 결정문은 집행권원의 역할을 하므로, 이를 이용하여 일반 판결문과 유사하게 상대방의 재산을 압류하는 데에 쓸 수 있다.

서식 1-38 소송비용액확정결정문

의정부지방법원 고양지원
제○사법보좌관
결   정

사   건   20○카확○○ 소송비용액확정
신 청 인   1. 안○○
            파주시 ○○○○○○아파트 101동 ○○호
            2. 최○○
            파주시 ○○○○○○아파트 108동 ○○호
            3. 조○○
            파주시 ○○○○○○아파트 102동○○호
            신청인들의 소송대리인 법무법인(○○) ○○○ 담당변호사 ○○○
피신청인   정○○
            파주시 조리읍 ○○○992-1 ○○○○아파트 119동 ○○호

주   문

위 당사자 사이의 이 법원 20○가단50○○ 손해배상(기) 사건 판결에 의하여 피신청인이 신청인들에게 상환하여야 할 소송비용은 각 금 1,037,116 임을 확정한다.

이   유

주문기재의 위 사건에 관하여 신청인들이 그 소송비용액의 확정을 구하여온 바, 피신청인이 부담하여야 할 소송비용액은 별지 계산서와 같이 각 금 1,037,116원임이 인정되므로 민사소송법 제110조 제1항을 적용하여 주문과 같이 결정한다.

20○ 3. 3.

사 법 보 좌 관   ○ ○ ○

소 송 비 용 계 산 서

20○가확○○

신청인 : 피고

(단위 : 원, 원미만 버림)

제1심 소가 : 50,000,000원

심급	비용액	비목	비고
제1심	3,100,000	변호사보수	2,100,000＋(50,000,000－30,000,000)×0.05
소계	3,100,000		
소송비용 확정신청	1,000	인지대	1,000
	10,350	송달료	3,250(기송달분)＋7,100(정본송달)
신청비용 소계	11,350		
합계	3,111,350		본안비용 3,100,000 ＋ 신청비용 11,350

1. 피신청인이 신청인들에게 상환하여야 할 소송비용 총액은 금 3,111,350원임.

2. 피신청인이 신청인들에게 상환하여야 소송비용액은 : 각 금 1,037,116원

   (= 3,111,350×1/3)

5 가압류와 가처분 (보전처분)

1. 가압류

1) 가압류란

가압류는 채권자의 금전채권(예컨대 대여금, 임대료, 매매대금, 부당이득금 등)이나 금전으로 환산할 수 있는 채권(예컨대 채무불이행이나 계약해제로 인한 손해배상채권)에 기한 집행을 보전(保全)할 목적으로 미리 채무자의 재산(예컨대 부동산, 선박, 자동차, 채권, 유체동산, 기타 재산권)을 동결시켜 채무자로부터 그 재산에 대한 처분권을 잠정적으로 빼앗는 제도를 말한다. 가압류는 가처분과 통칭하여 '보전처분'이라고도 한다. 채무자의 재산을 미리 보전(保全)해 두는 처분이라는 의미이다.

가압류는 채무자의 거의 모든 재산에 대해 할 수 있다. 부동산, 선박, 자동차, 금전채권, 유체동산은 물론 골프회원권, 주식, 출자증권, 특허권·상표권 등 지식재산권에 대해서도 가능하다. 실무적으로 채무자의 부동산, 은행에 대한 예금채권, 임대인에 대한 임대차보증금반환채권, 채무자가 일하고 있는 직장에 대한 월급·퇴직금 채권[19]을 가압류하는 방법이 주로 이용된다.

2) 가압류의 필요성

가압류는 채권자에 의해 널리 활용되고 있는 법적 수단이다. 소송에 익숙하지 않은 사람이더라도 가압류라는 용어를 전혀 들어보지 않은 사람을 만나기가 힘들 정도이다.

가압류를 왜 하는 것일까? 먼저 소송을 제기한 뒤 승소하면 그 판결문을 가지고 집행하면 되는 것 아닐까? 이러한 상황을 가정해 보자.

> A는 B에게 5,000만 원을 빌려주었다. B가 돈을 계속 갚지 않아 A는 계속 이행을 독촉하다가 B에 대해 소송을 제기하였다. 소송이 진행되던 중에 B는 자기가 소유하고 있던 부동산을 제3자에게 처분하였다. B는 처분한 부동산 외에 별다른 재산이 없고, 부동산을 처분하면서 수령한 돈만 현금으로 보유하고 있다.

A는 소송에서 승소할 수 있을 것이다. 그런데 소송에서 승소한 뒤 그 판결로 B의 재산을 집행하려고 해도 집행할 길이 없다. B 명의로 된 재산이 전혀 없기 때문이다. B가 부동산을 처분하고서 대신 현금을 가지고 있다고 하더라도 이 현금을 얼마나 썼는지도 모르고, 어디에 보관하고 있는지도 알 수가 없기에 현금에 대한 집행도 불가능에 가깝다.

이러한 경우를 대비해서 가압류 제도가 존재하는 것이다. 가압류의

---

19) 다만, 급여채권 중 일정 금액은 가압류할 수 없고, 퇴직금 채권의 2분의 1도 가압류할 수 없다. 채무자의 월 급여별로 채권자가 가압류할 수 있는 금액은 다음과 같다.

채무자의 월 급여	가압류할 수 있는 금액
150만 원 이하	0원
150만 원 초과 ~ 300만 원 이하	"월 급여-150만 원"으로 계산한 금액
300만 원 초과 ~ 600만 원 이하	월 급여의 1/2
600만 원 초과	"월 급여-[300만 원+{(월 급여×1/2-300만 원)×1/2}]"로 계산한 금액

'가(假)'는 "임시"라는 뜻을 가진 한자어다. 임시로 채무자의 재산에 압류 등 처분을 하여 채무자가 재산을 제3자에게 임의로 처분하는 것을 방지하고, 승소판결을 얻은 뒤 채무자의 재산에 대한 집행을 쉽게 하고자 하는 것이다. 가압류를 미리 해 두면, 채무자는 해당 재산을 제3자에게 처분할 수 없고, 처분한다고 하더라도 채권자가 채무자에 대한 소송에서 승소한 경우 제3자는 그 재산을 잃을 수 있다.

물론, 소송이 진행되던 중에 채무자가 재산을 빼돌리면 채권자는 채무자를 강제집행면탈죄[20]로 고소하거나 채무자의 재산을 양수한 제3자에 대해 사해행위취소소송을 제기하여 재산의 회복을 꾀할 여지도 있다. 그러나 나중에 채무자의 재산을 원래대로 되돌려 놓는 것은 매우 어렵고 힘든 일이므로, 미리 가압류를 해두는 것이 원칙임을 명심하자.

채무자가 소장을 받으면 미리 집행면탈을 위해 재산을 제3자 명의로 빼돌리는 경우가 꽤 많기 때문에, 통상적으로 소장을 접수하기 전에 가압류^가처분신청을 하는 것이 보통이다. 다만, 상대방이 국가이거나 재정적으로 매우 건전한 회사 등일 때에는 가압류를 굳이 미리 할 필요가 없다. 어차피 소송에서 승소한 뒤에도 집행에 어려움이 전혀 없을 것이기 때문이다.

다만, 같은 재산에 대하여 다른 채권자가 또 가압류를 하게 된다면 '채권자 평등의 원칙'에 따라 동순위로 그 재산을 나눠가져야 한다. 예컨대 채권자가 채무자에 대하여 1억 원의 채권을 가지고 있어 채무자의 1억 원짜리 재산을 가압류했는데 다른 1억 원의 채권을 가진 채권

20) 강제집행면탈죄는 강제집행을 면할 목적으로 재산을 은닉, 손괴, 허위양도 또는 허위의 채무를 부담하여 채권자를 해하는 경우에 성립되는 범죄인데, 예를 들어 부동산을 허위양도나 허위의 근저당권을 설정하는 것이 아니라 정상적으로 양도하거나 근저당권을 설정하는 경우에는 강제집행면탈죄가 성립될 수 없다. 또한, 채무자와 아무런 관련이 없는 제3자가 채무자의 부동산을 시세대로 매수한 경우에는 그 제3자를 상대로 사해행위취소소송을 제기하더라도 부동산을 회복하기는 어렵다.

자가 같은 재산을 가압류·압류했다면 두 채권자는 5천만 원씩 나눠가진다는 것이다. 가압류에 있어서는 채권자들 사이에 시간 차이가 있음에도 불구하고 우선순위가 존재하지 않는다.

3) 가압류절차

>> 가압류신청이 인용되는 경우

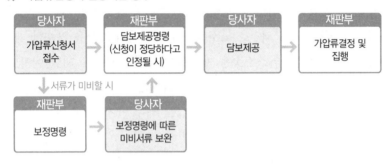

>> 가압류신청이 기각되는 경우

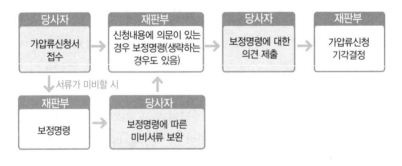

가압류신청서의 작성

채무자의 재산 중 무엇을 압류할지를 정한 뒤 '부동산가압류신청서', '채권가압류신청서', '유체동산가압류신청서', '자동차가압류신청서' 중 하나를 작성한다. 가압류신청서를 작성하는 방법은 뒤에서 자세히 다룬다. 가압류신청에 있어서는 민사판결절차와 달리 당사자를 '원고', '피고'라고 부르지 않고 가압류의 신청인을 '채권자', 그 상대방을 '채무자'라고 부른다.

가압류신청서에서는 가압류신청 진술서를 작성하여 가압류신청서에 첨부해야 함을 잊지 말자. 채무자가 여러 명인 경우에는 각 사람별로 가압류신청 진술서를 작성한다. 인터넷 포털 사이트에서 '대한민국 법원 나홀로소송'(http://pro-se.scourt.go.kr)를 입력하여 검색한 뒤 해당 사이트에 들어가면 '서식모음' 게시판을 찾을 수 있는데 여기서 '가압류신청 진술서' 양식을 제공하고 있으니 이를 이용하도록 하자. 질문이 많아도 생각나는 대로 적절히 입력하면 된다. 전자소송을 이용하는 경우에는 전자적으로 가압류신청 진술서를 입력할 수 있다.

서식 1-39 가압류신청 진술서

가압류신청 진술서

채권자는 가압류신청과 관련하여 다음 사실을 진술합니다. 다음의 진술과 관련하여 고의로 누락하거나 허위로 진술한 내용이 발견된 경우에는, 그로 인하여 보정명령 없이 신청이 기각되거나 가압류이의절차에서 불이익을 받을 것임을 잘 알고 있습니다.

20○○. ○. ○○.

채권자(소송대리인)　　　김 ○ ○　　　(날인 또는 서명)

※ 채무자가 여럿인 경우에는 각 채무자별로 따로 작성하여야 합니다.

- 다 음 -

1. 피보전권리(청구채권)와 관련하여

　가. 채무자가 신청서에 기재한 청구채권을 인정하고 있습니까?

　　□ 예

　　☑ 아니오 → 채무자 주장의 요지 : 청구채권을 인정할 수 없
　　　다는 입장입니다.

　　□ 기타 :

　나. 채무자의 의사를 언제, 어떠한 방법으로 확인하였습니까? (소
　　명자료 첨부)

　　*채권자 본인은 20○○. ○. ○○. 서울 강남구 ○○로 ○○
　　에 위치한 채무자 사무실을 찾아가 채무자를 직접 만나서 청
　　구채권의 변제를 독촉한 바 있고, 이러한 뜻을 20○○. ○.
　　○○.자 내용증명을 통해서도 다시 한 번 전한 바 있습니다.*

　다. 채권자가 신청서에 기재한 청구금액은 본안소송에서 승소할
　　수 있는 금액으로 적정하게 산출된 것입니까? (과도한 가압류
　　로 인해 채무자가 손해를 입으면 배상하여야 함)

　　☑ 예　　　　　□ 아니오

2. 보전의 필요성과 관련하여

　가. 채권자가 채무자의 재산에 대하여 가압류하지 않으면 향후 강
　　제집행이 불가능하거나 매우 곤란해질 사유의 내용은 무엇입
　　니까?

　　*채권자는 백방으로 채무자의 재산을 수소문·조회해 보았
　　으나 본건의 대상부동산을 제외하고는 다른 재산을 전혀
　　찾지 못하였습니다. 만약 채무자가 대상부동산을 타에 처
　　분할 경우 채권자는 본안소송에서 승소하여도 판결을 집
　　행하기 어려워질 것이 자명합니다.*

　나. 채권자는 신청서에 기재한 청구채권과 관련하여 공정증서 또
　　는 제소전화해조서가 있습니까?

없습니다.

다. 채권자는 신청서에 기재한 청구채권과 관련하여 취득한 담보
가 있습니까? 있다면 이 사건 가압류를 신청한 이유는 무엇입
니까?

없습니다.

라. [채무자가 (연대)보증인인 경우] 채권자는 주채무자에 대하여
어떠한 보전조치를 취하였습니까?

마. [다수의 부동산에 대한 가압류신청인 경우] 각 부동산의 가액
은 얼마입니까? (소명자료 첨부)

바. [유체동산 또는 채권 가압류신청인 경우] 채무자에게는 가압
류할 부동산이 있습니까?

☐ 예　　☐ 아니오 → 채무자의 주소지 소재 부동산등기부등
본 첨부

사. ["예"로 대답한 경우] 가압류할 부동산이 있다면, 부동산이 아
닌 유체동산 또는 채권 가압류신청을 하는 이유는 무엇입니
까?

☐ 이미 부동산상의 선순위 담보 등이 부동산가액을 초과함
→ 부동산등기부등본 및 가액소명자료 첨부

☐ 기타 사유 → 내용 :

아. [유체동산가압류신청인 경우]

① 가압류할 유체동산의 품목, 가액은?

② 채무자의 다른 재산에 대하여 어떠한 보전조치를 취하였습
니까? 그 결과는?

3. 본안소송과 관련하여

가. 채권자는 신청서에 기재한 청구채권과 관련하여 채무자를 상
대로 본안소송을 제기한 사실이 있습니까?

☐ 예　　　　　　☑ 아니오

나. ["예"로 대답한 경우]

① 본안소송을 제기한 법원·사건번호·사건명은?

② 현재 진행 상황 또는 소송 결과는?

다. ["아니오"로 대답한 경우] 채권자는 본안소송을 제기할 예정입니까?

　☑ 예 → 본안소송 제기 예정일 : *본 신청에 따라 가압류집행이*
　완료되면 빠른 시일 내에 본안소송을 제기할 예정입니다.

　☐ 아니오 → 사유 :

4. 중복가압류와 관련하여

가. 채권자는 신청서에 기재한 청구채권(금액 불문)을 원인으로, 이 신청 외에 채무자를 상대로 하여 가압류를 신청한 사실이 있습니까? (과거 및 현재 포함)

　☐ 예　　　☑ 아니오

나. ["예"로 대답한 경우]

① 가압류를 신청한 법원, 사건번호·사건명은?

② 현재 진행 상황 또는 결과(취하/각하/인용/기각 등)는? (소명자료 첨부)

다. [다른 가압류가 인용된 경우] 추가로 이 사건 가압류를 신청하는 이유는 무엇입니까? (소명자료 첨부)

2단계

인지대 및 송달료 납부, 신청서의 접수

가압류신청서를 관할법원에 접수하면서 인지대 및 송달료를 납부한다. 인지대는 1만 원, 송달료는 「당사자 수 × 1회 송달료 × 3회」로 계산하면 된다.

가압류는 '가압류할 물건이 있는 곳을 관할하는 지방법원'이나 '본안의 관할법원'이 관할한다. 즉, 유체동산 및 부동산을 가압류할 경우는 그 동산이나 부동산이 있는 곳을 관할하는 법원에 신청할 수 있고, 그 외로 채권자 및 채무자의 주소지에도 가압류신청을 할 수 있다. 다만, 가압류신청과 별도로 이미 본안 소송이 진행 중인 경우 해당 사건의 본안이 제1심법원에서 진행 중이면 해당 제1심법원에, 항소심에서 진행 중이면 해당 항소심법원에 가압류신청을 해야 함을 잊지 말자.

3단계

보정명령 또는 담보제공명령의 발령

법원은 채권자가 제출한 가압류신청서의 내용을 검토하여 신청이 정당하다고 판단하면 채권자에게 담보제공을 명한다. 신청서에 문제가 있다면 신청서 내용을 보완하라는 의미에서 보정명령을 발령하기도 한다. 이때 웬만하면 심문기일을 열지 않고 곧바로 재판하는 것이 보통이다. 법원은 사안에 따라 현금공탁을 명할 수도 있고, 공탁보증보험증권으로 제출할 것을 명할 수도 있다. 담보의 제공을 명하는 것은 부당한 가압류로 인해 채무자가 손해를 입을 경우 채무자로 하여금 그 손해를 회복할 수 있는 길을 열어주기 위함이다.

예전에는 가압류·가처분신청을 받아들이면서 채무자에게 발생할 수 있는 손해를 담보하기 위해 대부분 공탁보증보험증권을 제출하도록 하였었다. 공탁보증보험증권은 몇 만 원밖에 하지 않기 때문에 채권자로서도 그 비용에 큰 부담이 되지 않는다. 그런데 예전보다 근래에는 부당한 가압류로 인한 손해 문제가 대두되면서 채권자의 권리가 다소 불확실해 보이는 경우에 법원은 현금공탁도 명하곤 한다. 또한, 담보액 중 일부는 공탁보증보험증권으로, 일부는 현금공탁을 명하는 경우도 종종 있다. 가압류·가처분신청 시 현금공탁이 명해질 가능성도 항상 염두에 두고 있도록 하자.

표 1-13	가압류 담보액 산정의 기준			

※ 법원마다 담보액 산정 기준은 다르나, 평균적인 지침임.
(출처: 법원행정처, 법원실무제요 민사집행)

보전처분의 종류	산정기준	목적물		
		부동산, 자동차, 건설기계	유체동산	채권 그 밖의 재산권
가압류	청구채권액	1/10	4/5 (청구금액의 2/5 이상은 현금공탁)	2/5 (급여·영업자 예금채권은 1/5 이상 현금공탁)

4단계

담보의 제공

채권자는 법원에서 보낸 담보제공명령서를 수령한 뒤 법원이 정한 기한 내에 법원이 정한 액수의 담보를 법원이 정한 방법으로 제공해야 한다. 이때 '현금공탁'과 '공탁보증보험증권'을 제출하는 방법이 다르므로 절차에 맞게 담보를 제공해야 한다.

예전에는 담보를 제공한 뒤 담보제공명령을 발령한 법원에 따라 담보제공신고서를 제출하기도 하였으나, 근래에는 현금공탁이든 공탁보증보험증권이든 담보제공신고서를 따로 제출하지 않아도 해당 법원에서 담보제공사실을 스스로 알고 다음 단계로 진행해 준다. 담보제공을 완료한 뒤 담보제공을 명령한 재판부에 전화를 걸어 담보제공이 올바르게 된 것인지 확인까지 완료하면 더욱 완벽하다.

※ 구체적인 담보제공방법에 대한 내용은 부록으로 실었으니 참고 바란다.

5단계

가압류결정의 발령 및 집행

채권자가 담보 제공을 완료하면 법원은 가압류결정을 발령하고, 신청 내용에 따라 가압류를 집행한다. 부동산에 대한 가압류의 경우에는 법원에 의해 가압류등기촉탁이 이루어지고, 채권가압류의 경우에도 법원에 의해 제3채무자에게 가압류결정문이 송달되기 때문에 채권자가 추가로 취할 절차는 없다. 유체동산가압류의 경우에는 재판을 고지받은 날로부터 2주 이내에 집행이 완료되어야 하므로, 결정문을 수령하고 빠른 시일 내에 집행관에게 집행신청을 해야 한다.

》 채권가압류결정문 예시

서 울 동 부 지 방 법 원

결   정

사   건   20██카단████   채권가압류

채 권 자   이██ (8████-█████)
　　　　　서울 강북구 ██로45길 █, 3층 (███동)

채 무 자   조███
　　　　　서울 강동구 ██로62길 █ (███동)

제 3 채 무 자   대한민국
　　　　　서울 서초구 반포대로 158, 서울고등검찰청
　　　　　(소관청 : 의정부지방법원 고양지원 세입세출외공무원)
　　　　　위 법률상 대표자 법무부장관 박상기

주   문

채무자의 제3채무자에 대한 별지 기재 채권을 가압류한다.

제3채무자는 채무자에게 위 채권에 관한 지급을 하여서는 아니된다.

채무자는 다음 청구금액을 공탁하고 집행정지 또는 그 취소를 신청할 수 있다.

청구채권의 내용   민법 제576조 소정의 담보책임에 기한 손해배상채권

청구금액   금 52,528,909 원

이   유

이 사건 채권가압류 신청은 이유 있으므로 담보로 공탁보증보험증권(서울보증보험주식회사 증권번호 제 100-000-20████████호)을 제출받고 또한 담보로 금 7,000,000원을 공탁(20██.09.04, 서울동부지법공탁관, 20██금██호)하게 하고 주문과 같이 결정한다.

20██. 9. 5.

판   사   강███

※ 1. 이 가압류 결정은 채권자가 제출한 소명자료를 기초로 판단한 것입니다.
　 2. 채무자는 이 결정에 불복이 있을 경우 가압류이의나 취소신청을 이 법원에 제기할 수 있습니다.

4) 가압류신청서 작성방법

가압류신청서를 작성할 때에는 2가지 내용을 담아야 한다. '피보전권리'와 '보전의 필요성'이 그것이다. 법적 용어라 생소하겠지만, 이용어는 가압류 및 가처분사건에서 공통적으로 널리 쓰이는 용어이므로 기억해 두자. 가압류신청이 받아들여지기 위해서는 '피보전권리'와 '보전의 필요성', 이 두 가지 모두가 인정되어야 한다.

(1) 피보전권리

피보전권리는 다소 말이 어렵게 느껴질 수 있으나, 문자 그대로 가압류를 통해 보전받고자 하는 권리를 의미한다. 가압류에서는 앞서 설명한 것처럼 금전채권이 피보전권리가 된다. 예컨대 채권자가 채무자에게 돈을 빌려준 것이 있다면 대여금채권이 바로 피보전권리가 되는 것이다. 건물인도청구권이나 소유권이전등기청구권과 같은 금전채권 아닌 권리는 가압류신청에 있어서 피보전권리가 될 수 없다.

(2) 보전의 필요성

보전의 필요성이란 가압류를 미리 해 두지 않으면 추후 판결을 집행할 수 없거나 집행이 매우 곤란할 염려가 있어야 함을 뜻한다. 만약 채권자가 채무자에게 3천만 원을 빌려주었는데 그 담보로 채무자 소유의 부동산에 관하여 저당권을 설정했다고 가정해 보자. 채권자로서는 채무자가 돈을 갚지 않으면 그 저당권을 실행하여 부동산을 경매에 넘기면 그만이다. 따로 가압류를 인정해 줄 필요성이 없다. 이런 경우에는 보전의 필요성이 인정되지 않는다.

가압류신청서에서 보전의 필요성에 관하여 전형적으로 쓰이는 문구가 있으니 서식을 참고하여 작성하도록 한다.

5) 부동산가압류

부동산가압류는 가압류 중에 채권자에 의해 가장 빈번히 활용되는 절차다. 채무자의 주소지를 추적하다 보면 채무자 소유의 부동산을 찾을 수 있는 경우가 많고, 부동산은 가압류하기 전부터 그 재산의 가치를 대략적으로 추정할 수 있어 채무자의 재산을 보전해 두기가 쉽기 때문이다. 채권가압류는 그 채권이 존재하는지, 그 채권의 금액이 얼마인지가 명확하지 않고, 유체동산가압류는 절차가 다소 복잡하고 번거로운데, 부동산가압류는 이러한 측면에서 상대적으로 장점이 많다. 현금공탁[21]이 나올 가능성이 다른 가압류에 비해 상대적으로 낮다는 점도 부동산가압류의 장점이다.

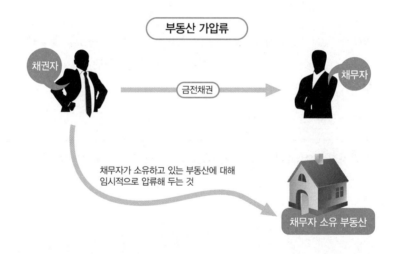

부동산 가압류

채권자

금전채권

채무자

채무자가 소유하고 있는 부동산에 대해 임시적으로 압류해 두는 것

채무자 소유 부동산

---

21) 현금공탁 vs 공탁보증보험증권 제출

  법원이 가압류를 명할 경우, 대부분 채권자가 제출한 서류만을 보고 판단을 하기 때문에 채권자가 부당한 가압류를 신청한 경우에도 법원이 이를 받아들이면 채무자에게 추후 손해가 발생할 염려가 있다. 이를 방비하기 위하여 법원은 가압류를 발령해 주는 것을 조건으로 미리 채권자로 하여금 담보를 제공하게 하는데, 이때 '현금'을 공탁할 것을 명하거나 또는 '공탁보증보험증권'을 제출할 것을 명한다. 현금공탁의 경우에는 채권자가 나중에 그 돈을 회수하기 위해서는 소송에서 승소하거나 채무자의 동의가 있어야 하기 때문에 채권자에게 더욱 부담이 된다.

채무자가 소유하고 있는 부동산을 찾아냈다면 채권가압류보다는 부동산가압류절차를 이용할 것을 추천한다. 물론 부동산에 근저당권이 설정되어 있거나 대항력 있는 임차인이 있는 경우에는 그 담보가치를 미리 따져본 뒤에 가압류를 신청할 것인지 아닌지를 결정해야 한다.

서식 1-40 부동산가압류신청서

부동산가압류신청서

채 권 자   송 ○ ○
　　　　　부천시 원미구 길주로 ○ ○
채 무 자   홍 ○ ○
　　　　　천안시 서북구 ○ ○ 로 ○ ○

청구채권(피보전권리)의 내용 : 토지소유권에 기한 건물소유자에 대
　　　　　　　　　　　　　한 부당이득반환청구권

청구금액 : 5,000,000원

신 청 취 지

채권자가 채무자에 대하여 가지는 청구채권의 집행을 보전하기 위하여 채무자 소유의 별지 목록 기재 부동산을 가압류한다.
라는 결정을 구합니다.

신 청 이 유

1. 채권자는 20○○. ○. ○○. 대전지방법원 천안지원 20○○타경
　○○○○호로 천안시 서북구 ○○로 ○○ 대 272㎡(이하 '이 사
　건 토지'라 합니다)를 낙찰받아 소유하고 있는 소유자이며, 채무
　자는 이 사건 토지상에 있는 별지 목록 기재 부동산(이하 '이 사
　건 건물'이라 합니다)의 소유자입니다(소갑 제1, 2호증 등기사항
　증명서).

2. 채무자는 이 사건 건물을 소유하는 방법으로 이 사건 토지를 사용·수익하고 있고 채권자와 채무자 사이에서는 어떠한 임대차계약도 체결한 바 없으므로, 채무자는 채권자에게 지료 상당의 부당이득금을 채권자에게 지급할 의무가 있습니다.

현재로서는 지료 금액을 명확히 하기 곤란하나 우선 이 사건 토지의 공시지가의 법정이율(연 5%) 상당을 지료 상당액으로 추정할 수 있을 것입니다. 이 사건 토지의 개별공시지가는 가압류신청일을 기준으로 240,000,000원이며(소갑 제3호증 토지대장), 채권자가 이 사건 가압류신청을 하는 20○○. 5. 31.을 기준으로 총 지료는 500만 원(=100만 원×5개월)이 되므로, 채무자는 채권자에게 지료 상당의 부당이득금 5,000,000원을 지급할 의무가 있습니다. 참고로 이 사건 토지 인근의 공인중개사 사무실을 운영하는 ○○○ 역시 이 사건 토지의 지료는 위 시세라고 확인해 주었습니다(소갑 제4호증 부동산시세확인서).

3. 채권자는 채무자를 상대로 부당이득금청구소송을 제기할 예정인데, 본안소송이 진행되는 사이에 채무자가 자신이 보유하고 있는 이 사건 건물을 타에 처분하게 된다면 후일 채권자가 위 본안소송에서 승소판결을 얻는다 하여도 그 판결의 집행은 사실상 불가능해질 것이 분명하여, 채권자는 이 사건 신청에 이른 것입니다.

4. 담보의 제공은 민사소송법 제122조 및 민사집행법 제19조 제3항에 의거 보증보험회사와 지급보증위탁계약을 체결한 문서로 제공할 수 있도록 허가하여 주시기 바랍니다.

소 명 방 법

1. 소갑 제1호증   등기사항증명서(토지)
1. 소갑 제2호증   등기사항증명서(건물)
1. 소갑 제3호증   토지대장

1. 소갑 제4호증   부동산시세확인서

첨 부 서 류

1. 가압류신청 진술서

20○○. ○. ○○.

채권자 송 ○ ○ (인)

대전지방법원 천안지원 귀중

[별지]

가압류할 부동산의 표시

천안시 서북구 ○○동 ○○
[도로명주소] 천안시 서북구 ○○로 ○○
위 지상 철골조 평슬라브지붕 2층 단독주택
　1층 130.80㎡
　2층 70.80㎡
끝.

6) 채권가압류

　채권자는 채무자가 가진 '채권'에 대해서도 가압류를 할 수 있다. 채권 역시 채무자의 재산이기 때문이다. 금전채권 외의 채권에 대해서도 가압류가 가능하나 실무적으로는 예금채권, 급여채권, 임대차보증금반환채권과 같은 금전채권에 대해 가압류를 하는 경우가 많다. 채권가압류를 하는 경우에는 '채무자'가 '채무자의 채무자'에 대하여 가진 채권을 대상으로 해야 하기 때문에 '채무자의 채무자'가 누구인지도 채권가압류신청서에서 정확히 특정해야 한다. 이러한 '채무자의 채무자'를 법적으로 '제3채무자'라 한다. 자주 쓰이는 용어이므로 기억해 두도록 하자. 제3채무자라는 용어는 여러 가압류 중에 채권가압류에서만 등장하는 용어이다.

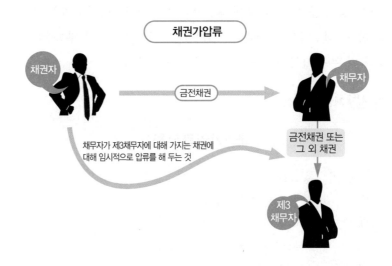

채권가압류신청서는 부동산가압류신청서와 작성방법이 크게 다르지는 않다. 다만, 제3채무자 및 가압류할 채권을 추가로 명확히 표시해 주는 것이 매우 중요하다. 제3채무자 및 가압류할 채권을 명확히 표시하지 않으면 설령 채권가압류결정을 받는다고 하더라도 추후 집행이 불가능할 수도 있으므로 신중을 기해야 한다. 또한, 제3채무자를 여러 명으로 할 경우에는 청구금액을 제3채무자별로 나눠서 기재해야 한다. 즉 1억 원의 채권을 가압류하고자 한다면, 제3채무자 A에 대해서 3천만 원, 제3채무자 B에 대해서는 7천만 원과 같은 식으로 임의로 금액을 나눠야 한다는 것이다. 과잉압류의 피해 때문에 실무적으로 청구금액을 나눠서 기재하지 않으면 법원은 채권가압류결정을 발령하지 않고 있고, 청구금액을 정정하라는 내용의 보정명령을 내리는 경우가 많다.

채권가압류신청서에는 채무자가 제3채무자에 대하여 채권을 가지고 있는지에 대해서 소명하지 않아도 된다. 채무자가 제3채무자에 대하여 어떠한 채권도 가지고 있지 않다면 그 채권가압류는 집행 과정에서 아무런 효력이 없는 것으로 판단·종결되면 그만이기 때문이다.

실무상 부동산가압류보다 채권가압류가 현금공탁이 나오는 경우가 더 많다. 채무자의 입장에서는 아무래도 채권가압류가 부동산가압류보다 더 큰 불이익을 입을 가능성이 높기 때문이다.

서식 1-41 **채권가압류신청서**

채권가압류신청서

채 권 자   송○○
　　　　　부천시 원미구 길주로 ○○
채 무 자   홍○○
　　　　　서울 구로구 구로1길 ○○ 202호
제3채무자 1. 김○○
　　　　　　서울 종로구 삼봉로 ○○
　　　　　2. 주식회사 ○○은행
　　　　　　서울 중구 을지로 66(을지로2가)
　　　　　　대표이사 ○○○

청구채권의 표시 : 40,131,000원
피보전권리의 요지 : 공용관리비 대납에 따른 구상금채권
가압류할 채권의 표시 : 별지 목록 기재와 같습니다.

신 청 취 지

채무자의 제3채무자들에 대한 별지 목록 기재 각 채권을 가압류한다.
제3채무자들은 채무자에게 위 각 채권에 관한 지급을 하여서는 안 된다.
라는 결정을 구합니다.

신 청 이 유

1. 채권자는 인천 부평구 ○○로 ○○에 위치한 상가건물 203호(이하 '이 사건 부동산'이라 합니다)를 인천지방법원 20○○타경○○○○호로 낙찰받아 20○○. 8. 12.부터 소유하고 있는 소유자이며, 채무자는 이 사건 부동산의 전 소유자이자 전 점유자로서 같은 부동산에서 식당업을 하던 자입니다(소갑 제1호증 등기사항전부증명서).

2. 채무자는 이 사건 부동산의 전 소유자로서 이 사건 부동산에 관하여 발생한 사용·수익기간 동안의 관리비를 납부할 의무가 있습니다. 그런데 채무자가 이 사건 부동산에서 이사를 나간 뒤 채권자가 관리사무소에 확인해 보니 채무자는 20○○. 12. 1.부터 20○○. 8. 11.까지 무려 40,131,000원의 공용관리비를 미납하였습니다.

   채무자가 이 사건 부동산을 소유하고 있던 기간 동안 발생한 관리비는 당연히 채무자가 부담해야 하나, 특정승계인도 전 입주자의 관리비 중 공용부분을 승계한다는 판례에 따라 채권자는 관리사무소에 20○○. 10. 3. 체납관리비 중 공용부분 관리비 40,131,000원을 납부하였습니다(소갑 제2호증 합의서, 소갑 제3호증 영수증).

   채권자는 채무자가 납부하여야 할 공용관리비 40,131,000원을 대납한 바, 민법 제425조에 따라 채무자는 채권자에게 구상금 40,131,000원을 지급할 의무가 있습니다.

3. 채권자는 채무자를 상대로 구상금청구소송을 제기할 예정인데, 본안소송이 진행되는 사이에 채무자가 자신이 보유하고 있는 별지목록 기재 각 채권을 타에 처분하게 된다면 후일 채권자가 위 본안소송에서 승소판결을 얻는다 하여도 그 판결의 집행은 사실상 불가능해질 것이 분명하여, 채권자는 이 사건 신청에 이른 것입니다.

4. 담보의 제공은 민사소송법 제122조 및 민사집행법 제19조 제3항에 의거 보증보험회사와 지급보증위탁계약을 체결한 문서로 제공할 수 있도록 허가하여 주시기 바랍니다.

소 명 방 법

1. 소갑 제1호증   등기사항전부증명서
1. 소갑 제2호증   합의서
1. 소갑 제3호증   영수증

첨 부 서 류

1. 가압류신청 진술서
1. 법인등기사항전부증명서

20○○. ○. ○○.
채권자 송○○ (인)

서울남부지방법원 귀중

[별지]

가압류할 채권의 표시

청구채권 : 금 40,131,000원(1항+2항)

1. 제3채무자 김○○에 대하여
   금 20,131,000원
   채무자가 제3채무자 김○○로부터 서울 구로구 구로1길 ○○ 202호를 임차함에 있어 제3채무자 김○○에게 지급한 임차보증금 반환채권 중 위 청구금액에 이를 때까지의 금액

2. 제3채무자 주식회사 ○○은행에 대하여[22]

금 20,000,000원

채무자(주민등록번호 : ○○○○○○－○○○○○○○)가 제3채무자 주식회사 하나은행에 대하여 가지는 다음의 예금채권 중 현재 입금되어 있거나 장래 입금될 예금채권으로서 다음에서 기재한 순서에 따라 위 청구금액에 이를 때까지의 금액

- 다 음 -

1. 압류·가압류되지 않은 예금과 압류·가압류된 예금이 있을 때에는 다음 순서에 따라서 압류한다.
   ① 선행 압류·가압류가 되지 않은 예금
   ② 선행 압류·가압류가 된 예금
2. 여러 종류의 예금이 있을 때에는 다음 순서에 의하여 압류한다.
   ① 보통예금 ② 당좌예금 ③ 정기예금 ④ 정기적금
   ⑤ 별단예금 ⑥ 저축예금 ⑦ MMF   ⑧ MMDA
   ⑨ 적립식 펀드예금 ⑩ 신탁예금 ⑪ 채권형 예금 ⑫ 청약예금
3. 같은 종류의 예금이 여러 계좌에 있을 때에는 계좌번호가 빠른 예금부터 압류한다.
4. 다만, 채무자의 1개월간 생계유지에 필요한 예금으로 민사집행법 시행령이 정한 금액에 해당하는 경우에는 이를 제외한 나머지 금액. 끝.

  채권가압류신청서를 제출하면서 제3채무자에 대한 진술최고신청서도 함께 제출하는 것이 실무례이다. 채권가압류만 해 둔 상태에서는

---

22) 채무자의 금융기관에 대한 채권을 압류 또는 가압류하고자 하는 경우 이 부분 기재방법은 동일하다. 참고로, 법인계좌를 압류·가압류하는 경우에는 그 법인의 사업자등록번호를 알고 있다면 함께 기재하자. 금융기관은 사업자등록번호가 있어야 법인을 더욱 수월하게 특정할 수 있다고 한다.

채무자가 제3채무자에 대하여 채권을 가졌는지 여부와 그 금액을 확실히 알 수 없다. 특히 은행을 상대로 가압류를 했다면 그 예금통장에 얼마가 들어 있는지 알 길이 없을 것이다. 그런데 제3채무자에 대한 진술최고신청을 하면 법원은 가압류결정정본과 함께 진술최고서를 제3채무자에게 발송하고 제3채무자는 법원에 채무자에 대하여 인정하는 채무가 얼마인지를 보고한다. 제3채무자의 진술서가 법원에 접수된 것으로 확인되면 신청당사자는 법원에 열람복사신청을 해서 제3채무자의 진술서를 확인하고, 가압류된 채권액에 따른 조치를 취하면 된다.

서식 1-42 제3채무자에 대한 진술최고신청서

제3채무자에 대한 진술최고신청서

사　　건　　20○○카단○○○○○ 채권가압류
채 권 자　　송 ○ ○
채 무 자　　홍 ○ ○
제3채무자　김 ○ ○ 외 1명

위 사건에 관하여 민사집행법 제237조, 제291조에 의거 제3채무자들에게 다음 사항을 서면으로 진술할 것을 명하여 주시기 바랍니다.

다　음

1. 채권을 인정하는지의 여부 및 인정한다면 그 한도
2. 채권에 대하여 지급할 의사가 있는지의 여부 및 의사가 있다면 그 한도
3. 채권에 대하여 다른 사람으로부터 청구가 있는지의 여부 및 청구가 있다면 그 청구의 종류 및 금액
4. 다른 채권자에게 채권을 압류 또는 가압류당한 사실이 있는지의 여부 및 그 사실이 있다면 그 청구의 종류 및 금액

20○○. ○. ○○.
채권자 송 ○ ○ (인)

서울남부지방법원 귀중

7) 유체동산가압류

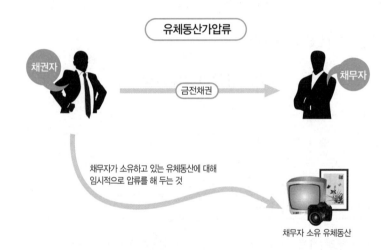

유체동산가압류

채권자 ─ 금전채권 → 채무자

채무자가 소유하고 있는 유체동산에 대해
임시적으로 압류를 해 두는 것

채무자 소유 유체동산

　유체동산에 대한 가압류신청은 부동산가압류 및 채권가압류에 비해 상대적으로 널리 이용되지 않는다. 유체동산의 경우 처분하여도 소액에 불과하여 부동산, 채권가압류에 비해 그 실효성이 크지 않고, 따로 집행관을 대동하여 집행해야 하는 등 절차가 꽤 번거롭기 때문이다. 그러나 채무자로부터 받아야 할 돈이 소액이라면 충분히 이용할 실익이 있고, 실제 채무자가 사용 중인 재산에 조치를 취하는 것이므로 채무자에게 심적으로 큰 압박을 줄 수 있다는 점에서 장점이 있다.

　유체동산가압류신청 후 결정이 나면 그 결정문을 송달받은 때로부터 2주 이내에 집행을 해야 한다(민사집행법 제292조 제2항). 부동산 가압류는 별도로 집행을 신청하지 않아도 법원에 의해 가압류등기를 촉탁하는 집행이 이루어지고, 채권가압류 역시 별도로 집행을 신청하지 않아도 제3채무자에게 가압류결정문을 송부하는 방법으로 집행이 이루어지나, 유체동산가압류는 별도로 집행관에게 그 집행을 신청해야 하기 때문에 이러한 기간 제한을 두는 것이다. 채무자와 그 배우자가 함께 살고 있다고 하더라도 공동점유하고 있는 유체동산은 가압류할 수 있다(민사집행법 제190조).

서식 1-43 유체동산가압류신청서

유체동산가압류신청서

채 권 자   박 ○ ○
          부천시 ○ ○ 구 ○ ○ 로 ○ ○
채 무 자   주식회사 ○ ○ 테크
          부천시 ○ ○ 구 ○ ○ 로 ○ ○
          대표이사 이 ○ ○

청구채권(피보전권리)의 내용 : 부동산인도집행비용 상환청구권
청구금액 : 금 19,942,750원

신 청 취 지

채권자가 채무자에 대하여 가지는 위 청구채권의 집행을 보전하기 위하여 경기도 부천시 ○ ○ 구 ○ ○ 로 ○ ○ 소재 부천물류보관소에 보관 중인 채무자 소유의 유체동산을 가압류한다.
라는 재판을 구합니다.

신 청 이 유

1. 채권자는 인천지방법원 부천지원 20○○타경5○○○ 부동산임의

경매사건에서 경기도 부천시 ○○구 ○○로 ○○ 토지 및 위 지상 건물(이하 '이 사건 부동산'이라 합니다)을 20○○. 2. 28. 낙찰받아 20○○. 4. 3. 위 낙찰대금 전액을 납부함으로써 소유권을 취득한 소유자이고, 채무자는 이 사건 부동산에 관하여 대항력 없는 임차인 겸 허위유치권신고자입니다(소갑 제1호증의 1, 2 각 등기사항증명서, 소갑 제2호증 경매사건검색 참조).

2. 채권자는 채무자에 대하여 이 사건 부동산에 관하여 임의인도를 구하였으나 채무자는 이에 응하지 않았고, 이에 채권자는 인천지방법원 부천지원에서 인도명령을 받아 20○○. 7. 3. 인도집행을 마쳤습니다(소갑 제3, 4호증 각 경락부동산인도명령 및 인도집행조서 참조).

3. 채권자는 위 인도집행을 하면서 소요된 비용이 금 19,942,750원입니다(소갑 제5호증의 1 내지 7 각 법원보관금 영수증서, 집행비용예납안내, 각 법원보관금영수증서, 물품보관계약서, 각 영수증 참조)

4. 사정이 위와 같으므로 채권자는 집행비용 금 19,942,750원 및 이에 대한 지연손해금을 받기 위하여 채무자를 상대로 집행비용액확정신청을 준비 중에 있으나, 채무자는 유체동산 외에는 달리 재산이 없는 데다가 이를 처분할 경우 채권자가 나중에 집행비용액확정신청을 통해 집행권원을 확보한다고 하더라도 집행이 불가능해질 우려가 있어 이 사건 가압류신청에 이르게 되었습니다.

5. 이 사건 담보제공에 관하여는 민사집행법 제19조 제3항, 민사소송법 제122조에 의하여 보증보험회사와 지급보증위탁계약을 맺은 문서를 제출하는 방법으로 담보제공을 할 수 있도록 허가하여 주시기 바랍니다.

소 명 방 법

1. 소갑 제1호증의 1, 2 각 등기부등본
1. 소갑 제2호증 경매사건검색
1. 소갑 제3호증 인천지방법원 부천지원 결정(경락부동산 인도명령)
1. 소갑 제4호증 부동산인도집행조서
1. 소갑 제5호증의 1 법원보관금영수증서(집행관여비 등)
1. 소갑 제5호증의 2 접수증(집행비용예납안내)
1. 소갑 제5호증의 3 법원보관금영수증서(집행노무비)
1. 소갑 제5호증의 4 법원보관금영수증서(집행노무비추가납부)
1. 소갑 제5호증의 5 물품보관계약서(보관창고계약서)
1. 소갑 제5호증의 6, 7 각 영수증(1개월 보관창고비용 및 차량운송비)

첨 부 서 류

1. 가압류신청 진술서

20○○. ○. ○○.

위 채권자 박 ○ ○ (인)

인천지방법원 부천지원 귀중

2. 가처분

1) 가처분이란

앞서 본 것처럼 가압류는 금전채권의 집행을 위해 미리 채무자의 재산을 보전해 두는 제도이다. 이와 반대로 가처분은 금전채권 이외의 권리에 관한 판결의 강제집행을 보전하기 위한 제도이다. 금전채권 이외의 권리는 매우 다양한 형태로 존재하기 때문에 가처분의 형태도 매우 다양하게 나타난다. 흔히 알려진 부동산처분금지가처분, 점유이전금지가처분과 같은 내용의 가처분도 있지만, 영업금지가처분, 상호사용금지가처분 등과 같은 형태의 가처분도 채권자들에 의해 널리 이용되고 있다.

2) 가처분의 필요성

가처분도 가압류와 함께 채권자에 의해 매우 널리 활용되고 있는 법적 수단이다. 특히 건물명도소송을 제기하기 전에 점유이전금지가처분을 해 두는 것은 거의 필수적으로 활용되고 있다.

가처분을 왜 하는 것일까? 가압류가 채무자의 재산을 보전해 두기 위한 목적에서 하는 것이라면 가처분은 2가지 이유로 활용되는 경우가 많다.

첫째로, 금전채권의 집행을 보전하기 위해 가압류를 하는 것처럼 채권자의 권리를 보전하기 위해 가처분을 한다. 점유이전금지가처분을 해 두지 않으면 건물명도소송에서 승소한다고 하더라도 새로운 점유자가 건물을 점유하고 있을 시 집행이 불가능하다. 몇 개월에 걸쳐서 받아낸 판결문이 휴지 조각이 된다는 말이다. 이런 손해를 미리 예방하기 위해 가처분이 이용된다.

둘째로, 신속한 집행을 위해서다. 건물명도소송을 제기하면 판결을 받고 집행하기까지 아무리 빨라도 일반적으로 6개월 이상의 시간이 소요된다. 그런데 건물인도단행가처분을 신청하면 빠르면 2개월 이내에도 집행할 수도 있다. 이러한 장점 때문에 가처분이 이용되기도 한다(다만, 이러한 가처분도 점유자가 마음만 악하게 먹으면 얼마든지 재판의 진행과 집행을 늦출 방법이 있고, 채무자가 대문을 부수고 침입해 채권자가 점유를 강제로 침탈당하는 경우와 같이 채권자의 손해가 매우 막대하고 채무자를 보호해 주어야 할 필요성이 거의 없어 보이는 사안이 아니면 법원은 판단에 소극적일 수 있으니 다소 주의가 필요하다).

3) 가처분절차

≫ 가처분신청이 인용되는 경우(일부 가처분 제외[23])

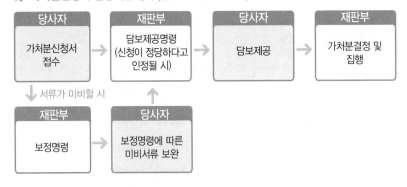

≫ 가처분신청이 기각되는 경우(일부 가처분 제외)

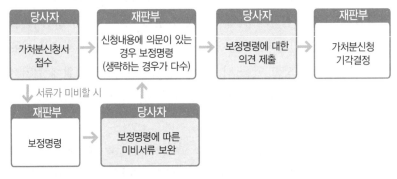

---

23) 부동산처분금지가처분, 부동산점유이전금지가처분의 경우에는 여기 표와 같이 심문기일 없이 진행되는 것이 보통이나, 건물인도단행가처분의 경우에는 심문기일을 열어 심리를 진행한 뒤 결론을 내리는 경우가 많다.

가처분신청서의 작성

가처분신청서를 작성한다. 기본적인 작성방법은 가압류신청서와 크게 다르지 않으나, 당사자를 '원고', '피고' 대신 '채권자', '채무자'라고 표시해야 하며 어떤 종류의 가처분을 신청하는지에 따라 신청취지를 명확히 기재하는 것이 중요하다. 가압류의 경우에는 '가압류신청 진술서'를 필수적으로 작성, 첨부해야 하는 것과 달리 가처분에서는 그러한 서류가 필요 없다.

인지대 및 송달료 납부, 신청서의 접수

가처분신청서를 관할법원에 접수하면서 인지대 및 송달료를 납부한다. 점유이전금지가처분 및 처분금지가처분의 인지대는 1만 원, 송달료는 「당사자 수 × 1회 송달료 × 3회」로 계산하면 된다. 건물인도단행가처분의 인지대는 본안의 소에 따른 인지액의 1/2에 해당하는 금액이나, 상한액은 50만 원이다.

가처분은 '다툼의 대상이 있는 곳을 관할하는 지방법원'이나 '본안소송 관할법원'이 관할한다. 즉, 부동산에 관한 점유이전금지가처분이나 처분금지가처분, 건물인도단행가처분을 할 경우는 그 부동산이 있는 관할법원에 가처분신청을 할 수 있다. 다만, 가처분신청과 별도로 이미 본안소송이 진행 중인 경우 해당 사건의 본안이 제1심법원에 계속 중이면 그 제1심법원에, 항소심에 계속 중이면 그 항소심법원에 가처분신청을 하여야 한다.

심문기일의 지정

가압류의 경우에는 대부분 심문기일이 지정되지 않지만, 가처분의 경우 상대적으로 심문기일이 많이 지정되는 편이다. 부동산처분금지가처분이나 점유이전금지가처분과 같이 간단한 사건에는 지정되지 않는 것이 실무례이나, 공사중지가처분, 직무집행정지가처분, 건물인도단행가처분과 같이 가처분신청이 인용되면 상대방이 입는 피해가 막대하면 막대할수록 법원은 심문기일을 지정하여 신중하게 심리를 진행하는 경향이 있다.

심문기일은 본안소송의 변론기일과 유사한 방식으로 진행되며, 다만 합의부사건이라도 주심판사 1명만 나와 진행하는 경우가 있다.

담보의 제공

법원은 채권자가 제출한 가처분신청서를 검토하여 신청이 정당하다고 판단하면 채권자에게 담보제공을 먼저 명한다. 때로는 가처분결정과 동시에 담보제공을 명하기도 한다.

표 1-14 **가처분 담보액 산정의 기준**

※ 법원마다 담보액 산정 기준은 다르나, 평균적인 지침임.
(출처: 법원행정처, 법원실무제요 민사집행)

보전처분의 종류	산정기준	목적물		
		부동산, 자동차, 건설기계	유체동산	채권 그 밖의 재산권
처분금지 가처분	목적물가액	1/10	1/3	1/5
점유이전 금지가처분	목적물가액	1/20	1/5(리스회사는 1/10)	

담보제공명령을 수령하면 가압류신청에서와 마찬가지로 ① 직접 또는 전자시스템을 이용하여 현금공탁을 하거나 ② 보증보험회사에 연락을 취해 공탁보증보험증권을 발급받아야 한다.

가처분결정의 발령 및 집행

법원에 의해 가처분 결정이 발령되면, 신청내용에 따라 집행된다. 부동산처분금지가처분의 경우에는 법원에 의해 가처분 등기 촉탁이 이루어지고, 점유이전금지가처분의 경우에는 재판을 고지받은 날로부터 2주 이내에 집행이 완료되어야 하므로, 결정문을 수령하고 빠른 시일 내에 집행관에게 집행신청을 해야 한다.

▶▶ 부동산처분금지가처분결정문 예시

대전지방법원 서산지원

결   정

사 건	20███카단███ 부동산처분금지가처분
채 권 자	███종합건설 주식회사
	서울 강남구 선릉로███길 ███, 4층 (역삼동, ███빌딩)
	대표이사 송███
채 무 자	김███
	당진시 수청로 ████████ (시곡동)
	일부등기부상주소 당진군 당진읍 시곡리 ███

```
                        주        문

채무자는 별지 목록 기재 부동산에 대하여 매매, 증여, 전세권·저당권·임차권의 설정 기

타 일체의 처분행위를 하여서는 아니된다.

피보전권리의 내용  매매계약에 기한 소유권이전등기청구권


                        이        유

이 사건 부동산처분금지가처분 신청은 이유 있으므로 담보로 공탁보증보험증권(서울보

증보험주식회사 증권번호 제 100-000-▨▨▨▨▨호)을 제출받고 또한 담보로 금

5,000,000원을 공탁(20▨.09.19, 대전지방법원 서산지원공탁관, 20▨금▨호)하게 하고

주문과 같이 결정한다.

                    20▨. 9. 20.


              판    사     이▨▨


※ 1. 이 가처분 결정은 채권자가 제출한 소명자료를 기초로 판단한 것입니다.
   2. 채무자는 이 결정에 불복이 있을 경우 가처분이의나 취소신청을 이 법원에 제기할 수 있습니다.
```

4) 가처분신청서의 작성방법

가처분신청서를 작성할 때에도 가압류신청서와 같이 '피보전권리'와 '보전의 필요성'에 관한 내용을 담아야 한다.

(1) 피보전권리

가압류사건에서 피보전권리는 '금전채권'이다. 이와 달리 가처분사건에서의 피보전권리는 '금전채권 이외의 권리'이다. 예컨대 채권자가 채무자에 대하여 소유권에 기해 건물인도를 구할 권리가 있다면 바로 이 '소유권에 기한 건물인도청구권'이 피보전권리가 되는 것이

다. 토지소유자는 무단으로 건축된 건물에 대해 철거를 구할 수 있는 권리를 갖는데, 여기서는 '토지소유권에 기한 건물철거청구권'이 피보전권리가 된다.

(2) 보전의 필요성

보전의 필요성이란 가처분을 미리 해 두지 않으면 추후 본안판결을 집행할 수 없거나 집행이 매우 곤란할 염려가 있어야 함을 뜻한다. 대부분의 가처분은 현상이 바뀌면 당사자가 권리를 실행하지 못하거나 이를 실행하는 것이 매우 곤란할 염려가 있을 경우에 허용되는 것으로서, 점유이전금지가처분이나 처분금지가처분과 같은 경우에는 피보전권리에 관한 소명이 인정되면 다른 특별한 사정이 없는 한 보전의 필요성도 인정된다.

5) 부동산처분금지가처분

말 그대로 부동산의 처분을 금지하는 내용의 가처분이다. 실제 부동산처분금지가처분이 집행되면 가처분등기가 등기사항증명서(부동산등기부)에 기입되는데, 이때 부동산 소유자는 제3자에게 부동산의 소유권을 넘길 수는 있으나 나중에 가처분 채권자가 본안소송에서 승소할 시 제3자는 그 부동산의 소유권을 빼앗길 수 있게 된다.

이러한 가처분은 왜 필요할까? 다음의 경우를 가정해 보자.

> A는 B로부터 아파트를 3억 원에 구입하였다. A는 계약금과 중도금 명목으로 모두 1억 원을 B에게 지불하였고, 잔금 2억 원만 지급하면 되는 상황이다. 그런데 그 사이에 아파트의 시세가 5억 원으로 상승하였고, 이에 B는 A에게 아파트를 넘기는 것이 아까워 C에게 같은 아파트를 5억 원에 팔았으나 아직 등기를 넘기지는 않았다. 그러면

이와 같은 경우, 당신이 A라면 어떻게 할 것인가. A로서는 B의 제안을 받아들여도 5천만 원의 이득을 볼 수도 있을 것이다. 그런데 B의 제안을 받아들이지 않으면 무려 2억 원의 이득을 볼 수 있다. 그렇다면 B의 제안을 받아들이지 않는 것이 더 낫다는 계산이 나온다. 그런데 문제는, B로서도 A에게 아파트를 파는 것보다 C에게 아파트를 파는 것이 이득이므로 어떻게든 빨리 C에게 등기를 넘겨주려고 할 것이라는 점이다. 부동산에 관하여 이중매매가 있는 경우 매매계약의 체결 순서와 관계없이 먼저 등기를 경료한 사람이 부동산의 소유자가 된다. 그러나 이러한 경우에 B가 A를 위해 등기를 먼저 넘겨줄 일은 없을 것이다.

그런데 B의 협조가 없어도 A가 먼저 등기에 관해 선순위를 확보할 수 있는 방법이 있다. 그것이 바로 부동산처분금지가처분이다. B의 아파트에 A가 처분금지가처분을 신청해 등기를 먼저 해둔다면 C보다 선순위자가 되어 아파트의 소유권을 확보할 수 있다. 따라서 이러한 상황에서는 반드시 아파트에 관한 처분금지가처분을 해 두어야 한다.

참고로, 민사적으로 B는 A에게 시세 차익에 해당하는 2억 원의 손해를 배상하여야 할 책임이 인정될 수 있기는 하다. 하지만 실제 그 책임을 추궁하는 과정은 법률 전문가가 아니라면 쉽지 않은 여정이 될 것이므로, A로서는 처분금지가처분을 미리 해 두는 것이 가장 간명한 방법이다.

부동산처분금지가처분신청서

채 권 자   송 ○ ○
　　　　　부천시 원미구 길주로 ○○
채 무 자   홍 ○ ○
　　　　　서울 구로구 구로1길 ○○ 202호

목적물의 표시 : 별지 목록 기재와 같음
피보전권리의 내용 : 20○○. 1. 2.자 매매를 원인으로 한 소유권이
　　　　　　　　　전등기청구권
목적물의 가액 : 240,000,000원

신 청 취 지

채무자는 별지 목록 기재 부동산에 대하여 매매, 증여, 전세권·저당
권·임차권의 설정, 그 밖의 일체의 처분행위를 하여서는 아니 된다.
라는 결정을 구합니다.

신 청 이 유

1. 채권자는 20○○. 1. 2. 채무자로부터 별지 목록 기재 부동산(이
   하 '이 사건 부동산'이라 합니다)을 금 3억 원에 매수하기로 하는
   매매계약을 체결하면서, 같은 날 계약금 및 중도금 명목으로 총 1
   억 원을 지불하였고(소갑 제1호증 등기사항증명서, 소갑 제2호증
   부동산매매계약서, 소갑 제3호증 영수증), 잔금 2억 원은 같은 해
   4. 10.까지 지불하기로 하였습니다.

2. 그런데 잔금을 지급하기 전에 이 사건 부동산의 시세가 3억 원에
   서 5억 원으로 상승하였고, 이에 채무자는 시세가 많이 상승하였
   다는 이유로 매매대금을 올려달라고 주장하면서 잔금을 지급받을

계좌까지 폐쇄하면서 잔금 수령을 거부하고 있는 상황입니다.

3. 채권자는 채무자를 상대로 소유권이전등기청구소송을 제기할 예정인데, 채무자의 행태로 보아 이 사건 부동산을 다른 사람에게 처분할 개연성이 농후한바, 이에 채권자는 소유권이전등기청구권의 집행보전을 위하여 이 사건 신청에 이른 것입니다.

4. 채권자의 피보전권리에 관한 소명이 명확한 점을 고려하시어 이 사건 신청에 대한 담보제공은 민사집행법 제19조 제3항, 민사소송법 제122조에 의거 보증보험회사와 지급보증위탁계약을 맺은 문서를 제출하는 방법으로 갈음할 수 있도록 허가하여 주시기 바랍니다.

소 명 방 법

1. 소갑 제1호증   부동산등기사항증명서
1. 소갑 제2호증   부동산매매계약서
1. 소갑 제3호증   영수증

첨 부 서 류

1. 토지대장
1. 건축물대장
1. 소송물가액 계산표

20○○. ○. ○○.
위 채권자   송 ○ ○ (인)

서울남부지방법원 귀중

6) 부동산점유이전금지가처분

부동산인도소송을 제기하기 전에 거의 필수적으로 해 두어야 하는 가처분이다. 말 그대로 부동산의 점유를 다른 사람에게 이전하는 것을 금지함을 구하는 내용의 가처분을 의미한다. 부동산인도소송을 제기한 이후에도 부동산의 점유자는 얼마든지 변경될 수 있다. 소송의 경우에는 길게는 몇 년도 걸리는 경우가 허다하므로 만약 이러한 내용의 가처분을 해 두지 않으면 부동산 점유자가 바뀔 때마다 새로 소송을 제기해야 하는 문제가 발생한다. 이러한 문제의 방어를 위해 부동산점유이전금지가처분이 인정되는 것이다.

소송 제기 당시에 A가 부동산을 점유하고 있었다 하더라도 소송이 진행되는 중에 B가 부동산의 점유를 승계한다면 A에 대한 명도소송에서 승소를 하여도 그 판결에 의해 B를 강제집행할 수는 없다. 미리 점유이전금지가처분을 해 두어야만 점유자가 변경되어도 집행할 수 있다.

부동산점유이전금지가처분의 피보전권리는 '소유권에 기한 인도청구권', '임대차계약 종료에 따른 인도청구권', '토지소유권에 기한 건물퇴거청구권' 등이 될 수 있다. 원인이 무엇이든 간에 점유자를 부동산에서 내보낼 수 있는 권한이 있으면, 그 권한이 곧 부동산점유이전금지가처분의 피보전권리가 되는 것이다.

서식 1-45 **부동산점유이전금지가처분신청서**

부동산점유이전금지가처분신청서

채 권 자　송 ○ ○
　　　　　부천시 원미구 길주로 ○ ○
채 무 자　주식회사 ○ ○ ○통상
　　　　　서울 구로구 구로1길 ○ ○ 202호
　　　　　대표이사 홍 ○ ○

목적물의 가액 : 50,000,000원

피보전권리의 요지 : 소유권에 기한 건물인도청구권

(가처분할 목적물 : 별지 목록 기재 부동산)

신 청 취 지

채무자는 별지 목록 기재 부동산에 대한 점유를 풀고 채권자가 위임하는 집행관에게 인도하여야 한다.

집행관은 현상을 변경하지 아니할 것을 조건으로 하여 채무자에게 이를 사용하게 하여야 한다.

채무자는 그 점유를 타인에게 이전하거나 점유 명의를 변경하여서는 아니 된다.

집행관은 위 명령의 취지를 적당한 방법으로 공시하여야 한다.

라는 재판을 구합니다.

신 청 이 유

1. 채권자는 별지 목록 기재 부동산(이하 '이 사건 부동산'이라 합니다)을 의정부지방법원 20○○타경○○○○ 부동산강제경매사건에서 낙찰받아, 20○○. ○. ○○. 매각대금을 완납한 소유자입니다(소갑 제1호증 등기사항증명서).

2. 채무자는 대항력 없는 전 소유자임에도 불구하고 이 사건 부동산에 대한 인도를 거부하고 있습니다(소갑 제2호증 현황조사서).

3. 채권자는 채무자를 상대로 부동산인도소송[24]을 제기할 예정인데, 위 소송의 판결이 선고되어 집행하기 이전에 채무자가 점유를 타에 이전한다면 채권자가 본안소송에서 승소하더라도 집행 불능이 되므로 집행보전을 위하여 이 사건 신청에 이른 것입니다.

---

24) 인도명령신청이라고 기재할 수도 있다. 그러나 인도명령과 관련해서는 점유이전금지가처분의 발령을 꺼리는 판사가 있으므로 부동산인도소송이라고 기재하는 것이 더 낫다.

4. 담보제공은 민사집행법 제19조 제3항, 민사소송법 제122조에 의거 보증보험회사와 지급보증위탁계약을 맺은 문서를 제출하는 방법으로 갈음할 수 있도록 허가하여 주시기 바랍니다.

소 명 방 법

1. 소갑 제1호증   부동산등기사항전부증명서
1. 소갑 제2호증   현황조사서

첨 부 서 류

1. 토지대장
1. 건축물대장
1. 법인등기사항전부증명서
1. 소송물가액 계산표

20○○. ○. ○○.
위 채권자   송 ○ ○   (인)

의정부지방법원 귀중

※ 전자소송을 이용한 점유이전금지가처분신청방법에 대한 내용은 부록으로 실었으며, 지면의 한계로 그보다 더 자세한 사항은 NAVER 카페 '행복재테크'에 있으니 참고 바란다.

아파트를 공매로 받은 A는 대금을 완납한 뒤 전 소유자인 B를 상대로 점유이전금지가처분집행을 한 뒤 명도소송을 제기하였고, 소송에서 승소하였다. 그리고 A는 곧바로 부동산인도집행을 신청하여 집행관과 함께 아파트에 찾아갔는데 그 아파트에 B는 없고, C가 점유하고 있는 상황이다.

이러한 상황은 실제 집행 과정에서 흔히 찾아볼 수 있는 경우이다. 이러한 경우에 A는 C에 대해 명도소송을 다시 제기해야 할까? 점유이전금지가처분을 해 둔 경우라면 답은 '아니다'이다. A는 'C에 대한 승계집행문'만을 받아 곧바로 다시 집행에 착수할 수 있다.

원래의 집행문에는 B에 대해서만 명도집행이 가능하게 되어 있을 것이므로 이 명의를 C로 바꿔야 하는데, 이때 이용하는 서식이 승계집행문부여신청서이다.

서식 1-46 승계집행문부여신청서

승계집행문부여신청서

사　　건　　20○○가단○○○○　건물명도

원　　고　　이 ○ ○ (80****-1******)

　　　　　　서울 ○○구 ○○길 ○○

피　　고　　박 ○ ○ (76****-1******)

　　　　　　부천시 ○○구 ○○길 ○○

피고 승계인　김 ○ ○ (74****-1******)

　　　　　　○○시 ○○구 ○○길 ○○

위 사건에 관하여 원고는 다음과 같이 승계집행문을 부여해 주실 것을 신청합니다.

다 음

1. 원고는 ○○지방법원 20○○카단○○○호 사건에서 20○○. ○. ○○.자 부동산점유이전금지가처분결정을 받아 가처분집행을 완료하였고, 이후 원고는 이 사건의 집행력 있는 판결정본에 기하여 건물명도집행을 실시하였습니다.

2. 그러나 위 건물명도집행은 피고 승계인이 전대차계약서를 제시하면서 본건 건물을 점유 중에 있다고 하여 해당 집행은 불능이 되었습니다.

3. 피고 승계인은 점유이전금지가처분집행 실시(20○○. ○. ○○.) 이후 피고로부터 본건 건물을 전대하여 피고로부터 그 지위를 승계하였으므로 피고 승계인에 대한 승계집행문을 부여하여 주시기 바랍니다.

첨 부 서 류

1. 판결정본
1. 부동산점유이전금지가처분집행조서등본
1. 집행불능조서등본

20○○. ○. ○○.

원 고 이 ○ ○ (인)

○○지방법원 민사○단독 귀중

3. 가압류 · 가처분이 되었을 때 대응요령
   (채무자의 수단)

1) 이의신청

　가압류·가처분은 채권자의 일방적인 주장에 터 잡아 이루어지는 경우가 많다. 이를 '밀행성'이라고 하는데 특히 가압류는 밀행성이라는 특징 때문에 채무자에게 어떠한 통지도 없이 몰래 이루어진다. 그 때문에 채권자로서는 마음만 먹으면 터무니없는 가압류·가처분도 시도할 수 있다. 예컨대 채무자가 채권자에게 돈을 이미 갚았음에도 불구하고, 채권자가 채무자로부터 받아둔 차용증만 제출하면서 가압류를 신청한 경우에도 가압류신청은 받아들여진다. 이러한 부당한 경우를 대비하여 채무자에게도 가압류·가처분에 대응할 수 있는 제도가 여럿 있다.

　그중 대표적인 대응방법이 '이의신청'이다. 채무자는 부당한 가압류·가처분결정에 대해 이의를 신청할 수 있다. 이의신청사건은 가압류·가처분결정을 발령한 그 법원에 신청하여야 한다. 이의신청은 그 시기에 관해 법률상으로 아무런 제한이 없으므로 가압류·가처분이 유효하게 존재하고 취소·변경을 구할 이익이 있는 한 언제든지 할 수 있다. 채무자의 이의신청이 있으면 법원은 심문기일을 정하여 양 당사자에게 통보하고, 이제는 채무자의 얘기까지 다 들어본 뒤 원래의 가압류결정, 가처분결정이 정당했었는지 여부를 따져본다.

　이의신청절차는 원래의 가압류절차, 가처분절차와 별도로 진행되는 절차가 아니라 연속적으로 진행되는 절차이기 때문에, 원래의 가압류절차, 가처분절차에서 정해진 '채권자', '채무자'의 지위는 그대로 유지된다. 따라서 소명방법(증거)을 첨부할 때에 이의신청을 하는 자는 그 자료를 '소을 제○호증'으로 정리해야 한다. 다만, 가압류이의사건은 사건번호가 새로 부여된다.

서식 1-47 가압류결정에 대한 이의신청서

가압류결정에 대한 이의신청서

신 청 인(채무자) 홍 ○ ○

　　　　　　　천안시 서북구 ○ ○ 로 ○ ○

피신청인(채권자) 송 ○ ○

　　　　　　　부천시 원미구 ○ ○ 로 ○ ○

신 청 취 지

1. 위 당사자 사이의 귀 법원 20○○카단○○○○ 부동산가압류신청 사건에 관하여 귀 법원이 20○○. ○○. ○○. 별지 목록 기재 부동산에 관하여 한 가압류결정을 취소한다.
2. 피신청인의 가압류신청을 기각한다.
3. 소송비용은 피신청인이 부담한다.
라는 재판을 구합니다.

신 청 이 유

1. 피신청인(채권자, 이하 '채권자'라 합니다)은 신청인(채무자, 이하 '채무자'라 합니다)이 지료를 전혀 지급하지 않고 건물을 소유하는 방법으로 토지를 사용하고 있으므로, 채무자가 채권자에게 월 100만 원 상당의 지료에 대한 부당이득금을 지급할 의무가 있다고 주장합니다.

2. 그러나 채권자가 천안시 서북구 ○ ○ 로 ○ ○ 대 272㎡(이하 '이 사건 토지'라 합니다)를 대전지방법원 천안지원 20○○타경○○ ○○호로 낙찰받은 것은 사실이나, 그 뒤 선순위로 경료되어 있던 소유권이전등기가등기에 따른 본등기가 경료되면서 채권자 명의

의 소유권이전등기는 말소되었습니다(소을 제1호증 등기사항전 부증명서).

3. 이상과 같이, 채권자는 이 사건 토지의 소유자라고 볼 수 없으므 로 채무자가 채권자에 대하여 지료 상당의 부당이득금을 지급할 의무가 없습니다. 따라서 이 사건 토지에 관하여 경료된 가압류등 기의 취소를 구하고자 이 사건 신청에 이른 것입니다.

소 명 방 법

1. 소을 제1호증　　　부동산등기사항전부증명서

20○○. ○○. ○○.
신청인(채무자) 홍 길 동 (인)

대전지방법원 천안지원 귀중

2) 제소명령신청

가압류·가처분이 발령되었다면 원래의 가압류·가처분이 명백히 잘 못된 것이 아닌 한 이의신청만으로 그 가압류·가처분결정이 쉽게 취 소되지 않으며, 실제 법원도 이의신청을 잘 받아들여 주지 않는 경우 가 많다. 그렇기에 채무자로서는 본안소송에서 승소한 뒤 그 판결문에 근거해 가압류·가처분 이의신청을 하고 그 등기의 말소를 꾀하는 것 이 가장 확실한 방법이다.

그런데 일단 가압류·가처분을 한 채권자는 이미 권리의 보전을 해 둔 까닭에 군이 채무자에 대하여 소송을 제기하지 않고 채무자의 자발 적인 채무이행을 기다리면서 시간만 끄는 경우가 많다. 이럴 때 채무 자는 가압류·가처분결정의 효력에서 벗어날 수 없고 시간만 계속 지나 더 큰 피해를 입을 개연성이 있다.

이러한 상황을 타개하기 위한 방편으로 채무자에게 인정되는 것이 '제소명령신청'이다. 채무자가 채권자에게 본안소송을 제기할 것을 촉구하는 제도이다. 채무자가 법원에 제소명령을 신청하면 법원은 채권자에게 상당한 기간(2주 이상) 이내에 본안소송을 제기한 뒤 이를 증명하는 서류를 제출할 것을 명령한다. 여기서 채권자가 본안소송을 제기하지 않으면 채무자는 곧바로 가압류·가처분의 취소를 구할 수 있다.

서식 1-48 제소명령신청서

제소명령신청서

신 청 인(채무자)   홍 ○ ○
　　　　　　　　　 서울 구로구 구로1길 ○ ○ 202호
피신청인(채권자)   송 ○ ○
　　　　　　　　　 부천시 원미구 길주로 ○ ○

위 당사자 사이의 귀원 20○○카단○○○○호 부동산처분금지가처분신청사건에 관하여, 귀원에서는 20○○. 1. 29. 가처분 결정을 하였으나, 피신청인은 신청인에 대하여 아직도 본안소송을 제기하지 않고 있으므로 피신청인에게 상당한 기간 내에 소를 제기할 것을 명하여 주시기 바랍니다.

첨부서류

1. 부동산등기사항증명서

20○○. ○. ○○.
위 신청인 홍 ○ ○ (인)

○○지방법원 귀중

채무자가 가압류 또는 가처분을 발령한 법원에 제소명령을 신청하면, 법원은 채권자에게 제소명령을 발령하면서 그 제소명령을 수령한 때로부터 얼마의 기간 내에 본안소송을 제기하라고 고지한다. 그러면 채권자는 반드시 그 기간 내에 채무자에 대하여 본안소송을 제기하여야 한다. 또한, 채권자는 본안소송을 제기하면서 '소제기증명원'을 발급받아 그 서류를 '제소신고서[25]'에 첨부하여 제소명령을 발한 재판부에 제출하여야 한다. 법원에 접수되는 소송이 워낙 많으므로 제소명령을 발령한 재판부에서 채권자가 스스로 본안소송을 제기한 사실을 신고하기 전에는 이를 알 수 없기 때문이다.

서식 1-49 제소신고서

제소신고서

사　　건　20○○카기○○○○　제소명령
채 권 자　송○○
채 무 자　홍○○

귀원 20○○카단○○○○ 부동산처분금지가처분신청사건과 관련하여 채무자가 제소명령을 신청하여 그 결정등본을 20○○. 3. 5. 송달받았는바, 채권자는 20○○. 3. 15.자로 ○○지방법원 20○○가합○○○○ 소유권이전등기 등 청구사건으로 채무자에 대하여 본안소송을 제기하였으므로 이에 신고합니다.

첨 부 서 류

1. 소제기증명원　　　1통

20○○. ○. ○○.
위 채권자　송 ○ ○ (인)

○○지방법원　귀중

---

25) 채무자의 제소명령신청에 대응하여 채권자가 소제기 사실을 신고하는 서식이다.

채권자가 제소신고서를 정해진 기간 내에 제출하지 않으면, 채무자는 가압류·가처분취소신청서를 법원에 제출하여 가압류 또는 가처분의 취소를 구하면 된다.

3) 사정변경에 따른 취소신청

'이의신청'과 '취소신청'이라는 용어는 사실 별다를 것이 없어 보이나, 법률적으로 다소 다른 의미로 쓰이고 있다. 이의신청은 애초에 가압류·가처분을 발령할 사유가 없었는데 가압류·가처분을 발령하여 부당하다고 주장하는 것이고, 취소신청은 애초의 가압류·가처분은 정당했을 수 있으나 그 이후 가압류·가처분을 취소하여야 할 사유가 새로 발생하였음을 이유로 신청하는 것을 의미한다.

취소신청사건에서는 이의신청사건과 달리 신청인(채무자)이 원고에 대응하는 지위를 갖게 되고, 피신청인(채권자)이 피고에 대응하는 지위를 갖게 된다. 즉, 취소신청사건은 가압류·가처분사건과는 별개의 절차로 진행되므로 소명자료를 모두 새로 제출하되, 신청인(채무자)은 '소갑 제○호증'으로, 피신청인(채권자)는 '소을 제○호증'으로 제출해야 한다. 법정에서는 신청인(채무자)가 원고석에, 피신청인(채권자)가 피고석에 앉는다.

법원에 가압류·가처분의 취소를 구할 수 있는 경우는 가압류·가처분의 이유가 소멸되었거나 그 밖에 사정이 바뀐 때(본안소송에서 채무자가 이긴 경우가 대표적이다), 가압류의 경우에는 법원이 정한 담보를 제공한 때이다. 또한, 가압류·가처분이 집행된 뒤에 3년간 본안소송을 제기하지 아니한 경우 역시도 취소를 구할 수 있다. 참고로, 부동산가압류의 경우 가압류등기가 등기사항증명서에 경료된 날짜(접수일)가 가압류의 집행시기가 되고, 채권가압류의 경우에는 제3채무자에게 가압류결정문이 도달한 때가 집행시기가 된다.

부동산가압류취소신청서

신 청 인(채무자)　홍 ○ ○

　　　　　　　　　서울 구로구 구로1길 ○ ○ 202호

피신청인(채권자)　송 ○ ○

　　　　　　　　　부천시 원미구 길주로 ○ ○

신 청 취 지

1. 위 당사자 사이의 귀 법원 20○○카단○○○○ 부동산가압류신청
사건에 관하여 귀 법원이 20○○. ○○. ○○. 별지 목록 기재 부
동산에 대하여 한 가압류결정을 취소한다.
2. 소송비용은 피신청인이 부담한다.
라는 재판을 구합니다.

신 청 이 유

1. 피신청인은 신청인에 대하여 가지는 대여금채권의 집행보전을 위
하여 귀원으로부터 20○○카단○○○○ 사건에서 부동산가압류
결정을 받아 이를 집행하였습니다(소갑 제1호증 가압류결정문,
소갑 제2호증 부동산등기사항증명서).

2. 이에 신청인은 피신청인에게 20○○. ○○. ○○. 위 대여금을 모
두 변제하고 영수증을 수령하였습니다(소갑 제3호증 영수증).

3. 따라서 별지 목록 기재 부동산에 대한 가압류결정은 당연히 취소
되어야 하나, 피신청인이 가압류등기 말소에 협조해 주지 않아 부
득이 이 사건 신청에 이르게 되었습니다.

소 명 방 법

1. 소갑 제1호증　　가압류결정문

1. 소갑 제2호증   부동산등기사항증명서
1. 소갑 제3호증   영수증

20○○. ○. ○○.
위 신청인(채무자) 홍 길 동 (인)

○○지방법원 귀중

4) 가압류해방공탁

가압류가 금전채권의 집행보전을 위해 이용됨은 앞서 본 바와 같
다. 따라서 만약 채무자가 부동산이나 채권을 가압류당한 경우, 채권
자를 위해 담보 조로 별도의 돈을 제공한다면 굳이 채권자는 가압류를
유지하여야 할 실익이 없어진다. 그래서 우리 법은 채무자에게 금전을
공탁하고 가압류집행을 취소할 수 있는 길을 열어주고 있다. 이를 '가
압류해방공탁'이라고 한다.

가압류결정문을 보면 가압류집행의 정지·취소를 위해 채무자가
공탁하여야 할 금액이 적혀 있다(민사집행법 제282조).

>> 부동산가압류결정 주문

주   문

채무자 소유의 별지 기재 부동산을 가압류한다.

채무자는 다음 청구금액을 공탁하고 집행정지 또는 그 취소를 신청할 수 있다.

청구채권의 내용   이혼을 원인으로 한 재산분할 청구채권

청구금액   금 50,000,000 원

따라서 채무자는 가압류결정문에 적힌 금액을 공탁한 뒤 그 공탁서

를 첨부하여 가압류집행의 취소를 구하면 된다. 가압류해방공탁에 의한 가압류취소신청서는 해당 가압류결정을 발령한 법원에 제출하여야 한다. 이와 같은 절차를 밟아 가압류집행이 취소되더라도 가압류명령 그 자체의 효력이 소멸되는 것은 아니며, 채무자는 본안소송에서 승소하면 사정변경에 의한 가압류취소신청을 하여 가압류취소결정을 받아 해방공탁금을 회수할 수 있다.

서식 1-51 금전 공탁서(해방공탁)

금전 공탁서(가압류해방)

공 탁 번 호	년 금 제 호	년 월 일 신청	법령조항	민사집행법 제282조

공 탁 자 (가압류 채무자)	성 명 (상호, 명칭)	
	주민등록번호 (법인등록번호)	
	주 소 (본점, 주사무소)	
	전화번호	

공 탁 금 액	한글		보 관 은 행		은행 지점
	숫자				

법원의 명칭과		법원		사건
사 건	당 사 자	채 권 자		채 무 자

공탁원인사실	위 사건의 가압류 집행 취소를 위한 해방공탁

비고(첨부서류 등)	1. 가압류 결정문 사본 2. □ 계좌납입신청

위와 같이 신청합니다.   대리인 주소
                                                        전화번호
        공탁자 성명   인(서명)   성명   인(서명)

위 공탁을 수리합니다.
    공탁금을   년   월   일까지 위 보관은행의 공탁관 계좌에 납입하시기 바랍니다.
    위 납입기일까지 공탁금을 납입하지 않을 때는 이 공탁 수리결정의 효력이 상실됩니다.

                            년   월   일

                    법원   지원 공탁관   (인)

(영수증) 위 공탁금이 납입되었음을 증명합니다.

                            년   월   일

                    공탁금 보관은행(공탁관)   (인)

※ 1. 서명 또는 날인을 하되, 대리인이 공탁할 때에는 대리인의 성명, 주소(자격자대리인은 사무소)를 기재하고 대리인이 서명 또는 날인하여야 합니다. 전자공탁시스템을 이용하여 공탁하는 경우에는 날인 또는 서명은 공인인증서에 의한 전자서명 방식으로 합니다.
   2. 공탁당사자가 국가 또는 지방자치단체인 경우에는 법인등록번호란에 '고유번호'를 기재하시기 바랍니다.
   3. 공탁금 회수청구권은 소멸시효 완성으로 국고에 귀속될 수 있습니다.
   4. 공탁서는 재발급 되지 않으므로 잘 보관하시기 바랍니다.

부동산가압류집행취소신청서

신 청 인(채무자)　홍 ○ ○

　　　　　　　　　　서울 구로구 구로1길 ○○ 202호

피신청인(채권자)　송 ○ ○

　　　　　　　　　　부천시 원미구 길주로 ○○

신 청 취 지

위 당사자 사이의 귀 법원 20○○. ○. ○○.자 20○○카단○○○○ 부동산가압류결정정본에 의하여 20○○. ○. ○○. 별지 기재 부동산에 대하여 실시한 가압류의 집행을 취소한다.

라는 재판을 구합니다.

신 청 이 유

1. 피신청인(채권자)은 귀원 20○○카단○○○○호로 신청인(채무자) 소유의 별지 목록 기재 부동산에 관하여 20○○. ○. ○○. 부동산가압류결정을 받았고, 같은 결정에서는 가압류 해방공탁금을 ○○○○○○원으로 정하였습니다.

2. 신청인은 피신청인을 위해 20○○. ○. ○○. 귀원 20○○년 금 제○○호로 해방공탁금 ○○○○○○원을 공탁하였으므로, 이에 별지 목록 기재 부동산에 대한 가압류집행의 취소를 신청합니다.

첨 부 서 류

1. 가압류결정등본
1. 부동산등기사항증명서
1. 공탁서
1. 납부서

　　　　　　　　　　20○○. ○. ○○.

　　　　　　　　신청인(채무자)　홍 ○ ○　(인)

　　　　○○지방법원　귀중

실전TIP 담보로 제공한 현금 되찾아오기

 가압류·가처분신청 후 담보로 제공한 현금은 나중에 되찾아올 수 있을까? 보증보험회사와 지급보증계약을 체결하고 지급한 돈은 되찾을 수 없지만, 현금으로 공탁한 돈은 일정한 절차를 거쳐 다시 되찾아 올 수 있다.

 현금공탁한 돈은 부당한 가압류·가처분으로 인해 채무자에게 발생할 손해를 담보하기 위한 것이다. 따라서 담보 사유의 소멸(민사소송법 제125조 제1항), 담보권리자의 동의(제2항), 권리행사 최고기간의 만료(제3항)와 같은 요건이 충족될 경우 담보취소가 된다.

 본안소송에서 승소한 경우에는 민사소송법 제125조 제1항에 따라 채무자의 동의 없이 담보를 회수해 올 수 있으며, 이 외의 경우에는 채무자에게 권리행사를 최고하고 채무자가 별다른 조치를 취하지 않을 때 회수해 올 수 있다.

 만약 채무자가 부당한 가압류·가처분으로 인해 입은 피해가 있다고 주장하면서 새로이 소송을 제기하는 경우에는 담보를 회수해 오는 데에 시일이 걸릴 수는 있으나, 일반적인 경우 새로운 소송을 제기해도 부당한 가압류·가처분에 의한 손해를 입증하기 어려운 경우가 많기 때문에 상대방이 별다른 조치를 취하지 않는 경우가 대부분이다.

 강제집행정지를 신청하는 경우 등에도 담보를 제공하는 경우가 있는데, 이러한 경우에도 동일한 방법으로 담보취소를 신청하면 된다.

권리행사최고 및 담보취소신청서

신 청 인 송○○

　　　　　부천시 원미구 길주로 ○○

피신청인 홍○○

　　　　　천안시 서북로 ○○로 ○○

위 당사자 간 귀원 20○○카단○○○○호 부동산처분금지가처분사건에 대하여 신청인이 손해담보로써 귀원 공탁공무원에게 20○○년 ○월 ○일에 공탁한 금 2,000,000원(20○○금○○○○호)에 관하여, 피신청인에게 일정한 기간 내 권리를 행사하도록 최고하여 주시고, 만약 피신청인이 그 기간 동안 권리를 행사하지 않을 경우에는 담보취소결정을 하여 주시기 바랍니다.

첨 부 서 류

1. 가처분결정문
1. 공탁서 사본
1. 본안소송 판결문
1. 확정증명원

20○○. ○. ○○.

신 청 인 송 ○○ (인)

대전지방법원 천안지원 귀중

※가압류·가처분신청을 취하한 경우에는 '신청취하 및 집행해제증명원' 및 '소부제기진술서'를 첨부하여야 한다.

6 간편한 민사분쟁 해결절차

법적 분쟁이 발생한 경우 가장 많이 이용되는 방법 중 하나는 법원에 소송을 제기하는 것이다. 그러나 소송은 그 절차가 다른 절차에 비해 상대적으로 복잡하고 엄격하게 진행되며, 판결이 선고될 때까지 걸리는 시일도 상대적으로 긴 편이기에 어떤 경우에는 소송절차를 이용하는 것이 오히려 번거로울 수가 있다.

닭을 잡을 때에 굳이 소 잡는 칼을 쓸 필요는 없는 법이다. 상황에 따라서는 소송을 제기하는 것보다는 법에서 정하고 있는 다른 간편한 절차를 이용하도록 하자.

1. 독촉절차

독촉절차는 금전 등의 지급을 목적으로 하는 청구에 대하여 채권자로 하여금 이행의 소[26]를 대신하여 간이·신속하게 집행권원[27]을 취득

---

26) 피고에 대한 특정한 이행청구권의 존재를 주장하며, 그 확인과 이에 대한 이행을 명하는 판결을 구하는 소로서, 원고가 피고에 대하여 '…할 것(이행)을 요구한다.'는 내용의 소이다.

27) 강제집행을 할 수 있는 권리를 부여한 공적인 문서 정도로 이해하면 되는데, 확정된 본안판결, 가집행선고가 있는 본안판결, 조정조서, 확정된 조정에 갈음하는 결정 또는 화해권고결정, 확정된 강제조정결정, 확정된 지급명령, 경락된 부동산 인도명령, 약속어음 공정증서 등이 여기에 해당된다.

하게 하도록 법이 마련해놓은 특별소송절차이다. 물론 채권자로서는 소를 제기하여도 상관없으나, 채무자가 금전채권이 존재함을 다투지 않을 가능성이 높은 경우에는 판결과 같은 효력이 있는 독촉절차를 이용할 것을 추천한다. 채권의 소멸시효가 완성될 것이 염려될 경우에도 독촉절차를 이용하면 좋다. 판결과 동일한 효력이 인정되어 소멸시효가 10년으로 연장되기 때문이다. 지급명령신청에는 소장에 붙여야 할 인지의 10분의 1의 액수에 해당하는 인지만 붙이면 되므로, 신청인으로서도 상대적으로 금전적인 부담이 덜하다.

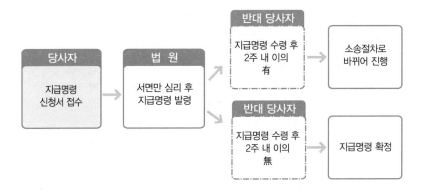

1) 지급명령신청

독촉절차는 '지급명령'이라는 형식의 재판을 하는 것으로 진행되며, 이 재판은 채무자의 참여 없이 채권자의 일방적인 주장에 의하여 진행되는 것이 특징이다.

지급명령신청서는 기본적으로 소장과 그 형식과 내용에 있어서 큰 차이가 없다. 하지만 당사자를 지칭하는 명칭 및 사소한 형식이 다르므로, 그러한 차이만 이해하면서 지급명령신청서를 작성하면 된다. 지급명령신청 양식에 맞추어 올바르게 작성만 한다면 지급명령은 거의 발령된다고 보면 된다.

지급명령신청서

채 권 자   송 ○ ○
　　　　　부천시 원미구 길주로 ○○번길 ○○-15
채 무 자   홍 ○ ○
　　　　　인천광역시 서구 가정로 ○○번길 ○○-1

청 구 취 지

채무자는 채권자에게 아래 청구금액 및 독촉절차비용을 지급하라는 명령을 구함.

1. 금 2,000,000원

2. 위 1항 금액에 대하여 이 사건 지급명령정본이 송달된 다음날부터 다 갚는 날까지 연 12%의 비율에 의한 지연손해금

※ 독촉절차비용 : 58,600원(인지대 1,000원, 송달료 57,600원)

청 구 원 인

1. 채권자는 경기 고양시 일산동구 대산로 ○○번길 ○○-1(이하 '이 사건 부동산'이라 합니다, 첨부서류 1 등기사항전부증명서)의 소유자로서 같은 부동산의 임대인이었던 자이며, 채무자는 같은 부동산의 임차인이었던 자입니다.

2. 채권자는 20○○. 1. 2. 채무자와 이 사건 부동산에 관하여 다음과 같은 내용의 임대차계약을 체결하였습니다(첨부서류 2 임대차계약서).

　○ 임대차보증금 : 없음

　○ 월차임 : 50만 원

　○ 임대차기간 : 20○○. 2. 1.부터 20○○. 1. 31.까지

채권자는 위 임대차계약의 내용에 따라 20○○. 2. 1. 이 사건 부동산을 채무자에게 인도해 주었습니다.

3. 채무자는 이 사건 부동산을 인도받은 후 20○○. 9. 30.까지의 차임은 채권자 명의의 계좌로 꼬박꼬박 입금해 주었으나, 20○○. 10. 1.부터 20○○. 1. 31.까지의 4개월분 차임을 지급하지 않았고, 20○○. 2.경 다른 곳으로 몰래 이사를 가버린 후 현재 채권자의 전화도 받지 않고 있습니다.

4. 즉, 채무자는 20○○. 10. 1.부터 20○○. 1. 31.까지의 차임을 채권자에게 지급한 바 없으므로, 채무자는 채권자에게 미지급한 차임 200만 원(= 50만 원×4개월) 및 이에 대하여 이 사건 지급명령 송달일 다음날부터 다 갚는 날까지 소송촉진 등에 관한 특례법에서 정한 연 12% 비율에 의한 지연이자를 지급할 의무가 있습니다.

5. 채권자는 채무자를 상대로 수회에 걸쳐 4개월분의 차임을 지급해 달라고 독촉하였으나, 채무자는 아무런 이유 없이 지급에 응하지 않았으므로 채권자는 채권확보에 있어 현저한 어려움이 예상되어 부득이 청구취지와 같은 지급명령을 구하고자 본 신청에 이르렀습니다.

첨 부 서 류

1. 등기사항전부증명서
2. 임대차계약서

20○○. ○. ○○.

채권자 송 ○ ○ (인)

인천지방법원 부천지원 귀중

독촉절차는 앞서 설명한 것처럼 "금전 등의 지급을 목적으로 하는 청구"의 경우에만 이용할 수 있다. 즉, 청구취지가 항상 '금전의 지급'을 구하는 내용이라는 점에 특징이 있다. 금전지급청구의 경우에는 채무자의 주소지뿐만 아니라 채권자의 주소지를 관할하는 법원도 이 사건의 관할법원이 되므로, 채권자의 주소지를 관할하는 법원에 지급명령신청서를 제출하는 것이 채권자의 입장에서 더욱 편리할 것이다.

2) 지급명령이 미송달될 경우

법원의 서류가 당사자에게 송달되지 않을 경우, 주소보정명령을 받아 해당 당사자의 진정한 주소지를 찾아낸다면 별 문제가 없겠으나, 진정한 주소지를 도저히 알 길이 없다면 공시송달의 방법을 이용하는 수밖에 없다.

하지만 지급명령의 경우에는 공시송달의 방법으로 진행하는 것이 금지되어 있다. 따라서 지급명령이 채무자에게 송달되지 않았을 때에는 지급명령의 절차가 아니라, 소송을 제기하는 방법을 통하여 공시송달제도를 이용해야 한다.

채권자는 법원으로부터 주소보정명령을 받았음에도 채무자가 거주하는 주소를 알아내지 못했을 경우, 소제기신청을 할 수가 있다. 새로이 소장을 제출하는 방법은 이중의 소송비용과 시간적 손실을 일으킬 우려가 있어 소제기신청을 할 수 있도록 한 것이다.

소제기신청서에는 지급명령신청 시에 붙인 인지액 10분의 1을 공제한 나머지인 10분의 9에 해당하는 인지를 붙여야 하며, 송달료를 추가 납부해야 한다.

소제기신청서

사　　건　20○○차○○○○ 약정금

채 권 자　송 ○ ○

채 무 자　홍 ○ ○

위 사건에 관하여 채권자는 귀원의 보정명령에 따라 채무자의 주민등록상 주소지를 확인하였는데, 채무자의 주소지 변동이 없는 것으로 나타나 채권자는 더 이상 새로이 주소를 보정할 길이 없으므로, 공시송달에 의한 판결을 받기 위해 민사소송법 제466조에 의거 소제기를 신청합니다.

첨 부 서 류

1. 주민등록초본
1. 영수증

20○○. ○. ○○.

채권자　송 ○ ○　(인)

인천지방법원 부천지원　귀중

3) 지급명령에 대한 이의신청

지급명령은 채권자의 일방적인 주장에 의하여 발하여지는 것이므로 상대방인 채무자에게 채권자의 주장을 반박할 기회를 열어줄 필요가 있다. 그래서 채무자가 지급명령을 송달받은 뒤 2주 이내에 이의신청을 하면 지급명령은 실효되고 독촉절차는 곧바로 통상의 소송절차로 바뀌어서 진행된다.

사건번호가 '차'(종이소송) 또는 '차전'(전자소송)에서 소가에 따라 '가소', '가단' 또는 '가합'으로 바뀌며(ex. 20○○차전○○○○ → 20

○○가단○○○○), '채권자'는 '원고'로, '채무자'는 '피고'로 그 지위가 변경된다. 증거자료를 새로 제출할 때에는 '소갑'이 아닌 '갑'으로 기재하여 제출해야 하는 것에 유의하자. 이때부터는 통상의 소송과 완전히 같은 절차로 진행된다.

추심업체에서 지급명령신청을 많이 활용하는데 사실과 다른 부분이 있거나 금액의 다과를 다툴 수 있음에도 불구하고 지급명령을 받은 뒤 2주 동안 이의를 하지 않아 꼼짝없이 돈을 지불하게 된 경우도 많이 보았다. 지급명령 내용은 법원이 그러한 결정을 한 것이 아니라 채권자의 일방적 주장을 일단 받아들인 것에 불과하므로, 사실과 다른 부분이 있다면 즉시 이의신청서를 제출해야 한다. 다만, 2주 내에 이의를 신청하지 않은 경우라도 '청구이의의 소'를 제기하여 금전청구가 정당한지 여부에 대해서 다시 다툴 수는 있으나, 절차가 더 복잡해지니 제때 이의신청을 하는 것이 좋다.

서식 1-56 지급명령에 대한 이의신청서

지급명령에 대한 이의신청서

사　　건　20○○차○○○○ 약정금

채 권 자　송 ○ ○

채 무 자　홍 ○ ○

위 사건에 관하여 채무자는 20○○. 3. 2. 지급명령정본을 송달받았으나, 그 명령에 불복하므로 이의를 신청합니다.

20○○. ○. ○○.

채무자　홍 ○ ○ (인)

인천지방법원 부천지원 귀중

※ 전자소송을 이용한 지급명령신청방법에 대한 내용은 부록으로 실었으며, 지면의 한계로 그보다 더 자세한 사항은 NAVER 카페 '행복재테크'에 있으니 참고 바란다.

2. 제소전 화해

　제소전 화해라 함은 당사자 간의 합의를 통해 일반 민사분쟁을 소송이 아닌 화해의 방법으로 분쟁을 종결하는 절차이다. 소송의 진행 중에 당사자 간의 합의를 통해 소송을 종료시키는 소송상의 화해와 유사하나, 제소전 화해는 소송이 제기되기 전에 당사자 간에 화해를 도모하여 분쟁을 종결시킨다는 점에서 차이가 있다. 제소전 화해가 이루어지면 화해조항을 기재한 화해조서는 판결문과 같은 역할을 한다. 상대방이 화해사항을 불이행 시 일방은 법원에 화해조항의 집행을 신청할 수 있다는 장점이 있어, 특히 건물임대인에 의해 널리 사용되고 있다. 부동산의 표시 부분과 화해조항을 형식에 맞게 적지 않으면 화해가 성립되어도 추후 집행이 어려울 수 있으니 이를 형식에 맞게 정확히 적는 것이 매우 중요하다.

1) 제소전 화해신청서

　화해조항에 대해서 미리 상대방과 협의를 마친 뒤 제소전 화해신청서를 법원에 접수하면 법원은 임의로 날짜를 정해 양쪽 당사자에게 통지한다. 법원은 양 당사자가 모두 출석하면 의사를 재차 확인한 뒤 화해가 성립되었으면 화해조서에 합의된 사항을 적는다. 제소전 화해신청서에는 소장에 붙여야 할 인지의 5분의 1의 액수에 해당하는 인지만 붙이면 된다.

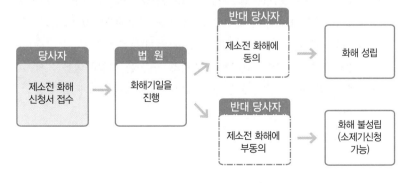

제소전 화해신청서

신 청 인 송 ○ ○
　　　　　부천시 원미구 길주로 ○○번길 ○○-15
피신청인 홍 ○ ○
　　　　　경기 고양시 일산동구 대산로 ○○번길 ○○-1

건물명도 등 화해

신 청 취 지

신청인은 다음 화해조항 기재 취지의 제소전 화해를 신청합니다.

신 청 이 유

1. 신청인은 20○○. 1. 2. 피신청인과 별지 목록 기재 부동산(이하 '이 사건 부동산'이라 합니다, 첨부서류 등기사항증명서)에 관하여 임대차계약을 체결한 임대인이고, 피신청인은 이 사건 부동산의 임차인입니다(첨부서류 임대차계약서).

2. 신청인과 피신청인은 차후 분쟁을 예방하는 목적에서 화해조항과 같이 합의에 이르게 되어 이 신청에 이르게 된 것입니다.

화 해 조 항

1. 신청인과 피신청인은 별지 목록 기재 부동산에 대하여 임대보증금 금 140,000,000원, 임대기간 20○○. 1. 1.부터 20○○. 12. 31.까지, 매월 차임은 3,300,000원(부가가치세 포함)으로 한 임대차계약(이하 '이 사건 임대차계약'이라 한다)을 체결하였음을 확인하며, 위 계약기간이 도과하면 피신청인은 신청인에게 별지 목록 기재 부동산을 인도한다.

2. 가. 피신청인은 신청인에게 20○○. 1. 1.부터 20○○. 12. 31.까지 매월 차임 금 3,300,000원(부가가치세 포함)을 매월 1일에 지급한다.

　　나. 피신청인은 신청인에게 매월 관리비 및 이에 대한 부가가치세를 관리비 부과일자로부터 10일 내에 지급한다. 피신청인은 위 비용을 관리사무소에 직접 지급할 수 있다.

　　다. 피신청인이 위 매월 차임 및 관리비를 연체할 경우 연체한 차임 및 관리비에 대하여 월 2%의 지연이자를 가산하여 지급한다.

3. 다음의 사유가 하나라도 발생할 경우 피신청인은 제1항 기재 기한의 이익을 상실하고, 피신청인은 신청인으로부터 당시까지 연체한 월차임, 관리비 등을 공제한 나머지 임대보증금을 수령함과 동시에 신청인에게 별지 목록 기재 부동산을 인도한다.

　　가. 피신청인이 제2항 기재 월차임의 지급을 이 사건 화해성립일로부터 2회분 이상 연체하는 경우

　　나. 피신청인이 신청인의 서면 동의 없이 별지 목록 기재 부동산의 일부 또는 전부를 타인에게 전대하거나 제3자에게 점유를 이전하는 경우

　　다. 피신청인이 신청인의 서면 동의 없이 별지 목록 기재 부동산의 전부 또는 일부에 대한 시설 또는 구조를 변경한 경우

　　라. 피신청인이 해산, 파산, 부도, 은행거래정지 등 지급불능상태에 빠지거나, 피신청인의 임차보증금반환채권 또는 임차권에 대하여 강제집행이 진행되는 경우

4. 피신청인은 별지 목록 기재 부동산을 신청인에게 인도할 경우, 피신청인이 별지 목록 기재 부동산에 대하여 한 구조변경, 시설변경 및 개조 부분에 대하여 피신청인의 비용으로 원상복구 해야 한다. 만약 피신청인이 별지 목록 기재 부동산을 원상대로 복구하지 않는 경우, 신청인은 피신청인에게 임대보증금에서 원상복구비용을 공제한 나머지 금원을 반환한다.

5. 피신청인은 신청인에게 별지 목록 기재 부동산의 임대차계약에

관하여 유익비, 필요비, 기타 일체의 권리금을 청구할 수 없다.

6. 신청인은 제1항의 임대차기간이 끝나기 3개월 전부터 임대차종료 시까지 다음 각 호의 어느 하나에 해당하는 행위를 함으로써, 권리금계약에 따라 피신청인이 주선한 신규임차인이 되려는 자로부터 권리금을 지급받는 것을 방해하여서는 안 된다.
   가. 피신청인이 주선한 신규임차인이 되려는 자에게 권리금을 요구하거나 피신청인이 주선한 신규임차인이 되려는 자로부터 권리금을 수수하는 행위
   나. 피신청인이 주선한 신규임차인이 되려는 자로 하여금 피신청인에게 권리금을 지급하지 못하게 하는 행위
   다. 피신청인이 주선한 신규임차인이 되려는 자에게 상가건물에 관한 조세, 공과금, 주변 상가건물의 차임 및 보증금, 그 밖의 부담에 따른 금액에 비추어 현저히 고액의 차임과 보증금을 요구하는 행위
   라. 신청인이 그 밖의 정당한 사유 없이 피신청인인 주선한 신규임차인이 되려는 자와 임대차계약의 체결을 거절하는 행위

7. 화해비용은 각자 부담한다.

첨 부 서 류

1. 등기사항증명서(부동산)
1. 임대차계약서
1. 토지대장
1. 건축물대장
1. 소가 산출내역

20○○. ○. ○○.
신청인 송 ○ ○ (인)

인천지방법원 부천지원 귀중

[별지]

부동산 목록

경기 고양시 일산동구 ○○동 ○○
[도로명주소] 경기 고양시 일산동구 대산로 ○○번길 ○○-1
위 지상 철골조 평슬라브지붕 2층
근린생활시설(사무소)
1층 130.80㎡
2층 130.80㎡
 중 1층 130.80㎡ 부분
끝.

2) 제소전 화해가 불성립할 경우

신청인과 피신청인이 미리 합의를 거친다고 하더라도, 일방당사자의 의사가 변경되어 법정에서 합의가 불성립될 수 있다. 법원은 화해가 불성립되면 그러한 취지를 적은 조서를 양 당사자에게 송달하는데, 여기서 일방이 소제기신청을 하면 그 분쟁이 소송으로 이어지게 된다.

소제기신청은 화해불성립의 조서등본을 송달받은 날로부터 2주 이내에 해야 하며, 신청인·피신청인 어느 쪽이나 '소제기신청서'를 제출하면 된다. 이때는 화해신청서에 붙인 인지의 부족분인 5분의 4에 해당하는 인지를 붙여야 한다.

서식 1-58 소제기신청서

소제기신청서

사　건　20○○자○○○○

채권자 송ㅇㅇ

채무자 홍ㅇㅇ

위 사건에 관하여 제소전 화해가 성립하지 않았고, 채권자는 20ㅇ
ㅇ. ㅇ. ㅇㅇ. 이러한 취지가 기재된 조서등본을 송달받았으므로 민
사소송법 제388조에 의거 소제기를 신청합니다.

20ㅇㅇ. ㅇ. ㅇㅇ.

채권자 송ㅇㅇ (인)

인천지방법원 부천지원 귀중

3. 민사조정절차

소장을 받아본 적이 있는가. 소장을 처음 받아본 사람들은 생전 첫
경험에 당황하면서도 조금 시간이 지나면 분노를 느끼게 된다. 소장은
원고의 피고에 대한 예상치 못한 첫 공격이기 때문에 피고의 입장에서
는 원고가 괘씸하게 느껴지며, 소장에 기재된 원고의 주장에 거짓말이
라고 생각되는 내용이 포함되어 있는 경우 울분을 터뜨리곤 한다. 이
처럼 소송은 시작도 하기 전부터 서로 감정이 최악으로 치달을 가능성
을 매우 높게 내포하고 있다.

'조정'은 어떠한가. 조정이라는 말이 익숙하게 들리진 않아도 소장
보다는 부드러운 인상이며 양 당사자의 분쟁을 조율하는 절차라는 느
낌을 준다. 실제로도 조정절차는 쌍방의 의견 교환과 조율이 전제가
되는 절차로, 민사조정은 민사분쟁에 있어 중립적인 제3자가 당사자
들의 동의를 얻어 당사자들 간의 협상을 도와주는 절차이다. 상대적으

로 사소한 의견 차이 때문에 분쟁이 지속되고 있다면 민사조정절차를 이용할 것을 추천하며, 의외로 이 자리에서 터놓고 얘기를 하다가 보면 합의점을 쉽게 찾는 경우도 많다.

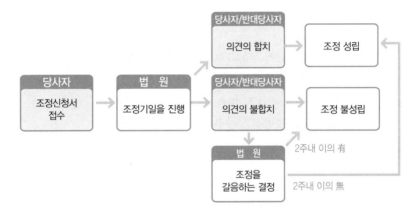

1) 민사조정의 신청

조정신청서는 작성방법이 소장과 크게 다르지 않다. 당사자는 '원고' 대신 '신청인'을, '피고' 대신 '피신청인'이라고 표시한다. 조정기일은 신청서가 상대방에게 송달만 되면 대체로 빨리 지정되는 편이다. 빠른 경우 조정신청서를 법원에 제출한 후 3주 만에 기일이 잡힌 경우도 보았다. 조정이 성립되면 그 조정내용은 판결문과 동일한 효력이 있어 집행이 가능하다. 조정신청서에는 소장에 붙여야 할 인지의 10분의 1의 액수에 해당하는 인지만 붙이면 된다.

서식 1-59 조정신청서

조 정 신 청 서

신 청 인　송○○
　　　　　　부천시 원미구 길주로○○번길 ○○-15
피신청인　홍○○

경기 고양시 일산동구 대산로○○번길 ○○-1

대여금청구

신 청 취 지

1. 피신청인은 신청인에게 20,000,000원 및 이에 대한 20○○. 1. 1.부
   터 이 사건 신청서 부본 송달일까지는 연 6%의, 그 다음날부터 다
   갚는 날까지 연 12%의 각 비율에 의한 돈을 지급한다.
2. 조정비용은 피신청인이 부담한다.
라는 조정을 구합니다.

신 청 이 유

1. 신청인은 20○○. 12. 31. 피신청인에게 원금 20,000,000원을 이
   자 연 6%, 변제기 20○○. 12. 31.로 정하여 대여하였습니다(갑
   제1호증 차용증서).

2. 그러나 피신청인은 차일피일 핑계만 대며 원금은 물론이고 이자
   도 전혀 갚지 않고 있으므로, 신청인은 대여금 20,000,000원 및 이
   에 대한 지연손해금 등을 지급받기 위하여 이 사건 조정신청을 하
   게 되었습니다.

입 증 방 법

1. 갑 제1호증   차용증서

20○○. ○. ○○.
신청인 송 ○ ○ (인)

인천지방법원 부천지원 귀중

2) 조정을 갈음하는 결정

양 당사자 간에 의사가 맞지 않아 조정이 성립하지 않는 경우, 조정담당판사 또는 조정위원회는 직권으로 사건의 공평한 해결을 위해 조정을 갈음하는 결정을 하기도 한다. 양 당사자의 의견을 듣고 "이 정도로 서로 양보해서 마무리를 하는 것이 어떻겠느냐"는 취지로 조정안을 법원에서 제시해 주는 것이다. 사건 내용의 전반을 알고 있는 조정담당판사 또는 조정위원회가 법원 명의로 이러한 결정을 정식으로 발령할 경우 양 당사자는 공식적인 문서를 받아보는 것이기에 이를 수용하는 경우가 꽤 많다.

조정을 갈음하는 결정은 당사자에게 송달된 날로부터 2주일 이내에 이의를 신청하지 않으면 그대로 확정되는데, 이때 조정을 갈음하는 결정은 확정판결과 동일한 효력을 갖게 된다.

서식 1-60 조정을 갈음하는 결정에 대한 이의신청서

이 의 신 청 서

사　　건　20ㅇㅇ머ㅇㅇㅇㅇ 대여금
신 청 인　송 ㅇ ㅇ
피신청인　홍 ㅇ ㅇ

위 사건에 대하여 피신청인은 귀원의 20ㅇㅇ. 6. 2.자 조정에 갈음하는 결정에 불복하므로 이의를 신청합니다.
(피신청인은 결정정본을 20ㅇㅇ. 6. 7. 송달받았습니다.)

20ㅇㅇ. ㅇ. ㅇㅇ.
피신청인　홍 길 동 (인)

ㅇㅇ지방법원 귀중

3) 조정이 불성립할 경우

신청인과 피신청인 사이의 조정이 불성립하거나 조정을 갈음하는 결정에 대해 일방 또는 쌍방이 이의를 신청한 경우, 그 분쟁이 소송으로 이어지게 된다. 소송절차와 조정절차는 인지액에 차이가 있으므로 인지액의 10분의 9 액수에 해당하는 차액은 법원의 보정명령에 따라 추가로 납부해야 한다.

강제집행

1. 판결선고 후 강제집행

소송을 하는 이유가 무엇이라고 생각하는가. 혹시 "법원을 통해 내 주장이 맞다는 점을 인정받기 위해서"라고 생각했는가. 이렇게만 생 각했다면 당신이 소송에 대해 큰 오해를 하고 있다는 점을 지적하고 싶다. 판사가 도대체 왜 대립된 당사자들의 말을 듣고 누구 말이 맞는 지를 판단하겠는가. 판사가 누가 옳은지를 판단해 주면 그 당사자들이 수긍하고 진 사람은 반성이라도 한단 말인가. 실제 상황을 보면, 소송 에서 진 사람도 억울하다고 호소하는 경우가 너무나 많으며 쉽사리 판 사의 판단에 승복하지도 않는다.

그럼에도 불구하고 우리 사회에서 날이 갈수록 소송 건수가 폭발적 으로 증가하고 있다. 소송은 단순히 누가 옳은지를 다투는 자존심 싸 움을 위한 수단이 아니다. 소송의 존재 의의는 '강제집행'을 할 수 있 다는 점에 있다.

대여금소송을 제기하여 소송에서 수개월, 어쩌면 1년 이상이 소요 되어 승소했다고 하자. 축하한다. 그러나 이제부터가 정말 중요하다. 소송에서 이겨도 그 돈을 받아내야만 정말 끝이 난 것이기 때문이다.

소송의 상대방이 대기업 정도의 회사이거나 국가라면 별문제가 없다. 아마도 시간이 지날수록 불어나는 이자 때문에라도 채권자에게 판결의 내용에 따라 재빨리 의무 이행을 마치려고 할 것이기 때문이다. 특히 금전이행판결은 이자를 연 12%로 계산하여 선고하기 때문에 시간이 지나면 지날수록 채무자의 손해가 커지므로 신속히 돈을 갚을 수밖에 없게 되어 있다.

그런데 채권자가 소송에서 승소하였다고 하더라도 상대방이 자력이 충분하지 않은 사람이라면 어떨까? 또는 당신과 상대방과 사이가 매우 좋지 않다면 어떨까? 이런 경우에는 채무자가 자발적으로 판결에 따른 의무를 이행하지 않을 가능성이 높다. 전화도 받지 않는다. 찾아가도 만날 수도 없다.

사실상 이런 경우를 위해 판결문이 존재한다. 승소한 채권자는 판결문을 이용하여 채무자의 재산에 대해 강제집행을 할 수 있는 것이다. 판결을 받은 후 상대방이 임의로 채무 변제를 하지 않는다면 채권자는 즉시 강제집행에 착수하여야 한다. 판결문 송달 후 2주(상소기간)가 경과되지 않았거나 소송이 진행 중이어서 아직 확정되지 않은 판결문이라도 '가집행' 선고가 붙어 있다면 강제집행 착수가 가능하다.

》》 가집행선고가 붙은 판결문의 주문 예시

주   문

1. 피고는 원고에게 320,000,000원 및 이에 대하여 2000. 9. 1.부터 2000. 2. 26.까지
    연 5%의, 그 다음날부터 다 갚는 날까지 연 15%의 각 비율로 계산한 돈을 지급하
    라.
2. 소송비용은 피고가 부담한다.
3. 제1항은 가집행할 수 있다.

2. 강제집행의 방법

집행권원을 확보한 채권자가 채무자에 대한 집행을 개시하는 경우 가장 흔히 이용되는 절차가 ① 부동산에 대한 강제경매, ② 채권압류 및 추심명령, 전부명령일 것이고, 더불어 ③ 유체동산강제집행도 필요에 따라 간간이 이용될 수 있다.

1) 부동산에 대한 경매

금전채권의 회수를 위한 강제집행 중 가장 예측 가능성이 높은 절차이다. 인근 부동산의 낙찰가를 추측해서 선순위채권자의 채권액을 대략적으로 빼면 얼마의 돈을 회수할 수 있을지 추정할 수 있다. 이러한 계산을 한 뒤 채권확보가 충분하다고 판단될 때 부동산에 대한 경매를 신청하여야 한다.

근저당권자와 같이 부동산에 담보를 설정해 둔 사람이 신청하는 경매를 '임의경매'라 하고, 부동산의 소유자에 대한 채권자가 판결문과 같은 집행권원을 확보해 부동산에 대해 신청하는 경매를 '강제경매'라 한다. 경매는 해당 부동산의 소재지를 관할하는 법원에 신청해야 한다.

서식 1-61 부동산강제경매신청서

부동산강제경매신청서

채 권 자   송 ○ ○
　　　　　서울 ○ ○ 구 ○ ○ 길 ○ ○
채 무 자   김 ○ ○
　　　　　부천시 ○ ○ 구 ○ ○ 길 ○ ○

청구금액 : 금 ○ ○ ○ ○ 원 및 이에 대하여 20 ○ ○ . ○ ○ . ○ ○ .부터
　　　　　다 갚는 날까지 연 ○ ○ %의 비율로 계산한 이자 및 지연

손해금(신청서를 제출하는 20○○. ○○. ○○.을 기준으로 총 ○○○○원)

집행권원의 표시 : 채권자의 채무자에 대한 ○○지방법원 20○○. ○○. ○○. 선고 20○○가단○○○ 대여금청구 사건의 집행력 있는 판결정본

경매할 부동산의 표시 : 별지 목록 기재와 같음

신 청 취 지

별지 목록 기재 부동산에 대하여 경매절차를 개시하고 채권자를 위하여 이를 압류한다.
라는 재판을 구합니다.

신 청 이 유

채권자는 채무자에 대하여 위 집행권원의 집행력 있는 판결정본에 의한 위 청구금액 상당의 채권을 가지고 있습니다. 그런데 채무자는 채권자에 대하여 지금까지도 채무의 이행에 착수하지 않고 있습니다.
따라서 채권자는 위 청구금액 상당의 채권변제에 충당하기 위하여 채무자가 소유하고 있는 별지 목록 기재 부동산에 대하여 강제경매를 신청합니다.

첨 부 서 류

1. 집행력 있는 판결정본   1통
1. 송달/확정증명   1통
1. 부동산등기사항증명서   1통
1. 부동산 목록   10통
1. 이해관계인 목록   1통

20○○. ○. ○○.
위 채권자 송 ○ ○ (인)

○○지방법원 귀중

경매를 신청할 때에는 경매와 관련된 이해관계인을 모두 표시하여야 한다. 법은 ① 압류채권자와 집행력 있는 정본에 의하여 배당을 요구한 채권자, ② 채무자 및 소유자, ③ 등기부에 기입된 부동산 위의 권리자, ④ 부동산 위의 권리자로서 그 권리를 증명한 사람을 이해관계인이라고 규정하고 있다(민사집행법 제90조). 경매를 신청하는 채권자는 자신을 포함하여 위의 각 사항에 해당하는 사람을 등기사항증명서 기재를 살펴 기재하면 된다. 등기사항증명서에 기재된 근저당권자 및 경매를 신청한 자신은 이해관계인에 당연히 포함될 것이다.

`서식 1-62` 이해관계인 목록

이해관계인 목록

순번	지위	성명·명칭 및 주소
1	경매신청채권자	송 ○ ○ 서울 ○○구 ○○길 ○○
2	1번 근저당권자	주식회사 ○○은행 서울 ○○구 ○○길 ○○ 대표이사 ○ ○ ○
3	2번 근저당권자	홍 길 동 부천시 ○○구 ○○로7길 ○○
4	소유자	김 철 수 부천시 ○○구 ○○길 ○○
		· · ·

2) 채권압류 및 추심명령

(1) 채권압류 및 추심명령신청

부동산에 대한 경매신청만큼이나 빈번하게 이용되는 것이 채권압류 및 추심명령신청이다. 채권자가 채무자의 재산 중 '부동산'에 취하는 조치가 경매신청이라면 채권자가 채무자의 재산 중 '채권'에 취하는 조치가 채권압류 및 추심명령신청이다. 흔히 은행에 대한 예금채권, 임대인에 대한 임차보증금반환채권을 대상으로 한다.

채권압류 및 추심명령을 신청할 때는 채권가압류 때와 마찬가지로 제3채무자에 대한 진술최고신청서도 함께 제출하도록 하자(서식 1-42 참고). 금전청구소송은 원고 및 피고의 주소지를 관할하는 법원 모두에 제기할 수 있지만, 채권압류 및 추심명령은 피고(채무자)의 주소지를 관할하는 법원에 신청해야 한다. 다만, 미리 가압류를 해 둔 경우에는 가압류를 명한 법원이 관할법원이 된다.

서식 1-63 채권압류 및 추심명령신청서(은행에 대하여)

채권압류 및 추심명령신청

채 권 자　박 ○ ○
　　　　　서울 동대문구 장한로○○길 ○○, 908호
채 무 자　주식회사 ○○○통상 (110111-○○○○○○○)
　　　　　서울 강남구 봉은사로○○길 ○○, 3층
　　　　　대표이사 전 ○ ○
제3채무자　1. ○○은행 주식회사
　　　　　　　서울 중구 통일로 ○○(충정로○가)
　　　　　　　대표이사 이 ○ ○
　　　　　2. 주식회사 ○○은행
　　　　　　　서울 중구 을지로 ○○(을지로○가)
　　　　　　　대표이사 함 ○ ○

청구채권의 표시 : 금 21,624,422원
1. 원금 20,000,000원
2. 지연손해금 1,574,422원(원금에 대한 20○○. 10. 6.부터 20○○.

1. 15.까지는 연 5%의, 그 다음날부터 20○○. 2. 11.까지는 연
20%의 각 비율로 계산한 돈)
{서울남부지방법원 20○○나○○○○호 계약금반환사건의 집행
력 있는 가집행선고부 판결정본에 기한 원금 및 지연손해금}
3. 금 50,000원(집행비용)
　내역 : 금 ○○○○원(신청서 첨부인지대)
　금 ○○○○원(송달료)
　금 ○○○○원(집행문부여신청인지대)

압류할 채권의 표시 : 별지 목록 기재와 같습니다.

신 청 취 지

1. 채무자의 제3채무자들에 대한 별지 목록 기재의 채권을 압류한다.
2. 제3채무자들은 채무자에게 위 채권에 관한 지급을 하여서는 아니
　된다.
3. 채무자는 위 채권의 처분과 영수를 하여서는 아니 된다.
4. 채권자는 위 압류채권을 추심할 수 있다.
라는 재판을 구합니다.

신 청 이 유

채권자는 채무자로부터 위 청구금액을 변제받기 위하여 서울남부지
방법원 20○○나○○○○호 계약금반환사건의 집행력 있는 가집행
선고부 판결정본에 기초하여 채무자가 제3채무자들에 대하여 가지
는 별지 목록 기재 채권에 대하여 압류 및 추심명령을 신청합니다.

첨 부 서 류

1. 집행력 있는 가집행선고부 판결정본
1. 송달증명

1. 법인등기부등본
1. 대리권신고서

20○○. ○. ○○.
위 채권자 박 ○ ○ (인)

서울중앙지방법원[28] 귀중

[별지]

압류 및 추심할 채권의 표시

청구금액 : 금 21,624,422원(1항+2항)

1. ○○은행 주식회사에 대하여
   금 11,624,422원
   채무자(법인등록번호 : 110111-○○○○○○○, 사업자등록번호 : ○○-○○○○-○○)가 제3채무자 ○○은행 주식회사에 대하여 가지는 다음의 예금채권 중 현재 입금되어 있거나 장래 입금될 예금채권으로서, 다음에서 기재한 순서에 따라 위 청구금액에 이를 때까지의 금액

2. 주식회사 ○○은행에 대하여
   금 10,000,000원
   채무자(법인등록번호 : 110111-○○○○○○○, 사업자등록번호 : ○○-○○○○-○○)가 제3채무자 주식회사 ○○은행에 대하여 가지는 다음의 예금채권 중 현재 입금되어 있거나 장래 입금될 예

---

28) 해당 예시 서식의 집행권원이 '서울남부지방법원 판결문'이라 하여 서울남부지방법원에 채권압류 및 추심명령을 신청하는 것이 아니라, "채무자 주식회사 ○○○통상"의 주소지를 관할하는 법원에 신청을 해야 한다. 여기에서는 "채무자 주식회사 ○○○통상"의 주소지를 관할하는 법원이 '서울중앙지방법원'인 것이다.

금채권으로서, 다음에서 기재한 순서에 따라 위 청구금액에 이를 때까지의 금액

- 다 음 -

1. 압류·가압류되지 않은 예금과 압류·가압류된 예금이 있을 때에는 다음 순서에 따라서 압류한다.
   ① 선행 압류·가압류가 되지 않은 예금
   ② 선행 압류·가압류가 된 예금

2. 여러 종류의 예금이 있을 때에는 다음 순서에 의하여 압류한다.
   ① 보통예금　　② 당좌예금　　③ 정기예금　　④ 정기적금
   ⑤ 별단예금　　⑥ 저축예금　　⑦ MMF　　⑧ MMDA
   ⑨ 적립식펀드예금　　　　⑩ 신탁예금　　⑪ 채권형 예금
   ⑫ 청약예금

3. 같은 종류의 예금이 여러 계좌에 있을 때에는 계좌번호가 빠른 예금부터 압류한다.

4. 다만, 채무자의 1개월간 생계유지에 필요한 예금으로 민사집행법 시행령이 정한 금액에 해당하는 경우에는 이를 제외한 나머지 금액. 끝.

　　채권자가 채권압류 및 추심명령을 신청하면 법원은 채권압류 및 추심결정을 한 후 제3채무자에게 채무자의 제3채무자에 대한 채권을 압류하고 채권자가 그 채권을 추심할 수 있다는 통지를 한다. 그러면 채권자는 제3채무자에 대하여 돈의 지급을 청구할 수 있다. 은행의 경우 사정을 설명하고 요구하는 서류를 접수하면 며칠 내에 돈을 지급해 주나, 법적 다툼이 있는 경우에는 그 돈을 공탁하기도 한다.

(2) 추심신고

돈을 받았다고 해서 여기서 끝이 아니다. 채권추심에 성공한 채권자는 추심한 채권액을 법원에 신고하여야 한다. 이러한 추심신고 전에 다른 채권자가 같은 채권을 압류·가압류하게 되면 채권자는 추심한 금액을 다른 채권자와 안분해서 나눠 가져야 할 수 있으므로, 절대 생략해서는 안 될 절차이다.

추심신고가 있으면 다른 채권자들에 의한 배당요구는 더 이상 허용되지 않는다(민사집행법 제247조 제1항 제2호). 따라서 채권의 종국적 만족을 위해서는 반드시 추심신고서를 법원에 제출하도록 하라.

`서식 1-64` **추심신고서**

추심신고서

사　　건　　20○○타채○○○ 채권압류 및 추심명령
채 권 자　　박 ○ ○
채 무 자　　주식회사 ○○○통상
제3채무자　　○○은행 주식회사 외 1명

위 사건에 관하여 채권자는 민사집행법 제236조 제1항에 의하여 20○○. ○○. ○○. 제3채무자 ○○은행 주식회사로부터 추심명령결정금액 금 11,624,422원 가운데 금 11,624,422원 전액을 추심하였음을 신고합니다.

20○○. ○. ○○.
위 채권자 박 ○ ○ (인)

서울중앙지방법원 귀중

3) 유체동산에 대한 강제집행

채권자가 집행관에게 채무자의 유체동산에 대한 강제집행을 신청하면 채무자의 유체동산을 압류한 뒤 경매에 부쳐 그 매각대금을 채권자에게 배당하는 절차를 밟는다. 일반적으로 강제집행신청서 제출, 집행일시 통지, 집행 및 감정, 경매, 채권 회수의 순서대로 진행된다.

서식 1-65 유체동산강제집행신청서

강 제 집 행 신 청 서

○○지방법원 ○○지원 집행관사무소 집행관 귀하

채권자 성 명	○○○ 우편번호 ○○○○○	
주 소	○○시 ○○구 ○○로 ○○ (전화번호:)	
대리인	성명( ) 전화번호:	
채무자 성 명	◇◇◇ 우편번호 ○○○○○	
주 소	○○시 ○○구 ○○로 ○○ (전화번호:)	
집행목적물의 소재지	○○시 ○○구 ○○로 ○○	
집 행 권 원	○○지방법원 ○○지원 20○○. ○. ○○.자 20○○가소○○○○ 이행권고결정	
집행의 목적물 및 집행방법	목적물 소재지에 있는 집행가능한 유체동산 일체의 압류 및 매각	
청 구 금 액	금 15,667,808원(내역은 별지와 같음)	

위 집행권원에 기한 집행을 하여 주시기 바랍니다.

다만, 압류물을 채무자 또는 제3자에게 보관시킬 경우 그 물건에 대하여 고장이 발생하더라도 이의가 없습니다.

첨 부 서 류

1. 집행력 있는 이행권고결정   1통
1. 송달증명원   1통
1. 위임장   1통

<table>
<tr><td colspan="2" align="center">20○○. ○. ○.</td></tr>
</table>

　　　　　　채 권 자 ○ ○ ○　(인)

　　　　　　대 리 인　　　(인)

　　　　　　채권자주민등록번호: ○ ○ ○ ○ ○ ○ - ○ ○ ○ ○ ○ ○ ○

※ 특약사항

1. 본인이 수령할 예납금잔액을 본인의 비용부담하에 오른쪽에 표시한 예금계좌에 입금하여 주실 것을 신청합니다.

| 개설은행: ○○은행 ○○지점 |
| 예 금 주: ○○○ |
| 계좌번호: ○○○-○○-○○ |

　　　　　　　　채권자　○ ○ ○　(인)

2. 집행관이 계산한 수수료 기타 비용의 예납통지 또는 강제집행 속행 의사 유무확인촉구를 2회 이상 받고도 채권자가 상당한 기간 내에 그 예납 또는 속행의 이사표시를 하지 아니한 때에는 이 사건 강제집행 위임을 취한 것으로 보고 완결처분해도 이의없음.

　　　　　　　　채권자　○ ○ ○　(인)

[별지]

청구채권액 내역

원 금	금 15,000,000원	
이 자	금 667,808원	(금 15,000,000원×0.25×65/365) : 원미만 버림 2001. 3. 28.부터 2001. 5. 31.까지 65일간 이자
합 계	금 15,667,808원	

끝.

8 일상생활에서 빈번한 소송

사회에서 분쟁은 매우 다양한 형태로 존재하기 때문에, 소송의 형태도 분쟁의 형태만큼 다양한 형태로 존재한다. 그중에서도 빈번하고 전형적인 형태의 소송이 있는데, 그것은 바로 대여금청구소송, 공사대금청구소송, 계약금반환소송, 가등기말소청구소송 등이다.

구체적 사실관계에 따라 소송에서 상대방을 공격하는 방법은 여러 형태가 있을 수 있고, 그러한 공격방법을 여기서 모두 다루기는 어렵다. 이러한 사실을 염두에 두면서 전형적인 소송의 소장 등 서식을 살펴보도록 하자. 이 형식을 이용하면 간단한 소송쯤은 스스로 진행해 볼 수 있을 것이다. 서면에 어떠한 얘기를 써야 할지 모르겠다면 사실관계를 자세히 적으면서 관련된 자료를 첨부하는 것을 추천한다. 개략적인 이야기만 기재해서 무슨 말을 하는지 판사가 이해하기 어려운 것보다는 낫다.

1. 대여금청구소송

대여금청구소송은 법원에 가장 많이 제기되는 소송 중 하나이다. 그만큼 채권자, 채무자 간의 분쟁은 끊이지 않는다는 뜻이다. 대여금청구소송은 소송 중에 가장 간단한 형태의 소송이니, 서식을 참고하면 혼자서도 충분히 진행할 수 있다.

소 장

원   고 송 ○ ○
　　　부천시 원미구 길주로○○번길 ○○-15
피   고 홍 길 동
　　　서울 강북구 솔매로○○길 50

대여금청구의 소

청 구 취 지

1. 피고는 원고에게 6,000,000원 및 이에 대한 20○○. 1. 1.부터 이
　　사건 소장 부본 송달일까지는 연 10%의, 그 다음날부터 다 갚는
　　날까지 연 12%의 비율에 의한 금원을 지급하라.
2. 소송비용은 피고가 부담한다.
3. 제1항은 가집행할 수 있다.
라는 판결을 구합니다.

청 구 원 인

1. 원고의 금전대여와 피고의 채무불이행
　가. 원고와 피고는 중학교 동창생 친구로 가끔 연락하면서 지내온
　　　사이였는데, 피고는 20○○. 7. 무렵 원고에게 전화를 걸어와
　　　서 갑자기 급한 일이 생겼다고 하면서 돈을 좀 빌려달라고 부
　　　탁하였습니다. 이에 원고는 20○○. 7. 5. 피고에게 6,000,000
　　　원을 이자는 연 10%, 변제기는 20○○. 7. 1.로 정하여 대여하
　　　였습니다(갑 제1호증 차용증서, 갑 제2호증 통장거래내역).
　나. 피고는 원고로부터 돈을 빌려 간 뒤 20○○. 12. 31.까지의 이
　　　자는 원고에게 매달 지급해 주었으나, 그 후로는 원고의 연락
　　　을 피하면서 이자는 물론이고 약정한 변제기가 지났는데도 원

금조차 돌려받지 못하고 있습니다.

2. 피고의 대여금지급 의무

위와 같이 피고는 원금 및 20○○. 1. 1. 이후의 약정이자를 지급하지 않고 있으므로, 피고는 원고에게 원고가 대여한 6,000,000원 및 이에 대한 20○○. 1. 1.부터 이 사건 소장 부본 송달일까지는 약정이자 연 10%의, 그 다음날부터 다 갚는 날까지는 소송촉진등에관한특례법에서 정한 연 12%의 각 비율에 의한 지연손해금을 지급할 의무가 있습니다.

3. 결론

이상과 같이, 원고는 피고에게 청구취지와 같은 의무의 이행을 구하기 위하여 본 소송을 제기합니다.

입 증 방 법

1. 갑 제1호증   차용증서
1. 갑 제2호증   통장거래내역

20○○. ○. ○○.
원 고 송 ○ ○ (인)

서울북부지방법원 귀중

실전TIP   약정이율보다 더 높은 이자를 청구할 수 있을까?

소장을 보면 원고가 피고에게 연 12% 또는 연 15%의 비율에 의한 이자를 청구하는 것을 보았을 것이다. 이렇게 높은 이자를 대여금청구소송에서도 구할 수 있을까? 당사자 간에 약정한 이율이 있는데 그것보다 높은 이자를 요구한다는 것이 선뜻 이해가 되지 않겠지만, 연 12%의 이자는 '소송촉진 등에 관한 특례법'의 규정에 따라 구할 수 있는 것으로, 소송의 지연을 막고 채무자로 하여금 빠른 변제를 압박하기 위한 수단으로 법에서 특별히 인정하고 있는 이율이다. 따라서 약정이자가 있다고 하더라도 소송을 제기한 경우에는 위 법에서 정한 이율을 청구할 수 있다. 원래는 연 15% 또는 연 20% 비율의 이자를 인정하기도 하였으나, 초저금리 시대에 이자율이 너무 높게 설정되어 있다는 비판이 있어 2019년 6월 1일부로 연 12%로 조정되었다.

2. 공사대금청구소송

공사대금청구소송도 빈번히 제기되는 형태의 소송 중 하나이다. 채권·채무에 관한 소송은 보통 유사한 형식과 내용을 취하는 것이 보통이니, 해당 서식 및 내용을 적절히 바꾸어 활용하자.

서식 1-67 소장(공사대금)

소 장

원   고   주식회사 ○○건설
            부천시 원미구 길주로○○번길 ○○-15

　　　　대표이사 송 ○ ○
피　　고　홍 ○ ○
　　　　서울 강남구 테헤란로○○길 ○○-4

공사대금청구의 소

청 구 취 지

1. 피고는 원고에게 150,000,000원 및 이에 대한 20○○. 4. 1.부터
　이 사건 소장 부본 송달일까지는 연 6%의, 그 다음날부터 다 갚는
　날까지 연 12%의 각 비율에 의한 금원을 지급하라.
2. 소송비용은 피고가 부담한다.
3. 제1항은 가집행할 수 있다.
라는 판결을 구합니다.

청 구 원 인

1. 당사자의 지위
　원고는 별지 목록 기재 건물(이하 '이 사건 건물'이라 합니다, 갑
　제1호증 등기사항전부증명서)을 시공한 회사이고, 피고는 이 사
　건 건물의 시행사업을 주관한 건축주입니다.

2. 공사대금채권의 발생 경위
　가. 공사계약의 체결
　　　원고는 20○○. 4. 15. 피고와 이 사건 건물에 관하여 다음과
　　　같은 내용의 공사계약을 체결하였습니다(갑 제2호증 공사계
　　　약서).
　　　○ 건축주 : 피고, 시공자 : 원고
　　　○ 공사대금 : 3억 원
　　　　- 선급금 : 5,000만 원
　　　　- 그 외 기성고에 따라 지급
　　　○ 완공예정 : 20○○. 3. 31.

공사계약을 체결한 뒤, 원고는 공사계약에서 정한 일정에 맞추어 공사를 진행하였습니다.

나. 피고의 공사대금 미지급

피고는 공사의 진전상황에 맞추어 원고에게 기성고를 지급해 주다가, 20○○. 11.경부터 "요즘 자금 사정이 좋지 않다. 일단 공사를 진행해 주면 돈이 융통되는 대로 빨리 공사대금을 지급해 주겠다."며 돈을 받지 않고 공사를 먼저 진행해 줄 것을 요청하였습니다. 이에 원고는 몇 차례 난색을 표하기도 하였으나, 피고가 워낙 간절히 요청하고 약속을 반드시 지키겠다고 하기에 어쩔 수 없이 돈을 받지 않고 공사를 진행하였으며, 결국 20○○. 3. 31. 이 사건 건물을 완공하기에 이르렀습니다(갑 제1호증 등기사항전부증명서).

그런데 피고는 아직까지 공사대금 3억 원 중 1억 5,000만 원을 지급하지 않고 있습니다.

3. 피고의 공사대금 지급의무

피고는 원고에게 미지급한 공사대금 1억 5,000만 원 및 이에 대한 이 사건 건물 완공일 다음날인 20○○. 4. 1.부터 이 사건 소장 부본 송달일까지는 상법에서 정한 연 6%의, 그 다음날부터 다 갚는 날까지는 소송촉진 등에 관한 특례법에서 정한 연 12%의 각 비율에 의한 지연손해금을 지급할 의무가 있습니다.

4. 결론

이상과 같이, 원고는 피고에게 청구취지와 같은 의무의 이행을 구하기 위하여 본 소송을 제기합니다.

입 증 방 법

1. 갑 제1호증   등기사항전부증명서
1. 갑 제2호증   공사계약서

첨 부 서 류

1. 법인등기사항증명서(○○건설)

20○○. ○. ○○.

원 고 송 ○ ○ (인)

서울중앙지방법원 귀중

3. 계약금반환소송

계약금반환소송에서 가장 중요한 점은 분양계약 또는 매매계약을 '해제'한 뒤 계약금의 반환을 구해야 한다는 것이다. 분양계약 또는 매매계약을 해제도 하지 않은 상황에서 계약금을 돌려달라고 할 수는 없다. 계약이 해제되지 않으면 계약의 구속력은 그대로 존재하기 때문이다. 분양계약서 내지 매매계약서의 '해제' 관련 조항을 꼼꼼히 살핀 뒤 해제사유가 있음을 확인하고서 소장을 작성해야 함을 유의하자.

`서식 1-68` 소장(계약금반환)

소 장

원 고 송 ○ ○
        부천시 원미구 길주로○○번길 ○○-15
피 고 주식회사 ○○○통상
        서울 강남구 테헤란로○○길 ○○-11
        대표이사 홍 ○ ○

계약금반환청구의 소

청구취지

1. 피고는 원고에게 10,000,000원 및 이에 대한 20○○. 7. 2.부터 이 사건 소장 부본 송달일까지는 연 6%의, 그 다음날부터 다 갚는 날까지는 연 12%의 각 비율에 의한 금원을 지급하라.
2. 소송비용은 피고가 부담한다.
3. 제1항은 가집행할 수 있다.
라는 판결을 구합니다.

청구원인

1. 당사자의 지위

원고는 별지 목록 기재 부동산(이하 '이 사건 부동산'이라 합니다)을 분양받은 수분양자이고, 피고는 이 사건 부동산을 분양한 분양자입니다.

2. 분양계약 체결 및 해제 경위

가. 분양계약의 체결

원고는 20○○. 7. 1. 피고와 이 사건 부동산에 관하여 다음과 같은 내용의 분양계약을 체결하였습니다(갑 제1호증 분양계약서).
○ 매도인 : 피고, 매수인 : 원고
○ 매매대금 : 1억 원
  - 계약금 : 1,000만 원/계약 당일 지급
  - 중도금 : 4,000만 원/20○○. 8. 1. 지급
  - 잔 금 : 5,000만 원/20○○. 9. 1. 지급
○ 건물인도일 : 20○○. 9. 1.

분양계약을 체결한 뒤, 원고는 분양계약의 내용에 따라 계약을 체결한 당일 피고 명의의 계좌로 계약금 1,000만 원을 입금해 주었습니다(갑 제2호증 통장거래내역).

나. 피고의 의무 불이행

피고는 분양계약을 체결할 당시 이 사건 부동산을 건축 중에 있었는데, 원고와 분양계약을 체결한 뒤 얼마 지나지 않아 피고의 자금 조달 문제로 공사가 중단되었습니다. 이에 원고는 피고의 대표이사를 여러 차례 찾아가 공사가 언제 재개될 수 있느냐 따지기도 하였으나, 공사가 중단된 지 2개월이 지나도록 공사에 아무런 진전이 없는 상황입니다.

다. 분양계약의 해제

피고는 이 사건 부동산의 분양자로서 원고에게 이 사건 부동산을 완공하여 소유권이전등기를 경료하고 같은 부동산을 20○○. 9. 1.까지 인도해 줄 의무를 부담합니다. 그러나 피고의 자금 사정으로 인해 피고는 이 사건 부동산을 완공조차 하지 못하여 그 의무를 불이행하고 있습니다. 이에 원고는 소장에 피고와 체결한 분양계약을 해제할 뜻을 담아 이 사건 소장 부본의 송달로써 그 의사를 표시하는 바입니다.

3. 피고의 계약금반환의무

피고는 원고에게 원고가 지급한 계약금 10,000,000원 및 이에 대한 원고로부터 계약금을 수령한 날의 다음날인 20○○. 7. 2.부터 이 사건 소장 부본 송달일까지는 상법에서 정한 연 6%의, 그 다음날부터 다 갚는 날까지는 소송촉진 등에 관한 특례법에서 정한 연 12%의 각 비율에 의한 지연손해금을 지급할 의무가 있습니다.

4. 결론

이상과 같이, 원고는 피고에게 청구취지와 같은 의무의 이행을 구하기 위하여 본 소송을 제기합니다.

입 증 방 법

1. 갑 제1호증   분양계약서
1. 갑 제2호증   통장거래내역

첨 부 서 류

1. 법인등기증명서(ㅇㅇㅇ통상)

20ㅇㅇ. ㅇ. ㅇㅇ.
원 고 송 ㅇ ㅇ (인)

서울중앙지방법원 귀중

4. 천장의 누수로 인한 소송

1) 윗집으로부터 누수 피해가 있는 경우

아파트 또는 다세대주택과 같은 집합건물에서 거주하고 있는 경우 천장이나 벽에서 물이 스며 나오는 현상이 발생할 수 있다. 이럴 때 구분소유자로서는 그 천장이나 벽을 보수한다고 하더라도 그 비용이 만만치 않아 큰 부담을 지게 된다.

그러나 누수가 된 원인에 따라 구분소유자는 입주자대표회의 또는 윗집 구분소유자 및 입주자를 상대로 법적 조치를 취할 수 있다. 윗집에서 물이 새어 누수를 막기 위해서는 윗집의 협조를 얻어 공사해야 하나 윗집이 협조해 주지 않을 때에 소송을 통해 그 협조의 이행을 구할 수도 있다(서울남부지방법원 2013. 12. 10. 선고 2012가합17173 판결).

이 서식은 다른 서식보다 다소 고난도의 서식이므로, 실제 사용에 있어서는 면밀한 연구와 경험을 요구한다.

소 장

원 고 송 ○ ○
　　　　서울 구로구 구로1길 ○ ○ 102호
피 고 홍 ○ ○
　　　　서울 구로구 구로1길 ○ ○ 202호

손해배상(기)[29] 청구의 소

청 구 취 지

1. 피고는 원고에게 24,945,000원 및 이에 대하여 이 사건 소장 부본 송달일 다음날부터 다 갚는 날까지 연 12%의 비율에 의한 금원을 지급하라.

2. 피고는 서울 구로구 구로1길 ○ ○ 202호에 관하여 화장실 바닥을 철거한 후 1, 2차 방수처리를 시행하고, 타일을 재시공하는 방법으로 누수방지공사를 이행하라.

3. 피고가 이 사건 판결정본 송달일로부터 1개월 이내에 위 2항의 의무를 이행하지 아니할 때에는 위 기간이 만료된 다음날부터 그 이행완료일까지 월 1,000,000원의 비율에 의한 금원을 지급하라.

4. 소송비용은 피고가 부담한다.

5. 제1항은 가집행할 수 있다.

라는 판결을 구합니다.

---

29) "손해배상(기)"의 '기'라는 기재 부분은 '기타'의 약자이다. 자동차 관련 손해배상 사건은 '자', 의료과오 관련 손해배상사건은 '의' 등으로 표시한다. 최근 들어서 법원은 건설, 건축과 관련된 손해배상청구소송의 경우에는 "손해배상(건)"으로 쓰는 것을 권고하고 있으나, 대부분의 경우에는 관례상 "손해배상(기)"로 표시한다.

청 구 원 인

1. 당사자의 지위

원고는 서울 구로구 구로1길 ○○ 102호(갑 제1호증 등기사항전
부증명서)의 소유자이자 같은 부동산을 점유하면서 사용 · 수익해
오고 있는 자이고, 피고는 위 부동산의 바로 윗집인 서울 구로구
구로1길 ○○ 202호(이하 '이 사건 부동산'이라 합니다, 갑 제2호
증 등기사항전부증명서)의 소유자이자 같은 부동산을 점유하면서
사용 · 수익해 오고 있는 자입니다.

2. 사건의 경위

가. 누수현상의 발생

원고는 20○○. 1. 초경 서울 구로구 구로1길 ○○ 102호를 분
양받은 뒤 이를 다른 사람에게 전세를 주었는데, 20○○. 1. 무
렵 그 전세계약을 해지하고 같은 부동산에 입주하여 살기 시작
하였습니다. 원고는 같은 부동산에 입주할 때에 인테리어를 새
로 하였으며, 벽지 및 장판 역시 새것으로 모두 교체한 바 있습
니다.

그런데 20○○. 3. 초경부터 원고가 입주한 부동산 천장 곳곳에
서 누수로 인해 벽지가 젖고 곰팡이가 피는 현상이 발생하기 시
작하였습니다(갑 제3호증 사진).

나. 누수현상의 원인 진단 및 피고와의 충돌

누수현상이 나타난 부분이 워낙 광범위하여 원고는 곧바로 방
수공사업자를 불러 누수의 원인을 찾기 시작하였습니다. 방수
공사업자는 원고의 집과 같은 건물 전체를 살펴본 뒤에 윗집인
이 사건 부동산의 화장실 바닥에 균열이 있고 방수처리에 문제
가 있어 거기서부터 누수가 시작되고 있다는 의견을 내놓았습
니다(갑 제4호증 누수원인진단서).

이에 원고는 피고에게 즉시 누수방지공사를 시행할 것을 요구

하였으나 피고는 누수의 원인이 이 사건 부동산에서 비롯된 것인지 아닌지가 명확하지 않을 뿐만 아니라 상당한 보수비용이 지출될 수 있다고 주장하면서 방수공사 협조는 물론이고 어떠한 책임도 부담하지 않으려 하고 있습니다.

다. 원고의 보수 및 피해 규모

누수현상이 지속적으로 발생해 왔음에도 불구하고 피고가 공사에 협조해 주지 않은 까닭에 원고는 먼저 방수공사업자를 불러 공사를 진행하였으며, 그 과정에서 누수 및 공사로 인해 입은 원고의 지출액은 다음과 같습니다.

항목	금액	증거
천장, 도배 등 실내공사	10,615,000원	갑5 영수증
공사 후 청소	300,000원	갑6 영수증
이사 및 물품보관	2,266,000원	갑7 영수증
공사기간 중 임시숙박비(7일)	1,176,000원	갑8 영수증
공사기간 인부 식비	588,000원	갑9 영수증
합 계	14,945,000원	

다만, 위 공사에도 불구하고 누수현상은 지속되고 있으며, 이는 이 사건 부동산의 화장실 바닥공사를 통해 최종적으로 그 하자가 수리되어야 할 것으로 보입니다.

3. 피고의 의무

가. 재산상·정신적 손해의 배상

원고는 피고가 소유·점유한 이 사건 부동산의 부속시설인 화장실 바닥의 균열 및 방수처리 미비로 인한 하자로 위와 같은 손해를 입었으므로, 피고는 원고에게 민법 제750조에 따른 불법행위책임 및 민법 제758조에 따른 공작물책임을 부담합니다.

원고는 이 사건 누수로 인해 수개월 동안 재산적 피해뿐만 아니라, 피고와 합의가 전혀 이루어지지 않아 이사를 전전하는 등 막대한 정신적 피해도 입은 바 있습니다.

따라서 피고는 원고에게 원고가 입은 손해 24,945,000원(= 재산상 손해 14,945,000원 + 위자료 10,000,000원) 및 이에 대하여 이 사건 소장 부본 송달일 다음날부터 다 갚는 날까지 소송촉진 등에 관한 특례법에서 정한 연 12%의 비율에 의한 지연손해금을 지급할 의무가 있습니다.

나. 누수방지공사 이행의무

민법 제389조 제1항은 채무자가 임의로 채무의 이행을 하지 아니한 때에는 채권자는 그 강제이행을 법원에 청구할 수 있다고 규정하고 있습니다. 피고는 원고의 이 사건 부동산의 화장실 바닥 및 부속배관에 관한 공사요청에도 불구하고 어떠한 조치도 취하지 아니하고 있으므로, 피고는 이 사건 부동산에 관하여 화장실 바닥을 철거한 후 1, 2차 방수처리를 시행하고, 타일을 재시공하는 방법으로 누수방지공사를 이행할 의무가 있습니다.

다. 간접강제의 필요성

부대체적 작위채무에 대하여는 통상 판결절차에서 먼저 집행권원이 성립한 후에 채권자의 별도 신청에 따라 채무자에 대한 필요적 심문을 거쳐 민사집행법 제261조에 따라 채무불이행 시에 일정한 배상을 하도록 명하는 간접강제결정을 할 수 있습니다.

그런데 피고는 원고의 수차례 하자보수 요청에도 불구하고 현재까지도 그 의무 존재를 부정하고 보수공사의 이행을 막연히 미뤄 오고 있으므로, 피고로 하여금 이 사건 판결정본 송달일로부터 1개월 이내에 이 사건 부동산의 화장실에 관하여 누수방지공사를 하지 않으면 월 1,000,000원을 원고에게 지급하기로 하는 내용의 간접강제결정도 함께 내려주시기 바랍니다.

4. 결론

　이상과 같이, 원고는 피고에게 청구취지와 같은 의무의 이행을 구하기 위하여 본 소송을 제기합니다.

입 증 방 법

1. 갑 제1호증　　　　등기사항전부증명서(102호)
1. 갑 제2호증　　　　등기사항전부증명서(202호)
1. 갑 제3호증　　　　사진
1. 갑 제4호증　　　　누수원인진단서
1. 갑 제5 내지 9호증　각 영수증

20○○. ○. ○○.

원 고　송 ○ ○　(인)

서울남부지방법원　귀중

　소송을 제기하면, 합의가 이루어지지 않는 이상 그 절차가 매우 늦어질 가능성을 배제할 수 없다. 상대방의 다툼 정도에 따라 소송은 최소 6개월, 길면 1년도 넘게 진행이 될 수 있기 때문이다. 따라서 위와 같이 정식으로 소송을 제기할 수도 있겠지만, 윗집에 부동산가압류를 신청하는 방법으로 상대방을 압박하는 것을 생각해 볼 수도 있을 것이다.

　다만, 빌려준 돈을 되돌려 달라는 소송을 위한 가압류의 경우와 달리 쌍방 사이에 이견의 여지가 많은 손해배상을 원인으로 하는 가압류는 기각될 가능성도 높고, 인용된다고 하더라도 계약서 한 장도 없이 채권자의 일방적 주장만으로 상대방 재산에 부담을 설정하는 것이므로 수백만 원의 현금공탁이 명해질 가능성도 높다. 부동산가압류의 경우 현금공탁을 명하는 경우가 흔하지는 않지만, 법원은 계약서 한 장 없는 경우라면 좀 더 엄격히 볼 수 있기 때문이다. 따라서 윗집에 대해 누수로 인한 가압류를 신청하는 것보다는 내용증명을 활용할 것을 추천하며, 그 후에도 협의가 되지 않을 경우에는 앞에 소개한 손해배상 소장을 적극 활용하면 된다.

2) 공용부분에서 누수가 발생한 경우

누수의 원인이 윗집의 전용부분일 수도 있지만, 외벽의 균열 등 공용부분의 하자로 인해 발생하는 경우도 종종 있다. 공용부분의 하자로 인해 누수가 있다면 '입주자대표회의'를 상대로 소송을 제기하여 비용을 보전받는 방법도 생각해 볼 수 있을 것이다. 실제 공용부분에 발생한 하자에 관하여 입주자대표회의의 공용부분 관리의무 위반을 이유로 손해배상책임을 인정한 하급심 판례가 있다(서울중앙지방법원 2012. 12. 5. 선고 2012가단180450 판결, 서울지법 동부지원 2000. 2. 17. 선고 99가단22374 판결).

서식 1-70 소장(공용부분에서 발생한 누수에 따른 손해배상)

소 장

원   고   송 ○ ○
　　　　　서울 구로구 구로1길 ○○ ○○아파트 403호
피   고   ○○아파트 입주자대표회의
　　　　　서울 구로구 구로1길 ○○ ○○아파트 관리사무소
　　　　　대표자 회장 홍 ○ ○

손해배상(기) 청구의 소

청 구 취 지

1. 피고는 원고에게 24,945,000원 및 이에 대하여 이 사건 소장 부본 송달일 다음날부터 다 갚는 날까지 연 12%의 비율에 의한 금원을

지급하라.

2. 소송비용은 피고가 부담한다.

3. 제1항은 가집행할 수 있다.

라는 판결을 구합니다.

청 구 원 인

1. 당사자의 지위

원고는 서울 구로구 구로1길 ○○ ○○아파트 403호(이하 '이 사건 부동산'이라 합니다)의 소유자이자 같은 부동산을 점유하면서 사용·수익해 오고 있는 자이고(갑 제1호증 등기사항전부증명서, 갑 제2호증 주민등록초본), 피고는 이 사건 부동산이 위치한 아파트의 입주자대표회의입니다.

2. 사건의 경위

가. 누수현상의 발생

원고는 20○○. 1. 초경 서울 구로구 구로1길 ○○ ○○아파트 403호를 분양받은 뒤 그 무렵부터 같은 부동산에 입주하여 살기 시작하였습니다. 그런데 20○○. 3. 초경부터 원고가 입주한 부동산 천장 곳곳에서 누수로 인해 벽지가 젖고 곰팡이가 피는 현상이 발생하기 시작하였습니다(갑 제3호증 사진).

나. 누수현상의 원인 진단

누수현상이 나타난 부분이 워낙 광범위하여 원고는 곧바로 방수공사업자를 불러 누수의 원인을 찾기 시작하였습니다. 방수공사업자는 원고의 집과 같은 건물 전체를 살펴본 뒤에 이 사건 아파트의 외벽에 균열이 있어 거기서부터 누수가 시작되고 있다는 의견을 내놓았습니다(갑 제4호증 누수원인진단서).

이에 원고는 피고에게 즉시 공용부분인 외벽의 균열에 대한 누수방지공사를 시행할 것을 요구하였으나 피고는 누수의 원인이 외벽의 균열에 의한 것인지 여부가 명확하지 않을 뿐만 아니라 상당한 보수비용이 지출될 수 있다고 주장하면서 어떠한 책임도 부담하지 않으려 하고 있습니다.

다. 원고의 보수 및 피해 규모

누수현상이 지속적으로 발생해 왔음에도 불구하고 피고가 공사에 협조해 주지 않은 까닭에 원고는 우선하여 방수공사업자를 불러 공사를 진행하였으며, 그 과정에서 누수 및 공사로 인해 입은 원고의 지출액은 다음과 같습니다.

항목	금액	증거
천장, 도배 등 실내공사	10,615,000원	갑5 영수증
공사 후 청소	300,000원	갑6 영수증
이사 및 물품보관	2,266,000원	갑7 영수증
공사기간 중 임시숙박비(7일)	1,176,000원	갑8 영수증
공사기간 인부 식비	588,000원	갑9 영수증
합 계	14,945,000원	

3. 피고의 의무 : 재산상 · 정신적 손해의 배상

원고는 피고의 이 사건 아파트의 공용부분 관리의무 위반에 따른 손해를 입었으므로, 피고는 원고에게 민법 제750조에 따른 불법행위책임을 부담합니다. 또한, 원고는 이 사건 누수로 인해 수개월 동안 재산적 피해뿐만 아니라, 피고의 협조가 전혀 이루어지지 않아 이사를 전전하는 등 막대한 정신적 피해도 입은 바 있습니다.

따라서 피고는 원고에게 원고가 입은 손해 24,945,000원(= 재산상 손해 14,945,000원 + 위자료 10,000,000원) 및 이에 대하여 이 사건 소장 부본 송달일 다음날부터 다 갚는 날까지 소송촉진 등에 관한 특례법에서 정한 연 12%의 비율에 의한 지연손해금을 지급할 의무가 있습니다.

4. 결론

이상과 같이, 원고는 피고에게 청구취지와 같은 의무의 이행을 구하기 위하여 본 소송을 제기합니다.

입 증 방 법

1. 갑 제1호증 등기사항전부증명서
1. 갑 제2호증 주민등록초본
1. 갑 제3호증 사진
1. 갑 제4호증 누수원인진단서
1. 갑 제5 내지[30] 9호증 각[31] 영수증

20○○. ○. ○○.

위 원고 송 ○ ○ (인)

서울남부지방법원 귀중

5. 가등기말소청구소송

낙찰받은 부동산에 소유권이전등기 가등기가 경료되어 있어 낙찰 뒤에도 가등기가 그대로 남아 있는 경우가 있다. 담보가등기의 경우에는 보통 법원에 채권신고를 하기 때문에 경매절차 중에 말소되지만, 보전가등기의 경우에는 그렇지 않기 때문에 문제가 된다. 이때 낙찰자는 보전가등기의 말소를 구하는 내용의 소송을 제기할 수 있으나, 가등기를 말소할 수 있는 명백한 법적 근거 또는 명백한 증거를 확보하지 않은 이상 막연한 추측만으로 이 소송을 제기하는 것은 지양하길 바란다.

---

30) '내지'는 얼마에서 얼마까지를 나타내는 말인데, 이 표현이 어색하면 '~' 부호를 사용해도 된다.

31) 같은 명칭의 문서를 한데 묶어서 표기할 때 그 앞에 '각'이라는 단어를 붙인다.

소 장

원　고　송○○
　　　　서울 구로구 구로1길 ○○ ○○아파트 403호
피　고　홍○○
　　　　서울 강남구 테헤란로87길 ○○

가등기말소청구의 소

청 구 취 지

1. 피고는 원고에게 별지 목록 기재 부동산에 관하여 서울동부지방
　 법원 송파등기소 19○○. 12. 24. 접수 제53○○호로 마친 소유
　 권이전청구권 가등기의 말소등기절차를 이행하라.
2. 소송비용은 피고가 부담한다.
라는 판결을 구합니다.

청 구 원 인

1. 당사자의 지위
　 원고는 별지 목록 기재 부동산(이하 '이 사건 부동산'이라 합니다,
　 갑 제1호증 등기사항전부증명서)을 서울중앙지방법원 20○○타
　 경○○○○호 절차에서 20○○. 12. 1. 낙찰받아 같은 부동산을
　 소유하고 있는 자이며, 피고는 이 사건 부동산에 관하여 19○○.
　 12. 24. 접수 제53○○호로 소유권이전청구권 가등기(이하 '이
　 사건 가등기'라 합니다)를 경료한 자입니다.

2. 가등기가 말소되어야 하는 이유
　 가. 경매절차의 진행 및 채권 미신고
　　　 이 사건 부동산은 본래 김○○의 소유였으나 그의 채권자 주식

회사 ○○은행이 근저당권을 실행하여 서울중앙지방법원 20○○타경○○○○호로 임의경매절차가 진행되었습니다. 서울중앙지방법원은 위 경매절차에서 김○○의 채권자들에 대하여 채권액을 신고하도록 최고하였고, 피고도 20○○. 3. 13. 그러한 통지를 받았으나 법원에 어떠한 채권 신고도 하지 않았습니다.

경매법원은 피고가 채권액을 신고하지 않았기에 이 사건 가등기가 '보전가등기'라는 전제하에 경매절차를 진행하였고, 그 때문에 이 사건 부동산이 원고에게 낙찰되었음에도 최고 선순위로 경료되어 있던 이 사건 가등기는 말소되지 않고 그대로 남아 있는 상황입니다.

나. 매매예약 완결권의 소멸에 따른 말소등기청구

매매의 일방예약에서 예약자의 상대방이 매매예약 완결의 의사표시를 하여 매매의 효력을 생기게 하는 권리, 즉 매매예약의 완결권은 일종의 형성권[32]으로서 당사자 사이에 그 행사기간을 약정한 때에는 그 기간 내에, 그러한 약정이 없는 때에는 그 예약이 성립한 때로부터 10년 내에 이를 행사하여야 하고, 그 기간을 지난 때에는 예약 완결권은 제척기간[33]의 경과로 인하여 소멸합니다(대법원 1992. 7. 28. 선고 91다44766, 91다44773 판결, 1995. 11. 10. 선고 94다22682, 22699 판결, 1997. 7. 25. 선고 96다47494, 47500 판결, 2003. 1. 10. 선고 2000다26425 판결 등 참조).

또한 제척기간에 있어서는 소멸시효와 같이 기간의 중단이 있

---

32) 형성권이란 권리자의 일방적 의사표시에 의하여 법률관계의 발생·변경·소멸 등의 변동을 발생시키는 권리를 의미하는 법적 용어이다.

33) 제척기간이란 일정한 기간 안에 행사하지 않으면 해당 권리가 소멸된다는 점에서는 소멸시효와 비슷한 개념이다. 그러나 제척기간은 소멸시효와는 달리 정지·중단이 없다.

을 수 없다고 할 것이어서(대법원 2000. 8. 18. 선고 99므1855 판결 참조), 매매예약 완결권의 행사기간을 별도로 정하지 않은 원고와 피고 사이의 이 사건 부동산에 대한 매매예약 완결권은 위 예약일인 19ㅇㅇ. 12. 24.부터 10년이 되는 19ㅇㅇ. 12. 24.이 경과함으로써 제척기간 도과로 소멸하였다 할 것입니다.

그렇다면 위 매매예약 완결권이 소멸된 이상 이 사건 가등기는 그 원인을 결여하게 된 것으로 무효의 등기라고 할 것이므로, 피고는 원고에게 이 사건 부동산에 관하여 설정된 이 사건 가등기의 말소등기절차를 이행할 의무가 있습니다.

3. 결론

이상과 같은 이유로 이 사건 부동산에 경료된 이 사건 가등기는 말소되어야 함이 마땅하므로, 원고의 이 사건 청구를 인용하여 주시기 바랍니다.

입 증 방 법

1. 갑 제1호증   등기사항전부증명서

첨부서류

1. 토지대장
1. 건축물대장
1. 소가 산출내역

20ㅇㅇ. ㅇ. ㅇㅇ.

원고 송 ㅇ ㅇ (인)

서울중앙지방법원 귀중

6. 소유권이전등기청구소송

부동산 매매계약을 체결하였는데, 그 사이에 부동산 가격이 급등했다며 매도인이 부동산 매매계약을 파기하려고 하는 경우가 있다. 이때 매수인은 계약금을 지급하였든 지급하지 않았든 간에 매도인에 대하여 부동산의 소유권을 이전해 줄 것을 소송을 통해 구할 수 있다.

서식 1-72 소장(소유권이전등기)

소 장

원 고 송 ○ ○
　　　　서울 구로구 구로1길 ○ ○ ○ ○아파트 403호
피 고 홍 ○ ○
　　　　서울 강남구 테헤란로87길 ○ ○

소유권이전등기청구의 소

청 구 취 지

1. 피고는 원고로부터 130,000,000원을 지급받음과 동시에 원고에게 별지 목록 기재 부동산에 관하여 20○○. 7. 2. 매매를 원인으로 한 소유권이전등기절차를 이행하라.
2. 소송비용은 피고가 부담한다.
라는 판결을 구합니다.

청 구 원 인

1. 당사자의 지위
　원고는 별지 목록 기재 부동산(이하 '이 사건 부동산'이라 합니다, 갑 제1호증 등기사항전부증명서)의 매수인이며, 피고는 이 사건 부동산의 소유자이자 매도인입니다.

2. 사건의 경위

가. 매매계약의 체결

원고와 피고는 20○○. 7. 2. 서울 강북구 미아동에 위치한 ○○공인중개사사무소에서 피고 소유인 이 사건 부동산에 관하여 매매대금을 130,000,000원(계약금 10,000,000원, 잔금 120,000,000원)으로 하는 내용의 매매계약을 체결하였습니다(갑 제2호증 부동산매매계약서).

나. 피고의 계약 불이행

위와 같이 매매계약을 체결하였음에도 불구하고, 피고는 이 사건 부동산의 시세가 급작스레 많이 올랐다며 매매대금을 160,000,000원으로 증액해 줄 것으로 요구하면서 이 사건 부동산에 관한 소유권이전등기를 거부하고 있으며, 원고로부터 매매대금도 수령하려고 하지 않고 있습니다.

3. 피고의 소유권이전등기의무

피고는 이 사건 부동산의 시세가 가파르게 상승하였음을 이유로 매매계약을 파기할 뜻을 내비치고 있으나, 이러한 사유만으로 원고와 피고 사이의 이 사건 부동산에 관한 매매계약이 해제되었다고 볼 수 없습니다. 따라서 피고는 위 매매계약의 내용에 따라 원고로부터 130,000,000원을 지급받음과 동시에 원고에게 이 사건 부동산에 관하여 20○○. 7. 2. 매매를 원인으로 한 소유권이전등기절차를 이행할 의무가 있습니다.

4. 결론

이상과 같은 이유로 원고는 청구취지와 같이 피고의 의무 이행을 소구하므로, 원고의 이 사건 청구를 인용하여 주시기 바랍니다.

입 증 방 법

1. 갑 제1호증   등기사항전부증명서

1. 갑 제2호증   부동산매매계약서

첨부서류

1. 토지대장
1. 건축물대장
1. 소가 산출내역

20○○. ○. ○○.

원 고 송 ○ ○ (인)

서울중앙지방법원 귀중

7. 근저당권말소청구소송

근저당권의 피담보채권이 소멸시효가 완성되는 등의 이유로 더 이
상 존재하지 않게 된다면 부동산의 소유자는 근저당권자를 상대로 근
저당권의 말소를 청구할 수 있다.

서식 1-73 소장(소멸시효 완성에 의한 근저당권말소청구)

소 장

원 고 송 ○ ○
      서울 구로구 구로1길 ○○ ○○아파트 403호
피 고 홍 ○ ○
      서울 강남구 테헤란로87길 ○○

근저당권말소청구의 소

청 구 취 지

1. 피고는 원고에게 별지 목록 기재 부동산에 관하여 대구지방법원 경산등기소 190○. 11. 11. 접수 제52○○○호로 마친 근저당권설정등기의 말소등기절차를 이행하라.
2. 소송비용은 피고가 부담한다.
라는 판결을 구합니다.

청 구 원 인

1. 당사자의 지위

   원고는 별지 목록 기재 부동산(이하 '이 사건 부동산'이라 합니다)의 소유자이며, 피고는 이 사건 부동산에 관하여 190○. 11. 11. 접수 제52○○○호로 근저당권설정등기(이하 '이 사건 근저당권설정등기'라 합니다)를 경료받은 자입니다(갑 제1호증 등기사항전부증명서).

2. 피담보채무의 부존재 또는 소멸

   앞서 본 것처럼 이 사건 근저당권설정등기는 190○. 11. 11. 접수·경료되었는데, 같은 등기가 마쳐진 때로부터 10년이 경과함으로써 소멸시효의 완성으로 피담보채권이 소멸되었다고 할 것입니다.

   그렇다면 이 사건 근저당권설정등기는 피담보채권이 소멸하였다는 것이므로, 부종성[34]의 원칙에 따라 이 사건 근저당권설정등기는 말소되어야 하므로, 피고는 원고에게 이 사건 부동산에 관하여 설정된 이 사건 근저당권설정등기의 말소등기절차를 이행할 의무

---

34) 부종성이란 담보물권의 공통되는 성질 중 하나로서, 담보물권은 피담보채권의 존재를 선행조건으로 하여서만 존재할 수 있다는 성질을 말한다. 예를 들어, 은행에서 돈을 빌렸는데 그 채권(피담보채권)이 5년의 소멸시효가 완성되어 소멸한 경우 은행이 설정한 근저당권(담보물권)도 함께 소멸하게 되는데, 이것이 바로 부종성이다.

가 있습니다.

3. 결론

이상과 같은 이유로 이 사건 부동산에 경료된 이 사건 근저당권설
정등기는 말소되어야 함이 마땅하므로, 원고의 이 사건 청구를 인
용하여 주시기 바랍니다.

입 증 방 법

1. 갑 제1호증   등기사항전부증명서

첨부서류

1. 토지대장
1. 소가 산출내역

20○○. ○. ○○.
원 고   송 ○ ○   (인)

서울중앙지방법원 귀중

8. 선순위가처분이 있는 경우

낙찰받은 부동산에 선순위가처분이 경료되어 있는 경우, 위 가처분
에 따른 본안소송을 상당한 기간(2주 이상) 이내에 제기할 것을 그 가
처분채권자에게 청구할 수 있다. 만약 가처분채권자가 본안제소명령을
송달받을 날로부터 그 기간 내에 본안소송을 제기하지 않으면 법원은
채무자의 신청에 따라 선순위가처분을 말소한다(민사집행법 제301조,

제287조). 따라서 낙찰자[35]는 제소명령신청을 통해 가처분등기의 말소를 꾀할 수 있다. 다만, 가처분채권자가 본안소송을 제기한 뒤 '제소신고서'를 제출할 경우 가처분등기는 말소되지 않음을 유의하자.

서식 1-74 제소명령신청서

제소명령신청서

신 청 인 송 ○ ○
　　　　　서울 구로구 구로1길 ○ ○ ○ ○아파트 403호
피신청인 홍 ○ ○
　　　　　인천광역시 서구 가정로○ ○번길 ○ ○

위 당사자 사이 귀원 20○ ○카단○ ○ ○ ○ 부동산처분금지가처분 신청사건에 관하여 20○ ○. 10. 3. 가처분 결정이 되었는데도 불구하고 채권자는 아직까지 본안소송을 제기하지 않으므로 채권자에게 본안소송 제기를 명하여 주시기 바랍니다.

첨 부 서 류

1. 부동산 등기사항전부증명서 1통

20○ ○. ○. ○ ○.
신청인 송 ○ ○ (인)

○ ○지방법원 귀중

---

35) 낙찰자는 선순위가처분사건의 채무자가 아니므로, 채무자가 아닌 낙찰자가 본안 제소명령을 신청할 자격이 있는지 의문이 있을 수 있으나, 가처분의 목적물의 양수인과 같이 특정승계인도 채권자대위권의 행사에 의하지 아니하고 직접 취소신청을 할 수 있다고 본다(대법원 2010. 8. 26.자 2010마818 결정).

한 권으로
끝내는
소송의 기술
(경매일반편)

경·공매절차를 주로 이용하여 부동산 투자를 하는 사람들은 대체로 맞닥뜨리는 분쟁의 형태가 매우 유사하다. 그렇기 때문에 경매절차 및 해당 상황에 따른 대처방법을 명확히 꿰고 있으면 입찰부터 낙찰, 명도 및 협상 단계에서 매우 능숙하게 대처가 가능하다. 실제 본 책의 내용을 하나씩 알아갈수록 경매에 관해 자신감도 생기고 점점 노련한 투자자가 되어가는 것을 느낄 수 있을 것이다.

보통 경매를 통해 부동산을 낙찰받은 사람은 아래와 같은 법적 절차에 맞닥뜨리게 된다.

공매도 위 절차도와 특별히 다르지 않으며, 경매와의 차이점만 숙지하면 특별히 어려울 것이 없다. 본 장에서는 계약서, 내용증명, 소송절차에 관한 기초지식을 토대로 위 절차도의 단계마다 알아야 할 필수지식 및 서식을 순서대로 기술하였다.

입찰 및 매각허가결정절차

1. 입찰 준비 – 기일입찰표 작성요령

1) 경매 입찰 시 준비사항

① 공통적으로 준비해야 할 사항 : 입찰보증금(최저매각가격의 10%, 재매각의 경우 최저매각가격의 20~30%)

② 본인이 직접 입찰할 경우 : 신분증(주민등록증 or 운전면허증), 도장(인감도장이 아니어도 됨)

③ 대리인인 경우 : 본인의 인감증명, 인감도장이 날인된 위임장, 대리인의 신분증, 대리인의 도장

④ 법인의 대표이사가 직접 입찰할 경우 : 법인등기사항증명서, 법인대표의 신분증, 법인 인감도장

⑤ 법인의 대리인이 입찰할 경우 : 법인등기사항증명서, 법인인감증명서, 법인 인감이 날인된 위임장, 대리인의 신분증, 대리인의 도장

2) 입찰표의 작성

입찰에 응찰하고자 하는 자는 먼저 입찰표에 사건번호(물건번호가 있으면 물건번호까지 반드시 기재해야 한다), 입찰자의 성명과 주소, 입찰가액, 보증금액을 기재하고 날인해야 한다. 입찰표는 매각기일 당일 집행법원의 직원이 배부하며, 입찰표에 가장 높은 금액을 기재한 사람이 최고가매수신고인으로 결정된다.

(앞면)

기 일 입 찰 표

지방법원 집행관 귀하   입찰기일 :   년   월   일

사 건 번 호	타 경 호		물 건 번 호	※물건번호가 여 러개 있는 경우 에는 꼭 기재
입 찰 자	본인	성 명	전 화 번 호	
		주민 (사업자) 등록번호	법인등록 번 호	
		주 소		
	대리인	성 명	본인과의 관 계	
		주민등록 번 호	전화번호	
		주 소		

입찰 가격	천 억	백 억	십 억	억	천 만	백 만	십 만	만	천	백	십	일	원	보 증 금 액	백 억	십 억	억	천 만	백 만	십 만	만	천	백	십	일	원

보증의 제공방법	□ 현금·자기앞수표 □ 보증서	보증을 반환 받았습니다. 입찰자

---

1) 입찰표를 비롯하여 경매에 필요한 웬만한 서식들은 법원경매정보 사이트(www. courtauction.go.kr)를 방문하여 '경매지식' 창을 클릭한 후 '경매서식' 탭을 클릭하면 찾을 수 있으며, 참고로 입찰표, 공동입찰신고서, 공동입찰자목록은 입찰법정에 비치되어 있으니 따로 준비해 갈 필요가 없다.

※ 주의사항

1. 입찰표는 물건마다 별도의 용지를 사용하십시오, 다만, 일괄입찰시에는 1 매의 용지를 사용하십시오.

2. 한 사건에서 입찰물건이 여러개 있고 그 물건들이 개별적으로 입찰에 부쳐진 경우에는 사건번호 외에 물건번호를 기재하십시오.

3. 입찰자가 법인인 경우에는 본인의 성명란에 법인의 명칭과 대표자의 지위 및 성명을, 주민등록란에는 입찰자가 개인인 경우에는 주민등록번호를, 법인인 경우에는 사업자등록번호를 기재하고, 대표자의 자격을 증명하는 서면(법인의 등기사항증명서)을 제출하여야 합니다.

4. 주소는 주민등록상의 주소를, 법인은 등기기록상의 본점소재지를 기재하시고, 신분확인상 필요하오니 주민등록증을 꼭 지참하십시오.

5. 입찰가격은 수정할 수 없으므로, 수정을 요하는 때에는 새 용지를 사용하십시오.

6. 대리인이 입찰하는 때에는 입찰자란에 본인과 대리인의 인적사항 및 본인과의 관계 등을 모두 기재하는 외에 본인의 위임장(입찰표 뒷면을 사용)과 인감증명을 제출하십시오.

7. 위임장, 인감증명 및 자격증명서는 이 입찰표에 첨부하십시오.

8. 일단 제출된 입찰표는 취소, 변경이나 교환이 불가능합니다.

9. 공동으로 입찰하는 경우에는 공동입찰신고서를 입찰표와 함께 제출하되, 입찰표의 본인란에는 "별첨 공동입찰자목록 기재와 같음"이라고 기재한 다음, 입찰표와 공동입찰신고서 사이에는 공동입찰자 전원이 간인하십시오.

10. 입찰자 본인 또는 대리인 누구나 보증을 반환 받을 수 있습니다.

11. 보증의 제공방법(현금·자기앞수표 또는 보증서)중 하나를 선택하여 ☑표를 기재하십시오.

입찰 무효사유로는 다음과 같은 것들이 있으니, 이 점을 유의해서 입찰표를 작성하자.

① 입찰표상 금액의 기재를 수정할 경우
② 입찰보증금이 부족한 경우

③ 동일사건에 관하여 입찰자이면서 다른 입찰자의 대리인이 되거나 동일인이 2인 이상의 대리인을 겸하는 경우('입찰담합'을 떠올리면 왜 무효사유인지 쉽게 이해될 것이다)

④ 대리인이 입찰하면서 본인의 인감증명서를 첨부하지 않은 경우

⑤ 한 장의 입찰표에 여러 개의 사건번호나 물건번호를 기재한 경우

⑥ 입찰가격이 최저매각가격 미만인 경우

⑦ 채무자, 매각절차에 관여한 집행관이나 감정인 또는 재매각절차에서 종전의 낙찰자가 응찰한 경우 등

여러 사람이 공동명의로 입찰할 경우, 공동입찰신고서와 공동입찰자목록을 기일입찰표와 함께 제출해야 한다. 이때 공동입찰자 목록에 매수할 지분의 표시를 명확히 하도록 하고, 기일입찰표의 '본인'란에는 "별첨 공동입찰자목록 기재와 같음"이라고 기재한다.

<kbd>서식 2-2</kbd> **공동입찰신고서 및 공동입찰자 목록**

공 동 입 찰 신 고 서

○○지방법원 집행관   귀하

사 건 번 호   20○○타경○○○○호
물 건 번 호
공동입찰자   별지 목록과 같음

위 사건에 관하여 공동입찰을 신고합니다.
20○○년   ○월 ○일
신청인   홍길동 외   3인(별지목록 기재와 같음)

※ 1. 공동입찰을 하는 때에는 <u>입찰표에 각자의 지분을 분명하게 표시하여야 합니다.</u>

2. 별지 공동입찰자 목록과 사이에 <u>공동입찰자 전원이 간인하십시오.</u>

공 동 입 찰 자 목 록

번호	성 명	주　　　소		지분
		주민등록번호	전화번호	
1	홍상직 (인)	-		1/4
2	홍귀동 (인)	-		1/4
3	홍일동 (인)	-		1/4
4	홍길동 (인)			1/4

3) 위임장의 작성

대리인이 본인을 대신하여 입찰할 때에는 위임장을 함께 제출하여야한다. '본인'의 위임을 받아 '대리인'이 대신 입찰을 하는 것이므로 '본인'이 위임인이 된다. 위임장에는 본인의 인적사항을 정확하게 적고, 본인의 인감도장을 날인해야 한다. 그리고 위임장과 함께 3개월 이내에 발급받은 본인의 인감증명서 1부를 첨부한다. 위임인이 여러 명일경우 같은 방법으로 위임인을 추가로 표기하면 되고, 인감증명서도 위임인 모두의 것을 첨부한다.

(기일입찰표의 뒷면)

위 임 장

대 리 인	성 명		직 업	
	주민등록번호	-	전화번호	
	주 소			

위 사람을 대리인으로 정하고 다음 사항을 위임함.

다 음

지방법원   타경   호 부동산

경매사건에 관한 입찰행위 일체

본 인 1	성 명	㉑	직 업	
	주민등록번호	-	전 화 번 호	
	주 소			
본 인 2	성 명	㉑	직 업	
	주민등록번호	-	전 화 번 호	
	주 소			
본 인 3	성 명	㉑	직 업	
	주민등록번호	-	전 화 번 호	
	주 소			

* 본인의 인감 증명서 첨부

* 본인이 법인인 경우에는 주민등록번호란에 사업자등록번호를 기재

지방법원 귀중

2. 매각허가 · 매각불허가에 대한 이의

≫ 부동산 경매절차도

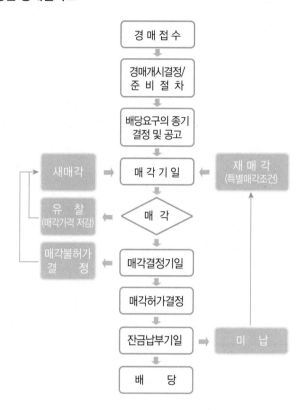

　　부동산을 낙찰받았다면 특별한 사정이 없는 한 매각기일로부터 1주일 뒤에 매각허가결정이 될 것이고, 그로부터 약 8일 뒤에 대금납부기한이 지정된다. 대출이 필요하다면 금융기관을 통해 대출을 받아 법원에 잔금을 납부하면 소유권을 취득하게 된다. 이것이 일반적으로 경매가 진행되는 절차이다.

　　그런데 가끔 특별한 상황이 발생되기도 한다. 낙찰을 받은 후에 해당부동산에 화재가 발생하거나 누수 등 하자가 새로이 발생할 수도 있고, 또는 부동산의 전(前) 소유자(채무자)에게 부동산을 매도했던 전전 소유자가 나타나서 부동산의 소유권이 무단으로 넘어간 것이라고 주장하면서 경매절차 자체가 무효임을 주장할 수도 있다. 아니면 낙찰 전까지 전혀 확인할 수 없었던 유치권을 주장하는 사람이 새로 등장할 수도 있다.

이런 경우 어떻게 할 것인가. 민사집행법은 낙찰자 및 부동산에 관한 이해관계인들의 권리를 보호하기 위해 낙찰자, 이해관계인들로 하여금 매각허가 여부에 대해 다툴 수 있는 장치를 마련하고 있다. 위와 같은 상황들은 낙찰자가 입찰 전에 예측할 수 없었던 상황이므로 중대한 인수사항이 미기재된 것을 원인으로 법원매각절차상에 문제가 있음을 지적하며 매각불허가결정을 받아낼 수 있다. 법원은 누군가가 서면을 통해 자신이 피해자라고 주장하면서 구제를 요청해야 비로소 절차에 하자가 있었는지, 피해받은 자를 구제해 줄 필요성이 있는지 여부에 대해 심리를 한다. 그리고 피해자라고 주장하는 자의 주장이 법률과 판례에 비추어 타당하다고 판단되면, 그 피해자를 구제하는 방향으로 결정을 내린다. 따라서 스스로 권리를 찾기 위해서는 법원에 피해자라고 주장할 수 있는 방법과 법원을 효과적으로 설득할 수 있는 방법 정도는 충분히 공부해 두어야 한다.

1) 매각결정기일

매각결정기일이란 경매의 목적이 된 부동산이 낙찰된 후 집행법원이 이해관계인의 진술을 듣고 그 진술의 타당성 여부를 조사한 후 '매각허가' 또는 '매각불허가'를 결정하는 기일이다. 통상적으로 매각기일로부터 1주일 이내로 정해진다.

가끔씩 조건이 붙은 매각의 경우에는 매각결정기일이 다소 촉박하게 느껴지는 경우가 있다. 예를 들면 지목이 전, 답인 농지를 낙찰받기 위해서는 해당 관공서에서 '농지취득자격증명원'을 발급받아 이를 매각결정기일 전에 법원에 제출하여야 하는데, 농지취득자격증명원을 발급받는 데 시간이 걸리는 경우가 있기 때문이다. 경매물건 중에서 지목이 농지로 되어 있으나 현황은 건물의 부속토지로 이용되고 있거나 지상에 미등기건축물, 분묘, 불법건축물 등이 존재할 경우 관할부서는 농지취득자격증명발급신청을 유보하거나 반려하게 된다. 이런 경우에는 1주일 내에 농지취득자격증명을 확보하기 어려울 수 있기에 최고가매수신고인으로서는 미리 이러한 사정을 소명하여 매각결정기일을 연기해 줄 것을 신청할 수 있다. 반드시 연기가 되는 것은 아니지만, 이러한 연기신청서를 내어두고 담당 경매계에 방문하여 사정을 충분히 설명하면 가능할 것이다(모든 일은 사람이 하는 일이기에 서면 작성 못지않게 담당자에게 충분히 설명하는 것도 중요하다).

서식 2-4 매각결정기일 연기신청서

매각결정기일 연기신청서

사　　　　건　　20○○타경○○○○ 부동산강제경매
채　　권　　자　　주식회사 ○○저축은행
채무자 겸 소유자　　정○○
신　　청　　인　　박○○

위 사건에서의 매각대상토지는 총 5필지이고, 해당 토지의 지목이 모두 전, 답으로 되어 있어서 귀원은 '농지취득자격증명원'을 제출하는 것을 조건으로 하여 같은 토지를 매각하였습니다.
그런데 경기 양평군 ○○면 ○○리 20○○-2, 20○○-3 2필지(이하 '이 사건 토지'라 합니다)는 농지법상 농지로 볼 수 없어서 농지취득자격증명신청이 반려되거나 그에 대한 판단이 길어질 수도 있다고 합니다. 왜냐하면 위 2필지는 농지전용이 되어, 같은 토지 위에 지상 2

층의 철골조 단독주택이 완공되어 있기 때문입니다. 이에 정상적인 농지가 아니어서 법원에서 요하는 농지취득자격증명 발급에 관하여 시일이 늦어질 수 있으므로 법원의 매각결정기일에 관하여 연기신청을 하는 바입니다.

20○○. ○. ○○.

신청인 박 ○ ○ (인)

수원지방법원 여주지원 경매○계 귀중

2) 매각불허가사유

경매법원은 최고가매수신고인이 정해지면 보통 1주일 뒤 매각결정 기일을 열어 특별한 사정이 없는 한 매각을 허가한다. 그러나 민사집행법 제121조에서 규정하고 있는 '매각불허가사유'가 있다고 확인되면 매각을 불허하는 내용의 결정을 한다. 법에 익숙하지 않은 사람이라면 '민사집행법 제121조'라는 단어만 보아도 심기가 편치 않을 것이다. 그러나 매각불허가사유를 규정한 민사집행법 제121조는 경매를 하는 사람이라면 반드시 익숙해져야 하는 조문이다. 다소 어렵게 느껴지더라도, 민사집행법 제121조 규정은 반드시 숙지하도록 하자.

경매물건을 방심하고 받았다가 예상하지 못한 하자가 있어 낙찰을 취소하고 싶은 경우가 있을 것이다. 이럴 때에는 차분히 민사집행법 제121조를 한 번 정독해 보길 권한다. 미처 생각지 못하였던 돌파구가 보일 수도 있다.

민사집행법 제121조(매각허가에 대한 이의신청사유)

매각허가에 관한 이의는 다음 각호 가운데 어느 하나에 해당하는 이유가 있어야 신청할 수 있다.

1. 강제집행을 허가할 수 없거나 집행을 계속 진행할 수 없을 때
2. 최고가매수신고인이 부동산을 매수할 능력이나 자격이 없는 때
3. 부동산을 매수할 자격이 없는 사람이 최고가매수신고인을 내세워 매수신고를 한 때
4. 최고가매수신고인, 그 대리인 또는 최고가매수신고인을 내세워 매수신고를 한 사람이 제108조 각호 가운데 어느 하나에 해당되는 때
5. 최저매각가격의 결정, 일괄매각의 결정 또는 매각물건명세서의 작성에 중대한 흠이 있는 때
6. 천재지변, 그 밖에 자기가 책임을 질 수 없는 사유로 부동산이 현저하게 훼손된 사실 또는 부동산에 관한 중대한 권리관계가 변동된 사실이 경매절차의 진행중에 밝혀진 때
7. 경매절차에 그 밖의 중대한 잘못이 있는 때

매각불허가사유 중 낙찰자가 주로 활용할 수 있는 사유는 민사집행법 제121조 제5호부터 제7호다. 해당 규정의 해석에 대해서 어떠한 판례가 있었는지에 대해 숙지해 두도록 하자. 그래야 나중에 필요할 때에 매각불허가를 신청할 구실을 생각해 내기 수월하다.

1. 강제집행을 허가할 수 없거나 집행을 계속 진행할 수 없을 때

○ 경매개시결정은 비단 압류의 효력을 발생시키는 것일 뿐만 아니라 경매
절차의 기초가 되는 재판이어서 그것이 당사자에게 고지되지 않으면 효
력이 있다고 할 수 없고 따라서 따로 압류의 효력이 발생하였는지 여부에
관계없이 경매개시결정의 고지 없이는 유효하게 경매절차를 속행할 수
없다(대법원 1991. 12. 16.자 91마239 결정).

○ 법원은 매각기일과 매각결정기일을 이해관계인에게 통지하도록 규정하
고 있으므로, 특별한 사유가 없는 한 그와 같은 기일 통지 없이는 강제집
행을 적법하게 속행할 수 없고 이러한 기일 통지의 누락은 매각에 대한
이의사유가 된다(대법원 1999. 11. 15.자 99마5256 결정). 다만 채무자
에 대한 매각기일의 송달에 하자가 있다고 할지라도 다른 이해관계인이
이를 매각허가결정에 대한 항고사유로 주장할 수는 없다(대법원 1997. 6.
10.자 97마814 결정).

○ 경매부동산의 일부가 수용되거나 멸실된 때에는 그 수용되거나 멸실된
부분에 대하여는 "집행을 속행하지 못할 일"에 해당하므로 그 수용이나
멸실된 부분에 대하여는 직권으로 경락허가결정을 취소하고 경락을 불허
하여야 하고, 수용되거나 멸실된 부분을 제외한 부분의 상황 등에 비추어
경락인이 잔존부분만을 매수할 의사가 있다고 인정되지 아니하는 경우에
는 그 부동산 전부에 대하여 경락을 불허하여야 할 것이다(대법원 1993.
9. 27.자 93마480 결정).

○ 경매대상 건물이 인접한 다른 건물과 합동됨으로 인하여 건물로서의 독
립성을 상실하게 되었다면 경매대상 건물만을 독립하여 양도하거나 경매

의 대상으로 삼을 수는 없고, 이러한 경우 경매대상 건물에 대한 채권자의 저당권은 위 합동으로 인하여 생겨난 새로운 건물 중에서 위 경매대상 건물이 차지하는 비율에 상응하는 공유지분 위에 존속하게 되므로 근저당권자인 채권자로서는 경매대상 건물 대신 위 공유지분에 관하여 경매신청을 할 수밖에 없다 할 것이고, 경매대상 건물에 관하여 생긴 위와 같은 사유는 경매한 부동산이 양도할 수 없는 것으로서 민사집행법 제268조에 의하여 준용되는 같은 법 제123조 제2항, 제121조 소정의 강제집행을 허가할 수 없는 때에 해당하게 될 것이므로 경매법원으로서는 직권으로 위 건물에 대한 경락을 허가하지 아니하여야 한다(대법원 2010. 3. 22.자 2009마1385 결정).

2. 최고가매수신고인이 부동산을 매수할 능력이나 자격이 없는 때

○ 매각허가에 대한 이의신청사유로 '최고가매수신고인이 부동산을 매수할 능력이나 자격이 없는 때'를 규정하고 있는바, 여기서 '매수할 능력이 없는 때'는 미성년자, 금치산자, 한정치산자와 같이 독립하여 법률행위를 할 수 있는 능력이 없는 경우를 의미하고, '매수할 자격이 없는 때'는 법률의 규정에 의하여 매각부동산을 취득할 자격이 없거나 그 부동산을 취득하려면 관청의 증명이나 인·허가를 받아야 하는 경우를 의미하는 것으로서, 부동산을 매수할 경제적 능력을 의미하는 것이 아니다(대법원 2004. 11. 9.자 2004마94 결정).

○ 미성년자는 경매목적물을 경락할 수 없고 가사 경락이 되었다 할지라도 이러한 경락행위는 무효이다(대법원 1967. 7. 12. 선고 67마507 판결).

○ 구 사립학교법(1990. 4. 7. 법률 제4266호로 개정되기 전의 것) 제28조 제1항은 학교법인이 그 기본재산을 매도, 증여, 임대, 교환 또는 용도변경하거나 담보에 제공하고자 할 때 또는 의무의 부담이나 권리의 포기를 하고자 할 때에는 감독청의 허가를 받아야 한다고 규정하고 있으므로, 학교법인의 기본재산이 감독청의 허가 없이 강제경매절차에 의하여 경락되

어 이에 관하여 경락을 원인으로 하여 경락인 명의의 소유권이전등기가
경료되었다 하더라도 그 등기는 적법한 원인을 결여한 등기이다(대법원
1994. 1. 25. 선고 93다42993 판결).

3. 부동산을 매수할 자격이 없는 사람이 최고가매수신고인을 내
   세워 매수신고를 한 때

4. 최고가매수신고인, 그 대리인 또는 최고가매수신고인을 내세
   워 매수신고를 한 사람이 제108조 각호 가운데 어느 하나에 해
   당되는 때

   ○ 민사집행법 제108조(매각장소의 질서유지) 집행관은 다음의 어느 하나
     에 해당한다고 인정되는 사람에 대하여 매각장소에 들어오지 못 하도록
     하거나 매각장소에서 내보내거나 매수의 신청을 하지 못 하도록 할 수
     있다.
   ① 다른 사람의 매수신청을 방해한 사람
   ② 부당하게 다른 사람과 담합하거나 그 밖에 매각의 적정한 실시를 방해한
     사람
   ③ 제1호 또는 제2호의 행위를 교사(教唆)한 사람
   ④ 민사집행절차에서의 매각에 관하여 형법 제136조(공무집행방해) · 제
     137조(위계에 의한 공무집행방해) · 제140조(공무상 비밀표시무효) · 제
     140조의2(부동산강제집행효용침해) · 제142조(공무상 보관물의 무효) ·
     제315조(경매방해) 및 제323조 내지 제327조(권리행사방해, 강요, 점유
     강취, 강제집행면탈)에 규정된 죄로 유죄판결을 받고 그 판결확정일부터
     2년이 지나지 아니한 사람

5. 최저매각가격의 결정, 일괄매각의 결정 또는 매각물건명세서
   의 작성에 중대한 흠이 있는 때

1) 최저매각가격 결정에 중대한 흠이 있는 경우

○ 건물을 평가함에 있어서 현상대로 하지 아니하고 등기부상의 표시에만 의존하여서 한 경우에는 그 평가는 위법하다(대법원 1968. 8. 26.자 68마798 결정).

○ 경매부동산에 설정된 근저당권들의 채권최고액의 합계액이 감정인의 경매부동산에 대한 감정평가 금액의 수배에 달하고 있는 경우 그 감정평가는 감정평가의 일반적 기준에 현저하게 반하거나 사회통념상 현저하게 부당하여 이를 최저경매가격으로 정한 결정에 중대한 하자가 있다(대법원 2000. 6. 23.자 2000마1143 결정, 1995. 7. 12.자 95마453 결정).

○ 지하 2층, 지상 2층의 건물을 감정평가하면서 지하 1층과 지상 1층의 용도를 바꾸어 평가하고 지하 1층의 면적이 247.72㎡인데 147.72㎡로 100㎡나 작게 잡아 평가하였다면 이를 그대로 최저경매가격으로 결정한 경매법원의 결정은 위법하다(대법원 1991. 12. 16.자 91마239 결정).

○ 감정인이 경매부동산 중 창고의 가액을 평가함에 있어서 그 면적을 실제의 면적인 1,449㎡로 사정하여야 할 것을 등기부상의 면적인 1403.96㎡로 사정하여 이를 기준으로 산정함으로써 결과적으로 실제보다 금 11,034,800원이 낮은 가격으로 평가하고, 이를 기초로 경매법원은 감정인이 평가한 가액을 그대로 최저경매가격으로 결정하여 경매를 진행시켰다면 경매법원의 조처에는 위법사유가 있다(대법원 1993. 9. 15.자 93마1065 결정).

○ 지상의 미등기건물이 같이 경매되는 경우와 그렇지 아니한 경우는 경매목적물인 그 부지의 평가액에도 영향이 있다 할 것인데 집행법원이 미등기건물을 경매목적물에서 제외하면서 감정인에게 미등기건물이 제외된 경우의 토지평가액의 보정을 명하는 등의 조치를 취하지 아니하고 종전에 제출된 평가서의 미등기건물이 포함된 전체평가액에서 미등기건물의 가액만을 공제하고 최저경매가격을 정한 것은 최저경매가격결정에 중대한 하자가 있다 할 것이다(대법원 1991. 12. 27.자 91마608 결정).

○ 경매목적물 위의 증축 부분에 대한 평가를 누락한 평가액을 최저경매

가격으로 하여 공고된 경매기일공고는 위법임을 면할 수 없고 이 위법한 공고를 전제로 한 경락허가결정 역시 위법한 것이다(대법원 1969. 8. 26.자 69마80 결정).

○ 경매의 대상이 된 토지 위에 생립하고 있는 채무자 소유의 미등기 수목의 가액을 제외시킨 채 오직 토지가격만을 평가하여 이를 그대로 최저경매가격으로 결정한 것은 중대한 하자가 있는 경우에 해당한다(대법원 1998. 10. 28.자 98마1817 결정).

○ 일부 경매대상 물건이 감정평가에서 누락되었다 하더라도 감정인의 총평가액과 위 누락부분의 가액, 후순위 근저당권자인 재항고인들의 배당가능성 등을 고려하여 그 누락부분이 낙찰을 허가하지 아니하여야 할 정도로 중대한 것인지 여부를 판단하여야 한다(대법원 2000. 11. 2.자 2000마3530 결정).

2) 일괄매각의 결정에 중대한 흠이 있는 경우

○ 분할경매를 하는 것보다 일괄경매를 하는 것이 당해 물건 전체의 효용을 높이고 그 가액도 현저히 고가로 될 것이 명백히 예측되는 경우에는 일괄경매의 방법에 의하는 것이 타당하고, 이러한 경우에도 이를 분할경매하는 것은 그 부동산이 유기적 관계에서 갖는 가치를 무시하는 것으로써 집행법원의 재량권의 범위를 넘어 위법한 것이 된다(대법원 2004. 11. 9.자 2004마94 결정).

3) 매각물건명세서의 작성에 중대한 흠이 있는 경우

○ 입찰기일까지 입찰물건명세서에 입찰 목적물인 주택의 임차인의 전입신고일자가 저당권 설정일자보다 앞선 일자로 잘못 기재되어 있어 임차인이 대항력을 갖춘 것처럼 보이게 되었는데 임차인이 입찰기일까지 배당요구를 하지 않은 경우, 일반 매수희망자들은 그 주택을 낙찰받을 경우 임대인으로서의 지위를 승계하게 될 것으로 생각할 것이므로, 그러한 입찰물건명세서상의 하자는 매수희망자들이 매수의사나 매수신고가격

을 결정함에 있어 중대한 영향을 미치는 중대한 하자에 해당한다(대법원 1999. 9. 6.자 99마2696 결정).

○ 미등기건물을 목적물에서 제외할 경우에는 그 취지를 명확히 하여 매수희망자들로 하여금 그 취지를 알 수 있도록 하여야 할 것이고, 그 경우에는 지상권의 개요를 기재하는 란에 경락으로 인하여 미등기건물을 위한 법정지상권이 생길 여지가 있음을 기재하여야 한다. 경매물건명세서의 부동산 표시에 등기부상 목적물 외에 미등기건물이 있음을 아무 설명 없이 표시하여 마치 미등기건물이 목적물에 포함되어 있는 것처럼 기재하였고, 지상권의 개요란에도 토지와 건물이 다른 사람에게 매각되면 지상권이 설정되는 것으로 보게 될 여지가 있다고만 기재하였다면 경매물건명세서의 작성에 중대한 하자를 초래하였다 할 것이다(대법원 1991. 12. 27.자 91마608 결정).

○ 매각목적물의 취득에 농지법 소정의 농지취득자격증명이 필요하지 않음에도 불구하고 매각물건명세서 및 매각기일 공고가 이와 반대의 취지로 작성된 것은 매각불허가사유에 해당한다(대법원 2003. 12. 30.자 2002마1208 결정).

6. 천재지변, 그 밖에 자기가 책임을 질 수 없는 사유로 부동산이 현저하게 훼손된 사실 또는 부동산에 관한 중대한 권리관계가 변동된 사실이 경매절차의 진행 중 밝혀진 때

○ 선순위 근저당권의 존재로 후순위 처분금지가처분(내지 가등기)이나 대항력 있는 임차권 등이 소멸하는 것으로 알았으나 그 이후 선순위 근저당권의 소멸로 인하여 처분금지가처분(내지 가등기)이나 임차권의 대항력이 존속하는 것으로 변경되는 경우는 '부동산에 관한 중대한 권리관계의 변동'에 해당한다(대법원 2005. 8. 8.자 2005마643 결정).

○ 선순위 근저당권의 존재로 후순위 임차권의 대항력이 소멸하는 것으로 알고 부동산을 낙찰받았으나, 그 이후 선순위 근저당권의 소멸로 인하여

임차권의 대항력이 존속하는 것으로 변경됨으로써 낙찰부동산의 부담이 현저히 증가하는 경우에는, 낙찰인으로서는 낙찰허가결정의 취소신청을 할 수 있다(대법원 1998. 8. 24.자 98마1031 결정).

○ 부동산 임의경매절차에서 이미 최고가매수신고인이 정해진 후 매각결정 기일까지 사이에 유치권의 신고가 있고 그 유치권이 성립될 여지가 없음이 명백하지 아니한 경우, 민사집행법 제121조 제6호가 규정하는 이의 사유가 발생한 것이다(대법원 2008. 6. 17.자 2008마459 결정, 2007. 5. 15.자 2007마128 결정).

7. 경매절차에 그 밖의 중대한 잘못이 있는 때

○ 주택임대차보호법상의 대항요건을 갖춘 임차인이라 하더라도 낙찰허가결정이 있을 때까지 경매법원에 스스로 그 권리를 증명하여 신고하여야만 경매절차에 있어서 이해관계인으로 되는 것이고, 대법원예규에 의한 경매절차 진행 사실의 주택임차인에 대한 통지는 법률상 규정된 의무가 아니라 당사자의 편의를 위하여 주택임차인에게 임차 목적물에 대하여 경매절차가 진행중인 사실과 소액임차권자나 확정일자부 임차권자라도 배당요구를 하여야 우선변제를 받을 수 있다는 내용을 안내하여 주는 것일 뿐이므로, 임차인이 그 권리신고를 하기 전에 임차 목적물에 대한 경매절차의 진행 사실에 관한 통지를 받지 못하였다고 하더라도 이는 낙찰허가결정에 대한 불복사유가 될 수 없다(대법원 2000. 1. 31.자 99마7663 결정).

○ 최저매각가격이 압류 채권에 우선하는 채권과 절차비용의 합산액에 미달하는데도 경매절차를 진행한 경우, 매수가액이 우선채권 총액과 절차비용에 미달하면 절차 위반의 하자가 있다(대법원 1995. 12. 1.자 95마1143 결정).

○ 입찰기일의 공고를 신문에 게재함에 있어서 부동산의 면적을 실제 면적인 1,507㎡를 15.7㎡로 표시한 것은 이해관계인에게 목적물을 오인하게

하거나 평가를 그르치게 할 정도라고 할 것이므로 그 입찰기일공고는 부적법하다(대법원 1999. 10. 12.자 99마4157 결정).

○ 중대한 하자가 있는 매각물건명세서 사본을 비치하였다가 매각기일 5일 전에 이를 정정하였음에도 매각기일을 변경하지 아니한 채 그대로 매각절차를 진행하면서 그 정정내용을 일반 매수희망자들에게 따로 고지하지도 아니한 것은 매각불허가사유에 해당한다(대법원 2010. 11. 30.자 2010마1291 결정).

○ 공유자가 민사집행법 제140조의 우선매수권제도를 이용하여 채무자의 지분을 저가에 매수하기 위하여 여러 차례에 걸쳐 우선매수신고만 하여 일반인들이 매수신고를 꺼릴 만한 상황을 만들어 놓은 뒤, 다른 매수신고인이 없는 때에는 매수신청보증금을 납부하지 아니하는 방법으로 유찰이 되게 하였다가 최저매각가격이 그와 같이 하여 저감된 매각기일에 다른 매수신고인이 나타나면 그때 비로소 매수신청보증금을 납부하여 법원으로 하여금 공유자에게 매각을 허가하도록 하는 것에는 민사집행법 제121조, 제108조 제2호의 "최고가매수신고인이 매각의 적정한 실시를 방해한 사람"에 해당되는 매각불허가사유가 있다고 할 것이다(대법원 2011. 8. 26.자 2008마637 결정).

법원은 매각결정기일 전에 제출된 매각불허가신청서가 있다면 그 내용을 참고하여 그러한 이의신청이 정당하다고 인정한 때에는 매각을 허가하지 않는다. 매각허가결정 또는 매각불허가결정은 매각결정기일에 선고되며, 이러한 결정은 매각 허부에 대한 결정이 있은 때로부터 1주일이 지나면 확정되어 효력이 생긴다.

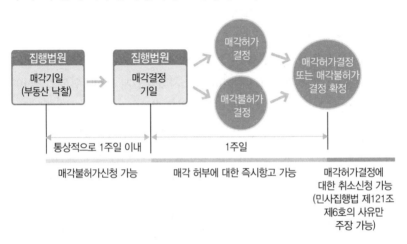

서식 2-5 매각불허가신청서(감정평가에 오류가 있는 경우)

매각불허가신청서

사　　건　20○○타경○○○○○ 부동산임의경매

채 권 자　○○은행 주식회사

채 무 자　정 ○ ○

소 유 자　정 ○ ○ 외 1인

신 청 인　이 ○ ○

위 사건에 관하여 신청인은 다음과 같이 매각불허가를 신청합니다.

신 청 취 지

별지 목록 기재 부동산에 대한 매각을 허가하지 아니한다.

라는 재판을 구합니다.

신 청 이 유

1. 신청인의 지위

신청인은 20○○. 4. 29. 귀원 20○○타경○○○○○ 부동산임의 경매사건의 매각기일에 입찰에 참가하여 별지 목록 기재 부동산(이하 '이 사건 부동산'이라 함)의 최고가매수신고인이 되었습니다. 그런데 매각절차에서 이 사건 부동산에 관한 감정평가 및 집행관현황조사가 제대로 이루어지지 않았고, 그러한 사실이 매각물건명세서에 명확하게 기재되지 않은 점이 드러나 본 신청인은 불측의 손해를 입을 위험에 처해 있습니다.

2. 최저매각가격 결정 및 매각물건명세서 작성 과정에서의 중대한 흠

가. 난방설비 미설치 사실의 간과

이 사건 부동산의 감정평가서(8쪽)를 보면, 이 사건 부동산의 설비내역에 관하여 '위생및급배수설비, 난방설비, 승강기설비, 화재경보설비, 소화전설비 등'이 갖춰진 것으로 평가되어, 신청인은 위 감정평가를 신뢰하고 입찰에 참여하였습니다. 즉, 이 사건 건물에 공용난방설비가 정상 작동하는 것으로 평가하고 감정평가액을 산출하였던 것입니다.

그런데 신청인은 최고가매수신고인이 된 후 이 사건 부동산을 방문하여 비로소 이 사건 부동산의 내부시설을 면밀히 확인할 수 있었는데, 확인 결과 대부분의 타 세대는 냉난방시설을 갖추고 있음에도 유독 이 사건 부동산에는 냉난방시설이 설치되지 않은 상태임을 확인할 수 있었습니다(증 제1호증 관리소장 확인서). 이에 인근부동산에서 이러한 세대의 시세를 확인해 보았는데, 냉난방설비가 갖추어지지 못한 세대의 실제 거래가격은 냉난방설비를 갖춘 세대와 비교할 때 1,000여만 원 정도 낮다고 합니다(증 제2호증 공인중개사 시세확인서).

또한, 신청인은 차후 위 냉난방시설을 갖추기 위한 공사를 하기 위해 소요되는 공사비용 산출을 위해 시공업체에 견적을 의뢰하여 보았습니다. 난방시설에 관한 공사를 하기 위해서는 이 사건 부동산의 외부로 난 통유리창을 특수크레인 차량을 동원하여 떼어 낸 후, 창 쪽으로 난간(일명 '갤러리'라 칭함)을 설치하고 외벽공사를 재시공하여야 하고, 바닥부분 철거 후 난방배관을 설치하고 마감공사 등을 하여야 한다고 합니다. 이를 위해 신청인은 경매취득 후 추가로 공사비 1,200여만 원이 넘게 지출해야 하는 상황입니다(증 제3호증 냉난방 공사내역 및 견적서).

나. 감정평가 및 집행관현황조사 과정에서의 위법

감정평가에 관한 규칙 제10조는 감정평가업자가 평가를 할 때에는 신뢰할 수 있는 자료가 있는 경우를 제외하고는 실지조사에 의하여 대상물건을 확인하도록 규정하고 있고, 매각절차의 최저매각가격을 결정하기 위하여 건물의 시가를 감정평가하기 위하여서는 반드시 건물의 내부까지를 보아서 수리 등으로 인한 증가와 마모로 인한 감소의 정도를 평가하여야 하므로, 감정인이 경매목적물의 감정가액을 산출함에 있어서는 적어도 그 부동산의 현황을 육안으로 확인한 후에 하여야 한다고 할 것이고, 그렇지 아니한 경우에는 허무한 사실에 기초하여 감정가액을 산출한 결과로 되어 그 감정은 위법하다고 하였습니다(대법원 1968. 8. 26.자 68마798 결정, 법원실무제요 민사집행 II 142쪽). 뿐만 아니라, 귀원에서 집행관에게 현황조사를 명령하면서 부동산의 현상, 내부구조와 감정평가에 중대한 영향을 미칠 수 있는 부합물, 종물, 구성부분에 대해 조사하고 의문이 있는 경우에는 이를 즉시 집행법원에 보고토록 하였음에도 불구하고 현황조사에 임한 집행관은 이 사건 부동산이 냉난방이 되지 않는 사실을 알지 못하였거나 간과하였습니다. 결국 감정평가와 현황조사 단계에서 난방시설이 갖춰지지 못한 것이 간과되어 타세대의 정상적인 오피스텔처럼 감정평가액 5,000만 원을 그대로 최저매각가격으로 결정하여 매각을 진행하기에 이르렀습니다.

민사집행법 제105조에 의하면 경매법원은 입찰 전에 매각물건명세서, 현황조사보고서 및 평가서의 사본을 법원에 비치하여 누구든지 볼 수 있도록 하여야 합니다. 신청인도 입찰 전에 경매법원에 비치된 위 사본의 내용을 신뢰하여 이 사건 부동산이 난방시설이 갖춰진 것으로 판단하고 입찰에 참여한 것입니다.

다. 이 사건 부동산에 관한 매각불허가사유

민사집행법 제121조는 최저매각가격의 결정, 일괄매각의 결정 또는 매각물건명세서의 작성에 중대한 흠이 있는 때(제5호)에는 매각허가에 대한 이의신청 사유가 된다고 규정하고 있고, 같은 법 제123조 제2항은 제121조에 규정한 사유가 있는 때에는 직권으로 매각을 허가하지 아니한다고 규정하고 있으며, 제1항에서는 법원은 이의신청이 정당하다고 인정한 때에는 매각을 허가하지 아니한다고 규정하고 있습니다.

경매절차에 있어서 부동산현황조사 및 매각물건명세서의 작성은 매각대상 부동산의 현황을 정확하게 파악하여 일반인에게 그 부동산의 현황을 공시함으로써 매수희망자가 매각대상물건에 관하여 필요한 정보를 쉽게 얻을 수 있게 하여 예상 밖의 손해를 입는 것을 방지하고자 함에 그 목적이 있습니다(대법원 2004. 11. 9.자 2004마94 결정). 따라서 집행법원으로서는 매각대상 부동산에 관한 집행관 및 감정평가사에 의해 제출된 자료를 기초로 매각대상 부동산의 현황을 되도록 정확히 파악하여 이를 매각물건명세서에 기재하여야 하고, 만일 경매절차의 특성이나 집행법원이 가지는 기능의 한계 등으로 인하여 정확히 파악하는 것이 곤란한 경우에는 그 현황이 불분명하다는 취지를 매각물건명세서에 그대로 기재함으로써 매수신청인 스스로의 판단과 책임 하에 매수신고가격이 결정될 수 있도록 하여야 합니다(대법원 2008. 1. 31. 선고 2006다913 판결 참조)

그런데, 이 사건 부동산에 관한 감정평가 과정에서 실지 현황과 다르게 평가가 이루어졌고, 현황조사서나 매각물건명세서에서도 냉난방시설의 미비와 관련하여 아무런 내용이 기록되어 있지 않은 채 경매절차가 진행되어 최저매각가격의 결정 및 매각물건명세서의 작성에 중대한 흠이 있다고 할 것입니다(민사집행법 제121조 제5호).

3. 결론

이 사건 부동산의 감정평가서와 집행관현황조사서는 부동산 현황을 제대로 반영하지 못하고 있으며, 이렇게 간과된 하자가 매각물건명세서상에 기재되어 있지 않아 이를 신뢰하고 입찰한 신청인이 불측의 손해를 입을 처지에 있습니다. 이에 매각불허가신청서를 제출하오니 부디 선처하여 주시기 바랍니다.

증 명 방 법

1. 증 제1호증   관리소장 확인서
1. 증 제2호증   공인중개사 시세확인서
1. 증 제3호증   냉난빙 공사내역 및 견적서

20○○. ○. ○○.

신청인 이 ○ ○ (인)

수원지방법원 경매○계 귀중

3) '매각허가결정 또는 매각불허가결정'에 대한 즉시항고

(1) 불복방법

매각허가 여부에 대해 법원이 매각결정기일에 결정을 내리면 그 날로부터 1주일이 지나야 매각허가 여부에 관한 결정이 확정되므로, 결정이 확정되기 전에는 불복이 가능하다.

매각허가결정 또는 매각불허가결정은 그 문서 하단부를 보면 '사법보좌관'이 하는 경우도 있고 '판사'가 하는 경우도 있는데, 면밀하게 따지면 각 경우의 불복방법은 다소 다르다. '사법보좌관'이 매각허가 여부에 관한 결정을 한 경우 그에 불복하려면 '매각허가(불허가)결정에 대한 이의신청'을 해야 하고, '판사'가 매각허가 여부에 관한 결정을 한 경우는 '즉시항고'를 해야 한다. 하지만 실무상 어느 서류를 내든 법원은 모두 같은 방식으로 처리를 해 주고 있으므로, 결과적으로 '매각허가(불허가)결정에 대한 이의신청서' 또는 '즉시항고장' 어느 것을 제출해도 별다른 차이가 없다.

(2) 불복할 수 있는 자

매각을 허가하거나 허가하지 않는 결정에 대하여는, ① 그 결정에 따라 손해를 보는 이해관계인, ② 매각허가에 정당한 이유가 없거나 결정에 적은 것 외의 조건으로 허가해야 한다고 주장하는 매수인, ③ 매각허가를 주장하는 매수신고인이 즉시항고 또는 사법보좌관의 처분에 대한 이의를 신청할 수 있다.

(3) 이의신청서 또는 즉시항고장의 제출

매각허가결정은 그 선고일로부터 7일이 지나면 확정되어 효력이 발생하고 대금지급기한이 지정된다. 그런데 항고가 있는 경우 매각허가결정은 확정되지 않으므로 그 허가결정에 따른 후속절차(대금지급기한의 지정 등)는 진행될 수 없게 된다.

'매각허가결정'에 대한 이의신청 또는 즉시항고를 하는 이해관계인은 항고보증금(낙찰가격의 10%)을 납부해야 할 의무가 있고, 신청한 항고가 기각이 되거나 각하가 될 경우 항고보증금이 몰수되어 배당재원에 산입되므로 주의를 요한다. 다만, 항고가 기각 또는 각하된 경우라도 경매신청이 취하되거나 매각절차가 취소된 때에는 항고인은 보증금을 반환받을 수 있다. 채권자에게 배당이 이루어진 뒤 남는 금액이 있으면 법원은 항고보증금을 납입한 자에게 돈을 돌려준다(민사집행법 제147조 제2, 3항). 또한, 반대로 '매각불허가결정'에 대한 즉시항고를 하였다면 항고보증금을 제공하지 않아도 된다.

예전에는 항고보증금을 납부하지 않은 상황에서 매각허가결정에 관한 이의신청서를 제출하면 판사가 다시 한번 사법보좌관의 매각허가결정이 정당한지 여부에 대해서 판단해 주었으나, 이제는 법령이 바뀌어 이의신청 단계부터 항고보증금을 예납하도록 하였다. 이의신청인이 그 보증금을 예납하지 않으면 판사가 사법보좌관의 매각허가결정이 정당한지 여부에 대해 판단조차 하지 않으며, 이의신청은 각하된다. 따라서 최고가매수신고인으로서는 사실상 이의신청 또는 즉시항고절차를 이용할 만한 실익이 많이 사라졌다고도 볼 수 있다.

> 서식 2-6 매각허가결정에 관한 이의신청서(실제 면적이 공부상 면적보다 넓은 경우)

매각허가결정에 관한 이의신청서

사　　　　건　　20○○타경○○○○○ 부동산임의경매
채　　권　　자　　장○○
채무자 겸 소유자　　강○○
신　　청　　인　　김○○

위 사건에 관하여 신청인은 사법보좌관이 20○○. ○. ○○.에 한 매각허가결정에 대하여 사법보좌관규칙 제4조에 따라 이의를 신청합니다.

신 청 취 지

1. 귀원이 별지 목록 기재 부동산에 대하여 20○○. ○. ○○.에 한 매각허가결정은 이를 취소한다.
2. 위 부동산에 대한 이 사건 매각을 허가하지 아니한다.
라는 결정을 구합니다.

신 청 이 유

1. 이 사건 경매절차에서의 부동산 표시의 착오
   가. 이 사건 부동산의 불법증축
   　　신청인은 별지 목록 기재 부동산(이하 '이 사건 부동산'이라 합니다)을 20○○. ○. ○○. 낙찰받고, 이 사건 부동산을 방문하여 이 사건 부동산에서 현재 영업을 하고 있는 임차인 이○○을 만났습니다. 그런데 이때 임차인 이○○은 이 사건 부동산을 전 소유자로부터 최초 임차할 당시에는 현재의 면적보다 좁았으나 면적이 너무 비좁아 전 소유자의 양해를 얻어 주차장과 맞닿는 벽을 일부 철거하고 조적공사를 하여 주차상 무지 일부를 실내로 편입하여 실내면적을 넓혔다는 이야기를 하였습니다.
   　　이에 신청인은 곧바로 건축사사무실에 의뢰하여 건축물대장 도면과 실제 면적의 차이가 있는지 여부에 대해 확인을 요청하였습니다. 그리고 건축사사무실에서는 건축물대장 도면과 실제 면적에 차이가 있으며, 불법적으로 이 사건 부동산의 면적을 넓히는 공사를 한 것이라는 검토의견을 회신하였습니다 (증 제1호증 건축사감정서).

   나. 이 사건 경매절차에서의 부동산 표시 및 실제 면적
   　　이 사건 경매절차에서 비치·공고된 매각물건명세서, 현황조

사서 및 감정평가서를 보면, 이 사건 부동산의 면적을 건축물대장 및 등기부와 똑같이 '46.5㎡'라고 기재하고 있고, 실제 면적이 더 넓다거나 증축공사를 하였다는 취지의 기재가 없습니다. 그런데 건축사가 확인한 바에 따르면 이 사건 부동산의 실제 면적은 '58.2㎡'입니다.

2. 이 사건 경매절차는 최저매각가격 결정 및 매각물건명세서의 작성에 중대한 흠이 있는 경우에 해당합니다.

   가. 대법원은 "경매목적물 위의 증축부분에 대한 평가를 누락한 평가액을 최저경매가격으로 하여 공고된 경매기일공고는 위법임을 면할 수 없고 이 위법한 공고를 전제로 한 경락허가결정 역시 위법한 것이라 할 것이다."는 입장을 견지하고 있습니다(대법원 1969. 8. 26.자 69마80 결정). 이러한 판례의 입장에 따르면, 경매목적물이 증축된 경우에는 그 부분에 대한 평가를 반드시 포함해야 하고, 그렇게 해서 산정된 감정가를 최저매각가격으로 삼아야 한다는 것입니다.

   나. 그런데 이 사건 경매절차에서는 감정인이 증축사실을 전혀 몰라 이 사건 부동산의 실제 면적이 아닌 건축물대장상 면적이 반영되어 감정이 이루어졌으며, 이 때문에 경매공고에서도 이 사건 부동산의 실제 면적이 기재되지 못하였고, 매각물건명세서에서도 위반건축물이라는 취지의 기재가 누락되었습니다. 만약 이 사건 부동산에 관하여 감정인이 증축사실을 파악하여 실제 면적에 터 잡아 감정이 이루어졌다면, 감정가는 지금의 가격보다 상회할 것이 분명하며 이 사건 부동산이 위반건축물이라는 취지의 내용이 매각물건명세서에 기재되었을 것입니다.

   다. 이러한 흠은 민사집행법 제121조 5호에서 규정하는 '최저매각가격 결정 및 매각물건명세서의 작성에 중대한 흠이 있는 경우'에 해당한다고 할 것이므로, 귀원의 매각허가결정은 위법함을 면치 못하므로 즉시 취소되어야 마땅합니다.

3. 결론

신청인은 이 사건 부동산을 낙찰받고 대금을 납부한 뒤 곧바로 용도변경을 하여 이 사건 부동산을 다른 목적으로 임대할 예정이었습니다. 그런데 이러한 하자 때문에 신청인은 용도변경이 어려운 상황에 처하였고, 추후 관할청으로부터 이행강제금을 물을 수도 있는 상황입니다. 이러한 점을 고려하시어, 이 사건 부동산에 대한 귀원의 매각허가결정을 취소하여 주시기 바랍니다.

입 증 방 법

1. 증 제1호증   건축사감정서

첨 부 서 류

1. 항고보증공탁서 사본

20○○. ○. ○.
신청인 김 ○ ○ (인)

서울중앙지방법원 경매○계 귀중

서식 2-7 즉시항고장(임차인이 유치권을 주장하는 경우)

즉시항고장

항고인(최고가매수신고인) 김○○ (○○○○○○-1○○○○○○)
서울 강남구 ○○길 ○○

귀원 20○○타경○○○○○호 부동산임의경매사건에 관하여, 항고인(최고가매수신고인)은 귀원이 20○○. ○. ○.에 선고한 별지 목록 기재 부동산에 대한 매각허가결정에 대하여 불복하므로 즉시항고를 제기합니다.

원결정의 표시

최고가매수신고인 : 김○○
매각가격 : 금 ○○○○원
별지 목록 기재 부동산에 대하여 최고가로 매수신고한 위 사람에게
매각을 허가한다.

항 고 취 지

1. 원심법원이 별지 목록 기재 부동산에 대하여 20○○. ○. ○.에 한
   매각허가결정은 이를 취소한다.
2. 위 부동산에 대한 이 사건 매각을 허가하지 아니한다.
라는 재판을 구합니다.

항 고 이 유

1. 항고인의 지위 및 매각허가결정에 관한 취소신청사유
   항고인은 ○○지방법원 20○○타경○○○○○ 부동산임의경매
   사건에서 별지 목록 기재 부동산(이하 '이 사건 부동산'이라 합니
   다)에 관하여 20○○. 5. 22. 매수신고를 한 낙찰자입니다. 그런
   데 이 사건 부동산에 관하여 20○○. 5. 31.자로 같은 부동산의 임
   차인 이○○으로부터 유치권신고서(증 제1호증)가 제출되어 항고
   인으로서는 불측의 손해를 입게 될 처지에 놓여 있어 항고인은 민
   사집행법 제127조 제1항에 의거 이 사건 부동산에 관하여 20○○.
   5. 29.에 내려진 매각허가결정에 관하여 즉시항고를 제기하는 바
   입니다.

2. 임차인이 주장하는 유치권에 대하여
   가. 임차인 이○○는 임차인의 영업을 위한 시설이 아닌 건물 자
       체의 가치를 증가시키는 내용의 공사를 한 것이라고 주장하고
       있습니다.
       유치권신고서의 내용을 살펴보면, 임차인 이○○이 주장하는

유치권의 피담보채권은 '건물의 전기시설 및 수도시설 등 상가영업을 위한 기본적인 시설에 관한 공사비'이며, 구체적으로는 '전기, 수도, 환기, 냉방, 보일러 등의 시설에 관한 공사비'라고 합니다.

민법 제626조 제1항에서는 '임차인이 임차물의 보존에 관한 필요비를 지출한 때에는 임대인에 대하여 그 상환을 청구할 수 있다'고 규정하며, 또한 동조 제2항에서는 '임차인이 유익비를 지출한 경우에는 임대인은 임대차 종료 시에 그 가액의 증가가 현존한 때에 한하여 임차인이 지출한 금액이나 그 증가액을 상환하여야 한다.'고 규정하고 있습니다. 따라서 유치권자가 임차인이라 할지라도 그 건물에 관하여 유익비를 지출하였을 경우에는 해당 유치권은 정당한 것으로써 낙찰자에 대하여 주장할 수 있는 것이므로(대법원 2002.11.22. 선고 2001다40381 판결), 이 사건 유치권 역시 건물의 가치를 객관적으로 증가시킨 경우에 해당하여 정당한 유치권으로 인정될 수 있고, 그에 따라 항고인 역시 잔금을 납부한다고 하더라도 유치권을 주장하는 임차인과 대립을 해야 하는 지경에 이르렀습니다.

나. 게다가 임차인은 이 사건 부동산을 점유하고 있습니다.

통상 유치권이 정당한 피담보채권에 터 잡은 것이라 할지라도 해당 부동산에 관하여 압류의 효력이 발생한 이후에 점유를 개시하였거나 또는 해당 건물에 관하여 배타적인 점유를 하고 있지 않을 경우에는, 그 유치권은 적법한 유치권의 권리행사의 요건에 위배되어 인정받을 수 없습니다. 이러한 법리를 이 사건에 적용하여 살펴보면, 유치권을 신고한 자는 다름 아닌 이 사건 부동산의 임차인으로서 이 사람은 이 사건 부동산에 관하여 임의경매기입등기가 이루어지기 전부터 이 사건 부동산을 배타적으로 점유하고 있었음이 경매기록상으로도 명백히 확인되는 자입니다. 즉, 임차인은 유치권의 성립 요건 중 점유의 요건도 충족하고 있는 것입니다.

다. 대법원 판례에 따르면 부동산 임의경매절차에서 이미 최고가 매수신고인이 정해진 후 유치권의 신고가 있는 경우 집행법원에서 매각불허가결정을 해야 한다고 판시하였습니다.

대법원 2008. 6. 17.자 2008마459 결정에 따르면 "부동산 임의경매절차에서 당해 부동산에 관하여 유치권이 존재하지 않는 것으로 알고 매수신청을 하여 최고가매수신고인으로 정해졌을지라도 집행법원으로서는 장차 매수신고인이 인수할 매각부동산에 관한 권리의 부담이 현저히 증가하여 민사집행법 제121조 제6호가 규정하는 이의 사유가 발생된 것으로 보아 매각을 허가하지 아니하는 결정을 하는 것이 상당하다."라고 하였습니다.

마찬가지로 항고인이 이 사건 부동산에 입찰하며 확인한 집행관의 부동산현황조사서 및 매각물건명세서상에는 그 어디에도 위 유치권에 관한 내용이 기재되어 있지 않아서 사전에 유치권의 존재를 알지 못하였고 그러한 상황에서 20○○. 5. 29. 매각허가결정이 이루어졌습니다(증 제2호증 현황조사서, 증 제3호증 매각물건명세서). 그 이후 20○○. 5. 31.에 유치권신고서가 접수되어 법원을 통해 열람 및 등사신청을 하여 확인해보니 단순하게 임차인의 지위에서 터무니 없는 유치권신고를 한 것이 아니어서 결국 항고인은 무려 유치권신고금액에 달하는 불측의 손해를 입게 될 처지에 놓였습니다. 이와 같은 사정은 항고인에게는 너무나 가혹한 것이 아닐 수 없습니다.

라. 항고인은 현재 이 사건 부동산에 관하여 제기된 유치권으로 인하여 금융기관으로부터 대출을 거절받은 상태입니다.

항고인은 이 사건 부동산을 낙찰받은 뒤 곧바로 금융기관에 대출신청을 하여 이미 승인을 받았고, 그 금액으로 잔금을 납부하려고 준비 중에 있었습니다. 그러나 낙찰 후 신고된 위 유치권으로 인하여 금융기관으로부터 잔금대출을 거절당하게 되었습니다. 원래 항고인은 이 사건 부동산에 관하여 매수신

고를 하기 전 미리 금융기관에 대출 가능액을 문의하여 자금
계획을 세우고 입찰에 참가한 것입니다. 만약 항고인이 대출
을 받지 못한다면 최악의 경우에 항고인은 대금을 미납할 수
밖에 없는 상황입니다.

3. 결론

민사집행법 제121조 각호에서는 경매매각절차의 이해관계인이
매각허가결정에 대하여 이의를 제기할 수 있는 사유를 열거하고
있습니다. 이 중 제6호는 '천재지변, 그 밖에 자기가 책임을 질 수
없는 사유로 부동산이 현저하게 훼손된 사실 또는 부동산에 관한
중대한 권리관계가 변동된 사실이 매각절차의 진행 중에 밝혀진
때'에 매각허가결정에 대하여 이의를 제기할 수 있다고 하였습니
다. 그리고 위 사실이 매각허가결정 확정 뒤에 밝혀진 경우에는
매수인은 대금을 낼 때까지 매각허가결정의 취소신청을 할 수 있
다고 민사집행법 제127조 제1항은 밝히고 있습니다.

현재 항고인은 이 사건 부동산에 관하여 신고된 유치권으로 인하
여 무려 유치권신고금액에 달하는 금액을 인수하여야 할 부담이
생길 뿐만 아니라, 그 유치권의 존부를 소송을 통해 다투어야 하
는 상황이라 앞으로 현저한 물질적 · 정신적 부담을 받게 되었고,
또한 아예 금융기관으로부터 경락잔금대출을 받지도 못하여 이
사건 부동산에 관한 잔금을 미납하고 보증금을 몰수당할 처지에
놓여있습니다. 이에 항고인은 매각허가결정에 즉시항고를 제기하
오니 부디 선처하여 주시기 바랍니다.

입 증 방 법

1. 증 제1호증   유치권신고서
1. 증 제2호증   현황조사서
1. 증 제3호증   매각물건명세서

첨 부 서 류

1. 항고보증공탁서 사본[2]

20○○. ○. ○○.

항고인(최고가매수신고인) 김 ○ ○ (인)

서울중앙지방법원 경매○계 귀중

4) 매각허가결정에 대한 취소신청

앞서 본 매각불허가사유 중에 낙찰자가 가장 잘 알아두어야 할 매각불허가사유는 민사집행법 제121조 제6호의 사유이다. 왜냐하면 매각허가결정이 있고 항고기간 1주일이 지난 뒤에는 민사집행법 제121조 제6호의 사유에 의해서만 매각허가결정을 취소해달라고 주장할 수 있기 때문이다. 이때는 다른 사유를 가지고 매각허가결정을 취소해달라고 주장할 수 없다.

민사집행법 제127조(매각허가결정의 취소신청)

① 제121조 제6호에서 규정한 사실이 매각허가결정의 확정 뒤에 밝혀진 경우에는 매수인은 대금을 낼 때까지 매각허가결정의 취소신청을 할 수 있다.

---

2) 법원에서 공탁서류를 작성하면서 공탁원인사실에 "○○지방법원 20○○타경○○○호 부동산강제경매사건에 관하여 20○○년 ○월 ○일자 같은 법원이 한 매각허가결정에 대하여 공탁자가 항고하고자 매각대금의 10분의 1에 해당하는 금액을 공탁합니다."라고 기재하고 공탁을 완료한 뒤 그 공탁서 사본을 첨부하면 된다.

> **민사집행법 제121조(매각허가에 대한 이의신청사유)**
>
> 매각허가에 관한 이의는 다음 각호 가운데 어느 하나에 해당하는 이유가
> 있어야 신청할 수 있다.
> 6. 천재지변, 그 밖에 자기가 책임을 질 수 없는 사유로 부동산이 현저하게
> 훼손된 사실 또는 부동산에 관한 중대한 권리관계가 변동된 사실이 경매절
> 차의 진행중에 밝혀진 때

위 규정과 같이, 최고가매수신고인이 매각허가결정 단계에서 부동산의 현저한 훼손이나 중대한 권리관계의 변동을 인지하지 못한 경우 예외적으로 매각허가결정이 된 후에도 매수인의 지위에서 '매각허가결정에 대한 취소신청'을 할 수 있다. 경매절차 진행 정도와 상관없이 무한정 신청할 수 있는 것은 아니고 매수인이 잔금납부를 할 때까지만 신청 가능하다. 또한, 매각허가결정이 있은 뒤에 채무자에 의해 강제집행정지결정 서류가 제출된 경우에도 매수인은 매각대금을 낼 때까지 매각허가결정의 취소신청을 할 수 있다(민사집행규칙 제50조 제2항). 하지만 재매각명령이 난 경우에는 확정된 매각허가결정의 효력이 상실되므로 재매각명령이 난 이후에는 매각허가결정의 취소신청을 할 수 없다.

신청서 양식 및 기본 내용은 앞서 본 '매각불허가신청', '매각허가결정에 대한 이의신청'과 기본적으로 동일하므로 매각허가결정에 대한 취소신청을 위해서는 매각허가결정에 대한 이의신청서 양식을 그대로 활용하면 된다. 제목만 '매각허가결정에 대한 취소신청서'로 바꾸어 이용하면 된다.

매각허가결정에 대한 취소신청서

사   건   20○○타경○○○○○ 부동산임의경매
채   권   자   장○○
채무자 겸 소유자   강○○
신   청   인   김○○

위 사건에 관하여 신청인은 귀원이 20○○. ○. ○○.에 한 매각허가
결정에 대하여 민사집행법 제121조 제6호, 제127조의 규정에 따라
취소를 신청합니다.

신 청 취 지

귀원이 별지 목록 기재 부동산에 대하여 20○○. ○. ○○.에 한 매
각허가결정은 이를 취소한다.
라는 결정을 구합니다.

신 청 이 유

1. 신청인은 위 사건에서 20○○. ○. ○○. 별지 목록 기재 부동산
   (이하 '이 사건 부동산'이라 합니다)을 낙찰받고 같은 날 이 사건
   부동산을 방문한 사실이 있습니다. 그런데 신청인은 이 사건 부동
   산을 방문한 날 여러 개의 호실 중 하나를 주식회사 ○○건설(이
   하 '○○건설'이라 합니다, 증 제1호증 법인등기사항증명서)이 점
   유하면서 유치권을 행사하고 있음을 알게 되었습니다.

2. 이에 신청인은 ○○건설의 직원인 김○○(증 제2호증 명함)을 만
   나 어떻게 이 사건 부동산을 점유하게 된 것인지를 확인해 보았는
   데, 공사를 진행하던 중에 시행자가 파산하여 약 3억 원의 돈을 지
   급받지 못하여 여러 호실 중 하나를 점유하고 있다고 주장하였습
   니다. 해당 호실은 이 사건 부동산의 가장 안쪽 구석에 있어 점유
   여부가 쉽사리 파악되지 않았던 것으로 보이며, ○○건설의 직원

김○○도 경매기입등기가 이루어지기 전인 '20○○. ○. ○○.'부터 이 사건 부동산을 점유하고 있었다고 얘기하였습니다.

이와 같은 경위로 ○○건설은 유치권을 행사하고 있다가, 신청인이 이 사건 부동산을 낙찰받은 직후인 20○○. ○. ○○. 귀원에 유치권신고서를 제출하였습니다(증 제3호증).

3. 대법원은 "부동산 임의경매절차에서 매수신고인이 당해 부동산에 관하여 유치권이 존재하지 않는 것으로 알고 매수신청을 하여 이미 최고가매수신고인으로 정하여졌음에도 그 이후 매각결정기일까지 사이에 유치권의 신고가 있을 뿐만 아니라 그 유치권이 성립될 여지가 없음이 명백하지 아니한 경우, 집행법원으로서는 장차 매수신고인이 인수할 매각부동산에 관한 권리의 부담이 현저히 증가하여 민사집행법 제121조 제6호가 규정하는 이의 사유가 발생된 것으로 보아 이해관계인의 이의 또는 직권으로 매각을 허가하지 아니하는 결정을 하는 것이 상당하다."는 입장을 취하고 있습니다(대법원 2007. 5. 15.자 2007마128 결정). 이러한 대법원 판례의 태도에 따르면, 이 사건 부동산에 대한 매각허가결정은 취소되어야 마땅합니다.

4. 유치권자의 존재가 새로이 밝혀졌고 그 유치권이 인정될 여지가 없음이 명백하지 않은 이상 신청인으로서는 이 사건 부동산을 그대로 낙찰받을 경우 막대한 손해를 입을 개연성이 있으므로, 이 사건 부동산에 대한 매각허가결정을 취소하여 주시기 바랍니다.

입 증 방 법

1. 증 제1호증   법인등기사항증명서
1. 증 제2호증   명함
1. 증 제3호증   유치권신고서

20○○. ○. ○○.

신청인 김 ○ ○ (인)

서울중앙지방법원 경매○계 귀중

5) 매각불허가신청 실전 사례

20■■타경■■■			
소 재 지	대전광역시 대덕구 ■■동 35-■, ■■해피 1동 4층 4■호 도로명주소검색		
물건종별	다세대(빌라)	감 정 가	40,000,000원
대 지 권	16.85m²(5.097평)	최 저 가	(70%) 28,000,000원
건물면적	36.42m²(11.017평)	보 증 금	(10%) 2,800,000원
매각물건	토지·건물 일괄매각	소 유 자	고■■
개시결정	20■■-01-21	채 무 자	고■■
사 건 명	강제경매	채 권 자	방■■

구분	입찰기일	최저매각가격	결과
1차	20■■-06-28	40,000,000원	유찰
	20■■-08-02	28,000,000원	변경
2차	20■■-08-09	28,000,000원	낙찰
낙찰 31,888,000원(79.72%) / 3명 / 불허가			

• 매각물건현황 (감정원 : 미래새한감정평가 / 가격시점 : 2010.03.02)

목록	구분	사용승인	면적	이용상태	감정가격	기타
건물	4층중 4층	02.08.08	36.42m² (11.02평)	주거용	29,200,000원	• 도시가스 난방
토지	대지권		231m² 중 16.85m² • 토지별도등기있음		10,800,000원	
현황 위치	• "■■초등학교" 동측 인근에 위치 • 주위는 단독주택 및 연립주택 등이 혼재한 기존주택지대 • 본건까지 차량접근가능, 인근에 시내버스정류장이 소재하여 제반교통사정 보통 • 대체로 세로장방형의 평탄한 토지, 남동측으로 4-6미터 정도의 도로를 통해 접근 가능					
참고사항	▶본건낙찰 20■■.08.09 / 낙찰금 31,888,000원 / 송■■ / 3명 입찰 / 최고가매각불허가결정					

• 임차인현황 (말소기준권리 : 2004.08.17 / 배당요구종기일 : 2010.04.12)

임차인	점유부분	전입/확정/배당	보증금/차임	대항력	배당예상금액	기타
방■■	주거용 전부	전 입 일: 2002.08.09 확 정 일: 2002.08.10 배당요구일: 20■■02.18	보30,000,000원	있음	소액임차인	임차권등기자경매신청인
임차인분석	▶■■동사무소에 전입세대 확인한 바 방■■(2002.8.9)세대 전입 ▶매수인에게 대항할 수 있는 임차인 있으며, 보증금이 전액 변제되지 아니하면 잔액을 매수인이 인수함					

• 등기부현황 (채권액합계 : 126,524,000원)

No	접수	권리종류	권리자	채권금액	비고	소멸여부
1	2002.10.17	소유권이전(매매)	고■■			
2	2004.08.17	가압류	김■■	66,524,000원	말소기준등기	소멸
3	2005.07.11	가압류	김■■	30,000,000원		소멸
4	2009.07.31	주택임차권(전부)	방■■	30,000,000원	전입:2002.08.09 확정:2002.08.10	
5	2010.01.22	강제경매	방■■	청구금액: 30,000,000원	20■■타경■■	소멸
등기부분석	▶전액미배당시 주택임차권 등기 말소안됨					
주의사항	▶낙찰인에게 대항력있는 임차인이 있음(임대차보증금 3,000만원, 전입 일자 2002.8.9. 확정일자 2002.8.10.)배당에서 보증금이 전액 변제되지 아니하면 잔액을 낙찰자가 인수함					

●●● PART 02 한 권으로 끝내는 소송의 기술 (경매일반편)

매각물건 명세서

사건	20■■타경 ■■■■ 부동산강제경매	매각물건번호	1	담임법관(사법보좌관)	김■■
작성일자	20■■.07.30		최선순위 설정일자	2004.8.17.가압류	
부동산 및 감정평가액 최저매각가격의 표시	부동산표시목록 참조		배당요구종기	20■■.04.12	

부동산의 점유자와 점유의 권원, 점유할 수 있는 기간, 차임 또는 보증금에 관한 관계인의 진술 및 임차인이 있는 경우 배당요구 여부와 그 일자, 전입신고일자 또는 사업자등록신청일자와 확정일자의 유무와 그 일자

점유자의 성명	점유부분	정보출처 구분	점유의 권원	임대차 기간 (점유기간)	보증금	차임	전입신고 일자.사업 자등록신 청일자	확정일자	배당요구 여부 (배당요구 일자)
방명옥		현황조사	주거 임차권자				2002.8.9.		
	404호 전부	권리신고	주거 임차권자	2002.8.4.~20 ■■.2.18.	30,000,000		2002.8.9.	2002.8.10.	20■■.02.18

〈 비고 〉

※ 최선순위 설정일자보다 대항요건을 먼저 갖춘 주택.상가건물 임차인의 임차보증금은 매수인에게 인수되는 경우가 발행할 수 있고, 대항력과 우선 변제권이 있는 주택,상가건물 임차인이 배당요구를 하였으나 보증금 전액에 관하여 배당을 받지 아니한 경우에는 배당받지 못한 잔액이 매수인에게 인수되게 됨을 주의하시기 바랍니다.

※ 등기된 부동산에 관한 권리 또는 가처분으로 매각허가에 의하여 그 효력이 소멸되지 아니하는 것

낙찰인에게 대항력있는 임차인이 있음(임대차보증금 3,000만원, 전입일 2002.8.9. 확정일자 2002.8.10.)배당에서 보증금이 전액 변제되지 아니하면 잔액을 낙찰자가 인수함.

※ 매각허가에 의하여 설정된 것으로 보는 지상권의 개요

해당사항없음

※ 비고란

토지에 별도등기 있음

※ 위 매각물건명세서는 "토지에 별도등기 있음"이라는 기재가 있으나 원래의 매각물건명세서에는 이런 기재가 없었으며, 이는 매각불허가결정이 있고 난 후에 추가된 것이다.

이 사례는 임차인이 보증금 전액을 배당을 받을 것으로 예상하고 입찰자가 부동산을 낙찰받았는데 나중에 확인해보니 토지별도등기가 있고, 토지에 근저당권을 설정한 채권자도 배당을 받아 대항력이 있는 임차인이 전액 배당을 받지 못하는 사건이었다. 토지별도등기가 있을 경우 매각물건명세서에는 토지와 건물의 최선순위권리를 모두 기재해야 하는데 그 부분이 제대로 기재되어 있지 않아, 최고가매수신고인은 이를 원인으로 한 매각불허가를 신청하여 법원이 매각불허가를 결

정한 사안이다.

이와 같이 매각물건명세서의 기재에 흠이 있어 최고가매수신고인에게 예측하지 못한 손해가 발생한다는 점을 강조하면 매각불허가결정을 받아낼 수 있는 경우가 있으므로, 자신에게 불리한 상황이 발생했을 때 적극적으로 대처해야 한다.

서식 2-9 매각불허가신청서(토지별도등기가 미기재되어 낙찰자가 불측의 손해를 입게 된 경우)

매각불허가신청서

사   건   20○○타경○○○○ 부동산강제경매
채   권   자   방○○
채무자 겸 소유자   고○○
신   청   인   송○○

위 사건에 관하여 신청인은 다음과 같이 매각불허가를 신청합니다.

신 청 취 지

별지 목록 기재 부동산에 대한 매각을 허가하지 아니한다.
라는 재판을 구합니다.

신 청 이 유

1. 신청인의 지위

　신청인은 20○○.8.9. 대전지방법원 20○○타경 ○○○○ 부동산강제경매사건에서 별지 목록 기재 부동산(이하 '이 사건 부동산'이라 하고, 토지와 건물을 각 '이 사건 토지', '이 사건 건물'이라 칭합니다)에 대하여 최고가매수신고를 한 자입니다. 그런데 이 사건 부동산에 관하여 낙찰자에게 인수되는 권리가 있음에도 불구

하고 매각물건명세서에는 그러한 내용이 기재되지 않았었기에 신청인이 그 권리를 인수할 위험에 처해 있습니다.

2. 이 사건 토지에는 별도의 등기가 존재합니다.

본래 이 사건 부동산은 다세대주택으로서 임차인 방○○이 임차보증금반환채권에 기해 강제경매를 신청하여 토지·건물이 일괄하여 매각된 부동산입니다. 이 사건 부동산의 권리관계를 살펴보면 임차인 방○○이 2009. 7. 31. 임차권등기명령에 기해 임차권을 등기하고 그 후 판결을 받아 강제경매를 신청하였고, 이에 앞서 2004. 8. 17. 및 2005. 7. 11.에 김○○와 김○○에 의하여 이미 2건의 가압류도 각 설정되어 있었습니다. 이러한 권리 중 설정일이 빠른 김○○의 가압류가 매각목적물인 이 사건 건물에 설정된 최선순위 가압류입니다(증 제1호증 건물등기부등본).

그런데 이 사건 토지에는 2002. 6. 10.에 채권최고액 120,000,000원으로 설정된 근저당권 및 지상권이 별도로 등기되어 있습니다(증 제2호증 토지등기부등본). 이러한 토지별도등기가 있다는 점은 매각물건명세서에 전혀 기재되어 있지 않습니다.

3. 신청인은 현재 토지에 별도로 설정된 근저당권 및 지상권으로 인해 임차인의 보증금까지 추가로 부담해야 하는 상황입니다.

집합건물이 성립하기 전 집합건물의 대지에 관하여 저당권이 설정되었다가 집합건물이 성립한 후 어느 하나의 전유부분 건물에 대하여 경매가 이루어져 매각대금을 먼저 배당하는 사건에서 실무상 처리방법을 보면, 우선 전유부분에 대한 전체 매각대금을 대지권에 해당하는 부분과 건물에 해당하는 부분으로 최초 감정가액의 비율에 따라 나눈 뒤, 토지의 선순위근저당권자는 매각대금 중 대지권에 해당하는 부분에 관하여 피담보채권 전액을 기준으로 우선배당을 받을 수 있으며(대법원 2012. 3. 29. 선고 2011다74932 판결, 2013. 11. 28. 선고 2012다103325 판결), 후순위인 토지·건물의 저당권자 또는 대항력 있는 임차인은 매각대금 중 건물에 해당하는 부분에 관하여 선순위로, 매각대금 중 대지권에 해당하는 부분에 관하여는 후순위로 배당받는 것으로 처리하고 있습니다. 따라서 신청인은 위와 같은 권리관계에 의하여 결과적으로 이 사건 토지에 설정된 근저당권(을구1번, 접수번호 : 제21367호)의 근저당권자가 매각대금 중 대지권에 해당하는 부분에서 전액을 배당받게 되어, 신청인은 선순위대항력이 있는 임차인의 보증금 중 대부분을 부담해야 할 위험에 처해 있습니다. 또한 이 사건 토지에는 지상권도 설정되어 있는데, 이 역시 신청인이 그대로 인수하여야 하는 상황입니다.

4. 이 사건 매각물건명세서상에는 이러한 중대한 하자에 대하여 아무런 기재가 없었으며, 신청인은 위 매각물건명세서를 신뢰하고 입찰을 한 것입니다.

무릇 매각물건명세서라 함은 매수신청인에게 부동산의 물적 부담 상태, 취득할 종물, 종된 권리의 범위 등과 최저매각가격 산출의 기초가 되는 사실을 공시하여 신중한 판단을 거쳐 매각절차에 참가하게 함으로써 예측하지 못한 손해를 입는 것을 방지하고 적정가격에 매각이 되도록 하기 위하여 마련된 제도입니다('법원실무제요-민사집행Ⅱ/부동산집행', 법원행정처, p.161~162). 또한, 민사집행법 제105조 제1항 제3호에 따르면 매각물건명세서에는 '등기된 부동산에 대한 권리 또는 가처분으로써 매각으로 효력을 잃지 아니하는 것', 예컨대 저당권·압류채권·가압류채권에 대항할 수 있는 지상권·지역권·전세권 및 등기된 임차권 등을 기재하여야 하며, 최선순위저당권 설정일자(또는 가압류등기일자)를 기재할 때 건물과 토지의 일자가 다를 때에는 모두 기재하고, 매각부동산이 여러 개인 경우에 설정일자가 다르면 모두 기재하여야 합니다('법원실무제요-민사집행Ⅱ/부동산집행', 법원행정처, p.165~p.168). 그러나 이 사건 토지에 저당권이 별도로 존재하고, 인수해야 되는 지상권이 있음에도 불구하고 매각물건명세서에는 그러한 내용이 전혀 기재되어 있지 않습니다(증 제3호증 매각물건명세서).

참고로 이 사건 부동산의 종전 경매사건인 20○○타경○○○○○ 부동산강제경매사건의 매각물건명세서상에는 '대지권의 목적인 토지(대전 대덕구 대화동 ○○의 ○○)에 설정된 을구1번(2002. 6. 10.자 접수21367호) 근저당권 및 을구2번(2002. 6. 10.자 접수 21368호) 지상권은 매수인이 인수하여야 한다.'는 취지의 기재가 되어 있어 법률 규정에 따라 충실히 매각물건명세서가 작성되어 있었음을 확인할 수 있습니다(증 제4호증 경매사건 검색표).

5. 결론

대법원은 '매각물건명세서의 작성에 중대한 하자가 있는 경우'는 매각불허가사유에 해당한다고 판시하였고(대법원 1997. 10. 13.자 97마1612 결정, 2004. 11. 9.자 2004마94 결정), 여기에 해당하는지 여부는 그 하자가 일반 매수희망자가 매수의사나 매수신고가격을 결정하는 데에 어떠한 영향을 받을 정도의 것이었는지에 따라 판단 가능하다고 하였습니다. 본 사건에서도 이 사건 부동산에는 매수인이 인수하여야 할 중요한 권리관계가 존재하고, 이러한 권리관계가 가격을 결정하는 데에 있어 중요한 요인임에도 불구하고 매각물건명세서에는 그 기재가 누락되었습니다. 이에 최고가매수신고인은 매각불허가신청서를 제출하오니 부디 선처하여 주시기 바랍니다.

입 증 방 법

1. 증 제1호증   건물등기부등본
1. 증 제2호증   토지등기부등본
1. 증 제3호증   매각물건명세서
1. 증 제4호증   경매사건 검색표

20○○. ○. ○○
신청인 송 ○ ○ (인)

대전지방법원 경매○계 귀중

[별지]

부동산의 표시

(1동의 건물의 표시)
대전광역시 대덕구 대화동 ○○-○○ 제1동
[도로명주소] 대전광역시 대덕구 ○○로 제1동
철근콘크리트조 슬래브지붕 4층 다세대주택
1층 145.84㎡
2층 151.36㎡
3층 151.36㎡
4층 152.84㎡

(대지권의 목적인 토지의 표시)
대전광역시 대덕구 ○○동 35-○○○ 대 231㎡

(전유부분의 건물의 표시)
제4층 제4○○호 철근콘크리트조 36.42㎡

(대지권의 표시)
소유권 대지권 231분의 16.85
끝.

3. 매각대금의 납부

1) 대금납부기일 연기신청

　매수인의 대금납부기일 연기신청은 받아들이는 경우가 거의 없지만 예외적으로 여러 부동산을 매각하는데 그중 일부가 먼저 매각되었고, 나머지는 상당한 기간이 지난 후에야 매각될 것으로 예상되며, 먼저 매각된 부동산의 매각대금만으로 일부 배당절차를 실시하는 것이 적당하지 아니한 경우에 신청이 받아들여지는 경우가 있다. 또한, 매수인이 경락부동산을 대체 주거용도로 매수하였는데 위 매입비용이 종전 주거의 처분비용이고, 종전 주거의 잔금을 수령하려면 다소 시일이 요구되는 경우 잔금납부기일의 연기신청을 받아들이기도 한다. 즉, 어느 경우라도 법원을 설득할 수 있는 합리적인 이유가 있다면 한번 시도해 볼 만하다.

서식 2-10 대금납부기일 연기신청서(개별매각 중에서 일부만 먼저 매각된 경우)

대금납부기일 연기신청서

사　　　　건　20ㅇㅇ타경ㅇㅇㅇㅇ호(물번12) 부동산임의경매
채　권　자　송ㅇㅇ
채무자겸소유자　김 ㅇㅇ
신　청　인　정ㅇㅇ

신청인은 이 사건 부동산의 최고가매수신고인으로 다음과 같은 사유로 대금납부기일 연기신청을 하오니 부디 허가하여 주시기 바랍니다.

다　음

1. 이 사건 부동산은 일괄매각이 아닌 개별경매로 진행되어 총 85건이 함께 경매가 진행되었는데 그중에서 10건만 낙찰이 되고 나머

지 75건은 아직 매각절차가 진행 중입니다.

2. 이 사건 부동산의 임차인 박ㅇㅇ은 소액임차인에 해당되고 신청인이 낙찰 후 위 임차인과 면담한바 배당을 받아야만 새로 이사 갈 집의 임차보증금을 지급할 수 있다고 하였습니다.

3. 만약 신청인이 잔금납부 후 인도명령을 신청할 경우 위 임차인이 배당을 받기 전에 인도명령이 결정될 수 있습니다. 그렇지 않다면 신청인이 잔금을 납부하고 상당기간이 지나야만 부동산을 인도받을 수 있어서 어느 쪽이든 불합리한 상황이 전개될 수 있습니다.

4. 이에 이 사건 부동산 외 나머지 부동산들이 매각될 때까지 잔금납부기일 연기신청을 하오니 부디 허가하여 주시기 바랍니다.

20ㅇㅇ. ㅇ. ㅇ.
최고가매수신고인 겸 신청인   정 ㅇ ㅇ   (인)

수원지방법원 안산지원 경매ㅇ계 귀중

2) 차액지급신고[3]

매각대금을 배당받을 지위에 있는 채권자(임차인, 근저당권자, 담보가등기권자 등)가 부동산을 낙찰받은 경우에는 매각대금에서 배당기일에 실제 배당받을 수 있는 금액을 제외하고 나머지 대금만을 납부할 수 있다. 차액지급신고는 낙찰 후 매각결정기일이 종료하기 전에 법원에 신고서를 제출하여야 하고 그 이후에 제출하는 것은 부적법하다. 그런데 배당액 공탁사유가 있거나(민사집행법 제160조 제1항), 매

---

3) 과거에는 '상계'라는 표현을 주로 사용하였으나, 법문상 '상계'라는 표현을 사용하지 않고 있고 다소 적절하지도 않기 때문에 근래에는 '차액지급신고'라는 표현을 주로 사용한다.

수인의 채권이 압류 또는 가압류된 경우에는 차액지급신고가 허용되지 않는다. 차액지급신청이 받아들여질 경우 잔금기일과 배당기일이 동시에 지정되고, 차액지급신고가 허용될 수 없는 경우 법원은 대금지급기한을 지정하여 통지한다.

차액지급이 허용되어 매수인이 자기의 배당액을 공제한 잔액을 납부한 경우에도 매수인의 배당액에 대하여 다른 채권자가 배당이의신청을 하였을 때에는 매수인은 배당기일이 끝날 때까지 이의가 제기된 부분만큼의 대금을 현금으로 납부해야 한다.

서식 2-11 차액지급신고서

차액지급신고서

사   건   20○○타경○○○○○ 부동산임의경매
채   권   자   송○○
채   무   자   김○○
소   유   자   김○○
매수인 겸 신고인   정○○

매수인은 위 사건 부동산의 채권자(임차인)인바, 민사집행법 제143조 제2항의 규정에 따라 매수인이 배당기일에 실제로 배당받을 수 있는 금액을 제외한 나머지 매각대금을 배당기일에 납부할 것을 신고합니다. 만일, 매수인이 배당받아야 할 금액에 대하여 이의가 제기된 때에는 매수인은 배당기일에 이에 해당하는 금액을 납부하도록 하겠습니다.

20○○. ○. ○○.
매수인 겸 신고인   정○○ (인)

서울중앙지방법원 경매○계 귀중

3) 농지취득자격증명에 관한 의견 제출

지목이 농지인 경우 매각허가결정 전까지 농지취득자격증명을 집행법원에 제출해야 하고, 미제출 시 집행법원은 직권으로 매각불허가결정을 한다. 그런데 지목은 전, 답으로 되어 있는데, 실제 현황은 건물의 부속토지로 사용되는 경우가 종종 있다. 이런 물건의 경우 해당물건의 관할 관청에 농지취득자격증명을 신청할 경우 농지로 볼 수 없다는 이유로 반려되는 때가 있는데, 이 반려증명서를 본 의견서와 함께 제출하면 매각허가결정을 받아낼 수도 있을 것이다.

대법원 판례에 의하면, 어떤 토지가 농지법상 농지인지의 여부는 공부상의 지목 여하에 불구하고 해당 토지의 사실상의 현상에 따라 가려져야 하고, 공부상 지목이 농지인 경우 전용허가를 받아 그 현황이 변경되었다고 하더라도 그 토지에 견고한 구조물이 축조되어 있지 아니하고 터파기 작업 등이 이루어져 현상이 크게 변동된 것이 아니어서 그 원상회복이 비교적 용이하게 이루어질 수 있다면 그 토지는 여전히 농지에 해당한다고 본다(대법원 1999. 2. 23.자 98마2604 결정 등). 반대로 농지전용허가를 받은 토지에 견고한 구조물의 축조 또는 터파기 작업 등으로 인해 현상이 크게 변동되었기 때문에 원상회복이 용이하지 않은 경우에는 농지가 아니라고 할 것이다. 그런데 무허가 전용농지의 경우에는 향후 그 토지에 대한 원상회복명령이 내려질 가능성이 있다면, 농지에 해당하므로 농지취득자격증명이 필요하다.

서식 2-12 농지취득자격증명에 관한 의견서

농지취득자격증명에 관한 의견서

사　　　건　20○○타경○○○○ 부동산강제경매
채　권　자　주식회사 ○○저축은행
채무자 겸 소유자　정○○

신   청   인   박○○

위 사건에서 매각되는 토지는 총 5필지이고, 지목이 모두 전, 답인 까닭에 귀원은 '농지취득자격증명원'을 제출하는 것을 조건으로 같은 토지를 매각하였습니다. 이에 대해서 최고가매수신고인 겸 신청인 박○○은 다음과 같이 소명자료를 제출합니다.

다   음

1. 신청인은 경기 양평군 ○○면 ○○리 2○○-6, 2○○-7, 2○○-8 총 3필지에 관하여 ○○면사무소에서 농지취득자격증명을 교부받았습니다(증 제1호증 농지취득자격증명).

2. 그러나 경기 양평군 ○○면 ○○리 2○○-2, 2○○-3 2필지(이하 '이 사건 토지'라 합니다)는 농지법상 농지로 볼 수 없다는 이유로 농지취득자격증명신청이 반려되었습니다. 왜냐하면 위 2필지는 농지전용이 되어, 같은 토지 위에 지상 2층의 철골조 단독주택이 이미 완공되어 있기 때문입니다. 즉, 위 2필지는 주택부속토지로 이용되고 있어서 지목은 농지일지라도 실제로는 대지로 사용되고 있기에 농지법상 농지에 해당되지 않습니다(증 제2호증 농지취득자격증명발급 반려통지서, 증 제3호증 현황사진, 증 제4호증 건축개요서).

3. 대법원 판례에 의하면, 지목은 전으로 되어 있지만 객관적인 현상으로 보아 농지가 아닌 경우 최고가매수신고인이 농지취득자격증명을 제출하지 못할지라도 매각허가결정을 하는 것이 타당하다고 합니다(대법원 1997. 12. 23. 선고 97다42991 판결, 1987. 1. 15.자 86마1095 결정). 이 사건 토지의 경우에도 지목만 전, 답으로 되어 있고, 실제로는 농지가 전용되어 철골조로 2층 주택이 완공되어 있는바, 객관적으로 농지에 해당한다고 볼 수 없으므로 신청인이 위 토지를 낙찰받음에 있어서 농지취득자격증명을 받을 필요

가 없다고 할 것입니다.

4. 따라서 20○○타경○○○○ 부동산강제경매사건으로 매각된 총 5필지 중에서 농지 3필지에 관하여는 농지취득자격증명을 제출하고, 지목은 농지일지라도 객관적으로 대지로 되어 있는 2필지에 관하여 반려통지서를 제출하오니 매각을 허가하여 주시기 바랍니다.

입 증 방 법

1. 증 제1호증   농지취득자격증명
1. 증 제2호증   농지취득자격증명발급 반려통지서
1. 증 제3호증   현황사진
1. 증 제4호증   건축개요서

20○○. ○. ○○.

신청인 박 ○ ○ (인)

수원지방법원 여주지원 경매○계 귀중

4. 기타 중요서식

1) 채무자(소유자), 채권자가 활용할 수 있는 서식 – 재감정신청서

부동산에 대한 경매개시결정이 나면, 법원은 감정인을 지정하여 감정인으로 하여금 해당 부동산의 가치를 평가하여 감정서를 법원에 제출할 것을 명한다. 그런데 이 감정서의 평가 결과는 부동산의 소유자(채무자) 및 채권자로서는 매우 중요하다. 부동산의 가치를 높게 평가받아야 궁극적으로 채권자들이 배당을 많이 받아갈 수 있어 채무자에게는 채무 탕감에 큰 도움이 되고, 채권자는 채권 만족을 얻을 가능성이 높아지기 때문이다. 그래서 감정인의 의견에 합리적인 근거가 없거나 평가 당시에 당연히 고려하여야 할 점을 고려하지 않고 평가하여서 이를 최저매각가격으로 삼을 수 없다고 인정되는 경우에는 법원은 재감정평가를 명할 수 있으므로, 이해관계인은 법원에 부동산의 재감정을 요청해 볼 수 있다.

서식 2-13 재감정신청서

재감정신청서

사   건   20○○타경○○○○ 부동산강제경매
채   권   자   고○○
채무자 겸 소유자   홍○○
신   청   인   홍○○

위 사건에 관하여 신청인(채무자 겸 소유자) 홍○○은 다음과 같은 사유로 경매대상 부동산에 관하여 재감정을 신청합니다.

다   음

1. 신청인 주장의 요지

   귀원은 경매대상 부동산(이하 '이 사건 부동산'이라 합니다)에 대하여 감정을 할 것을 명하였고, 이에 감정인은 20○○. ○. ○○. 같은 부동산의 가치를 1억 8,000만 원으로 평가하여 귀원에 보고하였습니다. 그러나 이러한 감정 결과는 위법한 조사에 터 잡아 이루어진 것이어서 취신되어서는 안 되므로 재감정평가를 명해주실 것을 요청드립니다.

2. 감정평가의 부당성

   가. 신청인은 이 사건 부동산을 3억 1,000만 원에 분양받았습니다.

   신청인은 20○○. 10. 무렵 이 사건 부동산을 분양받았는데 이

때 신청인은 이 사건 부동산을 금 3억 1,000만 원에 분양받기로 하는 계약을 체결하였던 바 있습니다(증 제1호증 분양계약서). 또한, 이 사건 부동산은 분양받을 당시 잔금납부를 위해 대출을 받았고, 그에 터 잡아 현재 등기부상에는 근저당권이 설정되어 있습니다. 위 대출실행을 위해 국민은행 옥련동지점에서는 ㈜대화감정평가법인에 이 사건 부동산에 관한 감정평가를 의뢰하였었는데, 20○○. 10. 22. 이 사건 부동산에 관하여 위 평가법인이 평가한 금액은 신청인이 분양받은 가격과 동일한 금 3억 1,000만 원이었습니다(증 제2호증 분양 당시 감정평가서).

그래서 이를 근거로 신청인은 국민은행에서 정상적으로 대출받아 분양잔금을 치룰 수 있었습니다. 그럼에도 불구하고 이 사건 부동산의 경매 감정가는 분양 당시 가격에 비교하여 무려 1억 3,000만 원이나 낮은 1억 8,000만 원으로 평가되었습니다.

나. 이 사건 감정평가서는 '거래사례비교법'으로 평가되어 작성되었으나, 감정가액과 실제 거래시세 역시 큰 차이가 납니다.

통상적으로 경매매각을 목적으로 이루어지는 감정평가에서 주거용 부동산의 경우, 국토해양부에 게시된 실거래가를 참고로 하여 최저가와 최고가 중 최고가로 감정평가하여 채권자가 원활한 채권회수를 할 수 있게 하고, 상가의 경우에는 분양가 내지 거래되었던 최고시세를 기준으로 평가를 합니다. 하지만 이 사건의 감정평가는 정상적인 거래가격수준조차 참고하지 않고 저가로 평가되었습니다. 실제로 신청인이 이 사건 인근의 부동산 중개업소 3곳을 들러 시세를 확인한바, 실제의 거래시세는 약 3억 원 정도인 것으로 확인할 수 있었습니다(증 제3호증의 1 내지 3 각 시세확인서). 그러므로 이 사건 감정평가 금액은 실제 거래시세에 비교하더라도 무려 1억 2천만 원가량 낮게 감정된 금액인 것입니다.

다. 경매 감정평가액이 일반적 기준에 비하여 현저하게 낮게 평가
되어 매각된다면 신청인에게 심각한 경제적인 피해가 우려되
는 상황입니다.

이 사건은 경제적 사정이 안 좋아진 신청인이 대출이자를 제
대로 납부하지 못하여 어쩔 수 없이 사채를 이용하게 되었는
데, 그 후 이자를 제대로 변제하지 못해 강제경매에 이른 사건
입니다. 그런데 이렇게 경매 감정가격까지 본래 분양가와 시
세보다 낮게 평가된다면 이미 경제적으로 어려운 상황에 있는
신청인이 이중의 고통을 받게 됨이 명백하고, 이렇게 낮은 가
격으로 매각이 된다면 현재 채무조차 제대로 변제할 수 없는
상황입니다.

3. 결론

현재의 감정평가 결과는 분양가와 실제 시세만 보더라도 그와는
큰 괴리가 있어 경매절차상 최저매각가격의 결정에 중대한 하자
라고 할 수 있습니다. 만약 현재의 감정평가액에 따라 경매절차가
진행된다면 향후 신청인을 포함하여 다수의 선의의 피해자가 발
생할 우려가 농후하므로, 신청인은 귀원에서 재평가명령을 내려
주시어 이 건 부동산에 대한 시세에 맞는 평가액을 다시 산출해주
시기를 바랍니다.

입 증 방 법

1. 증 제1호증   분양계약서
1. 증 제2호증   분양 당시 감정평가서
1. 증 제3호증의 1 내지 3 각 시세확인서

20○○. ○. ○○.

위 신청인 홍 ○ ○ (인)

의정부지방법원 고양지원 경매 ○계 귀중

2) 채권자·임차인이 활용할 수 있는 서식 ①
– 배당요구신청서

이 서식은 채무자(부동산 소유자)에 대하여 금전채권을 가지고 있는 채권자 중 배당을 요구할 수 있는 지위에 있는 채권자가 활용할 수 있는 양식이다. 경매대상 부동산에 거주 중인 임차인도 이 서식을 이용하여 경매법원에 보증금의 배당을 신청할 수 있다.

서식 2-14 | 배당요구신청서

배당요구신청서

사 건 번 호   20ㅇㅇ타경ㅇㅇㅇㅇ 부동산강제경매
채 권 자   김ㅇㅇ
채무자 겸 소유자   홍ㅇㅇ
임차인 겸 신청인   최ㅇㅇ

위 사건에 관하여 배당요구채권자(임차인 최ㅇㅇ)는 이 사건 매각목적 부동산에 임대차계약 후 아래와 같이 입주하여 왔던바, 이 사건 매각부동산의 매득금에서 우선 배당하여 주시기 바랍니다.

다 음

ㅇ 배당요구채권자
  이름 : 최ㅇㅇ (5ㅇㅇㅇㅇㅇ-1ㅇㅇㅇㅇㅇㅇ)
  주소 : 서울 ㅇㅇ구 ㅇㅇ로 ㅇㅇ
  (연락처 : 010-ㅇㅇㅇㅇ-ㅇㅇㅇㅇ)

ㅇ 배당요구채권
  금 40,000,000원
  임대차보증금반환채권

○ 전입신고일 : 20○○년 1월 2일
　입주일 : 20○○년 1월 2일

첨 부 서 류

1. 주민등록등본　　　　　　1통
1. 임대차계약서　　　　　　1통

20○○. ○. ○○.

신청인　최 ○ ○　(인)

서울중앙지방법원 경매○계　귀중

3) 채권자 · 임차인이 활용할 수 있는 서식 ②
- 배당요구종기일 연기신청서

　이 서식은 배당요구를 해야만 배당받을 수 있는 채권자임에도 배당요구종기일 이내에 부득이한 사정으로 배당요구신청을 하지 못했을 경우 집행법원에 배당요구종기일의 연기를 신청할 때에 사용할 수 있는 양식이다. 법원은 채무자에 대하여 경매개시결정이 송달되지 않았다거나 감정평가나 현황조사가 예상보다 늦어지는 경우가 아닌 한 쉽게 배당요구종기일을 연기해 주지 않으므로, 법원이 수긍할 만한 특별한 사정(질병, 해외출장 등)을 차분히 기재하는 것이 중요하다. 다분히 주관적인 사정만으로는 배당요구종기일을 연기해 주지 않는다. 이러한 신청서만 낸 뒤 기다리지만 말고 경매계 참여관에게도 전화를 하여 사정을 간곡히 설명해 보도록 하자.

배당요구종기일 연기신청서

사   건   20○○타경○○○○ 부동산강제경매
채   권   자   나○○
채무자 겸 소유자   홍○○
신청인 겸 임차인   송○○

위 사건에 관하여 신청인 송○○는 경매대상 부동산에 관하여 다음
과 같은 사유로 배당요구종기일의 연기를 신청합니다.

다   음

1. 신청인은 20○○타경○○○○ 부동산강제경매사건의 별지 목록
   기재 부동산에 2009. 2. 12.부터 보증금 2,000만 원에 월차임 45만
   원에 임대차계약을 맺고 거주하고 있는 임차인입니다(첨부서류
   임대차계약서).

2. 신청인은 독신으로 혼자 살고 있고 ○○건설 주식회사에 재직 중
   입니다. 그런데 신청인은 20○○. ○. ○○.부터 20○○. ○. ○
   ○.까지 사우디아라비아 공사현장에서 파견근무를 하였고, 며칠
   전 한국으로 돌아왔습니다(첨부서류 출장사실확인서). 그래서 신
   청인은 법원에서 발송한 최고서를 제때에 확인하지 못하였으며,
   배당요구종기일 이내에 신청할 수 있는 시기를 놓쳤습니다.

3. 이에 배당요구종기일 연기신청서를 제출하오니 부디 허가하여 주
   시기 바랍니다.

첨 부 서 류

1. 임대차계약서
1. 출장사실확인서

20○○. ○. ○○.
신청인 송 ○ ○ (인)

서울서부지방법원 경매○계 귀중

명도절차

1. 명도의 중요성

명도는 경 · 공매의 꽃이라 불릴 만큼 중요하고 어려운 절차이다. 일반적으로 명도절차가 경 · 공매의 진행절차 중에 가장 껄끄럽고 어렵다는 인식이 있기 때문에 명도는 누구나 경 · 공매 시장에 쉬이 뛰어들지 못하는 이유가 되기도 한다. 반대로 이러한 명도는 그 노하우만 적절히 체득하게 되면 경 · 공매에 입문한 이들에게 일반거래보다 더 나은 수확을 얻을 수 있게 해주는 열쇠(key point)가 되기도 한다.

낙찰 후 명도를 할 때는 머릿속에 다음 절차를 염두에 두고 어떤 타이밍에 압박을 하고, 회유를 할 것인지 생각하며 만남을 가져야 한다. 명도를 위해 내용증명, 인도명령 등 법적 절차를 적절하게 구사하면 수월하게 마무리가 가능하다.

낙찰받은 후 첫 만남부터 합의를 이끌어내는 단계까지의 과정은 다음 표와 같다.

≫ 낙찰부터 합의까지의 과정

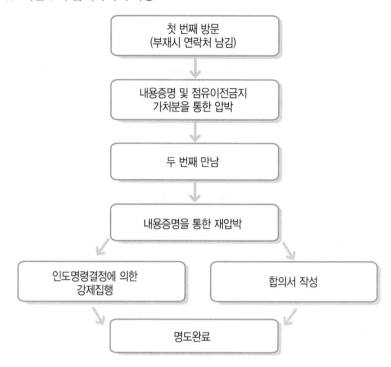

2. 내용증명과 점유이전금지가처분의 활용

1) 내용증명의 발송

　부동산을 낙찰받으면 그 다음 절차는 매수인이 부동산의 점유자를 만나 명도를 위한 협상을 하는 것이다. 이때 대부분의 낙찰자들은 점유자를 만날 것에 대한 심리적 부담을 느끼게 된다.

　'이사비를 많이 요구하면 어쩌지?'

　'인상이 험악한 사람이 나와서 그 집에서 안 나간다고 버티면 어쩌지?' 등등

　첫 만남에서부터 낙찰자와 점유자 간의 협상이 시작되는 것이므로,

낙찰자로서는 점유자에게 가벼운 인상보다는 다소 만만찮은 인상을 줄 필요가 있다. 가벼운 첫인상을 준다면 상대방은 무리한 요구를 반복할 가능성이 높아지기 때문이다. 이때 어느 정도 무게감 있는 인상을 주기 위해 활용 가능한 것이 바로 내용증명이다. 첫 내용증명을 보낼 때는 앞으로의 절차·계획에 관한 내용을 담아 친절한 문체보다는 격식 있는 문체로 보내는 것이 좋다.

서식 2-16 **내용증명(낙찰 후 법적 절차 최고)**

내 용 증 명

제목 : 낙찰 후 법적 절차 예정 통보

수신인 : 이 ○ ○
주   소 : 서울 도봉구 노해로45길 ○○, ○○아파트 1○○동 5○○호

발신인 : 임 ○ ○
주   소 : 경기도 안산시 상록구 석호로 4○○

<부동산의 표시>
서울 도봉구 노해로45길 ○○, ○○아파트 1○○동 5○○호

아 래

1. 귀하의 발전을 간절히 기원합니다. 본인은 서울북부지방법원 20○○타경○○○○○호 부동산임의경매절차에서 상기 부동산을 낙찰받아 20○○. ○. ○. 매각대금을 완납한 후 소유권이전등기를 경료한 소유자입니다. 상기 부동산을 점유하고 있는 귀하에게 앞으로 진행될 절차에 대해 알려드리고자 본 서면을 보내드립니다.

2. 귀하는 상기 부동산을 점유하고 있기는 하나 본 낙찰자와 아무런 법률관계가 없으므로, 본인에게 상기 부동산을 인도하여야 하며

본인이 소유권을 취득한 날부터는 부동산을 무단으로 사용하고 있는 것에 대한 월세 상당의 부당이득금을 지급할 의무가 있습니다. 귀하는 본인의 매각대금 완납일로부터 상기 부동산을 명도하는 시점까지 매월 1,900,000원(○○아파트 전세 가격의 1%로 보증금 없는 월 임대료) 상당의 임료를 지급해 주시기를 요청드립니다(계좌번호 : 예금주 임○○, ○○은행 123-45678-00-000). 또한, 본인은 20○○. ○. ○○. 귀하를 상대로 서울북부지방법원에 부동산 인도명령을 신청하였습니다. 인도명령을 받는 대로 상기 부동산에 대한 강제집행을 신청할 예정입니다.

3. 귀하가 법원에서 임차보증금을 배당받기 위해서는 낙찰자 본인의 명도확인서와 인감증명서가 필요합니다. 본인은 귀하의 보증금 수령을 위해 상기 부동산의 이사 완료 및 관리비 정산 후 위 서류들을 교부해 드리도록 하겠습니다. 본인은 이미 매각대금을 완납하였으므로 약 한 달 후로 배당기일이 정해질 것입니다. 따라서 위 날짜 이전에 이사를 나가주시기 바랍니다.

만약 본인과 귀하 사이에 합의가 이루어지지 않을 경우 강제집행이 이루어질 수 있으며, 위와 같은 강제집행절차에 의해 상기 부동산이 인도될 경우에는 위 강제집행절차를 진행하는 데 드는 모든 소송비용 및 강제집행비용(노무비용, 창고보관료 등 포함)을 귀하에게 청구할 예정입니다.

4. 귀하 또한 이 사건의 부동산이 경매로 매각되어 지금까지 많은 정신적 고통이 있었을 것으로 생각되며, 본인도 이 점에 대해 진심으로 안타깝게 생각하는 바입니다. 귀하와 본인의 원만한 협의를 통해 빠른 합의점을 찾기를 기대합니다.

20○○. ○. ○.

낙찰자 임 ○ ○ (인)

2) 부동산점유이전금지가처분의 신청

내용증명은 협상결렬 시 장래에 진행될 법적 절차와 그 금전적인 부담에 관한 사항을 담은 서면이기에 이를 잘 활용할 경우 상대방과 협상이 수월해진다. 하지만 그 단계에서 협의가 더디게 진행될 수 있다. 이때 신속하게 취할 수 있는 조치가 '부동산점유이전금지가처분'이다. 가처분의 경우 신청부터 결정까지 본안소송에 비해 신속하게 진행되고, 법원의 집행관이 직접 해당 부동산을 방문하여 집행하기에 부동산의 점유자는 훨씬 더 큰 중압감을 느끼고 협상 테이블로 나오는 경우가 많다.

부동산의 점유자가 부동산의 점유를 다른 사람에게 넘길 염려가 있는 경우 또는 가벼운 압박으로도 명도가 수월하게 진행될 것으로 예상되는 경우에는 법원에 부동산점유이전금지가처분을 신청하는 방법을 추천한다. 집행관이 부동산을 방문하여 사람이 없으면 강제로 문을 열고 집안에 들어가 공고문을 직접 붙이고 나오고, 사람이 있을 경우에는 점유자에게 가처분의 내용에 관한 고지를 하고 공고문을 부동산 내부에 붙인다. 이러한 공고문을 집안 내에 붙이면 점유자로서는 상당한 부담감을 느낄 수밖에 없다.

서식 2-17 부동산점유이전금지가처분신청서

부동산점유이전금지가처분신청서

채 권 자 송 ○ ○
　　　　　경기도 부천시 ○ ○ 구 ○ ○ 로 ○ ○ ○
채 무 자 박 ○ ○
　　　　　경기도 안산시 ○ ○ 구 ○ ○ 로 ○ ○ 2 ○ ○ 호

목적물의 가액 : 50,000,000원
피보전권리의 요지 : 소유권에 기한 건물인도청구권
(가처분할 목적물 : 별지 목록 기재 부동산)

신 청 취 지

채무자는 별지 목록 기재 부동산에 대한 점유를 풀고 채권자가 위임하는 집행관에게 인도하여야 한다.

집행관은 현상을 변경하지 아니할 것을 조건으로 하여 채무자에게 이를 사용하게 하여야 한다.

채무자는 그 점유를 타인에게 이전하거나 점유 명의를 변경하여서는 아니 된다.

집행관은 위 명령의 취지를 적당한 방법으로 공시하여야 한다.

라는 재판을 구합니다.

신 청 이 유

1. 채권자는 별지 목록 기재 부동산(이하 '이 사건 부동산'이라 합니다)을 인천지방법원 20ㅇㅇ타경ㅇㅇㅇㅇㅇ호 부동산임의경매사건에서 낙찰받은 매수인입니다. 채권자는 매각대금을 20ㅇㅇ. 9. 26. 완납하여 이 사건 부동산의 소유권을 취득하였습니다(소갑 제1호증 등기사항증명서).

2. 그런데 채무자는 이 사건 부동산의 전 소유자로서 즉시 이 사건 부동산에서 퇴거하여야 함에도 불구하고, 막대한 이사비를 요구하는 등 무리한 요구를 반복하면서 이 사건 부동산을 아무런 권원 없이 계속 점유·사용하고 있습니다(소갑 제2호증 현황조사서).

3. 따라서 채권자는 채무자를 상대로 명도소송을 제기하려고 준비 중에 있으나 그 사이에 채무자가 점유를 타에 이전한다면 명도소송에서 승소하더라도 집행이 불가능하게 되므로 집행보전을 위하여 이 사건 신청에 이르게 된 것입니다. 이 사건 가처분에 따른 담보제공은 보증보험증권으로 제출할 수 있도록 허가하여 주시기 바랍니다.

소 명 방 법

1. 소갑 제1호증   등기사항증명서
1. 소갑 제2호증   현황조사서

첨 부 서 류

1. 토지대장
1. 건축물대장
1. 목적물가액 산출내역

20○○. ○. ○○.
채권자 송 ○ ○ (인)

수원지방법원 안산지원 귀중

3. 인도명령의 신청

1) 인도명령이란

> **민사집행법 제136조(부동산의 인도명령 등)**
>
> ① 법원은 매수인이 대금을 낸 뒤 6월 이내에 신청하면 채무자·소유자 또는 부동산 점유자에 대하여 부동산을 매수인에게 인도하도록 명할 수 있다. 다만, 점유자가 매수인에게 대항할 수 있는 권원에 의하여 점유하고 있는 것으로 인정되는 경우에는 그러하지 아니하다.

인도명령이란 경매에서 부동산을 낙찰받은 매수인이 해당 부동산을 점유하고 있는 채무자, 소유자, 대항력 없는 임차인 등 대항할 점유권원이 없는 자에 대하여 부동산을 인도하도록 명령하는 절차를 말한다. 통상적인 경우라면 부동산 점유자를 상대로 부동산명도소송을 제기하여 판결을 받은 다음 집행을 하는 것이 올바른 수순이다. 그런데 부동산명도소송절차를 이용하면 소송에 상당한 시간과 비용이 들 수밖에 없어, 부동산을 낙찰받은 자에게 막대한 손해가 발생할 수 있다. 이에 법에서 경매의 경우에 특별히 '인도명령'이라는 제도를 만들어 둔 것이다.

인도명령은 잔금납부 후 6개월 이내에만 가능하고, 그 후엔 대항력이 없는 점유자일지라도 인도명령을 구할 수 없다. 인도명령을 신청할 수 있는 자는 낙찰자와 낙찰자의 상속인으로 한정되고 낙찰자로부터 부동산을 매수한 자는 인도명령을 신청할 수 없다. 낙찰자가 제3자에게 매도를 하여 소유자의 지위를 상실하여도 6개월의 기간이 지나지 않았다면 낙찰자는 여전히 인도명령을 신청할 수 있는 권리가 있다.

실전TIP '인도'와 '명도'의 차이점

건물의 점유를 이전해 달라는 소송을 '명도소송'이라고 칭하기도 하고, '인도소송'이라고 칭하기도 한다. 두 개의 용어가 병행되어 사용되고 있어 다소 혼란스럽겠지만, 결론부터 말하면 어떠한 용어를 사용해도 상관없으나 근래는 '인도'라는 용어가 널리 쓰이고 있다.

예전의 법에서 '명도'라는 용어는 그 부동산을 인도함과 동시에 그 부동산 내에 있는 동산(TV, 에어컨 등)을 모두 반출하여야 한다는 의미로 '인도'라는 용어와 구별하여 썼다. 그런데 현행 법제에서는 부동산을 '인도'할 경우 그 부동산 내에 비치된 동산은 집행관이 모두 제거하도록 규정하면서(민사집행법 제258조 제3항), '명도'라는 용어를 모두 삭제했다. 즉, 현행 법제에서는 '명도'라는 용어와 '인도'라는 용어의 차이를 따로 구별할 실익이 없으므로, 어떤 용어를 사용해도 괜찮다.

2) 인도명령의 대상

낙찰 후 인도명령을 신청할 수 있는 대상자에는 채무자, 소유자 및 이들의 일반승계인[4], 대항할 권원이 없는 점유자가 포함된다. 단, 부동산 점유자가 임차인의 지위에 있는 경우 임차인의 대항력 여부를 판단하고 인도명령이 결정되므로 주의해야 한다.

한 집에 임차인 A와 그의 처 B, 그리고 3살배기 딸 C가 살고 있다고 가정해 보자. 이때 인도명령은 누구를 대상으로 신청하여야 할까? 상식적으로 보면 A, B, C 모두에 대하여 신청하여야 할 것 같기도 하다. 명도집행을 하려면 끌어내려는 사람을 모두 특정하여야 하는 것이 아닌가 하고 생각이 들기 때문이다.

그러나 여기서는 A만을 인도명령의 대상으로 하면 된다. A와 B, C는 생활공동체이기 때문에 A에 대한 인도명령결정만으로도 B, C를 한꺼번에 집행할 수 있기 때문이다. 법률적으로 B, C와 같은 지위에 있는 자를 '점유보조자'라 한다. 이러한 점유보조자를 상대로는 굳이 인도명령을 신청할 필요가 없으며, 다만 전입신고, 사업자등록이 별도로 되어 있거나 별개의 점유사실이 경매기록상 명백히 확인되는 경우에는 같이 신청하도록 한다.

다음과 같은 경우에는 인도명령이 받아들여지지 않는다.

① 매수인에게 대항할 수 있는 임차인 또는 유치권자가 있는 경우

② 기존 점유자가 낙찰 후 매수인과 새로 임대차계약을 체결한 경우
   (대금납부 후 기존 점유자와 재계약을 체결할 시 주의를 요함)

③ 낙찰 후 기존의 채무자, 소유자에게 해당 부동산을 매도한 경우

④ 부동산 인도집행 후 제3자가 해당 부동산을 불법적으로 점유하는 경우

---

4) '일반승계'(포괄승계)란 상속, 합병 등을 통해 관리·의무를 포괄적으로 이전되는 것을 말하는데, 채권양도, 매매와 같이 어떤 권리나 의무가 개별적으로 이전되는 '특별승계'와 구별되는 개념이다. 여기서는 일반승계인으로는 채무자의 상속인이나 채무자 회사를 합병한 법인이 될 수 있다는 정도만 알아두자.

실전TIP 점유보조자란?

점유보조자는 물건에 대한 사실상의 지배를 하고 있지만, 법률상 점유권은 인정받지 못하는 자를 의미한다. 점유자와 점유보조자는 구분되는 개념인데, 인도명령은 점유자에 대해서만 신청하면 되고, 점유보조자에 대해서는 따로 신청할 필요가 없다. 점유자에 대해서 인도명령을 받으면, 점유보조자에 대해서도 한묶에 명도집행을 실시할 수 있기 때문이다. 점유보조자에 대해서는 인도명령을 신청할 수 없음이 원칙이기는 하나(대법원 1998. 6. 26. 선고 98다16456 판결), 점유자인지 점유보조자인지 여부는 사실관계 여하에 따라 충분히 달리 평가할 수 있는 것이기에 점유보조자에 대한 인도명령을 신청하는 경우 특별히 쟁점화되지 않는 이상 그 점유사실만 입증된다면 인도명령을 발령해 주는 것이 보통이다. 점유자인지 점유보조자인지 여부에 대해 명확한 판단이 서지 않는 경우, 그 사람의 인적 사항이 확인된다면 인도명령의 대상에 일단 포함시키는 것을 추천한다.

3) 인도명령 및 강제집행절차

낙찰자는 점유자에 대해 법적 절차를 진행하지 않고 최대한 원만하게 협의를 통한 명도로 마무리하는 것이 좋다. 그러나 점유자가 너무 무리한 요구를 하거나 상식을 벗어나는 행동을 하는 경우에는 어쩔 수 없이 낙찰자로서도 협상을 위한 무기가 필요하다. 이때 '인도명령'이 낙찰자를 위한 강력한 무기가 된다. 낙찰자가 법적 절차를 원활하게 처리할 수 있으면서도 그러한 절차를 밟지 않는 것과 할 수 없어서 못하는 것은 점유자를 대할 때 낙찰자의 자신감에서부터 크게 차이가 난다. 원래 믿는 구석이 있으면 목소리가 우렁찬 법이다.

① **인도명령의 신청** : 낙찰자가 잔금납부와 동시에 인도명령을 신청하게 되면, 경매법원은 점유자가 대항할 권원이 없으면 1주일 내로 결정을 발령하고, 대항할 권원이 있는지 여부가 모호할 경우 심문기일을 지정하여 심문 후 인도명령의 발령 여부를 결정한다. 다만, 법원 모두가 반드시 이 일정에 따르는 것은 아니고 법원의 사정에 따라 일정은 다소 늦어질 수 있다.

② **인도명령결정문 송달** : 인도명령이 결정된 경우 경매법원은 그 인도명령결정문을 등기우편으로 점유자에게 송달한다. 만약 송달이 안 될 경우, 법원에서 발송송달을 해주는 곳도 있고 낙찰자가 재송달 신청을 해야 하는 곳도 있으므로 해당 법원의 업무지침을 참조하여 업무처리를 해야 한다. 법원마다 업무지침에 차이가 있는 것이 상식적으로 이해가 되지 않지만 힘없는(?) 낙찰자가 따라야지 어쩔 수 없다.

③ **송달증명원 발급** : 인도명령결정문이 점유자에게 도착했을 경우 송달이 되었음을 증명하는 서류를 해당 경매계에 방문하여 발급받는다. 강제집행을 신청할 경우에만 발급받으면 된다.

④ **강제집행 신청** : 관할법원 집행관 사무실에 방문하여 인도명령 결정문 정본과 송달증명원을 첨부하여 집행관 사무실에 비치된 강제집행신청서를 작성하여 제출한다. 법원에 따라 추가로 집행문을 요구하는 곳도 있는데 그 경우 경매계에서 집행문을 부여받으면 된다.

⑤ **집행비용 예납** : 강제집행을 신청하면 집행관 사무실에서 강제집행 사건번호가 기재된 접수증과 집행비용예납 서류를 주는데 이를 갖고 법원 내 은행에 비용을 납부하면 된다.

⑥ **집행계고(부동산인도고지)** : 이 부분도 각 법원마다 조금씩 차이가 있다. 집행계고란 강제집행(부동산인도집행)을 실시하기 전에 집행관이 현장에 직접 나가서 점유자에게 낙찰자와 원만하게 합의되지 않으면 ○월 ○일에 강제집행을 실시할 것이라고 예고를 해주는 단계를 말한다.

점유자가 현장에 없을 시에는 위 경고 문구가 기재되어 있는 계고장을 현관문에 게재하는 것으로 이 절차를 대신한다. 이 업무지침도 법원마다 약간씩 차이가 있다. 강제집행을 실시하기 전에 집행계고를 2번 해야 하는 곳이 있고, 생략하는 곳도 있으므로 미리 확인해 두면 된다. 원래 법적으로 부동산인도집행을 하기 전에 반드시 집행계고를 해야 하는 것은 아니다.

⑦ **노무비 납부** : 집행계고를 했음에도 불구하고 점유자가 부동산인도에 불응할 경우 강제집행을 위한 노무비를 예납한다. 노무비는 집행신청을 한 부동산의 크기와 사용용도에 따라 가격차이가 있다. 아파트나 빌라의 경우 부동산의 전용면적을 기준으로 산출되는데 공장, 상가, 사우나 등 특수한 경우 용역업체 담당자가 현장에 방문하여 비용을 산출한다. 예를 들면 공장의 경우 크레인 비용이 추가로 지출되고, 헬스클럽 등 무거운 기구가 있는 상가의 경우 더 많은 노무인원이 필요하므로 크레인 등 중장비와 추가 인력의 노무비용이 추가된다.

⑧ **강제집행 실시** : 집행관과 노무인원이 현장에 출동하여 강제집행을 실시하는 단계다. 집행 당일에 점유자가 현장에 없거나 짐을 옮길 곳이 없는 경우 낙찰자는 차량비와 보관창고비용(1월분)을 추가로 납부해야 한다. 강제개문과 열쇠를 교체할 경우 그 비용도 추가로 소요된다.

⑨ **최고서 발송** : 강제집행 후 보관창고로 옮겨진 짐을 점유자가 찾

아가지 않는 경우 낙찰자(=채권자)는 계속해서 보관창고비용을 부담해야 하는데, 이러한 부담을 덜기 위해 낙찰자는 강제집행 후 점유자를 상대로 짐을 찾아가라는 최고서를 발송해야 한다. 왜냐하면 짐을 찾아가라는 내용의 최고서가 없으면 유체동산경매절차를 밟을 수 없기 때문이다. 특히, 보관된 짐이 거의 폐기물 수준인 경우 점유자들이 찾아가지 않는 경우가 빈번하므로 이 절차를 반드시 거쳐야 한다.

⑩ **유체동산 매각신청** : 최고서 발송 후 1주일이 지나면 보관창고에 있는 짐의 유체동산 매각신청을 해야 한다(민사집행법 제258조 제6항). 양식은 [서식 2-26]과 같다.

⑪ **집행비용 예납 및 공탁** : 유체동산 경매를 실시하기 위한 집행비용을 예납하고 공탁금액이 나오면 법원 내 은행에 납부해야 한다.

⑫ **유체동산 감정** : 법원에서 지정한 감정인 사무실을 통하여 보관된 유체동산의 가격을 산정한다.

⑬ **집행비용확정결정신청** : 낙찰자가 점유자를 상대로 부동산인도집행에 소요된 제반비용을 청구하는 단계다. 이 결정을 받아야 유체동산의 매각대금을 압류할 수 있다. [서식 1-37]과 같다.

⑭ **유체동산경매실시** : 감정된 유체동산을 입찰자들이 호가경매하여 낙찰되면 그 금액은 집행관이 법원에 공탁한다. 집행비용확정결정을 받아 이 돈을 압류한다.

4) 인도명령 실전 사례

(1) 점유자가 대항력 없는 임차인 또는 전 소유자인 경우

인도명령은 통상 잔금납부와 동시에 신청한다. 인도명령결정은 법원마다 차이가 있지만, 점유자가 세입자일 경우에는 배당기일 이후에

결정이 되는 경우가 있으며, 채무자(전 소유자)일 경우에는 신청 즉시 바로 결정해주는 것이 일반적이다.

서식 2-18 부동산인도명령신청서(대항력 없는 임차인)

부동산인도명령신청서

관련사건번호   20○○타경○○○○○ 부동산임의경매
신 청 인   주식회사 ○○리츠
　　　　　　경기 부천시 ○○구 ○○로 ○○더클래식 A5호
　　　　　　대표이사 송○○
피 신 청 인   박○○
　　　　　　인천 ○구 ○○로 ○○ ○○모텔

신 청 취 지

피신청인은 신청인에게 별지 목록 기재 부동산을 인도하라.
라는 재판을 구합니다.

신 청 이 유

1. 신청인은 인천지방법원 20○○타경○○○○○호 부동산임의경매사건의 경매절차에서 별지 목록 기재 부동산을 매수한 최고가 매수신고인으로서 20○○. 12. 5. 매각허가결정을 받았고, 20○○. 1. 3.에 매각대금을 전부 납부하여 소유권을 취득하였습니다.

2. 위 경매사건의 대항력 없는 점유자인 피신청인은 별지 목록 기재 부동산을 신청인에게 인도하여야 할 의무가 있음에도 불구하고 부동산인도청구에 응하지 않고 있습니다(소갑 제1호증 매각물건명세서).

3. 이에 신청인은 피신청인으로부터 별지 목록 기재 부동산을 인도받기 위하여 이 사건 인도명령을 신청합니다.

소 명 방 법

1. 소갑 제1호증 매각물건명세서

20○○. ○. ○.
신청인 (주) ○○리츠
대표이사 송 ○ ○ (인)

인천지방법원 경매○계 귀중

[별지]

부동산의 표시

1. 인천광역시 ○구 ○○동 100 ○-1, 100 ○-6 대 297.9㎡
2. 인천광역시 ○구 ○○동 100 ○-1, 100 ○-6
   [도로명주소] 인천광역시 ○구 ○○로 ○○
   위 지상 철근콘크리트조 (철근)콘크리트지붕 5층 여관
   지하 1층 65.82㎡
    1층 65.82㎡
    2층 195.42㎡
    3층 195.42㎡
    4층 179.22㎡
    5층 134.40㎡
   끝.

⑵ 경매기입등기 이후에 점유를 시작한 임차인의 경우

경매기입등기일 이후부터 부동산을 점유하기 시작한 임차인은 집행관현황조사 당시에 발급받은 전입세대열람, 사업자등록증에 기재가 되어 있지 않아 경매법원에서 그 존재를 인식할 수 없다. 따라서 이런 경우에는 낙찰자가 나서서 낙찰받은 부동산에 집행관현황조사서에 드러나지 않은 임차인이 점유하고 있다는 점을 소명해야 하므로 우편물 사본, 현황사진, 계약서, 확인서 등을 첨부하여 인도명령신청서를 작성해야 한다. 만약 법원에서 점유자에 관하여 소명자료가 부족하다고 판단되면 보정을 명하기도 한다.

서식 2-19 부동산인도명령신청서(경매기입등기 이후 점유를 개시한 자)

부동산인도명령신청서

관련사건번호 20○○타경○○○○○ 부동산강제경매
신 청 인 한 ○ ○
　　　　　　서울 강북구 ○ ○ 로 ○ ○
피 신 청 인 김 ○ ○
　　　　　　인천 남동구 ○ ○ 로 ○ ○, ○ ○ 프라자 501호

신 청 취 지

피신청인은 신청인에게 별지 목록 기재 부동산을 인도하라.
라는 재판을 구합니다.

신 청 이 유

1. 신청인은 별지 목록 기재 부동산(이하 '이 사건 부동산'이라 합니다)에 대하여 20○○. 2. 14.에 매각대금을 납부하고 소유권이전등기를 경료한 소유자입니다(소갑 제1호증 등기부등본).
　피신청인은 이 사건 부동산에 관하여 전 소유자와 경매기입등기 이후에 깔세 계약(보증금 없는 임대차계약)을 체결하고, 이 사건 부동산을 창고로 사용하고 있는 대항력 없는 임차인입니다(소갑

제2호증 임대차계약서).

2. 피신청인은 이 경매사건의 경매기입등기일 이후인 20○○. 12. 1.에 이 사건 부동산에 관하여 임대차계약을 체결하고 그 무렵에 인도받았으므로 대항력 없는 상가임차인이라고 할 것입니다(소갑 제3호증 현장사진, 소갑 제4호증 관리사무소 확인서).

3. 따라서 피신청인은 이 사건 부동산의 대항력 없는 임차인으로서 인도명령의 대상이 된다고 할 것입니다. 이에 신청인은 조속히 이 사건 부동산을 인도받고자 이 사건 신청에 이르렀습니다.

소 명 방 법

1. 소갑 제1호증   등기부등본
2. 소갑 제2호증   임대차계약서
3. 소갑 제3호증   현장사진
4. 소갑 제4호증   관리사무소 확인서

20○○. ○. ○.
신청인 한○○ (인)

인천지방법원 경매○계 귀중

[별지]

부동산의 표시

1동의 건물의 표시
인천광역시 남동구 ○○동 1○○1-16 ○○프라자
철근콘크리트구조 평슬라브지붕 8층 2종근린생활시설

1층	304.09㎡
2층	326.41㎡
3층	326.41㎡
4층	326.41㎡
5층	326.41㎡
6층	286.89㎡
7층	233.61㎡
8층	145.80㎡
지1층	396.84㎡
지2층	398.64㎡

대지권의 목적인 토지의 표시
인천광역시 남동구 ○○동 1○○1-16 대 528.5㎡

전유부분의 건물의 표시
제5층 제○○01호 철근콘크리트구조 107.92㎡

대지권의 표시
소유권 대지권 528.5분의 31.92
끝.

(3) 인도명령결정문 예시

매수인의 인도명령신청이 정당하다고 인정되면 법원은 점유자에게 그 점유부동산을 인도하라고 명령한다. 낙찰자는 이 인도명령결정문을 첨부하여 집행관에게 부동산인도집행을 신청하면 집행관과 노무인력을 통해 강제로 점유자를 부동산에서 내보낼 수 있다.

주식회사 ○○ 종합관리 대표이사 송○○

420-020

‖‖‖‖‖‖‖‖‖‖‖‖‖‖‖‖‖‖‖‖
2 0 6 0 2 1 4 - 9 0 6 6 0 2 7 ↓
민사신청과 경매○계
2○○○-014-918-506

서 울 서 부 지 방 법 원

결 정

사 건 2000타기○○ 부동산인도명령
신 청 인 주식회사 ○○ 종합관리
　　　　　인천 남동구 ○○로 21 , 1 00호(○○동, ○○노빌리안2차)

피 신 청 인 김○○
　　　　　서울 은평구 ○○동 ○○-43, ○층

주 문

피신청인은 신청인에게 별지 목록 기재 부동산을 인도하라.

이 유

이 법원 2000타경 ○○○○ 부동산임의경매 사건에 관하여 신청인의 인도명령 신청이 이유있다고 인정되므로 주문과 같이 결정한다.

정 본 입 니 다.
2000. 5.   7.
법원주사보 이○○

2000. ○. 7.
판사   김 ○ ○

5) 인도명령결정에 대한 불복

(1) 즉시항고

인도명령을 신청하였을 때 결과는 '인용' 또는 '기각'이다. 만약 인도명령결정에 불복하고자 할 때에는 인도명령결정을 송달받은 날로부터 1주일 이내에 즉시항고장을 집행법원에 제출하여야 하고, 즉시항고장을 제출한 날로부터 10일 이내에 항고이유서를 제출해야 한다.

즉시항고장을 제출하면서 항고이유를 같이 적어내는 것이 보다 일반적인 진행이다.

≫ 인도명령신청의 결론에 따른 진행방향

인도명령신청을 인용하는 결정에 관하여는 피신청인이, 인도명령신청을 기각하는 결정에 관하여는 신청인이 즉시항고를 할 수 있다. 다만, 부동산인도명령이 인용된 후 신청인의 신청에 의하여 강제집행이 완료되었다면 피신청인은 즉시항고를 할 수 없다(대법원 2010. 7. 26.자 2010마458 결정). 즉시항고장을 작성할 때에는 인도명령에 관한 불복사유를 꼼꼼히 기재해야 하는데 인도명령이 인용 또는 기각된 이유를 철저히 분석하여 즉시항고장에 그 부당함을 다투는 내용을 담아야 한다.

점유자가 여러 명인 경우 이들 전부에 대해 인도명령을 신청하였는
데 일부 점유자에 대해서는 신청이 인용되고, 일부 점유자에 대해서
는 신청이 기각된 경우를 가정해보자. 다음의 인도명령결정문은 2인
에 대해 인도명령을 신청하였으나 1인에 대해서만 인용되고 1인에
대해서는 기각된 사례이다. 이러한 경우 즉시항고는 어떠한 방법으
로 하여야 할까?

인천지방법원 부천지원
결   정

징본입니다.
2000.05.22

사   건   2000타인000 부동산인도명령
신 청 인   주식회사 000 리츠 (00000 - 0000000)
            부천시 길주로 000,0000호 (중동,부천중동 000 ○○○○○○○)에
            송달장소 : 부천시 길주로 000,000호 (상동, 00 그린힐)
            대표이사 송00

피 신 청 인   1. 노00 (000000-0000000)
            부천시 송내대로265번길 00,000호 (상동, 00 프라자)

            2. 주식회사 00그룹 (000000-0000000)

            부천시 송내대로265번길 00,000호 (상동, 00 프라자)
            송달장소 : 부천시 송내대로265번길 00,000호 (상동, 00 프라자)
            대표이사 노00

주   문
1. 피신청인 1. 노00은 신청인에게 별지목록 기재 부동산을 인도하라.
2. 신청인의 피신청인 2. 주식회사 00그룹에 대한 신청을 기각한다.

이   유
이 법원 인천지방법원 부천지원 2000타경00000 부동산강제경매에 관하여 피신청인 1.
노00에 대한 인도명령 신청은 이유 있다고 인정되므로 주문과 같이 결정하고, 피신
청인 2.주식회사 00그룹은 이유 없이 주문과 같이 결정한다.

2000. 5. 18.

판사   유 0 0

이러한 경우에 신청인은 인도명령신청이 기각된 자에 대해서만 즉
시항고를 하면 되고, 인도명령신청이 인용된 자에 대해서는 따로 즉
시항고를 할 필요가 없다. 인도명령신청이 인용된 사람에 대해서는
그 법원의 결정을 불복할 이유가 없기 때문이다. 앞의 사안에서는
"주식회사 00그룹"에 대한 인도명령신청만 기각되었으므로, 이
부분에 대해서만 불복신청을 한다.

즉시항고장

항 고 인   주식회사 ○○리츠
(신청인)   부천시 원미구 길주로 ○○
            대표이사 송○○
피항고인   주식회사 ○○그룹
(피신청인)   부천시 송내대로265번길 ○○
            대표이사 노○○

위 당사자들 간의 인천지방법원 부천지원 20○○타인○○○호 부동산인도명령신청사건에 관하여 같은 법원은 20○○. ○. ○○. 신청인(항고인)의 인도명령신청을 기각하는 결정을 하였는바, 항고인은 이에 불복이므로 즉시항고를 제기합니다.

원결정의 표시

1. 피신청인 노○○은 신청인에게 별지 목록 기재 부동산을 인도하라.
2. 신청인의 피신청인 주식회사 ○○그룹에 대한 신청을 기각한다.

항 고 취 지

1. 원결정 중 피신청인 주식회사 ○○그룹에 대한 부분을 취소한다.
2. 피신청인 주식회사 ○○그룹은 신청인에게 별지 목록 기재 부동산을 인도하라.
라는 결정을 구합니다.

항 고 이 유

1. 당사자 관계
   가. 항고인은 별지 목록 기재 부동산(이하 '이 사건 부동산')을 20

○○. 1. 31. 인천지방법원 부천지원 20○○타경○○○○호
사건(이하 '이 사건 경매절차')에서 낙찰받아 20○○. 2. 28.
소유권이전등기를 경료한 소유자입니다(소갑 제1호증 부동산
등기부등본).

나. 피항고인은 이 사건 경매절차에서 리모델링 공사대금으로
165,281,160원을 지급받지 못하였다며 유치권신고를 한 학원
임차인입니다(소갑 제2호증 임대차계약서, 소갑 제3호증 유치
권 권리신고서).

2. 피항고인이 주장하는 유치권은 인정되기 어렵습니다.

가. 피항고인이 제출한 유치권신고서(소갑 제3호증)에 의하면, 자
비를 들여 본 사건 학원시설공사를 하였고, 그 이유로 이 사건
부동산의 시세가 크게 증가하였으므로 유익비에 기초한 유치
권을 가지고 있다고 주장하고 있습니다.

나. 그러나 피항고인의 임대차계약서(소갑 제2호증) 제4조에는 임
대차 종료 시에 임차건물을 원상으로 회복하여 임대인에게 반
환한다는 조항이 있습니다. 대법원은 "건물의 임차인이 임대
차관계 종료 시에는 건물을 원상으로 복구하여 임대인에게 명
도하기로 약정한 것은 건물에 지출한 각종 유익비 또는 필요비
의 상환청구권을 미리 포기하기로 한 취지의 특약이라고 볼 수
있어 임차인은 유치권을 주장할 수 없다."(대법원 1975. 4. 22.
선고 73다2010 판결, 1995. 6. 30. 선고 95다12927 판결)는 입장
을 취하고 있습니다. 따라서 이러한 취지의 약정이 있는 이상
피항고인은 항고인에게 유익비를 이유로 한 유치권을 주장할
수 없다고 할 것입니다.

3. 결론
따라서 피항고인은 인도명령의 대상이라고 할 것이므로, 부디 항

고취지와 같은 결정을 내려 주시기 바랍니다.

소 명 방 법

1. 소갑 제1호증   부동산등기부등본
1. 소갑 제2호증   임대차계약서
1. 소갑 제3호증   유치권 권리신고서

20○○. ○. ○○.
위 항고인(신청인) 주식회사 ○○리츠
대표이사 송○○ (인)

인천지방법원 부천지원 경매 ○계 귀중

서식 2-21 즉시항고장(피신청인이 인도명령결정에 대하여)

즉시항고장

항 고 인   정○○ (60○○○○-1○○○○○○)
(피신청인)   마산시 ○○로 ○○
피항고인   주식회사 ○○리츠
(신청인)   부산 ○○구 ○○로 ○○
대표이사 김○○

위 당사자들 간 창원지방법원 20○○타기○○○○호 부동산인도명령신청사건에 관하여 같은 법원은 20○○. 12. ○○. 항고인은 피항고인에게 별지 목록 기재 부동산을 인도하라는 결정을 하였는바, 항고인은 이에 불복이므로 즉시항고를 제기합니다.

원결정의 표시

피신청인은 신청인에게 별지 기재 부동산을 인도하라.

항 고 취 지

1. 원결정을 취소한다.
2. 신청인의 이 사건 신청을 기각한다.
라는 결정을 구합니다.

항 고 이 유

1. 항고인은 인도명령신청서 및 심문기일소환장을 송달받지 못하
여 원심에서 아무런 대응을 하지 못하였으나, 경매기록에 편철되
어 있듯이 항고인은 경매절차 진행 중에 유치권신고를 하였고 이
사건 경매 이전에 제기된 귀원 20○○타경○○○○ 부동산강제
경매사건에서도 유치권신고를 한 바 있습니다.

2. 항고인은 이 사건 건물 신축공사 때 습식공사(미장, 방수, 타일
등) 부분을 금 51,700,000원에 수급하여 마무리를 해주었으나
전혀 대금을 지급받지 못하였기 때문에 유치권신고를 하였던
것으로, 항고인은 정당한 유치권자입니다(소을 제1호증 도급계
약서).

3. 그리고 원결정은 별지 목록 기재 부동산을 인도하라고 하였지만,
항고인은 별지 목록 기재 부동산 중 1층 일부에 대해서만 점유를
하고 있어 전체 부동산을 인도할 수도 없습니다.

4. 기타 유치권과 관련된 공사나 점유 중인 부분에 대해서는 수일 내
자료를 수집하여 보충하도록 하겠습니다.

입 증 방 법

1. 소을 제1호증   도급계약서

20○○. ○. ○.
항고인(피신청인) 정 ○ ○ (인)

창원지방법원 귀중

(2) 강제집행정지신청

　인도명령에 관하여 즉시항고를 제기하였다고 하더라도 집행정지의
효력은 인정되지 않는다. 쉽게 말해, 즉시항고를 제기하여 인도명령이
부당하다고 다투는 도중에도 '강제집행정지결정'을 받아두지 않는다
면 집행관에 의하여 부동산인도집행이 진행될 수 있다는 말이다. 따라
서 피신청인으로서는 즉시항고를 제기하는 한편, 나아가 강제집행정
지결정을 받아 이를 집행관에게 제출해야만 부동산인도집행을 막을
수 있다. 다만, 인도명령 사건에서 당사자의 강제집행정지신청은 단지
법원의 직권발동을 촉구하는 의미밖에 없기 때문에(대법원 2017. 7.
18.자 2017그42 결정), 법원에 강제집행정지신청을 해도 강제집행정
지결정을 해주지 않는 경우도 많다.

　예전에는 인도명령결정에 불복하는 사례가 드물었으나 최근에는
유치권자, 선순위임차인의 경우 불복하는 사례가 종종 있다. 신청인
으로서는 인도명령이 발령되어 상대방에게 송달되었다면, 상대방이
강제집행정지를 받아내기 전에 신속히 집행을 신청하여 집행을 완료
시켜야 한다. 만약 강제집행절차가 완료된다면, 점유자가 인도명령
에 항고한다고 하더라도 항고의 이익이 없다고 보아 항고심절차는
종료된다.

강제집행정지신청서

사　　건　20○○타인○○○○ 부동산인도명령
신 청 인　김○○
　　　　　○○시 ○○구 ○○길 ○○
피신청인　이○○
　　　　　○○시 ○○구 ○○길 ○○

신 청 취 지

신청인과 피신청인 사이의 귀원 20○○. ○. ○○.자 20○○타인○
○○○ 부동산인도명령신청사건의 집행력 있는 결정정본에 기한 강
제집행은 위 사건의 항소심 결정 시까지 이를 정지한다.
라는 재판을 구합니다.

신 청 이 유

1. 귀 법원은 신청인과 피신청인 사이의 같은 법원 20○○타기○○○
   부동산인도명령사건에 있어서 20○○. ○. ○○. 신청인으로 하여
   금 피신청인에게 별지 목록 기재 부동산(이하 '이 사건 부동산'이
   라 합니다)을 인도하라는 내용의 인도명령을 발령하였습니다.

2. 그러나 신청인은 이 사건 부동산에 관하여 공사를 직접 진행하고
   지금까지 40,000,000원을 지급받지 못한 정당한 유치권자입니다
   (소갑 제1호증 공사계약서). 신청인은 공사계약에 따라 ㈜○○통
   상으로부터 기성고 명목으로 지금까지 35,000,000원을 지급받은
   사실도 있습니다(소갑 제2호증 통장거래내역, 소갑 제3호증 영
   수증).

3. 이처럼 신청인은 이 사건 부동산에 관한 정당한 유치권자이므로,
   이 사건 부동산을 점유할 권원이 있습니다. 따라서 신청인은 귀원

의 인도명령에 승복할 수 없어 20○○. ○○. ○. 귀원에 대하여 항고를 제기하였으므로 부동산인도명령의 효력을 항고심 결정 시까지 정지시키고자 이 사건 신청서를 제출합니다.

소 명 방 법

1. 소갑 제1호증　공사계약서
1. 소갑 제2호증　통장거래내역
1. 소갑 제3호증　영수증

첨 부 서 류

1. 항고제기증명
1. 결정문 사본

20○○.　○.　○○.
위 신청인　김 ○ ○　(인)

○○지방법원　귀중

창 원 지 방 법 원
결   정

사   건   20○○타인○○○○ 부동산인도명령
신 청 인   김○○
            ○○시 ○○구 ○○길 ○○
피 신 청 인   이○○
            ○○시 ○○구 ○○길 ○○

주   문

신청인과 피신청인 사이의 이 법원이 20○○. ○. ○○.자 20○○타인 ○○○○ 부동산인도명령신청사건의 집행력 있는 결정정본에 의한 강제집행은 위 사건의 항소심 결정 시까지 이를 정지한다.

이   유

민사집행법 제15조 제6항 단서에 의하여, 주문과 같이 결정한다.

            20○○. ○. ○○.
            판사   ○ ○ ○   (서명)

실전TIP 신탁대출을 받은 경우 낙찰자 명의로 점유 이전금지가처분 및 인도명령을 신청할 수 있을까?

1. 부동산을 경매절차에서 매수한 경우

부동산을 낙찰받고 근저당권을 설정하여 대출을 받은 경우에는 낙찰자가 부동산의 소유권을 취득하므로 낙찰자 명의로 부동산점유이전금지가처분 및 인도명령을 진행함에 있어 별다른 문제가 없다. 부동산의 소유자는 민법상 부동산 점유자의 배제를 구할 수 있는 권리가 있기 때문이다.

그러나 신탁대출을 받은 경우에는 문제가 된다. 신탁대출을 받으면 부동산에 은행 명의의 근저당권이 설정되는 것이 아닌, 신탁회사로 '신탁을 원인으로 한 소유권이전'이 되어 부동산 소유자가 낙찰자에서 신탁회사로 변경된다. 이러한 이유로 신탁대출을 받은 경우에는 낙찰자 입장에서 부동산점유이전금지가처분을 신청하는 것이 다소 어려워진다. 신탁회사가 부동산점유이전금지가처분절차에 협력해 준다면 별문제 없겠지만, 신탁회사로부터 이러한 협력을 일일이 얻어내기란 쉽지 않다.

이런 경우에는 '소유자'의 지위가 아닌 '낙찰자'의 지위에서 부동산점유이전금지가처분을 신청하는 방법이 있다. 이때는 피보전권리를 '소유권에 기한 목적물인도청구권'이 아니라 '민사집행법 제136조 소정의 인도명령신청권'으로 한다. 일반적으로 명도소송은 부동산의 소유자만이 할 수 있지만, 인도명령신청권은 매각대금을 모두 지급한 매수인에게 부여된 집행법상의 권리이므로 매수인이 매각부동산을 제3자에게 양도했다 하더라도 매수인이 인도명령을 구할 수 있는 권리를 상실하지 않는다(대법원 1970. 9. 30.자 70마539 결정). 따라서 인도명령을 신청할 수 있는 자격이 있다면 소유권을 상실하여도 부동산점유이전금지가처분도 신청할 수 있는 것이다.

다만, 인도명령의 경우에는 6개월의 신청기한이 있으므로 그 기간 내에 부동산점유이전금지가처분과 인도명령을 모두 신청하는 것이 좋다. 인도명령 절차는 신속히 진행되는 편이라 일반적으로 부동산점유이전금지가처분의 보전의 필요성이 적다고 볼 여지가 많으므로 부동산점유이전금지가처분신청서에서 가처분신청이 인용되어야 할 이유를 더욱 설득력 있게 주장하는 것이 중요하다.

물론 인도명령신청을 할 수 있는 기간이 끝나면, 낙찰자는 인도명령 제도를 더 이상 이용할 수 없으므로 신탁회사의 협조를 얻어 신탁회사의 명의로 명도소송을 진행해야 한다.

서식 2-23 부동산점유이전금지가처분신청서(신탁대출을 받은 경우)

부동산점유이전금지가처분신청서

채 권 자 송 ○ ○
　　　　경기 부천시 원미구 ○ ○로 ○ ○, ○ ○ ○호
채 무 자 김 ○ ○
　　　　천안시 동남구 ○ ○로 ○ ○

목적물의 가액 : 금 80,000,000원
피보전권리의 요지 : 민사집행법 제136조에 기한 인도명령신청권
(가처분할 목적물 : 별지 목록 기재 부동산)

신 청 취 지

1. 채무자는 별지 목록 기재 부동산에 대한 점유를 풀고 채권자가 위임하는 집행관에게 인도하여야 한다.
2. 집행관은 현상을 변경하지 아니할 것을 조건으로 하여 채무자에게 이를 사용하게 하여야 한다.
3. 채무자는 그 점유를 타인에게 이전하거나 점유명의를 변경하여서는 아니 된다.

4. 집행관은 위 명령의 취지를 적당한 방법으로 공시하여야 한다.
라는 재판을 구합니다.

신 청 이 유

1. 채권자는 대전지방법원 천안지원 20○○타경○○○○호 부동산임
의경매 사건(이하 '이 사건 경매사건'이라 합니다, 소갑 제1호증
사건진행정보)에서 별지 목록 기재 부동산(이하 '이 사건 건물'이
라 합니다, 소갑 제2호증의 1, 2 부동산등기사항증명서)을 낙찰받
아 20○○. ○○. ○○.에 매각대금을 전부 납부한 위 부동산의 소유
자입니다.
채무자는 이 사건 경매사건에서 이 사건 건물에 관한 실내건축공
사를 하였음을 이유로 유치권을 신고한 회사입니다(소갑 제1호증
사건진행정보, 소갑 제3호증의 1 유치권신고서, 소갑 제3호증의 2
실내건축공사계약서).

2. 대법원은 "인도명령신청권은 매각대금을 모두 지급한 매수인에
게 부여된 집행법상의 권리이므로 매수인이 매각부동산을 제3자
에게 양도하였다 하더라도 매수인이 인도명령을 구할 수 있는 권
리를 상실하지 아니한다"는 입장입니다(대법원 1970. 9. 30.자
70마539 결정).
채권자가 매각대금을 완납하여 이 사건 건물의 소유권을 취득한
것은 20○○. ○○. ○○.이고(소갑 제2호증의 1, 2 각 부동산등기사
항증명서), 같은 날 주식회사 ○○신탁 명의로 소유권이전등기가
경료되었지만, 채권자는 여전히 경매부동산의 매수인으로서 민사
집행법 제136조의 규정에 따라 인도명령을 신청할 수 있는 권리
가 있습니다. 인도명령은 매각대금을 완납한 때로부터 6개월 내
에 신청할 수 있는데, 아직 그 기간이 도과되지 않았습니다.
따라서 채권자가 신탁을 이유로 이 사건 건물의 소유권을 상실하
였다고 하더라도, 위 인도명령신청권을 피보전권리로 한 부동산

처분금지가처분은 여전히 가능합니다.

3. 채권자 및 다른 낙찰자는 무려 1,000,000,000원의 막대한 돈을 지급하고 이 사건 건물을 낙찰받았습니다(소갑 제1호증 사건진행정보). 그래서 현재 매달 지급하고 있는 이자를 감당하기 어려운 수준입니다. 그런데 채무자는 매각기일 전날에 갑자기 유치권을 신고하고서야 유치권을 행사하기 시작하였고, 그 때문에 대출을 해준다고 하는 은행이 없어 신탁회사로부터 높은 이자의 대출을 받게 되었으며, 부동산의 명도가 늦어져 채권자 및 다른 낙찰자들은 매달 상당한 이자를 납입하고 있는 등 피해가 매우 막대한 상황입니다.

채무자가 노리는 것이 바로 부동산 명도를 늦게 하여 합의금을 많이 받고자 하는 것으로, 이러한 채무자를 그대로 방치할 경우 제3자에게 점유를 넘기는 방법으로 채권자의 집행을 늦출 염려가 있고, 같은 경매절차에서 유치권을 신고한 '주식회사 ○○'까지 건물을 공동점유하게 하여 집행을 늦춰 채권자 및 다른 낙찰자들을 압박할 것이 분명합니다. 이러한 상황이 오래 방치될 경우 채권자는 채무자에게 막대한 합의금을 주고 건물을 명도받을 수밖에 없습니다.

인도명령의 경우 명도소송 절차를 통하는 것보다 시간이 빠르게 진행되기는 하지만, 유치권자에 대한 인도명령신청은 그 심리가 임차인에 대해 하는 것에 비해 상당히 길어지는 경우가 많은바, 집행을 늦추기 위해 채무자 및 다른 유치권자가 공조할 수 있는 여건이 갖춰져 있는 이상 본 점유이전금지가처분신청은 반드시 받아들여져야 하며, 그래야 채권자에게 추가로 발생할 수 있는 막대한 금전적, 시간적 피해를 막을 수 있습니다.

4. 이 사건 가처분명령에 따른 손해담보를 위한 담보제공은 민사집행법 제19조 제3항, 민사소송법 제122조에 의하여 보증보험회사

와 지급보증위탁계약을 맺은 문서를 제출하는 방법으로 담보제공을 할 수 있도록 허가하여 주시기 바랍니다.

소 명 방 법

1. 소갑 제1호증　　　사건진행정보
1. 소갑 제2호증의 1　부동산등기사항증명서(○○동 281 지상 1동)
1. 소갑 제2호증의 2　부동산등기사항증명서(○○동 281 지상 2동)
1. 소갑 제3호증의 1　유치권신고서
1. 소갑 제3호증의 2　실내건축공사계약서

첨 부 서 류

1. 토지대장
1. 건축물대장
1. 목적물가액 산출내역

20○○. ○. ○○.

채권자 송 ○ ○ (인)

대전지방법원 천안지원 귀중

서식 2-24 부동산인도명령신청서(신탁대출을 받은 경우)[5]

부동산인도명령신청서

관련사건번호　 20○○타경○○○○○ 부동산임의경매
신 청 인 송 ○ ○

---

5) 인도명령을 신청할 때에는, 낙찰자의 지위에서 인도명령을 신청한 것임을 법원이 인지하고 있으므로 굳이 소유권이 신탁회사로 넘어간 사실까지 신청서에 적을 필요는 없다.

경기 부천시 원미구 ○○로 ○○, ○○○호
피신청인 김 ○ ○
천안시 동남구 ○○로 ○○

신 청 취 지

피신청인은 신청인에게 별지 목록 기재 부동산을 인도하라.
라는 재판을 구합니다.

신 청 이 유

1. 신청인은 대전지방법원 천안지원 20○○타경○○○○호 부동산임의경매 사건(이하 '이 사건 경매사건'이라 합니다)에서 별지 목록 기재 부동산(이하 '이 사건 건물'이라 합니다)을 낙찰받아 20○○. ○○. ○○.에 매각대금을 전부 납부한 위 부동산의 소유자입니다. 피신청인은 이 사건 경매사건에서 이 사건 건물에 관한 실내건축공사를 하였음을 이유로 유치권을 신고한 회사입니다.

2. 피신청인은 신청인에게 대항할 수 있는 정당한 점유권원이 없는 이상 신청인에게 이 사건 건물을 인도해야 합니다. 다만, 피신청인은 유치권을 점유권원으로 이 사건 건물을 점유하고 있는 것이라 주장하고 있습니다(소갑 제1호증의 1 유치권신고서, 소갑 제1호증의 2 실내건축공사계약서).

3. 경매개시 이후 발생한 유치권까지 보호해 준다면 건축주와 공사업자가 고의적으로 유치권을 작출하여 낙찰가가 저감될 수 있고, 이러한 이유 때문에 판례는 압류의 처분금지효 법리에 따라 압류 후 성립한 유치권으로는 매수인에게 대항할 수 없도록 하고 있습니다(대법원 2006. 8. 25. 선고 2006다22050 판결).
그런데 피신청인 주장 자체에 의하더라도, 피신청인은 압류의 효력이 발생한 20○○. ○○. ○○. 후에 공사를 시작하였다는 것이고,

공사대금채권도 위 날짜 이후에 발생한 것인바, 압류의 효력이 발생한 이후에 취득한 유치권으로는 매수인에게 대항할 수 없음이 명백하므로 피신청인은 신청인에게 대항할 수 없습니다.

4. 따라서 피신청인이 주장하는 유치권으로는 신청인에게 대항할 수 없음이 명백하므로, 신청인의 이 사건 신청을 속히 인용해 주시기 바랍니다.

소 명 방 법

1. 소갑 제1호증의 1   유치권신고서
1. 소갑 제1호증의 2   실내건축공사계약서

20○○. ○. ○○.
신청인 송 ○ ○ (인)

대전지방법원 천안지원 귀중

2. 부동산을 공매, 매매로 매수한 경우

공매, 매매의 방법으로 부동산의 소유권을 취득한 경우에는 인도명령 제도를 이용할 수 없으므로, 신탁회사의 협조를 얻어 부동산점유이전금지가처분 및 명도소송 절차를 거쳐야 한다. 신탁회사마다 약간의 차이는 있겠지만, 신탁회사의 담당자에게 부동산점유이전금지가처분 및 명도소송을 진행해야 할 필요성을 타당성 있게 설명한다면 협력해 줄 것이다. 다만, 신탁회사가 소송당사자로 되는 한 법정에는 낙찰자가 아닌 변호사 또는 신탁회사의 직원만이 출석할 수 있으므로, 낙찰자 입장에서는 신탁회사 명의로 소송을 진행할 때는 반드시 변호사를 선임하여 진행하여야 한다. 이때 신탁회사는 절차 진행에 협조만

할 뿐이므로 변호사비용은 당연히 낙찰자가 모두 부담해야 한다.

　다음 서식은 변호사들이 사용하는 소송위임장 양식이다. 변호사를 선임하고 변호사를 통해 다음 양식을 신탁회사에 제시하면, 신탁회사에서는 우선수익자 및 위탁자의 확인서를 받은 후 소송위임장에 날인을 해 줄 것이다.

서식 2-25 소송위임장(신탁대출을 받은 경우)

소 송 위 임 장

사 건	건물명도	
원 고	○○자산신탁 주식회사	
피 고	김 ○○	
위 사건에 관하여 아래 수임인을 소송대리인으로 선임하고, 아래에서 정한 권한을 수여합니다.		
수 임 인	변호사 ○○○ 주 소 : 서울 영등포구 ○○로 ○○, ○○호(○○동) 전 화 : 02-000-0000　　이메일 : hangbok@daum.net	
수 권 사 항	1) 일체의 소송행위(본안소송, 보전처분 등) 2) 상소의 제기 및 취하, 반소의 제기 및 응소 3) 소취하, 재판상 및 재판외의 화해, 청구의 포기 및 인낙, 참가에 의한 탈퇴 4) 복대리인의 선임 5) 강제집행신청 및 추심행위 일체, 목적물의 수령 6) 공탁물의 납부, 공탁물 및 이자의 반환청구와 수령 7) 담보권리행사최고 및 담보취소신청, 동 신청에 대한 동의, 담보취소결정정본의 수령, 동 취소결정에 대한 항고권의 포기 8) 소송비용액확정 신청 및 이에 대한 응소, 소송비용액 추심 9) 가압류·가처분결정에 대한 이의, 취소 및 이에 대한 응소 10) 제소명령 신청	
2○○○년 ○○월 ○○일 위임인 성명 : ○○자산신탁주식회사 대표이사 김○○ 주소 : 서울 ○○구 ○○동 ○○		변호사회 경유

4. 강제집행의 착수

1) 강제집행 예정 통보(최후통첩용)

부동산 점유자와의 협상이 무산된다면 이제 강제집행에 착수할 수밖에 없다. 법원을 통해 모든 절차를 진행할 수도 있겠지만, 낙찰자 스스로 점유자를 다시 한 번 압박하는 수단으로 '강제집행 예정 통보서'라는 제목의 경고장을 해당 부동산에 방문하여 점유자의 집 대문에 게시하는 방법이 효과적이다. 실제 명도를 하다보면 낙찰자에 대하여 완강히 저항하던 점유자도 집행관에 의한 집행계고(=예고)를 받는 단계에서 다소 기세가 꺾이는 경우가 많은데 이러한 점유자의 심리를 이용하는 것이다. 이 단계에서 합의가 되는 경우도 의외로 많다. 다만, 집 대문에 이러한 통보서를 게시할 경우 명예훼손으로 형사고소를 당할 여지가 있으므로 같은 서식에 상대방의 이름 및 허위사실을 기재하지 않도록 하자. 참고로, 상대방의 이름을 기재하지 않는다고 해서 명예훼손의 죄책에서 완전히 자유로운 것은 아니며 구체적인 사안에 따라 죄책을 질 가능성을 배제할 수는 없다.

서식 2-26 강제집행 예정 통보서

강제집행 예정 통보

주   소 : 서울시 ○○구 ○○로 ○○

상기 부동산은 민사집행법 제136조에 의거하여 강제집행에 착수할 예정임을 알려 드립니다. 그동안 수차례에 걸쳐 점유를 풀고 낙찰자에게 상기 부동산의 인도를 요청하였으나 귀하는 금일까지 인도를 이행하지 않아 자진하여 인도할 의사가 없다고 판단되어 부득이 법에 정한 절차에 따라 강제집행할 수밖에 없음을 알려 드립니다.

서울○○지방법원에서 20○○. 7. 22. 발령된 20○○타기○○○○
호 인도명령결정에 의하면 귀하는 본 부동산을 소유자에게 인도할
의무가 있습니다.

만일 강제집행에 착수하게 되면 민사집행법 제53조에 의거하여 인
도명령 및 강제집행에 소요된 제반비용도 귀하가 부담하게 될 것입
니다. 이럴 경우 귀하는 막대한 손해를 입게 됩니다. 귀하가 인도명
령 및 강제집행에 소요된 비용, 그리고 명도일까지의 임료를 지불하
지 않는다면 귀하가 소유한 가재도구마저 유체동산 경매에 부쳐질
수 있으니 소유자와 원만한 합의를 원한다면 아래 연락처로 전화주
시기 바랍니다.

연락이 없을 경우, 귀하에게 합의할 의사가 없는 것으로 간주하고 신
속히 부동산인도집행이 진행될 것임을 양지하시기 바랍니다.

낙찰자 송 ○ ○

(연락처 : 010-○ ○ ○ ○-○ ○ ○ ○)

2) 강제집행의 신청

부동산인도집행을 진행할 의사를 통보했음에도 불구하고 협의가
이루어지지 않았다면 이제 최후의 수단으로 강제집행을 신청할 수밖
에 없다. 강제집행신청서 양식은 보통 법원에도 비치되어 있으니 그것
을 활용하면 된다.

강제집행신청서

○○지방법원 집행관사무소 귀하

채권자	성 명	주식회사 ○○ 대표이사 한○○	주민등록번호 (사업자등록번호)	120○○○ -017○○○	전화번호	010-○○○-○ ○○○
					팩스번호	032-3○○-○ ○○○
	주 소	경기도 부천시 ○○구 ○동 1149 부천○동○○○ 2○○호				
	대리인				전화번호	
채무자	성 명	김○○	주민등록번호 (사업자등록번호)	66○○○ -20○○○○○	전화번호	010-○○○-○ ○○○
	주 소	경기도 고양시 ○○구 ○○로 195, ○○동 ○호 (○동,○○마을)				
집행목적물 소재지	경기도 ○○시 ○○동 ○○-5 ○○프라자 ○층 ○호					
집 행 권 원	○○지방법원 20○○타인3○○○ 부동산인도					
집행의 목적물 및 집 행 방 법	동산압류, 동산가압류, 동산가처분, 부동산점유이전가처분, 건물명도, 철거, 부동산인도, 자동차인도, 기타( )					
청 구 금 액						

위 집행권원에 관한 집행을 하여 주시기 바랍니다.
다만, 압류물을 채무자 또는 제3자에게 보관시킬 경우 그 물건에
대하여 고장이 발생하더라도 이의가 없습니다.

※ 첨부서류
1. 집행권원 1통
2. 송달증명서 1통

20○○. ○. ○○.
채권자 주식회사 ○○ 대표이사 한 ○ ○ (인)

※ 특약사항			

1. 본인이 수령할 예납금잔액을 본
인의 비용부담하에 오른쪽에 표
시한 예금계좌에 입금하여 주실
것을 신청합니다.
 	
  채권자 주식회사 ○ ○
    대표이사 한 ○ ○ (인)
	예
	금
	계
	좌
		개설은행	○ ○ 은행

		예금주	주식회사 ○ ○
		계좌번호	66○ ○ ○-01-○ ○ ○ 31
2. 집행관이 계산한 수수료 기타 비용의 예납통지 또는 강제집행 속행의사 유 무 확인 촉구를 2회 이상 받고도 채권자가 상당한 기간 내에 그 예납 또는 속행의 의사표시를 하지 아니한 때에는 본건 강제집행 위임을 취하한 것으 로 보고 종결처분 하여도 이의 없습니다. 채권자 주식회사 ○ ○ 대표이사 한 ○ ○ (인)			

3) 유체동산의 처분

(1) 유체동산경매신청을 위한 최고절차

부동산인도집행을 할 경우 보관창고로 채무자의 짐을 옮기게 된다.
이때 통상 한 달치 보관료를 낙찰자(채권자)가 선납한다. 그 이후 채
무자는 짐을 찾아가기도 하지만, 상가에 비치되어 있던 짐이나 현재
사용하지 않는 가재도구 등은 이를 고의적으로 찾아가지 않기도 한다.
이 경우 낙찰자의 부담이 증가할 수 있으므로, 낙찰자로서는 유체동산
경매를 위한 수순을 밟아야 하는데 그 절차에 필요한 것이 짐을 가져
가라는 '최고서'이다.

최 고 서

수신인 : 김 ○ ○

주　소 : 인천 ○ ○구 ○ ○동 5 ○ ○-1 ○ ○아파트 5 ○ ○-2 ○ ○

발신인 : 송 ○ ○

주　소 : 경기도 부천시 ○ ○구 ○ ○동 11 ○ ○ ○ ○더클래식 A-5 ○ ○

발신인은 경기 부천시 ○ ○구 ○ ○로 ○ ○ ○ ○ ○빌딩 2 ○ ○호 낙찰자로서 인천지방법원 부천지원 20 ○ ○타기 ○ ○ ○호 부동산인도명령에 터 잡아 집행관에 의해 20 ○ ○본 ○ ○ ○로 20 ○ ○. 2. 3.에 부동산인도집행을 실시 · 완료하였습니다.

강제집행 당시에 반출된 귀하의 짐은 부천물류보관창고(032-6 ○ ○-2 ○ ○ ○)에 보관되어 있으나 귀하는 아직까지 그 짐을 찾아가지 않고 있기에 이를 찾아갈 것을 최고합니다. 최고서 발송 이후 7일 이내에 짐을 찾아가지 않을 시 동산매각 및 공탁허가신청절차를 거쳐 유체동산을 처분하겠습니다. 집행 이후 많은 시간이 지났으므로 하루속히 짐을 찾아가시길 바랍니다.

20 ○ ○. ○. ○ ○.

발신인 송 ○ ○ (인)

(2) 집행목적물이 아닌 동산매각허가신청서

　인도명령집행 과정에서 부동산 내에 있던 동산은 하루빨리 매각하지 않으면 보관비용이 계속 불어나기 마련이다. 채권자는 앞서 본 최고서를 채무자에게 보낸 뒤 이를 찾아가지 않으면 집행관에게 그 유체동산의 매각을 신청할 수 있다. 하루빨리 동산매각이 이루어져야 낙찰자는 보관비용의 책임에서 완전히 자유로워질 수 있으며, 채무자로부터 받을 돈이 있다면 그것도 일부라도 변제받을 수 있다.

집행목적물이 아닌 동산매각허가신청서

채 권 자　이 ○ ○ (010-0000-0000)
　　　　　인천 남동구 ○○로 ○○ ○○아파트 ○○동 ○○호
채 무 자　박 ○ ○
　　　　　인천 부평구 ○○로 ○○

신 청 취 지

위 당사자 간의 인천지방법원 20○○타기○○○○호 부동산인도명령사건의 결정정본에 터 잡아 인도집행을 하면서 집행목적물 안에서 제거하여 채권자가 보관 중인 집행목적물 아닌 별지 목록 기재의 유체동산(인천 남구 ○○동 505-○ ○○창고에 보관 중)의 매각허가를 신청합니다.

신 청 이 유

1. 채권자는 인천지방법원 20○○타경○○○○○호 부동산임의경매사건의 매수인으로서 인천 부평구 ○○로 ○○ 지상 건물에 대하여 낙찰대금을 완납하고 채무자에 대한 20○○타인○○○○호 인도명령을 받아 20○○. 9. 26. 위 법원 소속 집행관에 의뢰하여 20○○본○○호로 명도(인도)집행을 하였습니다.

2. 그런데 명도집행의 대상이 된 건물에는 채무자의 소유로 추정되는 별지 목록 기재의 유체동산들이 있었는데 채무자가 이를 인수해 가지 않아 채권자가 집행관의 명에 따라 위 물건들을 받아 인천 남구 ○○로 505 ○○창고에 보관하고 있습니다.

3. 채권자는 채무자에게 위 물건의 인수를 최고하였으나 불응하여 민사집행법 제258조 제6항에 의하여 매각 및 공탁허가결정을 받고자 본 신청에 이른 것입니다.

첨 부 서 류

1. 건물명도(인도)집행조서등본
1. 보관각서
1. 물품보관계약서
1. 보관물품 목록
1. 인도명령결정문
1. 최고서

20○○. ○. ○.
채권자 이 ○ ○ (인)

인천지방법원 귀중

5. 명도합의서의 작성

1) 합의서 작성의 중요성

법원을 통해 강제집행을 진행하는 것은 생각보다 서로에게 큰 상처가 되는 일이다. 강제집행을 진행하는 것보다 낙찰자와 점유자 간에 협의가 이루어지는 것이 절차적으로 훨씬 바람직하며, 원만하게 사태를 종결할 수 있어 서로에게 이득이 된다는 점을 잊지 말도록 하자.

강제집행이 이루어지기 전에 점유자와 명도에 대한 원만한 협의가 이루어졌다면 합의사항을 반드시 문서로 남겨두어야 한다. 오랜 분쟁

끝에 드디어 합의에 이른 마당에 합의서를 따로 작성하는 것이 껄끄럽고 인간미 없게 느껴지는가? 이렇게 안일하게 생각한다면, 조만간 당신과 상대방은 구두합의가 이루어진 것이 무색하게 다시 합의의 구체적 내용 및 이행방법을 두고 분쟁에 돌입하게 될 것이다.

문서로 합의사항을 남겨두지 않는다면 ① 쌍방 합의의 구속력이 약해져 상대방이 이를 파기할 가능성이 높고, ② 추후 합의사항의 해석에 관해 문제가 발생했을 때 쉽사리 해결되지 않을 공산이 높다. ③ 법적 대처도 훨씬 어려워진다. 그만큼 쌍방의 서명·날인이 된 합의서는 추후 막강한 힘을 발휘한다. 따라서 협의가 이루어졌다면 반드시 이를 문서로 남겨두도록 하자.

2) 합의서 작성례

(1) 명도합의서 - 전 소유자 및 임차인용

합의서를 작성할 때에는 합의사항이 여러 가지 의미로 해석될 여지가 있도록 애매하게 작성해서는 안 된다. 애매하게 합의사항을 기재해둘수록 추후 분쟁이 발생할 소지가 매우 높아진다. 이사비는 얼마를 지급할 것인지, 공과금을 제하고 지급하는지, 돈은 언제 어떤 방식으로 지급하는지 등 합의사항을 반드시 상세하게 기재한다.

'명도합의서'는 당사자 간의 합의사항을 작성하여 보관하는 서류이고, '명도확인서'는 당사자 간에 작성하여 법원에 제출하는 서류이니 용어 사용에 착오가 없도록 하자.

합 의 서

낙찰자 _____("갑")과 점유자 _____("을")은 상호 협의하여 아래와 같이 합의하기로 한다.

> 〈부동산의 표시〉
>
> 경기 부천시 ○○구 ○○로 ○○, ○○아르디세 9층 9○○호
>
> (건물면적 : 92.42㎡)

- 아 래 -

1. "을"은 20○○년 ○월 ○○일에 상기 부동산에서 이사하기로 한다. 또한 "을"은 점유를 제3자에게 이전하여서는 안 된다.

2. "갑"은 "을"에게 이사비로 일금   만 원(₩   )을 지급하기로 하고 이사비는 1항에 기재한 이사 약정일에 상기 부동산에서 모든 이삿짐이 반출한 것을 확인하고 지급하기로 한다.

3. "을"은 상기 부동산 분양 당시의 모든 옵션(세탁기, 냉장고, 가스레인지, 벽걸이에어컨, 티비다이장식장, 번호키, 비디오폰 등 분양계약서에 포함된 분양 당시의 모든 물품 및 시설)을 파손하지 않고 보존해야 하며, 이사할 때도 가져갈 수 없으며 상기 부동산에 관련된 모든 공과금은 정산하기로 한다. 만약 미정산된 공과금이 있는 경우 "갑"은 제2항의 이사비에서 미정산 공과금을 공제하고 지급한다. 또한 "을"은 상기 부동산에 남아있는 물건들은 버린 것으로 인정하고, 남은 이삿짐을 "갑"이 임의로 폐기물로 취급하여 처리하여도 민·형사상 책임을 묻지 않기로 한다.

4. "을"은 제1항에 기재된 이사 약정일 이후엔 어떠한 경우라도 상기 부동산이 "갑"에게 인도집행이 완료된 것으로 인정하고, "갑"이 문을 강제로 개문하여 제3항의 행위를 하여도 "갑"에게 민·

형사상 책임을 묻지 않기로 한다.

5. "갑"과 "을"은 위 약정 중 어느 하나라도 위반 시 쌍방에게 위약
   벌로 일금 일천만 원을 1주일 이내에 지급하기로 한다.

20○○. ○. ○○.

"갑"
성　　명:　　　　　　　(인)
주민번호:　　　　-
주　　소:

"을"
성　　명:　　　　　　　(인)
주민번호:　　　　-
주　　소:

실전 TIP '위약벌'과 '손해배상의 예정'의 차이

합의서를 작성할 때에 상대방의 의무 이행을 강제하기 위한 수단으로 계
약 위반에 따른 '손해배상'을 지급할 것을 규정하는 경우가 많다. 이때
'손해배상'이라는 문구를 사용할 수도 있지만 '위약벌'이라는 문구를 사
용할 수도 있다. 실제 일방당사자가 계약을 위반한 경우, 계약서에 위약
벌이 기재되어 있는 경우에는 판례상 일방당사자는 위약벌은 물론이고
손해배상까지 추가로 부담하여야 하며 그 금액도 감액이 쉽게 되지 않는
다. 그러나 손해배상의 예정은 법률상 감액이 상대적으로 쉽고 별도로 위
약벌을 추가로 청구할 수 없다.

(2) 명도합의서
- 명도 전에 점유자에게 명도확인서를 교부하는 경우

부동산을 낙찰받으면 점유자가 부동산을 비워주고 나가기도 하지만, 때때로 점유자는 새로운 소유자(낙찰자)와 임대차계약을 새로 체결하거나 새로운 소유자(낙찰자)로부터 부동산을 매입하기를 원하는 경우가 있다. 그런데 이러한 경우 점유자와 임대차계약서 내지 매매계약서를 먼저 작성하게 되면, 추후 계약이 파기되더라도 해당 점유자를 재계약한 임차인 혹은 새롭게 매수한 소유자로 볼 수가 있어 그 점유자에 대해 인도명령결정을 받기가 어려워지기 때문에 주의를 요한다. 이때는 합의서를 더욱 주의해서 작성하여야 하며, 아래의 서식을 활용하도록 하라. 다만, 아래의 서식을 이용한다고 하더라도 해당 합의서의 존재가 인도명령 발령에 장애사유로 작용할 수도 있음을 주의하자.

서식 2-31 명도합의서

합 의 서

임○○("갑")과 김○○("을")은 상호 협의 하에 아래와 같이 약정하기로 한다.

> 〈부동산의 표시〉
> 서울 ○○구 ○○로 38, 주공아파트 1○○7동 ○○1호
> (건물면적 : 36.16㎡)

- 아   래 -

1. "갑"은 "을"에게 인감증명서가 첨부된 명도확인서를 교부하기로 하고, "을"은 "갑"에게 금 이백만 원(₩2,000,000)을 지급하기로 한다(계좌번호 : ○○은행 50○○2-○○-3○○49, 예금주: 임○○).

2. "갑"과 "을"은 상기 부동산에 관하여 보증금 1,000만 원, 차임 월 40만 원, 임대차기간 20○○. 9. 28.부터 20○○. 9. 27.까지(1년 간)로 하는 임대차계약을 체결하기로 한다(단, "을"은 위 보증금 의 잔금을 20○○. 10. 5.까지 "갑"의 계좌로 지급하기로 하고, 계 약체결 시 1항의 금액은 계약금이 된다. 그러나 1항의 돈은 임대 차계약을 체결하기 전까지는 본 합의서 이행을 위한 약정금에 불 과하고, 임대차계약의 계약금으로 지급한 것이 아님을 확인한다).

3. 위 임대차계약이 체결될 경우 "갑"은 잔금기일에 "을"에게 도배 비용 20만 원을 지급하기로 한다. 또한 위 임대차계약이 체결될 경우에 한하여 "갑"은 "을"에게 상기 부동산의 소유권 취득일로 부터 20○○. 9. 27.까지 임료청구를 하지 않기로 한다.

4. "을"은 상기 부동산의 기본옵션(싱크대, 세면대, 변기 등) 및 부합 물, 종물에 대해 고의 또는 과실로 훼손할 수 없으며, 모든 소유권 은 "갑"에게 있음을 확인한다.

5. 만약 "을"이 위 2항의 임대차계약을 체결하지 않거나 잔금을 지 급하지 않을 경우 1항의 약정금은 본 약정불이행으로 인한 손해 배상금으로 "갑"에게 몰수되고, "갑"은 "을"을 상대로 인용된 서 울북부지방법원의 인도명령결정문을 통한 부동산인도집행을 신 청할 수 있다.

6. 위에서 약정하지 않은 부분은 사회통념상 관례에 따르기로 한다.

20○○. ○. ○○.

"갑"

성   명 : 임 ○ ○ (인)

주민번호 :

주   소 :

"을"

성   명 : 김 ○ ○ (인)

주민번호 :

주   소 :

3) 명도확인서(배당받는 임차인용)

배당을 받는 임차인의 경우에는 낙찰자의 명도확인서를 제출해야만 배당을 받을 수 있다. 이때 낙찰자는 임차인에게 명도확인서와 인감증명서를 건네주면 된다. 배당받는 임차인과 협상에 있어 매우 중요한 서류이므로 부동산을 인도받기 전까지는 웬만하면 건네주지 않도록 유의하자.

참고로, 명도확인서의 서식은 법원경매정보 사이트에서 찾아볼 수 있다.

명 도 확 인 서

사 건 번 호 : 20○○타경○○○○○ 부동산임의경매

임차인 성명 :

주 소 :

위 사건에서 위 임차인은 임차보증금에 따른 배당금을 받기 위해 매수인에게 목적부동산을 명도하였음을 확인합니다.

첨부서류 : 매수인 명도확인용 인감증명서 1통

20○○ 년 ○월 ○○일

매수인 임 ○ ○ (인)
연락처(☎) 010-○○○○-○○○○

○○지방법원 경매○계 귀중

☞유의사항
1) 주소는 경매기록에 기재된 주소와 같아야 하며, 이는 주민등록상 주소이어
   야 합니다.
2) 임차인이 배당금을 찾기 전에 이사를 하기 어려운 실정이므로, 매수인과
   임차인 간에 이사날짜를 미리 정하고 이를 신뢰할 수 있다면 임차인이 이
   사하기 전에 매수인은 명도확인서를 해줄 수도 있습니다.

3 배당

1. 배당절차의 이해

낙찰자는 보통의 경우에는 배당절차에 개입할 일이 없다. 배당은 낙찰자가 낸 매각대금을 채권자들이 법원이 정하는 순위대로 받아가 자기 채권의 변제를 받기 위해 진행되는 절차이기 때문이다. 그러나 낙찰자는 대항력 있는 허위임차인이 부동산을 점유하고 있는 경우 그 임차인을 압박하기 위한 수단으로, 또는 인수해야 할 권리가 있는 경우 인수해야 할 권리를 가진 채권자가 최대한 많은 금액을 변제받게 하여 인수하는 금액을 줄이기 위해 배당에 개입해야 할 필요가 있을 때가 있다. 이러한 배당절차 및 방법을 완전히 꿰고 있으면 점유자와의 협상에서도 우위를 차지할 수 있고, 보다 다양한 전략을 구사할 수 있다.

1) 배당과 배당기일

배당이란 매수인이 납부한 경매부동산의 매각대금을 민법, 그 밖의 법률이 정하고 있는 순위에 따라 채권자들에게 배당금을 교부하는 것을 의미한다. 법원은 부동산이 낙찰된 후 매수인이 매각대금을 완납하면 배당기일을 정하고 이해관계인과 배당을 요구한 채권자에게 이를 통지한 뒤 배당을 실시한다.

2) 배당표 원안의 작성

배당기일에 앞서 집행법원에서는 각 채권자들에게 배당되는 금액을 명시한 배당표 원안을 작성하게 되는데, 이는 확정된 것이 아니며 배당기일에 채권자들 사이에 이의가 없을 때 비로소 배당표로 확정되는 것이다.

배당표 원안이 작성되기 전에 배당을 받아서는 안 되는 채권자가 있다면, 그를 배당에서 제외한다는 내용의 의견서를 법원에 미리 제출할 수 있다. 배당표 원안이 채권자의 의중대로 작성되면, 배당금액을 바꾸기 위한 배당이의의 소를 별도로 제기하지 않아도 되니 시간을 절약할 수 있음은 물론이고 소송비용도 절약할 수 있는 장점이 있다.

`서식 2-33` 배당배제신청서

배당배제신청서

사건번호 20○○타경○○○○ 부동산임의경매
채 권 자 ○○신협협동조합
채 무 자 최○○
신 청 인 ○○건설 주식회사
　　　　　인천 남구 ○○로 ○○
　　　　　대표이사 김○○
피신청인 별지 목록 기재와 같음

위 사건에 관하여 신청인은 피신청인들에 대한 배당을 배제하여 줄 것을 다음과 같이 신청합니다.

다 음

1. 신청인은 경매대상건물의 건축공사를 한 후 공사대금을 지급받지 못하여 인천지방법원 20○○카합○○○○호로 가압류결정을 받

아서 경매절차에서 배당요구를 신청한 채권자입니다.

2. 그런데 피신청인들은 경매대상건물을 분양받은 '수분양자'임에도 불구하고 '임차인'으로 법원에 권리신고서를 제출하여 신청인이 배당받을 금액에 큰 손실이 발생될 것으로 예상됩니다.

3. 대법원 판례는 분양계약을 해제하고 특별한 사정에 의해 납부한 분양대금을 임대차보증금으로 전환할 경우 임차인으로서의 지위를 인정해주는 경우가 있습니다. 하지만 신청인이 파악한 바로는, 피신청인들은 분양자를 상대로 정식으로 분양계약의 해제의사를 표시한 바도 없고 최근까지도 수분양자로서의 권리를 주장해 왔습니다. 그런데 경매대상건물이 경매가 진행되는 것을 알게 되자 경매법원에서 배당금을 받기 위해 수분양자로서의 지위를 숨기고 임차인이라고 주장하면서 배당요구신청을 한 것입니다.

4. 따라서 피신청인에게 배당이 된다면 정당한 채권자인 신청인에게 막대한 손실이 예상되므로 배당배제를 신청합니다.

첨 부 서 류

1. 임차인 배당요구신청내역

20○○. ○. ○○.

신청인   ○○건설 주식회사

대표이사   김 ○ ○ (인)

인천지방법원 경매○계 귀중

[별지]

피신청인 목록

1. 최○영, 최○호, 황○남, 유○옥, 손○자, 이○철, 정○화, 백○화,
   장○옥, 박○은, 송○랑, 장○건, 김○수, 이○복, 김○훈 이상 임
   차인으로서 배당요구신청을 한 15명
   끝.

3) 배당표 원안의 열람

집행법원은 배당기일 3일 전에 배당표 원안을 작성하여 법원에 비
치하므로 이해관계인은 배당기일에 앞서 미리 열람을 할 수 있다. 배
당표 원안은 열람만 할 수 있고 복사까지 요구할 수는 없다. 미리 전화
를 하면 배당금액을 확인하여 주기도 한다.

≫ 배당표 원안의 예시

○○지방법원
배 당 표

20○○타경○○○○ 부동산강제(임의)경매

배당할금액(①)		금 51,000,000 원
명세	매 각 대 금	금 45,500,000 원
	지 연 이 자	금 　　　　　 원
	항고 보증금	금 　　　　　 원
	전 매수인의 매수신청 보증금	금 5,000,000 원
	보증금등이자	금 500,000 원

집 행 비 용 (②)		금 1,500,000 원				
실제 배당할 금액 (①-②)		금 49,500,000 원				
매 각 부 동 산		서울 서초구 ○○동 130 대 100m², 위 지상건물 150m²				
채 권 자		한지혜	종로구	국민은행	윤설아	박태환
채권 금액	원 금	16,000,000	1,000,000	10,000,000	20,000,000	10,000,000
	이 자			495,000		
	비 용			화재 보험료 5,000		
	계	16,000,000	1,000,000	10,500,000	20,000,000	10,000,000
배 당 순 위		1	2	3	4	4
이 유		임차인 (소액)	당해세	근저당권 자	경매신청 채 권 자	가압류권 채 권 자
채 권 최 고 액		16,000,000	1,000,000	10,000,000	20,000,000	10,000,000
배 당 액		16,000,000	1,000,000	10,000,000	15,000,000	7,500,000
잔 여 액		33,500,000	32,500,000	22,500,000	7,500,000	0
배 당 비 율		100%	100%	100%	75%	75%
공 탁 번 호 (공 탁 일)		년 금제 호 (. . .)	년 금제 호 (. . .)	년 금제 호 (. . .)	년 금제 호 (. . .)	년 금제 호 (. . .)

20 . . .

판 사 (사법보좌관) ○ ○ ○ (인)

4) 배당표에 관한 이의

비치된 배당표 원안을 열람한 이해관계인 및 배당을 요구한 채권자들은 배당표 원안에 적은 내용에 대하여 이의가 있을 경우에는 반드시 배당기일에 출석하여 이의를 한다는 뜻을 표시해야 하고 미리 서면으로 이의를 할 수는 없다. 집행법원은 배당기일에 출석한 이해관계인과 배당을 요구한 채권자에게 배당표 원안을 보여주고 정정할 것이 있으면 수정하고 배당표를 확정한다. 또한 배당표에 관하여 이해관계인의 이의가 있는 경우, 이의한 금액에 한하여 배당을 보류한다(배당이의의 소가 확정될 때까지). 단, 이의신청을 한 자는 배당기일로부터 1주일 이내에 배당이의의 소를 제기하여 '소제기증명원'을 집행법원에 제출해야 하고, 소제기증명원을 제출하지 않을 경우 배당이의를 취하한 것으로 간주한다. 소제기증명원은 배당이의소송을 제기한 뒤 그 법원에서 발급받으면 된다.

채무자의 경우 배당기일 전 집행법원에 서면으로도 배당이의가 가능하고, 채권자의 경우 반드시 배당기일에 출석 후 구두로 이의신청을 해야 한다. 배당기일에 출석하지 않은 경우에는 배당표 원안과 같이 배당하는 것에 동의하는 것으로 간주되며, 채권자는 미리 이의서면을 제출했더라도 그 이의는 효력이 없어 무시되고 배당이 실시된다.

서식 2-34 소제기증명원

소제기증명원

원 고 김 ○ ○
피 고 이 ○ ○

원고가 20○○. ○. ○○. 피고에 대하여 귀원 20○○가합○○호로 배당이의소송을 제기한 사실을 증명하여 주시기 바랍니다.

20○○. ○. ○○.
원고 ○ ○ ○ (인)

○ ○지방법원 귀중

집행법원에 소제기증명원을 제출할 때 소제기증명원만 제출하면 되는 것이 아니라, '소제기신고서'에 소제기증명원을 제출하게 된 경위를 함께 적어 소제기증명원을 첨부하여 제출하도록 한다.

서식 2-35 소제기신고서

소제기신고서

사 건   20○○타경○○○○ 부동산임의경매
신 청 인(배당요구채권자) 김 ○ ○

위 사건에 관하여 신청인(배당요구채권자)은 20○○. ○. ○○. 배당기일에 배당표에 대한 이의를 신청하고, 20○○. ○. ○○. ○○지방법원 20○○가합○○○○호로 배당이의 소를 제기하였으므로 소제기증명원을 첨부하여 신고합니다.

첨 부 서 류

1. 소제기증명원
1. 소장

20○○. ○. ○○.
신청인(배당요구채권자) 김 ○ ○ (인)

○○지방법원 경매○계 귀중

2. 배당이의 소장

배당이의의 소는 배당표에 배당을 받는 것으로 기재된 자의 배당액을 줄여 자신에게 배당이 되도록 하기 위하여 배당표의 변경 또는 새로운 배당표의 작성을 구하는 소송을 의미한다. 쉽게 말하면, 배당을 신청한 금액보다 적게 배당을 받게 된 후순위배당채권자가 선순위배당채권자 또는 동순위배당채권자를 상대로 제기하는 소송이 바로 배당이의의 소이다. 배당이의의 소는 배당을 실시한 집행법원이 속한 지방법원이 전속관할이므로, 다른 법원에 소송을 제기하여서는 안 된다.

배당이의 소장을 작성할 때도 특별한 것은 없다. 청구취지를 명확하게 기재하고 다른 채권자의 배당금액이 무슨 이유로 낮아져야 하는지를 증거에 입각하여 설득력 있게 기재하면 충분하다.

<kbd>서식 2-36</kbd> 소장(배당이의의 소)

소 장

원 고   김 ○ ○
　　　　김포시 사우중로 ○(사우동)
피 고   권 ○ ○
　　　　용인시 처인구 중부대로 ○ ○ , ○ ○ ○ 호

배당이의의 소

청 구 취 지

1. 수원지방법원 200○타경○○○○호 부동산강제경매사건에 관하여 위 법원이 20○○. 11. 12. 작성한 배당표 중 피고에 대한 배당액 금 120,000,000원을 금 0원으로, 원고에 대한 배당액 금 143,745,566원을 금 263,745,566원으로 각 경정한다.
2. 소송비용은 피고가 부담한다.
라는 판결을 구합니다.

청 구 원 인

1. 배당이의를 하게 된 경위

원고는 수원지방법원 20○○타경○○○○ 부동산강제경매사건(갑 제1호증 경매사건검색)에 관하여 근저당권자로서 채권최고액 350,000,000원에 관하여 배당요구신청을 하였으나, 배당액이 143,745,566원밖에 되지 않아(갑 제2호증 배당표) 배당기일인 20○○. 11. 12. 용인시 처인구 중부대로 11, ○○○호(이하 '이 사건 건물'이라 합니다, 갑 제3호증 등기사항증명서)의 임차인인 피고에 대하여 배당에 관한 이의를 진술하였습니다(갑 제4호증 배당기일조서[6]).

2. 피고의 배당요구신청은 금반언 및 신의칙[7]에 위반됩니다.

   가. 원고는 2008. 9.경 ○○대학교 행정대학원 부동산 과정 15기 동기인 정○○의 소개로 채무자 최○○의 남편 이○○을 소개받았는데 이○○은 사업자금 250,000,000원이 긴급히 필요하다고 원고에게 부탁하였습니다. 원고로서는 친한 지인의 소개였기에 이○○을 믿고 6개월 동안 월 2.5%의 이자를 받는 조건으로 250,000,000원을 대여해 주되 담보로써 이○○의 처 최○○의 소유인 이 사건 건물의 담보가치에 관하여 현장조사 및 감정평가를 하여 담보가치에 이상이 없으면 채권최고액 350,000,000원의 근저당을 설정하고 돈을 대여해 주기로 하였습니다.

   원고의 대리인 서○○는 이 사건 건물의 등기사항증명서에 피고가 20○○. ○.7.자로 금 120,000,000원의 전세권등기를 설정해두고, 또한 전입세대열람내역에도 피고가 등재되어 있음을 확인하고, 서○○는 피고와 면담을 가졌습니다. 그런데 피고는 이미 집주인(최○○)으로부터 전세금 1억 2,000만 원 전

---

6) 배당기일로부터 1주일 내에 배당이의의 소를 제기해야 하는데 그때까지 배당기일조서를 등사할 수 없을 경우에는 추후에 제출해도 무방하다.

7) 금반언의 원칙(禁反言의 原則)이란 이미 표명한 자기의 언행에 대하여 이와 모순되는 행위를 할 수 없다는 원칙을 의미한다. 신의성실의 원칙(이른바 신의칙)은 모든 사람이 사회공동생활의 일원으로서 상대방의 신뢰에 반하지 않도록 성의 있게 행동할 것을 요구하는 법원칙을 뜻한다.

부를 반환받았고 3일 후 이사할 것이며 그래서 전세권등기도 말소할 것이라고 분명하게 진술하였습니다. 그 후 피고는 서 ○○이 현장조사를 하고 간 후 20○○. ○. 17. 120,000,000원 의 전세권설정등기를 말소하기까지 하였습니다. 그래서 원고 는 전세권등기가 말소되어 250,000,000원을 대여해도 안전하 다고 판단하고 20○○. ○. 30. 이 사건 건물에 관하여 채권최 고액 350,000,000원의 근저당권을 설정하고 최○○에게 대출 을 해 주었던 것입니다.

그런데 피고는 본래의 말을 뒤집어 나중에 이 사건 경매절차 에서 임대차보증금 120,000,000원에 관하여 임차권등기명령 과 배당요구신청을 하였습니다. 원고로서는 깜짝 놀라 피고 를 찾아가서 무슨 일이냐고 물어보니 피고는 "사실은 원고가 찾아와서 현장조사를 할 당시 임대차보증금 120,000,000원 중 20,000,000원만 돌려받았는데, 최○○ 부부가 원고로부터 돈 을 대여받아 곧바로 임대차보증금의 잔액 100,000,000원을 돌 려준다고 하면서 원고에게 임대차보증금전액을 돌려받았다고 진술해 달라고 해서 원고에게 사실과 다른 진술을 했다."고 하 였습니다(갑 제5호증 녹취록, 갑 제6호증 최○○ 진술서).

나. 무릇 근저당권자가 담보로 제공된 건물에 대한 담보가치를 조 사할 당시 대항력을 갖춘 임차인이 그 사실을 부인하고 임차 보증금에 대한 권리를 주장하지 않겠다는 내용의 확인서를 작 성해 준 경우, 그 후 그 건물에 대한 경매절차에 참가하여 배 당요구를 하는 것은 신의칙에 반하여 허용될 수 없습니다(대 법원 1997. 6. 27. 선고 97다12211 판결).

다. 원고가 채무자 겸 소유자인 최○○ 부부에게 이 사건 건물 에 관하여 채권최고액 350,000,000원의 근저당권을 설정하고 250,000,000원을 대여해 주게 된 이유는 피고가 "전입신고는 되어 있으나 임대차보증금은 전액 돌려받았기 때문에 곧 이사 를 갈 예정이고 등기부에 설정되어 있는 전세권등기도 곧 말소할 예정이다."라고 말을 하여 원고로서는 피고의 말을 믿고 임대차보증금이 남아있지 않다는 전제에서 부동산의 담보가치를 평가한 다음 안전하다고 판단하여 금원을 대여해주게 된 것입니다.

그렇다면 피고가 최○○ 부부로부터 속아 임대차보증금을 돌려받지 못하였다고 하더라도 원고에 대하여 마치 임대차보증금 전액을 돌려받은 것처럼 허위진술을 하여 원고가 이를 믿고 부동산에 관한 담보가치평가를 하고 위험이 없다고 판단한 다음 최○○ 부부에게 금원을 대여해준 것이므로 원고가 배당을 신청한 이 사건 경매배당절차에서 피고가 선순위권리를 주장하는 것은 금반언 및 신의칙에 반하여 허용될 수 없다고 할 것입니다.

3. 결론

이상과 같이 피고의 배당요구는 신의칙 및 금반언에 반하여 허용될 수 없다고 할 것이므로 원고의 이 사건 청구를 인용하여 주시기 바랍니다.

입 증 방 법

1. 갑 제1호증   경매사건검색
1. 갑 제2호증   배당표
1. 갑 제3호증   등기사항증명서
1. 갑 제4호증   배당기일조서
1. 갑 제5호증   녹취록
1. 갑 제6호증   최○○의 진술서

20○○. ○. ○○.

원고 김 ○ ○ (인)

수원지방법원 귀중

4 체납관리비에 관한 분쟁 협상

낙찰을 받고 나면 여러 난관이 있는데, 그중 하나의 골칫거리가 바로 체납관리비다. 낙찰받은 부동산에 고액의 관리비가 체납된 경우에 낙찰자가 관리사무소에 순순히 관리비 전액을 지급해 줄 것이 아니라면 점유자 및 관리사무소와의 분쟁·협상은 필연적일 수밖에 없다.

경매물건 중에는 아주 낮은 가격으로 유찰된 상가라고 하더라도 밀린 관리비가 수천만 원에 이르는 경우도 있다. 오피스텔과 아파트의 경우에는 상가보다는 상황이 낫겠지만 관리비 때문에 골치 아프기는 마찬가지다. 점유자는 어떻게든 관리비를 내지 않으면서도 이사비를 많이 받을 수 있을지 고민하고 있을 것이며, 관리사무소는 대법원 판례를 무시하고 어떻게 하면 낙찰자로부터 전유·공용부분 관리비 전부를 받아낼 것인지를 고민하고 있을 것이기 때문이다.

낙찰자가 이러한 상황에서 법적으로 누가 그 체납관리비를 부담하여야 하는지를 명확히 알고 점유자 및 관리사무소와 협상을 진행한다면, 협상에서 우위를 차지할 수 있을 것이며 적은 비용으로 명도도 가능할 것이다.

1. 관리비 기초상식

부동산 점유자 및 관리사무소의 부당한 요구에 대해 현명하게 대응하기 위해서는, 관리비를 부담하는 자가 누구인지, 관리비를 부담해야 한다면 그 범위는 어디까지인지를 대략적으로라도 알고 있어야 한다. 관리비에 관해서는 분쟁이 많은 까닭에 판례가 계속 누적되고 있으므로 핵심 판례는 꼼꼼히 챙겨두도록 하자.

1) 체납관리비는 과연 누구의 몫인가?

답 : 전유부분 - 전 소유자 또는 점유자

공용부분 - 전 소유자 및 낙찰자

낙찰을 받고 관리사무소에 방문하면 체납관리비에 대한 언급을 한다. 어설프게 '체납관리비는 낙찰자가 인수한다'고 알고 있으면 관리소장의 페이스에 말려들기 딱 좋다. 체납관리비 전부를 낙찰자가 부담해야 하는 것은 아니고, '체납관리비 중 공용부분에 관하여 발생한 금액'만 낙찰자가 인수한다(대법원 2001. 9. 20. 선고 2001다8677 전원합의체판결). 공실이 오래된 경우, 체납관리비 중에 상당 부분은 공용부분에 해당하는 금액일 수 있으므로 항상 미리 관리사무소에서 공용부분 관리비가 얼마인지 확인해야 한다. 다만, 공용부분의 관리비에 관해 전 소유자의 책임이 면제되는 것은 아니고, 낙찰자와 공동으로 책임을 진다고 보면 된다.

실전 TIP 관리비 중 공용부분과 전유부분의 분류

① 공용부분 - 청소비, 오물수거비, 소독비, 승강기유지비, 공용부분 난방비, 공용부분 급탕비, 수선유지비, 일반관리비(인건비, 사무비, 교통통신비, 제세공과금, 피복비, 교육훈련비, 차량유지비, 부대비용)
② 전유부분 - 전기료, 수도료, 하수도료, 세대난방료, 급탕료, TV수신료 등

낙찰 후 제3자에게 부동산을 매도하더라도 공용부분에 관한 체납관리비 부담의무는 소멸하지 않는다. 즉, 부동산이 갑, 을, 병 순으로 소유권이 이전되었고 갑이 관리비를 체납한 바 있다면, 을, 병 모두 갑이 체납한 관리비 중 공용부분을 납부할 책임을 부담한다는 것이다(대법원 2008. 12. 11.선고 2006다50420 판결). 보통의 경우라면 관리사무소가 병에 대해서만 관리비 징수를 진행하겠지만, 병으로부터 관리비를 받기 어렵다고 판단할 경우 을에 대해서도 관리비의 지급을 요구할 수도 있는 것이다.

2) 체납관리비의 연체료도 낙찰자가 부담해야 하는가?

답 : 아니다.

체납관리비 내역을 자세히 살펴보면, 전 소유자의 체납관리비에 대한 연체료도 상당한 경우가 많다. 그런데 낙찰자가 관리비를 연체한 것은 아니므로 관리비 연체료까지 낙찰자에게 부담하라고 하는 것은 다소 과하게 느껴질 수 있다. 실제 이러한 연체료 부분이 문제가 되었었는데, 대법원은 공용부분 관리비에 대한 연체료는 낙찰자가 승계하지 않는다고 보았다(대법원 2006. 6. 29. 선고 2004다3598 판결). 즉, 낙찰자를 비롯한 집합건물의 특별승계인은 공용부분의 체납관리비만 승계할 뿐, 공용부분의 체납관리비에 대한 연체료는 승계하지 않는다.

3) 수년간 부과된 관리비 전부를 책임져야 하는가?

답 : 부과된 지 3년이 지난 관리비는 부담하지 않아도 된다.

전 소유자가 체납한 공용부분 관리비가 존재하더라도 그중에서 3년이 경과된 관리비에 대해선 낙찰자는 전 소유자의 소멸시효 항변권을 원용하여 그 채권에 대해선 부담하지 않을 수 있다. 민법 제163조는 '1년 이내의 기간으로 정한 금전의 지급을 목적으로 하는 채권'은 소멸시효를 3년으로 정하고 있는데, 1개월 단위로 지급해야 하는 집합건물의 관리비는 여기에 해당된다(대법원 2007. 2. 22. 선고 2005다65821 판결). 따라서 낙찰자는 3년이 지난 관리비에 대해서는 소멸시효 완성을 주장하며 승계의무가 없다고 주장할 수 있다. 다만, 관리사무소가 관리비채권에 대한 판결을 받는 등 소멸시효 중단을 위한 조치를 해 둔다면, 3년이 지난 관리비라도 낙찰자가 책임져야 할 수 있다(대법원 2015. 5. 28. 선고 2014다81474 판결).

이러한 판례들을 낙찰자의 상황에 따라 알맞게 응용한다면, '아는 것이 힘'이란 말을 정말 실감할 것이다.

2. 관리비를 연체하면서 명도를 거부하는 점유자에 대한 대응방법

1) 관리사무소로 하여금 관리비 징수를 독촉하기

협상에 임함에 있어 시작점은 상대방에게 안도감을 심어주는 것이 아니라 상대방을 압박하는 것이다. 그래야 상대방을 협상테이블에 불러들여 앉힐 수 있으며, 우리가 주도하여 우리가 원하는 조건에 가깝게 협상을 이끌어 갈 수 있다. 점유자는 어디서 들은 것은 있어서 관리비채무는 낙찰자가 모두 인수해 주기를 바라며 낙찰자로부터 이사비만 왕창 받아가는 것을 꿈꾸고 있을지 모른다.

이러한 상황에서 당신만 부산히 움직일 필요는 없다. 점유자의 채권자로 하여금 점유자에게 채권 회수를 독촉하는 방법을 이용하는 것이다. 점유자는 부동산이 경매로 넘어간 뒤로부터 관리비를 제때 지급하지 않고 있을 공산이 크다. 관리사무소로 하여금 점유자를 압박하도록 하여 이러한 점유자의 환상(?)을 먼저 깨어준다면, 낙찰자는 점유자와 만나기 전부터 점유자와의 협상에 있어 우위를 점할 수 있을 것이다.

내 용 증 명

제목 : 관리비 징수 독촉의 건

수신인 : ○○○○아파트 관리소장님
주　소 : 인천광역시 서구 ○○동 ○○번지 ○○○○아파트 관리사무소

발신인 : 송○○
주　소 : 경기 부천시 원미구 길주로○번길 ○○-○

발신인은 귀 ○○○○아파트 107호의 관리비 징수 건과 관련하여 다음과 같이 귀 사무소의 적극적 대응을 촉구합니다.

아 래

1. 발신인은 경매절차에서 인천광역시 서구 ○○동 ○○번지 ○○○○아파트 107호를 낙찰받고, 20○○. 1. 2.에 잔금을 완납한 소유자입니다. 상기 부동산에 관하여 현재 미납된 관리비는 4,750,000원으로 결코 적은 금액이 아닙니다.

2. 본인은 낙찰 후에 수차례에 걸쳐 상기 부동산에 거주하고 있는 점유자 홍길동에게 건물을 인도해 줄 것을 요청하였으나 같은 입주자는 미납관리비를 부담하지 않겠다는 의사를 지속적으로 반복하면서 무리한 이사비만을 요구하고 협의에 응할 의사를 나타내지 않아 부득이 법적인도절차를 밟고 있습니다.

3. 대법원 판례는 낙찰자가 종전 구분소유자의 특별승계인으로서 집합건물의 체납관리비 납부의무가 있다고 보면서도, 이러한 의무를 어느 경우에나 인정하는 것이 아니라 낙찰받은 부동산이 부득이 오랫동안 공실로 방치되어 있어서 관리비를 객관적으로 징수할 수 없는 경우에 한한다고 보고 있습니다. 따라서 이 사건처럼

명백하게 건물을 전 사용자가 사용·수익하고 있는 경우에는 관리사무소에서 그 사용자를 상대로 관리비 채권을 회수하기 위한 모든 노력을 다하여야 합니다.

4. 연체된 관리비가 상당하므로 입주자가 입주 시 미리 납부하는 선수관리비를 반환하지 마시고 체납관리비에 우선 충당하실 것을 당부드립니다.

5. 또한 현재 입주자 홍길동은 의도적으로 관리비를 연체하고 있사오니 관리규약에 따라 2~3개월 이상 관리비가 연체되었음을 이유로 입주자에 대해 단전·단수를 진행할 뜻을 최고해 주시고, 그 이후에도 입주자가 관리비를 납부하지 않을 경우 단호히 단전·단수 조치를 취해서라도 체납관리비를 적극 징수해주시기 바랍니다.

6. 관리사무소에서 내용증명을 수신 이후에 관리규약의 규정대로 적절한 조치를 취하지 못해 미납관리비를 징수하지 못한 것이라면, 관리사무소와 관리단 측에게도 체납관리비 상당의 업무상 손해배상책임이 성립할 수 있습니다. 따라서 귀 사무소의 적절하지 못한 대응에 따른 체납관리비에 대해서는 귀 사무소로서는 낙찰자에게 그 금액을 청구할 수 없음을 알려드립니다.

7. 현재 발신인도 점유자와 명도부분이 원만하게 합의가 되지 않아 법적 절차를 통해 부동산을 인도받아야 하는 상황이므로 부동산 취득금액 외에도 상당한 금전적인 부담을 안고 있습니다. 따라서 귀 사무소의 적극적인 업무절차를 통해 미납된 체납관리비가 모두 징수될 수 있도록 노력을 경주해 주시기 바랍니다. 마지막으로 현 점유자의 명도완료일 내지 발신인이 입주하는 즉시 발신인은 입주자로서의 의무를 다 할 것임을 덧붙여 둡니다.

20○○. ○. ○○.

발신인 송 ○ ○ (인)

앞의 내용증명 3항을 보면, 낙찰자가 체납관리비 중 공용부분을 승계하는 것은 낙찰받은 부동산이 오랫동안 공실로 방치되어 있는 등 부득이 관리비를 징수할 수 없는 경우에 한한다고 기재하고 있는데 이 말이 맞는 말일까. 결론부터 말하면 답은 '아니다'이다. 아파트의 전 입주자가 체납한 관리비를 그 특별승계인이 승계한다는 법리는 대법원 2001. 9. 20. 선고 2001다8677 전원합의체판결에서 처음으로 선언된 것인데, 이 판결문을 읽어보면 그러한 취지는 전혀 나타나 있지 않다. 즉, 관리단이 관리비 체납자에 대한 징수에 만전을 다했든 다하지 않았든 간에 낙찰자는 체납관리비 중 공용부분 전액을 승계한다. 다만, 관리비 징수에 관해 위 판례의 법리만 믿고 낙찰자에게 모든 관리비 부담을 지우려는 부당한 관리사무소의 행태에 대항하기 위해 이러한 논리로써 관리사무소로 하여금 관리비 징수를 독촉할 수 있다는 정도로 이해하면 되겠다.

2) 관리사무소 측에서 보내온 답신

부동산이 경매에 넘어간 뒤 체납관리비가 발생하더라도, 관리사무소는 손을 놓고 있는 경우가 많다. 부동산을 낙찰받은 자가 나타나면, 이사를 방해하는 방법으로 관리비를 손쉽게 강제징수할 수 있을 것이라고 생각하기 때문이다. 이때 내용증명을 통해 관리사무소에 관리비 징수를 독촉하면, 관리사무소는 경각심을 갖게 되고 전보다 더 적극적으로 관리비 징수업무에 착수하는 경우가 많다. 실제 체납관리비 징수를 위해 단수·단전을 실행해 주기도 한다.

○○○○ 아파트관리사무소

우) 404-○○○인천광역시 서구 ○○동 ○○번지 / 전화 032)561-○○○전송 032)562-○○○○

문 서 번 호 : ○○○○ 13 - 10 호
시 행 일 자 : 20○○년 5월 21일
수 　　　신 : 경기도 부천시 원미구 중동 ○○-1 ○○아트 ○○호 송 ○○귀하

제 　　　목 : 체납관리비 징수 요청에 대한 회신

　　　1. 내용증명 제3410402033548호(20○○.4.23)로 체납관리비 징수 요청하신 건에 대하여 당 관리사무소에서는 202동 ○○호 체납관리비 징수를 위하여 20○○년 5월 20일 17시 부로 단전·단수 조치를 취하였습니다.

　　　2. 선수관리비는 반환하지 않고 체납관리비에 우선충당하겠으며, 체납관리비 징수에 최선을 다하겠습니다.

○○○○ 아파트관리사무소

3. 체납관리비를 대신 납부해 준 경우

1) 관리사무소와 합의서 작성

　낙찰자는 기존의 소유자 또는 점유자의 체납관리비를 대신 납부하는 경우 관리사무소로부터 확인서 및 영수증을 받아두어야 한다. 확인서를 활용하여 고의적으로 관리비를 납부하지 않고 이사 가버린 점유자에게 구상권을 행사할 수 있고, 체납관리비 영수증은 건물 취득 시 필요경비로 활용할 수 있기 때문이다. 대법원은 "공용부분 체납관리비 납부의무를 낙찰자가 승계하였을 뿐만 아니라, 전 소유자에게 구상권을 행사하더라도 상환받을 가망이 없고, 부득이 공용부분 체납관리비를 납부한 경우 그 납부한 금액은 '매입가액에 가산되

는 부대비용'으로서 양도가액에서 공제할 필요경비에 해당한다."
고 판단한 고등법원 판결을 지지한 바 있다(대법원 2013. 4. 26. 선고
2012두28285 판결).

위 판결을 세무서 직원이 모르는 경우가 있어 실무에 적용할 때 간
혹 어려움은 있을 수 있으나, 대법원 판례를 인용하며 권리주장을 한
다면 양도소득세를 감면받는 방향으로 마무리할 수 있을 것이다.

서식 2-38 합의서(낙찰자와 관리단 사이)

합 의 서

○○ 관리단을 "갑", 송○○을 "을"이라 칭하고, "갑"과 "을"은 상
호협의 하에 아래와 같이 합의하기로 한다.

> 〈부동산의 표시〉
> 인천광역시 남동구 석산로 ○○, ○○타워 오피스텔 1○○호 (42.24㎡)

1. 갑과 을은 상기 부동산에 관한 체납관리비가 을이 입주하기 전인
   20○○. ○○. ○○.을 기준으로 전용부분 _____원, 공용
   부분 _____원임을 확인한다.

2. 을은 갑이 최선을 다해 전 소유자에 대해 관리비 징수를 노력하였
   으나 전 소유자의 자력 부족으로 관리비를 모두 징수하지 못하였
   음을 양해한다.

3. 을은 상기 부동산에 관한 체납관리비 중 공용부분 관리비
   _____원을 전 소유자를 대신하여 갑에게 지급한다.

4. 갑은 20○○. ○. ○○. 이전에 발생한 관리비를 을에게 청구하지
   않으며, 갑과 을은 이와 관련하여 서로 민·형사상 책임을 묻지
   않는다.

20○○. ○. ○○.

"갑"

성 명 : ○○ 관리단 대표자 홍 ○ ○ (인)

주 소 : 인천광역시 남동구 석산로 ○○, ○○타워 오피스텔 관리
사무소

"을"

성 명 : 송 ○ ○ (인)

주 소 : 부천시 원미구 정주로 ○○, ○○아파트 ○○○호

2) 전 소유자 · 점유자에 대한 구상금청구소송의 제기

구상권이란 타인의 채무를 대신 변제한 사람이 그 타인에 대하여 대신 변제한 돈의 반환을 청구할 수 있는 권리를 말한다. 따라서 낙찰자가 전 소유자 등을 대신하여 관리비를 납부한 경우 타인의 채무를 대신 변제한 것에 해당하여 구상금청구소송을 제기할 수 있다. 전 소유자가 부동산을 소유하고 있는 기간 중 발생한 관리비는 당연히 전 소유자 또는 부동산의 점유자였던 자(임차인)가 부담하는 것이 원칙이므로, 이때 발생한 관리비를 낙찰자가 대신 변제하였다면 전 소유자 또는 부동산의 점유자였던 자(임차인)에 대해 구상금을 청구할 수 있는 것이다.

공용부분 관리비는 대법원 판례에 따라 낙찰자가 부득이 승계하는 것이므로, 이를 낙찰자가 대신 납부한 경우에는 이 비용을 전 소유자 또는 해당 부동산의 점유자에 대해 청구할 수 있다.

소 장

원고   송 ○ ○
      부천시 원미구 길주로○번길 ○○-○
피고   홍 ○ ○
      인천 서구 심곡로 ○○, ○○○호

구상금청구의 소

청 구 취 지

1. 피고는 원고에게 2,131,000원 및 이에 대하여 20○○. 10. 4.부터
   이 사건 소장 부본 송달일까지는 연 5%의, 그 다음날부터 다 갚는
   날까지는 연 12%의 각 비율에 의한 금원을 지급하라.
2. 소송비용은 피고가 부담한다.
3. 제1항은 가집행할 수 있다.
라는 재판을 구합니다.

청 구 원 인

1. 당사자의 지위
   원고는 별지 목록 기재 부동산(이하 '이 사건 부동산'이라 합니다)
   을 서울중앙지방법원 20○○타경○○○○호로 낙찰받아 20○○.
   8. 12. 매각대금을 완납하고 같은 부동산을 소유하고 있는 소유자
   이며, 피고는 이 사건 부동산의 전 소유자이자 같은 부동산에서
   거주하였던 자입니다(갑 제1호증 등기사항전부증명서).

2. 구상금의 발생
   가. 피고의 관리비 미납
       피고는 이 사건 부동산의 전 소유자이자 점유자였던 자로서

그 사용·수익기간 동안의 관리비를 납부할 의무가 있습니다. 그런데 원고가 이 사건 부동산을 낙찰받고 매각대금을 완납하기 이전인 20○○. 7.말 무렵 피고는 이 사건 부동산에서 이사를 나갔는데, 그 뒤 원고가 관리사무소에 확인을 해 보니 피고는 20○○. 12. 1.부터 원고가 이 사건 부동산의 소유권을 취득한 전날인 20○○. 8. 11.까지 무려 3,150,000원(전유관리비 : 1,019,000원, 공용관리비 : 2,131,000원)의 관리비를 미납한 사실을 확인할 수 있었습니다.

나. 원고의 공용관리비 대납

피고가 이 사건 부동산을 소유, 점유한 기간 동안 발생한 관리비는 당연히 피고가 부담하여야 하는 것이나, 특정승계인도 전 입주자의 관리비 중 공용부분을 승계한다는 판례에 따라 원고는 관리사무소에 20○○. 10. 3. 체납관리비 중 공용부분 2,131,000원을 납부하였습니다(갑 제2호증 합의서, 갑 제3호증 영수증).

다. 피고의 의무

원고는 피고가 납부하여야 할 공용부분 관리비 2,131,000원을 대납하였는바, 민법 제425조에 따라 피고는 원고에게 2,131,000원 및 이에 대하여 해당 관리비를 납부한 날의 다음 날인 20○○. 10. 4.부터 이 사건 소장 부본 송달일까지는 민법에서 정한 연 5%의, 그 다음날부터 다 갚는 날까지는 소송촉진등에관한특례법에서 정한 연 12%의 각 비율에 의한 지연손해금을 지급할 의무가 있습니다.

3. 결론

이와 같은 이유로 원고는 이 사건 소송을 통해 청구취지와 같은 피고의 의무이행을 구하는 것인바, 원고의 이 사건 청구를 모두 인용하여 주시기 바랍니다.

1. 갑 제1호증 등기사항전부증명서
1. 갑 제2호증 합의서
1. 갑 제3호증 영수증

20○○. ○. ○○.
원 고 송 ○ ○ (인)

인천지방법원 귀중

4. 관리사무소에서 공용관리비 외에 전유관리비, 연체료까지 요구하는 경우의 대응방법

관리사무소는 전 소유자에게 받지 못한 관리비를 새로운 소유자 또는 입주자를 상대로 징수하려는 경향이 있다. 전 소유자로부터 징수를 소홀히 하고 있다가 새로 이사를 들어오는 입주자를 압박하여 손쉽게 관리비를 징수하기 위함이다. 관리소장은 법을 따지지 않고 무작정 관리비를 징수하려고 여러 수단을 동원할 수 있는데, 이때 채무부존재확인의 소를 제기하면 관리비채무가 얼마인지를 법원을 통해 명확히 정리할 수 있다.

소 장

원 고   송 ○ ○

　　　서울 도봉구 시루봉로 ○○

피 고   ○○더클래식 관리단

　　　부천시 원미구 정주로 ○○ ○○더클래식 관리사무소

　　　대표자 관리인 이 ○ ○

채무부존재확인청구의 소

청 구 취 지

1. 원고의 피고에 대한 별지 목록 기재 부동산에 관한 20○○. 9.
   24.부터 20○○. 4. 6.까지의 관리비 지급채무는 존재하지 아니함
   을 확인한다.
2. 소송비용은 피고가 부담한다.

라는 판결을 구합니다.

청 구 원 인

1. 당사자의 지위

   원고는 별지 목록 기재 부동산(이하 '이 사건 부동산'이라 합니다)
   을 인천지방법원 부천지원에서 실시한 임의경매절차에서 낙찰받
   고 20○○. 2. 17. 매각대금을 전부 납부하여 소유권을 취득한 자
   이고(갑 제1호증 부동산등기부등본), 피고는 이 사건 부동산이 소
   재한 건물 전체를 관리하고 있는 관리단입니다.

2. 이 사건 부동산의 체납관리비 발생 경위

본래 이 사건 부동산은 경매사건의 임차인인 소외[8] 손○○이 20
○○. 9. 24.부터 20○○. 4. 6.까지 사용하면서 금 3,885,900원의
관리비를 체납한 상태였습니다. 그래서 피고는 소외 손○○이 임
차인으로 배당받을 금액에 채권가압류(인천지방법원 부천지원
20○○카단○○○○호)를 신청하였고, 또한 지급명령(인천지방
법원 부천지원 20○○차○○○○호)을 신청하여 각각 20○○. 4.
9.과 20○○. 4. 23.에 인용결정을 받았습니다. 이후 피고는 20○
○. 4. 7.에 채권가압류에 대한 담보를 제공하였고, 지급명령은 20
○○. 4. 27.에 소외 손○○에게 도달한 후 이의신청 없이 2주가
경과하여 확정된 상태입니다(갑 제2호증의 1, 2 각 채권가압류 및
지급명령사건 검색표).

3. 피고는 소외 손○○을 상대로 금전의 지급을 구하면서 동시에 이 사
건 부동산에 대해 단전·단수를 하는 방법으로 원고에게 관리비를
지급할 것을 강요하고 있습니다.

이렇듯 피고는 관리비를 체납한 소외 손○○을 상대로 채권가압
류 및 지급명령을 하여 결정을 받는 등 이미 채권확보 조치를 취
하였고 덕분에 관리비를 변제받는 데에 어떠한 어려움도 없음에
도 불구하고 원고에게도 중복하여 관리비를 변제하라는 이해할
수 없는 주장을 하고 있습니다.

원고는 이 사건 부동산에 대하여 소외 홍○○과 임대차계약을 체
결하였고 임차인은 20○○. 5. 3. 이 사건 부동산에 입주를 하였
는데, 이 과정에서 원고는 체납관리비를 제외한 모든 관리비(소외
손○○이 이 사건 부동산에서 퇴거한 20○○. 4. 6.의 다음날부터
임차인이 입주를 한 시점까지의 관리비)를 피고에게 정산·납부

---

8) 소송에서 소송당사자를 원고, 피고라고 지칭하는데, 이들을 제외한 그 외의 사람을
지칭할 때에 '소외 ○○○'라고 한다. '소외'라는 표현은 생략하여도 문맥상 전혀
상관없으나, 법조인들은 습관적으로 쓰는 경우가 많다. 가압류, 가처분과 같은 신
청사건에서는 '소외' 대신 '신청외'라고 쓰기도 한다.

하였습니다(갑 제3호증 임대차계약서, 갑 제4호증 관리비납부 입금표). 그런데 피고는 같은 날 야간에 갑자기 이 사건 부동산에 단전·단수를 하고 난방을 막아 임산부였던 임차인이 이사한 첫날부터 추위와 불안에 떨게 하였습니다. 또, 원고가 부동산 내부에 사람이 있는데도 피고 임의로 단전·단수 및 난방을 막은 사실에 대하여 항의하자 오히려 재차 단전·단수를 하겠다고 협박하며 자신의 채권에 대한 변제를 요구하고 있습니다.

4. 결론

이 사건 부동산에 관하여 발생한 체납관리비의 진정한 채무자는 이 사건 부동산을 실제 사용하면서 관리비를 체납하였던 전 점유자인 소외 손○○입니다. 피고도 이 사실을 알고 있었기에 소외 손○○을 상대로 채권가압류 및 지급명령을 하였던 것입니다. 그런데도 이제 와 원고에게 채무의 변제를 요구하면서 단전·단수 등 조치를 취하는 것은 불법행위에 해당될 뿐만 아니라, 이중으로 채권을 추심하는 결과가 되므로 이는 인정될 수 없다 할 것입니다.

따라서 원고는 이 사건 부동산에 관하여 20○○. 9. 24.부터 20○○. 4. 6.까지의 사이에 발생한 관리비 금 3,885,900원에 대한 원고의 채무는 존재하지 아니함을 확인하기 위하여 이 사건 청구에 이른 것입니다.

입 증 방 법

1. 갑 제1호증   부동산등기부등본
1. 갑 제2호증의 1   채권가압류사건 검색표
1. 갑 제2호증의 2   지급명령사건 검색표
1. 갑 제3호증   임대차계약서
1. 갑 제4호증   관리비납부 입금표

20○○. ○. ○○.

원고 송 ○ ○ (인)

인천지방법원 부천지원 귀중

5. 관리사무소의 단수·단전으로 건물을 사용하지 못하게 된 경우 대응방법

1) 관리사무소에 대한 내용증명

관리사무소는 관리소장의 성향·성격에 따라 관리비의 징수를 강제하기 위하여 단수·단전 등 방법을 이용하는 경우가 종종 있다. 단수·단전의 방법으로 관리비 징수를 강제하는 것이 반드시 위법하다고 볼 수는 없으나, 낙찰을 받은 지 얼마 되지도 않은 낙찰자를 상대로 전 소유자의 체납관리비 징수를 강요하며 이러한 수단을 사용하는 것은 위법할 소지가 많다. 관리규약에 그러한 내용이 기재되어 있어도 마찬가지다. 이에 대한 판례를 정확히 알고 대응하면 관리사무소도 멋대로 단전·단수를 강행하기 어려울 것이며, 오히려 무리한 단전·단수 조치를 강행한 관리사무소가 새로운 소유자나 점유자에 대하여 손해배상책임을 부담해야 할 수도 있다.

> **서식 2-41** 내용증명(업무방해 및 손해배상청구 예정 통보)
>
> ## 내 용 증 명
>
> ### 제목 : 업무방해 및 손해배상청구 예정 통보

수신인 : ○○프라자 관리단 관리인 회장 이 ○ ○
주   소 : 경기 부천시 원미구 정주로 ○○, ○○프라자

발신인 : 송 ○ ○
주   소 : 경기 부천시 원미구 정주로 ○○, ○○프라자 ○○○호

〈부동산의 표시〉
경기도 부천시 원미구 정주로 ○○, ○○프라자 ○○○호 전부

발신인은 상기 부동산을 합법적으로 임대하여 사용·수익하고 있는 입주자로서 다음과 같이 통고합니다.

다 음

1. 귀 관리단은 현재 상기 부동산에 관하여 전 소유자가 내지 않은 관리비를 이유로 본인에게 단전·단수 조치를 취할 수 있음을 지속적으로 거론하면서, 만약 불이익을 받고 싶지 않다면 전 소유자가 관리비를 완납했다는 사실을 입증할 수 있는 자료를 제출하라고 얘기하고 있습니다.

2. 관리비의 징수책임은 귀 관리단에게 있는 것이며, 관련 자료를 확보할 책임 역시 귀 관리단에게 있습니다. 그럼에도 불구하고, 본인은 귀 관리단의 업무에 최대한 협조할 의사에서 전 소유자에게 관리비 납부영수증을 보유하고 있는지 여부를 문의해 보았는데, 전 소유자는 관련 자료를 세무사사무실에 모두 건네주었기에 보유한 자료가 없다고 합니다. 이러한 상황인데도, 귀하는 무리하게 위 영수증 자료의 제출을 요구·강요하며, 이를 제출하지 않을 시 상기 부동산에 대한 단전·단수 조치를 취하겠다고 하며 지금까지 성실하게 관리비를 납부했던 입주세대를 협박하고 있습니다.

3. 본인은 지금까지 본 상가건물의 입주자로서 관리비 납부의무를

성실히 이행해 왔습니다. 그럼에도 불구하고 본인은 현재 귀하로부터 단전·단수 조치를 취할 것이라는 협박까지 받고 있는 상황인바, 만약 귀하가 상기 부동산을 대상으로 단전·단수 조치를 취할 시에는 해당 상가를 직접 사용·수익하지 못함으로써 발생하는 모든 손해에 대하여 관리단 회장 및 관리업체를 상대로 손해배상청구의 소를 제기함은 물론, 같은 사람 및 업체를 상대로 영업방해 등 일체의 불법행위에 대하여는 형사고소를 하여 귀하의 책임을 분명히 물을 것입니다. 또한 귀 관리단에 현 회장이 부임한 뒤 관리비가 지속적으로 상승하고 있는데, 귀 관리단을 상대로 본 상가건물의 자금 수입과 지출 내역에 대해서도 정보공개를 청구하여 투명한 운영이 이루어지고 있는지 여부에 대해서도 확인하도록 하겠습니다.

4. 다시 한 번 이와 같은 근거 없는 일방적 통보 및 협박을 할 경우에는, 현재 본인 외에 본건 상가의 입주자 모두가 귀하의 독단적인 업무처리로 인하여 막대한 경제적 손실을 입을 수 있습니다. 이러한 사정을 고려하여 앞으로 막연한 추측에 근거하여 관리비 납부를 강요하거나 단전·단수를 논하는 일을 중지해 주시기 바랍니다.

20○○. ○. ○○.
발신인 송○○ (인)

2) 단수·단전을 당했을 시 손해배상소송

단수·단전을 당하면 임대인·임차인으로서는 해당 부동산을 전혀 사용·수익할 수 없게 된다. 이렇게 임대인·임차인에게 막대한 손해를 미칠 수 있는 행위를 단지 관리비 미납만을 이유로 입주자대표회의 또는 관리단이 일방적으로 행할 수 있을까?

대법원은 단전·단수 등 조치가 적법한 행위로서 불법행위를 구성하지 않기 위해서는 그 조치가 관리규약을 따른 것이었다는 점만으로는 부족하고 그와 같은 조치를 하게 된 동기와 목적, 수단과 방법, 조치에 이르게 된 경위, 그로 인하여 입주자가 입게 된 피해 정도 등 여러 가지 사정을 종합하여 사회통념상 허용될 만한 정도로 상당성이 있어 위법성이 결여된 행위로 볼 수 있는 경우에 한한다고 보고 있다. 보통의 경우 입주자대표회의 또는 관리단에서 구분소유자 및 입주자에 대해 무리한 요구를 하며 단전·단수 조치를 한다면 이는 위법할 가능성이 높으며, 이때 구분소유자·입주자가 손해를 보았다면 이 손해를 배상해 줄 것을 관리단에게 구할 수 있고, 그 기간 동안의 관리비채무를 면할 수도 있다(대법원 2006. 6. 29. 선고 2004다3598 판결).

서식 2-42 소장(단전·단수에 따른 손해배상청구소송)

소 장

　원　고　　송 ○ ○
　　　　　　부천시 원미구 정주로 ○○, ○○프라자 ○○○호
　피　고　　○○프라자 관리단
　　　　　　부천시 원미구 정주로 ○○, ○○프라자
　　　　　　대표자 관리인 이 ○ ○

손해배상(기)등 청구의 소

청 구 취 지

1. 피고는 원고에게 20○○. 2. 1.부터 별지 목록 기재 부동산에 관한 원고의 사용·수익을 방해하는 일체 행위를 중지할 때까지 월 2,000,000원 비율로 계산한 돈을 지급하라.

2. 원고의 피고에 대한 별지 목록 기재 부동산에 관한 20○○. 5. 1.부터 20○○. 12. 31.까지, 20○○. 2. 1.부터 원고의 사용·수익을 방해하는 일체 행위를 중지할 때까지의 각 관리비 지급채무는 존재하지 아니함을 확인한다.

3. 소송비용은 피고가 부담한다.

4. 제1항은 가집행할 수 있다.

라는 판결을 구합니다.

청 구 원 인

1. 기초적 사실관계

가. 당사자의 지위

원고는 별지 목록 기재 부동산(이하 '이 사건 부동산'이라 합니다, 갑 제1호증 등기사항전부증명서)을 낙찰받아 20○○. 1. 1.부터 같은 부동산을 소유하고 있는 자이고, 피고는 이 사건 부동산이 소재하고 있는 건물을 관리하는 관리단입니다.

나. 피고의 이 사건 부동산에 대한 단전·단수 조치

원고는 이 사건 부동산을 서울중앙지방법원 20○○타경○○○○호 사건을 통해 낙찰받고 20○○. 1. 1. 잔금을 납부함으로써 같은 부동산의 적법한 소유자가 되었습니다. 그런데 이 사건 부동산의 전 소유자는 20○○. 5. 1.경부터 단 한 차례도 관리비를 납부하지 않았고, 그 금액은 전용관리비 23,000,000원, 공용관리비 12,000,000원으로 총 35,000,000원이나 되는 상황입니다(갑 제2호증 관리비 청구서).

이에 원고는 피고에게 이 사건 부동산의 낙찰자로서 대법원 판례의 법리에 따라 공용관리비만을 부담하겠다고 하였고, 다만 융통할 돈이 다소 부족하니 시일을 갖고 분할납부할 수 있도록 배려해 달라고 요청하였습니다. 그런데 피고는 원고의 요청을 거부하며, 원고에게 이 사건 부동산에 관하여 발생한 미납관리비 전액을 납부할 것을 강요하였고, 이를 원고가 거부하자 이 사건 부동산에 관하여 단전·단수 조치에 들어가겠다고 하더니 20○○. 2. 1.부터 단전·단수 조치를 취한 상황입니다(갑 제3호증 사진).

이에 원고는 피고를 찾아가 당장 단전·단수 조치를 중단해 달라고 수차례 요청하고 내용증명까지 보냈지만(갑 제4호증 내용증명), 피고는 원고의 요청을 묵살하고 있는 상황입니다.

다. 임차인의 임대차계약 해지 통보

원고는 이 사건 부동산을 낙찰받은 뒤 곧바로 임차인을 구해 소외 이○○과 20○○. 1. 15. 임대차계약을 체결하였고, 20○○. 2. 1. 해당 부동산의 점유를 넘겨주기로 약정하였습니다(갑 제5호증 임대차계약서). 그런데 소외 이○○은 피고가 위와 같은 조치를 취한 사실을 알고, 이 사건 부동산을 사용·수익할 수 없으면 영업이 불가능하다며 임대차계약을 해지하겠다고 통보해 왔습니다. 이에 이 사건 부동산은 지금까지도 임차인 없이 공실로 비워져 있는 상황입니다.

2. 피고의 의무

가. 피고의 불법행위로 인한 손해배상책임

대법원은 "단전·단수 등 조치가 적법한 행위로서 불법행위를 구성하지 않기 위해서는 그 조치가 관리규약을 따른 것이었다는 점만으로는 부족하고 그와 같은 조치를 하게 된 동기와 목적, 수단과 방법, 조치에 이르게 된 경위, 그로 인하여 입주자가 입게 된 피해 정도 등 여러 가지 사정을 종합하여 사회통념상 허용될 만한 정도로 상당성이 있어 위법성이 결여된 행위로 볼 수 있는 경우에 한한다."(대법원 2006. 6. 29. 선고 2004다3598, 3604 판결)는 입장을 취하고 있습니다.

그런데 피고는 원고가 이 사건 부동산을 낙찰받은 뒤 원고가 직접 연체하지 않은 관리비 미납을 이유로 단전·단수 조치에 돌입한 점, 단전·단수 조치는 원고가 이 사건 부동산의 소유권을 취득한 때로부터 1달 뒤부터 실행된 점, 원고는 이 사건 부동산에 관한 공용관리비를 승계하겠다는 의사를 피고에게 표시하였는데 피고는 전용관리비까지 징수할 목적으로 단전·단수 조치를 하여 원고를 압박하고 있는 점에 비추어 보아, 피고의 이 사건 부동산에 대한 단전·단수 조치는 명백히 불법행위를 구성한다고 할 것입니다.

따라서 피고는 원고에게 매달 이 사건 부동산의 임료 상당의 금액을 손해배상금 명목으로 지급하여야 할 의무가 있는바, 정확한 임료는 추후 감정을 통해 특정하기로 하고 우선적으로 월 2,000,000원의 비율에 돈을 지급할 것을 구하는 바입니다.

나. 원고의 피고에 대한 관리비채무부존재

대법원 2006. 6. 29. 선고 2004다3598 판결은 집합건물의 관리단 등 관리주체의 위법한 단전·단수 및 엘리베이터 운행정지 조치 등 불법적인 사용방해행위로 인하여 건물의 구분소유자가 그 건물을 사용·수익하지 못하였다면, 그 구분소유자로서는 관리단에 대해 그 기간 동안 발생한 관리비채무를 부담하지 않는다고 보아야 한다고 판시한 바 있습니다.

따라서 원고는 피고에 대해 피고가 단전·단수 조치를 한 20○○. 2. 1.부터 관리비 지급의무를 부담하지 않는다고 보아야 하고, 그 이전의 관리비도 위 불법행위로 인한 손해배상채권과 상계할 수 있다고 할 것이므로, 어느 모로 보아도 원고는 피고에 대해 관리비채무를 부담하지 않는다고 할 것입니다. 다만, 소송의 경과에 따라 상계 금액 및 범위를 특정하도록 하겠습니다.

3. 결론

이상과 같이, 피고의 이 사건 부동산에 대한 단전·단수 조치는 원고에 대한 불법행위를 구성하고, 그 기간 동안 피고는 원고에게 원고가 입은 손해를 배상하고 관리비를 징수할 수 없는 것이므로, 원고의 이 사건 청구를 모두 인용하여 주시기 바랍니다.

입 증 방 법

1. 갑 제1호증   등기사항전부증명서
1. 갑 제2호증   관리비 청구서
1. 갑 제3호증   사진
1. 갑 제4호증   내용증명
1. 갑 제5호증   임대차계약서

20○○. ○. ○○.

원고 송 ○ ○ (인)

인천지방법원 부천지원 귀중

3) 관리사무소에서 임의로 단전·단수한 경우 형사적 대응

관리사무소가 임의로 부동산에 대해 단전·단수 조치를 취해올 때에는 앞에서 살펴본 바와 같이 민사적으로 대응할 수도 있지만, 형사적 대응도 가능하다. 여기서 형사적 대응방법이란 바로 수사기관에 고소를 하는 방법이다. 다만, 고소를 하게 된다면 피고소인과의 사이가 극단으로 치달을 수 있으므로, 고소장을 제출하는 방법은 상황 타개를 위한 최후의 수단임을 명심하고 진행해야 한다.

고 소 장

고소인   송 ○ ○ (○○○○○○-1○○○○○○)

　　　　경기 부천시 원미구 정주로 ○○

　　　　(연락처:010-0000-0000)

피고소인 1. 정 ○ ○ (○○○○○○-1○○○○○○)

　　　　　　인천 남동구 석산로 ○○, ○○타워 902호, 관리사무소

　　　　　　(전화번호 : 010-0000-0000)

　　　　　2. 이 ○ ○ (○○○○○○-1○○○○○○)

　　　　　　인천 남동구 석산로 ○○, ○○타워 902호, 관리사무소

　　　　　　(전화번호: 010-0000-0000)

고 소 취 지

고소인은 피고소인들을 전기사업법 위반, 업무방해 혐의로 고소하오니 철저히 수사하시어 엄벌에 처하여 주시기 바랍니다.

고 소 이 유

1. 당사자의 관계

고소인은 인천 남동구 석산로 ○○, ○○타워 404호(이하 '이 사건 부동산'이라 합니다, 증 제1호증 등기사항증명서)의 소유자입니다. 피고소인 정○○은 20○○. 8.부터 ○○타워 관리사무소에서 관리소장으로 근무하였으나 관리비 횡령행위가 발각되어 20○○. 11.에 해임된 자이며, 피고소인 이○○은 피고소인 정○○과 같은 관리사무소에 근무하는 직원입니다(증 제2호증의 1, 2 각 명함).

2. 피고소인들의 범죄사실

가. 관리사무소의 미납관리비 전액 납부 요구

고소인은 인천지방법원 20○○타경○○○○○ 부동산임의경
매사건에서 이 사건 부동산을 낙찰받아 20○○. ○. ○○. 대
금을 완납함으로써 같은 부동산의 소유권을 취득하였습니다.
고소인은 곧바로 이 사건 부동산을 임대매물로 내놓았고, 김
○○와 보증금 1,000만 원에 월차임 70만 원으로 임대차계약
을 체결하였습니다(증 제3호증 임대차계약서).

그 뒤 임차인은 20○○. 4. 13.에 이 사건 부동산에 입주하려고
하였는데 이때부터 피고소인들은 고소인 및 임차인 김○○에
게 전 소유자가 미납한 전용·공용관리비 전액을 납부하라면
서 이사를 방해하였습니다. 고소인이 전 소유자의 미납관리비
를 이유로 입주를 막는 법은 없다며 피고소인들에게 따지기도
하였으나, 피고소인들은 막무가내로 임차인의 입주를 막았고
경찰까지 출동한 끝에 겨우 임차인은 이 사건 부동산에 입주할
수 있었습니다.

나. 피고소인들의 두 차례에 걸친 단전 조치

그 뒤 고소인은 전소유자들의 공용관리비 중 일정 부분은 승
계하되 그 구체적 범위는 피고소인들과 협의를 통해 지급하려
고 하기 위해 여러 차례 피고소인들과 이야기를 나누었습니
다. 그런데 피고소인들은 공용부분 관리비만 낙찰자가 승계한
다는 판례조차 무시하며 미납관리비 전액을 납부할 것을 요구
해 왔고, 이를 지급하지 않을 시에는 이 사건 부동산에 대한 단
전 조치를 진행하겠다고 협박해 오기도 하였습니다. 고소인은
피고소인들의 막무가내 요청에 응할 수 없다는 뜻을 표시하
였는데, 피고소인 정○○은 피고소인 이○○을 시켜 내용증명
(증 제4호증)을 보낸 뒤 20○○. 4. 20.자로 이 사건 부동산에
대한 단전 조치를 강행하였고, 이에 항의하며 고소인이 다시
단전 조치를 임의로 해제하자 피고소인들은 같은 해 4. 27. 다
시 같은 조치를 취했습니다(증 제5호증 단전 현장사진).

피고소인들의 이러한 단전행위로 인하여 임차인은 임대인인 고소인에게 차임을 지급하지 않겠다고 하며, 나아가 고소인과의 임대차계약을 해지하고 이 사건 부동산에서 나가겠다는 뜻을 표시하고 있습니다.

다. 피고소인들의 죄책

대법원 2002. 7. 12. 선고 2001도6883 판결은 관리단이라고 할지라도 아무런 근거 없이 정당한 절차를 거치지 아니하고 진행된 단전행위는 전기사업법 위반에 해당된다고 판시하였고, 또한 대법원 2007. 9. 20. 선고 2006도9157 판결은 단전행위로 인해 영업에 지장을 준 바 있다면 이러한 행위는 업무방해죄에 해당된다고 판시하였습니다.

피고소인들의 아무런 근거 없는 위법한 단전행위로 인하여 이 사건 부동산에 입주해 있는 임차인은 임대인인 고소인에게 차임을 지급하지 않고 있으며, 임대차계약을 해지하고 이 사건 부동산에서 나간다고 하고 있습니다. 이러한 피고소인들의 행태는 전기사업법 위반에 해당함은 물론이고, 고소인의 임대행위 및 임차인의 영업행위도 방해하고 있는 것이어서 업무방해에도 해당된다고 할 것입니다.

3. 결론

피고소인들은 정당한 업무집행을 하고 있지 아니하고, 관리소장 및 관리사무소 직원이라는 직위를 이용하여 입주자들에게 부당한 요구를 반복하며 범법행위를 저지르고 있습니다. 고소인은 피고소인들을 전기사업법위반 및 업무방해 혐의로 고소하오니 철저히 조사하시어 부디 엄벌에 처해주시기 바랍니다.

입 증 방 법

1. 증 제1호증   등기사항증명서

1. 증 제2호증의 1, 2 각 명함(정○○, 이○○)
1. 증 제3호증   임대차계약서
1. 증 제4호증   내용증명
1. 증 제5호증   단전 현장사진

참 고 자 료

1. 대법원 2002. 7. 12. 선고 2001도6883 판결
1. 대법원 2007. 9. 20. 선고 2006도9157 판결

20○○. ○. ○○.
고 소 인 송 ○ ○ (인)

인천남동경찰서 귀중

실전 TIP 형사고소사건의 진행절차

　민사사건에서 소장을 제출하는 당사자를 '원고', 그 상대방을 '피고'라고 칭하는 것처럼, 형사고소사건에서는 고소장을 제출하는 당사자를 '고소인', 그 상대방을 '피고소인'이라고 한다. 수사가 진행되면 '피고소인'을 '피의자'라 칭하며, 고소의 내용이 정당하다고 판단되어 검사가 법원에 공소를 제기하여 그 피의자를 재판에 넘기면 '피의자'는 '피고인'의 신분으로 변경된다.

　수사는 보통 다음의 절차대로 진행된다.

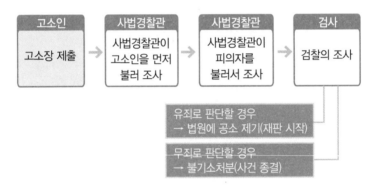

　사법경찰관이 고소인과 피의자를 조사하고 나면 죄가 성립하는지 여부를 따져 기소의견 또는 불기소의견으로 검찰에 사건을 송치한다. 기소의견은 죄가 성립하는 것으로 판단된다는 것이고, 불기소의견은 죄가 성립하지 않는다고 판단된다는 것이다. 수사가 진행되는 중에 고소인은 경찰에 문의하면 중간수사상황을 확인할 수 있다.

　만약 경찰이 불기소의견으로 사건을 검찰에 송치한 것으로 파악되었다면, 고소인은 검사 수사단계에서는 더욱 치밀한 준비와 의견 제출이 필요하다. 경찰의 의견을 검사가 참고하지만, 경찰의 의견이 잘못된 것이 명백하다고 생각되면 최종 처분을 바꿀 가능성도 있기 때문이다.

5 임대인이 알아야 할 필수서식

1. 임대차계약의 체결

경매 또는 공매로 부동산을 낙찰받거나 매매로 부동산을 매수하면 매수인은 임대인의 지위를 가질 수 있게 되고, 임차인을 찾은 뒤 임대차계약을 체결하게 되는데, 임대인과 임차인은 사이가 좋으나 나쁘나 그 관계의 본질상 법적으로 대립할 가능성을 내재하고 있다.

때문에 임대인은 임대차계약을 체결할 때부터 추후 임차인과의 사이에서 발생할 법적 분쟁을 대비하여 임대차계약서를 꼼꼼히 작성해 두는 버릇을 들이는 것이 좋다. 임대차계약서만 꼼꼼하게 작성해 둔다면, 추후 법적 분쟁이 발생한다고 하더라도 본격적인 분쟁이 시작도 하기 전에 법적으로 우위를 점할 수 있게 되며 생각보다 쉽게 분쟁을 마무리할 수 있게 된다.

1) 임대차계약서 표준안

임대차계약을 체결할 때에 공인중개사사무실에서 제공해 주는 양식을 사용하는 것이 보통일 것인데, 근래에는 법무부, 국토교통부 및 서울시가 임대인과 임차인의 법적 분쟁을 최소화하기 위해 임대차계약서 표준안을 만들어 이를 사용하도록 권고하고 있다. 이 표준안 양식은 법무부 홈페이지(http://www.moj.go.kr)에서 찾을 수 있으며,

여기서 '주택임대차표준계약서', '상가건물임대차표준계약서' 양식을
제공하고 있으므로 임대인으로서 한번 읽어봐두면 좋을 것이다.

서식 2-44 주택임대차표준계약서

주택임대차계약서

□보증금 있는 월세
□전세 □월세

임대인(   )과 임차인(   )은 아래와 같이 임대차 계약을 체결한다

[임차주택의 표시]

소 재 지	(도로명주소)			
토 지	지목		면적	㎡
건 물	구조·용도		면적	㎡
임차할부분	상세주소가 있는 경우 동층호 정확히 기재		면적	㎡

미납 국세		선순위 확정일자 현황		
□ 없음		□ 해당 없음		
(임대인 서명 또는 날인) ㊞		(임대인 서명 또는 날인) ㊞		확정일자 부여란
□ 있음(중개대상물 확인설명서 제2쪽 II. 개업공인중개사 세부 확인사항 '⑨ 실제 권리관계 또는 공시되지 않은 물건의 권리사항'에 기재)		□ 해당 있음(중개대상물 확인·설명서 제2쪽 II. 개업공인중개사 세부 확인사항 '⑨ 실제 권리관계 또는 공시되지 않은 물건의 권리사항'에 기재)		
유의사항: 미납국세 및 선순위 확정일자 현황과 관련하여 개업공인중개사는 임대인에게 자료제출을 요구할 수 있으나, 세무서와 확정일자부여기관에 이를 직접 확인할 법적권한은 없습니다. ※ 미납국세·선순위확정일자 현황 확인방법은 "별지"참조				

[계약내용]

제1조(보증금과 차임) 위 부동산의 임대차에 관하여 임대인과 임차인은 합의에 의하여 보증금 및 차임을 아래와 같이 지불하기로 한다.

보증금	금		원정(₩)		
계약금	금	원정(₩)은 계약시에 지불하고 영수함. 영수자 (인)			
중도금	금	원정(₩)은 ____년 ____월 ____일에 지불하며			
잔 금	금	원정(₩)은 ____년 ____월 ____일에 지불한다			
차임(월세)	금	원정은 매월 ____일에 지불한다(입금계좌:)			

제2조(임대차기간) 임대인은 임차주택을 임대차 목적대로 사용·수익할 수 있는 상태로 ____년 ____월 ____일 까지 임차인에게 인도하고, 임대차기간은 인도일로부터 ____년 ____월 ____일까지로 한다.

제3조(입주 전 수리) 임대인과 임차인은 임차주택의 수리가 필요한 시설물 및 비용부담에 관하여 다음과 같이 합의한다.

수리 필요 시설	□ 없음 □ 있음(수리할 내용:)
수리 완료 시기	□ 잔금지급 기일인 ____년 ____월 ____일까지 □ 기타 ( )
약정한 수리 완료 시기까지 미 수리한 경우	□ 수리비를 임차인이 임대인에게 지급하여야 할 보증금 또는 차임에서 공제 □ 기타( )

제4조(임차주택의 사용·관리·수선) ① 임차인은 임대인의 동의 없이 임차주택의 구조변경 및 전대나 임차권 양도를 할 수 없으며, 임대차 목적인 주거 이외의 용도로 사용할 수 없다.

② 임대인은 계약 존속 중 임차주택을 사용·수익에 필요한 상태로 유지하여야 하고, 임차인은 임대인이 임차주택의 보존에 필요한 행위를 하는 때 이를 거절하지 못한다.

③ 임대인과 임차인은 계약 존속 중에 발생하는 임차주택의 수리 및 비용부담에 관하여 다음과 같이 합의한다. 다만, 합의되지 아니한 기타 수선비용에 관한 부담은 민법, 판례 기타 관습에 따른다.

임대인부담	(예컨대, 난방, 상하수도, 전기시설 등 임차주택의 주요설비에 대한 노후·불량으로 인한 수선은 민법 제623조, 판례상 임대인이 부담하는 것으로 해석됨)
임차인부담	(예컨대, 임차인의 고의·과실에 기한 파손, 전구 등 통상의 간단한 수선, 소모품 교체 비용은 민법 제623조, 판례상 임차인이 부담하는 것으로 해석됨)

④ 임차인이 임대인의 부담에 속하는 수선비용을 지출한 때에는 임대인에게 그 상환을 청구할 수 있다.

제5조(계약의 해제) 임차인이 임대인에게 중도금(중도금이 없을 때는 잔금)을 지급하기 전까지, 임대인은 계약금의 배액을 상환하고, 임차인은 계약금을 포기하고 이 계약을 해제할 수 있다.

제6조(채무불이행과 손해배상) 당사자 일방이 채무를 이행하지 아니하는 때에는 상대방은 상당한 기간을 정하여 그 이행을 최고하고 계약을 해제할 수 있으며, 그로 인한 손해배상을 청구할 수 있다. 다만, 채무자가 미리 이행하지 아니할 의사를 표시한 경우의 계약해제는 최고를 요하지 아니한다.

제7조(계약의 해지) ① 임차인은 본인의 과실 없이 임차주택의 일부가 멸실 기타 사유로 인하여 임대차의 목적대로 사용할 수 없는 경우에는 계약을 해지할 수 있다.

② 임대인은 임차인이 2기의 차임액에 달하도록 연체하거나, 제4조 제1항을 위반한 경우 계약을 해지할 수 있다.

제8조(계약의 종료) 임대차계약이 종료된 경우에 임차인은 임차주택을 원래의 상태로 복구하여 임대인에게 반환하고, 이와 동시에 임대인은 보증금을 임차인에게 반환하여야 한다. 다만, 시설물의 노후화나 통상 생길 수 있는 파손 등은 임차인의 원상복구의무에 포함되지 아니한다.

제9조(비용의 정산) ① 임차인은 계약종료 시 공과금과 관리비를 정산하여야 한다.

② 임차인은 이미 납부한 관리비 중 장기수선충당금을 소유자에게 반환 청구할 수 있다. 다만, 관리사무소 등 관리주체가 장기수선충당금을 정산하는 경우에는 그 관리주체에게 청구할 수 있다.

제10조(중개보수 등) 중개보수는 거래 가액의 _____% 인 _____원(□ 부가가치세 포함 □ 불포함)으로 임대인과 임차인이 각각 부담한다. 다만, 개업공인중개사의 고의 또는 과실로 인하여 중개의뢰인간의 거래행위가 무효·취소 또는 해제된 경우에는 그러하지 아니하다.

제11조(중개대상물확인·설명서 교부) 개업공인중개사는 중개대상물 확인·설명서를 작성하고 업무보증관계증서 (공제증서등) 사본을 첨부하여 _____년 _____월 _____일 임대인과 임차인에게 각각 교부한다.

[특약사항]

상세주소가 없는 경우 임차인의 상세주소부여 신청에 대한 소유자 동의여부 (□ 동의   □ 미동의)

✗ 기타 임차인의 대항력·우선변제권 확보를 위한 사항, 관리비·전기료 납부방법 등 특별히 임대인과 임차인이 약결할 사항이 있으면 기재

- [대항력과 우선변제권 확보 관련 예시] "주택을 인도받은 임차인은 _____년 _____월 _____일까지 주민등록(전입신고)과 주택임대차계약서상 확정일자를 받기로 하고, 임대인은 _____년 _____월 _____일(최소한 임차인의 위 약정일자 이틀 후부터 가능)에 저당권 등 담보권을 설정할 수 있다"는 등 당사자 사이 합의에 의한 특약 가능

본 계약을 증명하기 위하여 계약 당사자가 이의 없음을 확인하고 각각 서명날인 후 임대인, 임차인, 개업공인중개사는 매 장마다 간인하여, 각각 1통씩 보관한다.   년   월   일

임대인	주 소					서명 또는 날인㊞
	주민등록번호		전 화		성 명	
	대 리 인	주소	주민등록번호		성 명	
임차인	주 소					서명 또는 날인㊞
	주민등록번호		전 화		성 명	
	대 리 인	주소	주민등록번호		성 명	
중개업자	사무소소재지			사무소소재지		
	사무소명칭			사무소명칭		
	대 표	서명 및 날인	㊞	대 표	서명 및 날인	㊞
	등 록 번 호		전화	등 록 번 호		전화
	소속공인중개사	서명 및 날인	㊞	소속공인중개사	서명 및 날인	㊞

2) 특약사항

임대인은 임대차계약을 체결하면서 임대기간 동안 있을 수 있는 법적 분쟁 및 충돌을 대비하여 미리 특약을 추가해 둘 수 있다. 사소한

다툼이 생기더라도 임대차계약서의 특약사항에 그 분쟁의 조율방법에 대한 사항을 미리 추가해 두면 법적 분쟁이 쉽게 마무리될 수 있으므로 특약사항을 잘 활용하도록 하자. 임대인으로서 부동산을 관리해 나가는 경험이 늘다 보면, 임대차계약서에 추가하고 싶은 내용이 생길 수 있는데 이러한 내용은 특약사항에 기재하면 된다.

(1) 수리 및 비용부담에 관한 사항

공인중개사사무실에서 제공하는 임대차계약서 양식을 살펴보면, 임대부동산의 사용 중에 수리가 필요한 시설물에 대한 비용부담에 관해서 규정하고 있지 않은 경우가 많다. 이러한 내용을 특약사항에 명시해 두면 추후 임차인과의 분쟁을 방지하고, 책임 소재를 분명히 가릴 수 있을 것이다.

≫ **예시**

> - 난방, 상·하수도, 전기시설 등 주택의 주요설비에 대한 노후·불량으로 인한 수선은 임대인이 부담하며, 임차인의 고의·과실에 기한 파손, 전구 등 통상의 간단한 수선, 소모품의 교체 등의 비용은 임차인이 부담한다.
> - 임차인의 사업목적에 관하여 부동산의 용도변경은 임차인이 부담하기로 하고, 임대인은 서류 제공에 협조한다.

(2) 비용정산에 관한 사항

임차인이 부동산의 시설 및 설치물을 파손할 경우 임대인은 파손된 시설을 복구하는 비용 상당을 공제하고서 임차인에게 보증금을 반환한다는 규정도 추가해 둔다면, 임차인도 부동산을 더욱 조심해서 사용할 것이다.

(3) 손해배상의 예정에 관한 사항

임대차계약이나 반전세계약의 경우, 임차인이 매달 차임을 지불할 의무가 있음에도 이를 지불하지 않거나 지체하는 경우가 있을 수 있다. 최악의 경우에는 임대차계약 등을 해지하고 임차인을 상대로 명도소송을 제기해야 할 수도 있을 것이다. 이러한 상황을 대비하여 ① 임차인이 차임을 납부하지 않을 때에는 차임의 지급을 지체한 기간 동안 연 20%의 연체이자를 가산하여 지급하고 이러한 이자는 추후 보증금에서 공제하기로 하거나, ② 임차인이 2기의 차임을 납부하지 않아 계약을 해지할 때에는 손해배상으로 차임의 2배수 금액을 지급하여야 한다거나, ③ 임대인이 임차인을 상대로 법적 조치를 취하기 위해 지출하는 변호사 또는 법무사 비용을 보증금에서 제한다는 규정을 추가해 둘 수도 있을 것이다. 다만 임차인에게 과하게 불리한 임대차계약서의 내용은 주택임대차보호법, 상가건물임대차보호법 규정에 따라 효력이 없다고 보기 때문에 임대인에게만 과도하게 유리한 특약사항은 써 두어도 나중에 효력이 없다고 판단될 가능성이 있다.

 실전TIP 특약사항을 기재할 때에 주의할 사항

계약서를 검토할 때 계약당사자들이 합의를 통해 추가해 둔 특약사항이 무슨 의미인지 이해하기 어려운 경우를 많이 보았다. 계약서 작성에 익숙하지 않은 사람이 계약서의 기재방식을 모방하여 특약사항을 기재하였는데, 결과적으로는 그 의미가 불분명해지기 때문이다.

특약사항 문구는 법률 문체로 기재해야 하는 것은 아니다. 누구나 이해하기 쉽고 명료하게 기재하면 된다. 법률 문체로 기재해야 한다는 부담감을 벗어던지고 특약사항은 최대한 누구나 이해하기 쉽게 길게 풀어쓰도록 하자.

2. 임대차계약 체결 후 차임(월세) 납부를 하지 않을 때

임대차계약을 체결하면 임대차기간이 종료할 때까지 임차인은 임대인에게 매달 차임을 제때 지급할 의무가 있다. 임차인이 차질 없이 차임을 지급하면 아무런 문제가 없으나, 임차인이 차임을 제대로 지급하지 않을 시 임대인으로서는 임차인에 대해 특단의 조치를 취해야 할 상황이 생길 수 있다. 보통의 경우에는 문자나 전화로 차임의 지급을 독촉하면 그만이지만, 상황에 따라 내용증명을 발송하거나 소송을 제기해야 할 수도 있을 것이다. 임차인을 내 보낼 생각이었다면 이를 문제 삼아 임대차계약을 해지할 수도 있다.

1) 차임 납부를 독촉하는 경우

임차인이 2기 이상의 차임을 연체하고 있다면 임대인은 임차인에 대한 최고절차 없이 즉시 임대차계약을 해지할 수 있다(대법원 2014. 7. 24. 선고 2012다28486 판결, 대법원 1962. 10. 11. 선고 62다496 판결). 그러나 임대인으로서는 임차인이 차임 납부를 지체한다고 해서 항상 임대차계약을 해지하고 싶은 것은 아닐 것이다. 이 경우 임대차계약의 내용을 상기시키고 차임 납부를 독촉하는 의미에서도 이 양식을 이용할 수 있겠다.

서식 2-45 **내용증명(차임 납부를 독촉하는 경우)**

내 용 증 명

제목 : 차임 납부 독촉의 건

수신인 : 홍 길 동

주   소 : 경기 고양시 일산동구 대산로11번길 ○○

발신인 : 송 ○ ○

주　소 : 경기 부천시 원미구 길주로77번길 ○○

발신인은 경기 고양시 일산동구 대산로11번길 ○○ 소재 부동산의 임대인으로서 귀하에게 다음과 같이 요청드립니다.

다　음

1. 귀하는 20○○. 1. 2. 발신인과 경기 고양시 일산동구 대산로11번 길 ○○ 소재 부동산에 관한 임대차계약을 체결한 뒤 지금까지 임 차인으로서 같은 부동산을 점유 · 사용하고 있습니다.

2. 귀하는 임대차계약 체결 후 20○○. 3. 31.까지의 차임은 모두 납 부하였으나, 그 다음달부터 무려 2달 이상의 기간 동안이나 발신 인의 수차례의 구두 및 유선상 요청에도 불구하고 차임 지급을 미 루고 있습니다.

3. 민법 제640조는 차임연체액이 2기에 달하는 때에 임대인이 일방 적으로 임대차계약을 해지할 수 있다고 규정하고 있는바, 귀하가 20○○. 7. 1.까지 연체된 차임을 모두 지급하지 않는다면 발신인 으로서는 곧바로 귀하와의 임대차계약을 해지하고 명도절차에 착 수할 것임을 고지합니다.

4. 귀하께서 부디 빠른 시일 내에 차임을 납부하여 주시길 요청드리 며, 지금 하시는 일도 원만히 해결되기를 기원합니다.

20○○. ○. ○○.

발신인　송 ○ ○ (인)

2) 차임 연체를 이유로 임대차계약을 해지하는 경우

임차인이 2기 이상의 차임을 연체하여 임대차계약을 해지할 요량이라면 그러한 의사를 내용증명을 통해 표시해도 되고, 아니면 곧바로 소송을 제기하면서 그러한 뜻을 소장에 기재해도 된다. 법원 판결에 의한 강제집행 없이도 명도가 가능하다고 판단될 경우에는 내용증명을 보내 임대차계약을 해지하고 부동산을 비울 것을 독촉해도 된다. 임대차계약의 해지는 쌍방 간의 계약의 구속력을 해소하는 절차이므로, 구두나 유선상으로 진행하는 것보다는 내용증명과 같은 공식적인 방법을 이용하는 것이 좋다.

`서식 2-46` **내용증명(차임 연체를 이유로 한 임대차계약 해지 통보)**

내 용 증 명

제목 : 차임 미지급에 따른 임대차계약 해지의 건

수신인 : 홍 길 동
주　소 : 경기 고양시 일산동구 대산로11번길 ○○

발신인 : 송 ○ ○
주　소 : 경기 부천시 원미구 길주로77번길 ○○

발신인은 경기 고양시 일산동구 대산로11번길 ○○ 소재 부동산의 임대인으로서 귀하에게 다음과 같이 요청드립니다.

다　음

1. 귀하는 20○○. 1. 2. 발신인과 경기 고양시 일산동구 대산로11번길 ○○ 소재 부동산에 관한 임대차계약을 체결한 뒤 지금까지 임차인으로서 같은 부동산을 점유·사용하고 있습니다.

2. 귀하는 임대차계약 체결 후 200ㅇ. 3. 31.까지의 차임은 모두 납부하였으나, 그 다음달부터 무려 2달 이상의 기간 동안이나 발신인의 수차례의 구두 및 유선상 요청에도 불구하고 차임 지급을 미루고 있습니다.

3. 민법 제640조는 차임연체액이 2기에 달하는 때에 임대인이 일방적으로 임대차계약을 해지할 수 있다고 규정하고 있으므로, 발신인은 이 내용증명의 발송으로 귀하와 체결한 임대차계약을 해지하겠다는 의사를 확정적으로 표시하는 바입니다.

4. 귀하께서는 200ㅇ. 7. 1.까지 위 부동산을 비워 주시길 요청드리며, 귀하가 부동산을 비울 때까지 미납된 임료 상당액은 보증금에서 공제됨을 알려드립니다.

200ㅇ. ㅇ. ㅇㅇ.

발신인 송 ㅇ ㅇ (인)

3) 명도소송 제기 전 임차인을 압박하여 자진이사를 유도하는 방법

명도소송을 하게 되면 판결을 받아 강제집행을 할 때까지 오랜 시일이 걸린다. 임대차보증금에 여유가 있는 경우는 그나마 안심이지만 그렇지 않은 경우에는 어떻게든 자진이사를 유도하는 것이 낫다. 통상 임차인은 월세를 연체하더라도 보증금에서 차감하면 된다는 안일한 생각을 갖고 있다. 이런 생각을 가진 임차인에게는 명도소송이 진행될 경우 소송비용 및 변호사비용 등 제반비용도 청구할 것이라는 내용증명을 보내면, 압박을 느끼게 되고 자진이사를 유도할 수 있다.

내 용 증 명

제목 : 임대차계약 해지 통보 및 소송비용청구의 건

수신인 : 홍 길 동
주   소 : 경기도 고양시 덕양구 유산길ㅇㅇ번길 ㅇㅇ, 가동 40ㅇ호
(내유동, 마이ㅇㅇ)

발신인 : 송 ㅇ ㅇ
주   소 : 경기 부천시 원미구 부흥로ㅇㅇㅇ번길 ㅇㅇ(ㅇㅇ아트) 3ㅇ
ㅇ호

본인은 경기도 고양시 덕양구 유산길ㅇㅇ번길 ㅇㅇ, 가동 40ㅇ호
(내유동, 마이ㅇㅇ)의 임대인으로서 다음과 같이 임대차계약을 해지
함을 통보합니다.

다   음

1. 본인은 20ㅇㅇ. 1. 4. 귀하와 사이에 상기 부동산을 보증금
10,000,000원, 차임 월 550,000원(지급기일 매월 4일)에 임대하기
로 하는 임대차계약을 체결하였습니다. 그런데 임대차계약 후 귀
하는 20ㅇㅇ. ㅇ월까지 5개월 동안 총 275만 원 상당의 차임을 연
체하였고, 본인은 귀하에게 수차례 차임을 지급해 줄 것을 요청하
였지만 귀하는 지금까지도 차임을 입금하지 않고 있습니다. 이에
본인은 임대차계약서 특약사항 제5조와 민법 제640조에 의거하
여 임대차계약이 해지되었음을 통보하는 바입니다.

2. 본인은 법률사무소를 통해 귀하에 대해 명도소송을 제기할 예정
이며, 명도소송이 제기될 경우 귀하에게 소송비용도 별도로 청구
할 예정입니다. 법적 절차가 진행될 경우 법률에서 정하고 있는

대로 귀하가 보증금으로 맡긴 10,000,000원에서 소송비용, 월차임, 지연이자(법정이자 연 12%), 그리고 부동산강제집행비용을 공제 후에 반환할 것입니다. 만약 보증금보다 다액이 지출될 경우 부족한 금액은 귀하에게 추가로 청구할 예정입니다.

3. 더불어 상기 부동산의 모든 시설은 임대인인 본인이 수리를 완료한 상태로 귀하에게 인도하였으므로, 귀하의 고의 또는 과실로 파손되어 있는 부분이 있으면 실비로 수리비를 공제할 것이며 하자보수비 또한 청구할 것입니다. 또한 차후 이사 당일에는 밀린 차임 및 공과금, 건물내부 상태를 확인한 후 보증금에서 위 금액을 차감하고 반환할 것입니다.

4. 본인은 귀하의 상황이 다소 어려울 수 있음에도 충분히 공감하는 바이지만, 귀하가 차임을 미지급함에 따라 입는 임대인의 손해 및 고충도 깊이 이해해 주시길 바랍니다.

20○○. ○. ○○.

발신인 송 ○ ○ (인)

4) 부동산의 명도를 구하는 소송 제기

임대차계약을 해지하겠다는 의사를 내용증명을 통해 표시한 바 없다면, 소장에서 직접 임차인에 대하여 임대차계약을 해지하겠다는 의사를 표시하면서 부동산의 명도를 구할 수 있다.

이미 구두 또는 내용증명으로 그 의사를 표시한 바 있다면 그러한 사정을 소장에서 자세히 서술하면 된다.

소 장

원　고　송ㅇㅇ
　　　　　부천시 원미구 길주로ㅇㅇ번길 ㅇㅇ
피　고　홍길동
　　　　　고양시 일산동구 대산로ㅇㅇ번길 ㅇㅇ

건물인도 등 청구의 소

청 구 취 지

1. 피고는 원고에게,

　가. 별지 목록 기재 부동산을 인도하고,

　나. 2,000,000원 및 이에 대한 이 사건 소장 부본 송달일 다음날부터 다 갚는 날까지 연 12%의 비율에 의한 금원을 지급하고,

　다. 20ㅇㅇ. 8. 1.부터 위 부동산의 인도완료일까지 월 500,000원의 비율에 의한 금원을 지급하라.

2. 소송비용은 피고가 부담한다.

3. 제1항은 가집행할 수 있다.

라는 판결을 구합니다.

청 구 원 인

1. 당사자의 지위

　원고는 별지 목록 기재 부동산(이하 '이 사건 부동산'이라 합니다, 갑 제1호증 등기사항전부증명서)의 소유자 겸 임대인이며, 피고는 같은 부동산의 임차인입니다.

2. 기초적 사실관계

　가. 임대차계약의 체결

　　원고는 20ㅇㅇ. 1. 2. 피고와 이 사건 부동산에 관하여 다음과 같은 내용의 임대차계약을 체결하였습니다(갑 제2호증 임대

차계약서).

○ 임대인 : 원고, 임차인 : 피고

○ 임대차보증금 : 1억 원

○ 월차임 : 50만 원

○ 임대차기간 : 20○○. 2. 1.부터 20○○. 1. 31.까지

원고는 위 임대차계약의 내용에 따라 피고로부터 임대차보증금을 지급받고 20○○. 2. 1. 이 사건 부동산을 피고에게 인도해 주었습니다.

나. 차임지급의무의 불이행

피고는 임대차계약 체결 후 20○○. 3. 31.까지의 차임은 원고 명의의 계좌로 꼬박꼬박 입금해 주었으나, 20○○. 4. 1.부터는 원고의 수차례의 구두 및 유선상 요청에도 불구하고 차임의 지급을 지체하고 있습니다.

다. 임대차계약의 해지

민법 제640조는 차임연체액이 2기에 달하는 때에 임대인이 임대차계약을 해지할 수 있다고 규정하고 있는바, 원고는 소장에 피고와의 임대차계약을 해지할 뜻을 담아 이 사건 소장 부본의 송달로써 피고에게 임대차계약의 해지의사를 표시하는 바입니다.

3. 피고의 의무

가. 건물인도의무

원고와 피고가 체결한 임대차계약은 해지되었으므로, 피고는 원상회복의무의 일환으로 원고에게 이 사건 부동산을 인도할 의무가 있습니다.

나. 차임 상당의 부당이득반환의무

1) 피고는 20○○. 4. 1.부터 20○○. 7. 31.까지의 차임을 원고에게 지급한 바 없으므로, 피고는 원고에게 미지급한 차임 200만 원(= 50만 원 × 4개월) 및 이에 대하여 이 사건 소

장 부본 송달일 다음날부터 다 갚는 날까지 소송촉진등에관한특례법에서 정한 연 12%의 비율에 의한 지연손해금을 지급할 의무가 있습니다.

2) 또한 피고는 원고에게 20○○. 8. 1.부터 이 사건 소장 부본이 피고에게 송달될 때까지의 차임을 지급하지 아니하였고, 임대차계약이 해지된 이후에는 이 사건 부동산을 점유함으로써 법률상 원인 없이 차임 상당의 금액을 이득하고 있다고 할 것이므로, 이 사건 소장 부본 송달일 다음날부터 이 사건 부동산을 인도할 때까지는 차임 상당의 부당이득을 원고에게 반환할 의무가 있습니다.

따라서 피고는 원고에게 20○○. 8. 1.부터 이 사건 부동산을 인도할 때까지 월 50만 원의 비율에 의한 차임 또는 부당이득금을 지급할 의무가 있습니다.

4. 결론

이상과 같이, 원고는 피고에게 청구취지와 같은 의무의 이행을 구하기 위하여 이 소송을 제기합니다.

입 증 방 법

1. 갑 제1호증   등기사항전부증명서
1. 갑 제2호증   임대차계약서

첨 부 서 류

1. 토지대장
1. 건축물대장
1. 소가산출표

20○○. ○. ○○.

원고 송 ○ ○ (인)

의정부지방법원 고양지원 귀중

3. 임대차기간의 종료가 임박한 경우

1) 묵시적 갱신을 유의하라

임대차계약을 체결한 뒤 그 기간이 만료될 시점이 다가오면 임대인과 임차인은 임대차계약을 갱신할 것인지, 아니면 종료할 것인지에 대한 의사를 미리 정하여야 한다. 임차인이 이사를 가게 될 경우 집을 새로 구하려면 시간이 필요하기 때문이다. 그런데 임대인이나 임차인이 바쁜 일상에 치인 나머지 명확한 결정을 내리지 못하고 유야무야 임대차기간이 경과될 수 있다. 주택의 경우 임대인은 임대차기간이 끝나기 6개월부터 2개월 전, 임차인은 2개월 전까지 그리고 상가의 경우 임대인은 6개월부터 1개월 전, 임차인은 1개월 전까지 각 상대방에게 계약을 종료하겠다거나 조건을 변경하여 재계약을 하겠다는 취지의 통지를 하여야 하고, 그렇지 않으면 종전 임대차와 동일한 조건으로 자동갱신된다. 이를 '묵시적 갱신'이라 한다.

묵시적 갱신이 이루어진 경우, 임대차의 존속기간은 주택의 경우는 2년으로, 상가건물의 경우에는 1년으로 의제된다. 따라서 임대차계약을 해지하기를 원하는 임대인이라면 반드시 임대차기간이 끝나기 2개월(주택) 또는 1개월(상가) 전까지 문자 또는 내용증명과 같은 방법으로 임대차계약을 갱신하지 않겠다는 의사를 표시해 두자. 특별한 경우가 아니라면 문자로 그러한 의사를 전달하여 기록을 남겨두는 것으로 족할 것이다.

2) 묵시적 갱신에 관한 대처방법

의도치 않게 묵시적 갱신이 이루어지면 임대인은 주택의 경우 2년, 상가의 경우 1년의 기간 동안 추가적으로 기존과 같은 조건으로 같은 임차인에게 부동산을 임대할 의무를 부담한다. 임차인의 경우에는 묵시적 갱신이 되어도 자유롭게 계약 해지를 할 수 있다는 점(단, 3개월 뒤 효력 발생) 때문에 임대인에게는 매우 불리하다. 따라서 부동산을 다른 용도로 이용할 계획이 있거나 보증금을 올리려고 계획했던 임대인으로서는 불측의 손해를 입을 수 있으므로 주의를 요한다.

실전TIP **주택 임대차계약을 갱신하지 않을 뜻을 2개월 이전에 표시해야 한다는 것은 발송 기준일까, 도달 기준일까?**

주택 임대차계약을 갱신하지 않기 위해서는 임대차기간이 종료되기 2개월(상가 임대차계약의 경우 1개월) 전까지 그러한 뜻을 임차인에게 표시하여야 한다. 내용증명으로 그러한 의사를 표시할 경우 내용증명을 2개월 전에만 발송하면 되는 것일까? 정답은 '그렇지 않다'이다.

우리나라 민법은 '도달주의'를 채택하고 있어 일방의 의사가 상대방에 도달한 때에 그 의사표시가 효력을 발생한다고 보고 있다(민법 제111조 제1항). 따라서 임대인이 내용증명을 발송한 때가 아닌 임차인이 내용증명을 수령한 때를 기준으로 2개월 전인지 여부를 따지게 된다. 내용증명을 보낼 예정이라면 시한을 넉넉히 하여 발송하도록 하자.

서식 2-49 내용증명(묵시적 갱신의 방어)

내 용 증 명

제목 : 임대차계약 갱신 불가 통보

수신인 : 홍 길 동

주 소 : 경기 고양시 일산동구 대산로○○번길 ○○

발신인 : 송 ○ ○

주 소 : 경기 부천시 원미구 길주로○○번길 ○○

발신인은 경기 고양시 일산동구 대산로○○번길 ○○ 소재 건물의 임대인으로서 귀하에게 다음과 같이 서신을 보냅니다.

다 음

1. 귀하는 20○○. 1. 2. 발신인과 경기 고양시 일산동구 대산로○○ 번길 ○○ 소재 건물에 관한 임대차계약을 체결한 뒤 지금까지 해당 부동산을 평온·공연하게 점유·사용하고 있습니다.

2. 귀하와의 임대차기간은 20○○. 1. 31.까지로 약정되어 있는데, 발신인은 위 날짜 이후로 해당 부동산을 다른 용도로 사용할 예정에 있습니다. 그래서 귀하와의 임대차계약 갱신은 아쉽지만 어려운 상황입니다.

3. 이러한 사정을 고려하시어 속히 이사 갈 집을 알아보시길 요청드리며, 애초에 약정한 대로 20○○. 1. 31.까지 해당 부동산을 비워 주시길 요청드립니다.

4. 귀하께서 지금 하시는 모든 일이 잘되기를 바라며, 나중에도 좋은 인연을 맺을 수 있기를 기원합니다.

20○○. ○. ○○.

발신인 송 ○ ○ (인)

4. 깔세를 주는 경우

이러한 경우를 가정해 보자.

당신이 상가를 하나 낙찰받았는데 공실기간이 길어지고 있다. 그런데 그 상가의 다른 층에서 영업 중인 헬스장 주인이 짐이 많다며 상가를 잠시 창고로 쓰게 해 달라고 요청한다. 임차인이 구해지면 곧바로 짐을 치울 것이라면서 한 달에 100만 원씩 지급해 주겠다고 한다. 당신은 은행이자와 관리비에 부담을 느끼고 있었으므로 흔쾌히 헬스장 주인에게 상가를 빌려주었다.

2달 후 당신은 새로운 임차인을 어렵게 구했고, 헬스장 주인에게 상가를 비워둘 것을 요청하였다. 그런데 헬스장 주인은 상가를 더 사용하고 싶다고 주장하면서 다음의 법조문을 제시한다.

상가건물임대차보호법

제9조(임대차기간 등) ① 기간을 정하지 아니하거나 기간을 1년 미만으로 정한 임대차는 그 기간을 1년으로 본다. 다만, 임차인은 1년 미만으로 정한 기간이 유효함을 주장할 수 있다.

어떠한가. 너무 억울하지 않은가. 단기간만 쓰겠다고 잠시 빌려준 것뿐인데 위 법 규정 때문에 시세보다 낮은 가격에 1년이나 빌려줘야 한다니 말이다.

임대차계약을 체결하는 경우 주택에 관하여는 주택임대차보호법, 상가에 관하여는 상가건물임대차보호법이 적용되는 것은 사실이나, 모든 임대차계약에 적용되는 것은 아니다. 이 법은 일시사용을 위한 임대차인 경우에는 같은 법의 적용을 배제하고 있다(주택임대차보호법 제11조, 상가건물임대차보호법 제16조).

> **상가건물임대차보호법**
>
> 제16조(일시사용을 위한 임대차) 이 법은 일시사용을 위한 임대차임이 명백한 경우에는 적용하지 아니한다.

일시사용을 위한 임대차의 대표적인 경우로 '깔세'가 있다. 깔세는 통상적으로 보증금 없이 일정 기간의 월세를 한꺼번에 지불하는 방식으로 차임을 지급하는 것을 의미한다. 이러한 깔세는 그 특성상 단기간 동안의 임대를 목적으로 이용되므로, 이러한 경우까지 주택임대차보호법, 상가건물임대차보호법에 따른 보호를 해 주지는 않는다.

`서식 2-50` **약정서(깔세)**

약 정 서

홍길동을 "갑", 송○○을 "을"이라 칭하고, 갑과 을은 다음과 같이 약정한다.

다 음

대상부동산 : 인천광역시 서구 가정로380번길 ○○, 송무프라자 1층 1○○호

1. 갑은 20○○년 ○○월 ○○일부터 대상부동산을 사용하기로 하고 을은 갑이 대상부동산을 사용·수익할 수 있도록 같은 부동산을 인도한다.

2. 갑은 입주 당시의 모든 기물을 파손하지 않고 보존해야 하며, 기존 구조물 변경이나 추가공사를 할 때는 을의 동의를 구한 후에 진행하도록 한다. 또한 대상부동산을 제3자에게 전대하거나 담보로 제공하지 못하며, 처음 을과 약정한 사용목적 외의 다른 용도로는 사용할 수 없다.

3. 갑은 약정한 사용기간이 종료되면 대상부동산을 원상회복하여 을에게 반환한다.

4. 갑은 2개월 동안 대상부동산을 사용·수익하고 사용료로 선불 220만 원(2개월분)을 을에게 지급하며, 사용기간을 연장하려면 을과 추가약정을 체결하여야 한다.

5. 갑이 사용기간의 연장을 원하지 않을 때에는 약정만료일로부터 3일 이내에 이사하기로 한다. 만약 그렇지 않을 시, 을이 약정만료일로부터 3일 이후에 대상부동산을 강제 개문한다고 하더라도 갑은 을에게 민·형사상 책임을 물을 수 없다.

6. 갑과 을은 대상부동산이 약정에 의한 일시 사용이고, 임대차계약이 아님을 본 약정서를 통해 다시 한번 확인한다.

7. 갑이 위 약정 중 하나라도 위반한다면, 갑은 을에게 위약벌 명목으로 일금 오백만 원을 약정위반일로부터 1주일 이내에 지급하기로 한다.

20○○. ○. ○○.

"갑"

성　　명 : 홍 길 동　(인)

주민번호 : 000000 - 0000000

주　　소 :

"을"

성　　명 : 송 ○ ○　(인)

주민번호 : 000000 - 0000000

주　　소 :

실전 공매에 필요한 서식

경매와 공매는 유사한 점이 많다. 그래서 공매의 서식은 경매에서 쓰이는 서식을 변형·응용하여 활용하면 그것으로 족하다. 다만, 경매와 공매는 엄연히 다른 절차이므로 그 차이를 명확히 인식하고 있어야 정확한 용어 사용은 물론이고 더욱 설득력 있는 서면을 작성할 수 있음을 양지하도록 하자.

≫ 공매절차도

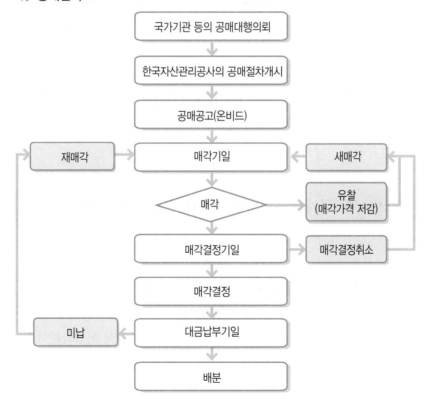

1. 매각결정의 취소신청

매각결정 취소신청은 말 그대로 풀어서 해석하면 된다. '매각결정'에 대한 '취소'를 '신청'한다는 의미이다. 즉, 매각결정이 난 뒤에 그 결정을 취소해 달라는 내용으로 한국자산관리공사에 신청서를 제출하는 것이다. 경매에서는 민사집행법에서 매각결정에 대한 취소신청이라고 하여 구체적인 근거 규정을 두고 있으나, 공매절차를 규율하고 있는 국세징수법에서는 이와 유사한 규정을 두고 있지 않아 한국자산관리공사에서는 원칙적으로 매각결정에 대한 취소신청 자체가 불가하다는 입장을 취하고 있다. 아직은 공매절차의 매수인에게 매각결정에 대한 취소신청권이 인정되는지 여부에 대해 판단한 사례는 찾기 어려우나, 행정심판에서 공매절차의 낙찰자도 매각허가결정 취소신청을 할 수 있다고 판단한 사례가 있으므로(조세심판원 2013. 1. 17.자 2012중3215 결정) 이를 근거 삼아 한국자산관리공사에 대해 매각결정의 취소를 신청해 볼 수 있다.

실무상 경매와 공매의 유사성으로 인해 공매의 경우에도 한국자산관리공사는 매각결정의 취소신청에 들어왔을 때에 그 신청에 타당성이 있다면 완전히 무시하지는 못하고 있으므로, 실무자와 대화도 함께 시도하면서 신청서를 제출해 보기 바란다.

1) 공매재산명세서 등의 재산 표시에 하자가 있는 경우

한국자산관리공사는 공매의 매각결정 취소에 관해 상당히 소극적인 입장을 취하고 있음은 앞서 본 바와 같다. 이는 국세징수법에 매각결정에 대한 취소신청에 관하여 명시적인 규정이 없기 때문에 그런 것이기도 하나, 한국자산관리공사는 국가기관이나 공공기관을 대신하여 공매절차를 전문적으로 대행해 주는 곳에 불과하여 위임기관의 눈치를 많이 보기 때문에 그런 것도 있다.

그래도 매각결정을 번복하려면 매각결정을 취소해 달라고 신청을 하는 수밖에 없다. 공매재산명세서 등 기재에 하자를 찾아 경매에서 의 판례를 인용하면서 신청서를 작성하도록 한다. 매각결정취소신청 서를 제출한 뒤에 넋을 놓고 있으면 안 되고 한국자산관리공사의 직원 및 위임기관의 담당자에게 전화를 걸어 진행상황을 자세히 묻고 매각 결정을 취소해 달라고 꾸준히 설득하는 것이 좋다.

서식 2-51 매각결정취소신청서(공매재산명세서 등의 재산 표시에 하자가 있는 경우)

매각결정취소신청서

물건관리번호　 20○○-00○○3-004
위 임 기 관　 남양주시청
체 납 자　 (주)○○건설
매 수 인　 (주)○○리츠
신 청 인　 (주)○○리츠

위 사건에 관하여 신청인 겸 매수인 ㈜ ○○리츠는 다음과 같은 사유 로 위 공매사건의 매각결정 취소를 신청합니다.

다 음

1. 신청인 주장의 요지

　신청인은 '경기도 남양주시 ○○동 ○○○-2외 8필지 제지하층, 제2층, 제3층'(이하 '이 사건 건물'이라 합니다)에 관하여 진행된 물건관리번호 20○○-00○○3-004 사건에서 이 사건 건물을 낙찰 받았습니다. 그런데 신청인은 대지권을 전혀 취득할 수 없는 상황 에 처하게 되었는바, 이에 신청인은 이 사건 건물에 관한 매각결 정을 취소해 주실 것을 신청하게 되었습니다.

2. 매각결정의 취소사유 : 신청인은 대지권을 전혀 취득하지 못하는 상황에 처해있습니다.

가. 귀 공사의 홈페이지에 게재된 이 사건 매각절차의 공매공고에는 아래와 같이 매각조건이 명시되어 있습니다(증 제1호증 공매공고).

> * 부대조건 *
> - 소유권이전등기 전 가처분에 의한 권리이전 시 매각결정 취소조건이오니 사전 조사 후 입찰바람.
> - 대지권 미정리 상태이나 포함하여 일괄 매각하며, 대지권 등기와 관련된 일체의 사항은 매수인 처리 조건이오니 사전조사 후 입찰바람.

위 부대조건 중 두 번째 항목을 보면, '대지권 미정리 상태이나 포함하여 일괄 매각'한다는 내용이 명시되어 있는 것을 볼 수 있습니다. 이에 신청인은 당연히 이 사건 건물의 대지권은 취득할 수 있고, 다만 대지권 등기가 현재 미정리된 상태인 것으로 인식하고 있었습니다.

나. 이 사건 건물에 부속된 토지소유권의 변동내역을 살펴보면, 최초 소유권은 1992. 9. 19. 진○○에게 귀속되었고, 그 후 1995. 5. 15. 성○○에게 매매를 원인으로 소유권이 이전되었다가, 최종적으로 2009. 5. 7. 현소유자인 김○○에게로 매매를 원인으로 소유권이전이 되었습니다(증 제2호증 토지등기부등본). 그런데 이 사건 건물의 경우에는 '(주)○○건설'의 명의로 소유권보존등기가 되었을 뿐입니다.

대법원은 구분소유자 아닌 자가 전유부분의 소유와 무관하게 집합건물의 대지로 된 토지에 대하여 가지고 있는 권리는 집합건물의 소유 및 관리에 관한 법률 제20조에 규정된 분리처분금지의 제한을 받지 아니한다고 합니다(대법원 2013. 10. 24. 선고 2011다12149 판결). 이러한 판례에 따르면, 이 사건 건물은 대지권을 아예 확보할 수 없게 되는 것입니다.

다. 이 사건 공매절차에서 신청인은 위 부대조건에 기재된 '대지권 미정리 상태이나 포함하여 일괄매각'이라는 내용을 신뢰하고 입찰에 참가하였습니다. 그러나 앞서 본 것처럼 이 사건 건물의 경우에는 아예 대지권을 확보할 수 없어 막대한 피해가 예상되는 상황인바, 이는 잘못된 부대조건 기재에 터 잡은 것이므로 귀 공사의 매각결정은 취소되어야 합니다.

참고로, 이러한 하자는 위 부대조건의 후단에 '대지권 등기와 관련된 일체의 사항은 매수인 처리 조건이오니 사전조사 후 입찰바람'이라는 내용이 기재되어 있다고 하여도 치유될 수 없습니다. 왜냐하면 위 부대조건 후단의 내용은 '대지권의 등기'에 관하여 기재된 내용이므로, 낙찰자가 이 부분에 관하여 토지소유자를 상대로 '대지권이전등기 내지 소유권이전등기 청구의 소'를 진행할 수도 없는 상황이기 때문입니다. 위 부대조건 후단의 기재내용은 매수인이 법률적으로 대지권을 취득할 수 있으나 그 등기가 아직 정리되어 있지 않은 경우에 해당되는 것이고, 이 사건처럼 매수인이 아예 대지권을 취득하지도 못한 사안에까지 적용된다고 보기는 어렵습니다.

3. 결론

따라서 위와 같은 하자는 명백히 '매수자의 귀책이 아닌 여타의 사유'에 해당되는 것이므로, 이에 신청인은 압류재산 매각업무 편람 및 국세징수법 제67조 제2항에 관한 공고상 하자를 이유로 이 사건 매각결정에 관한 취소를 신청합니다.

입 증 방 법

1. 증 제1호증 공매공고
1. 증 제2호증 토지등기부등본

20○○. ○. ○○.

신청인 ㈜ ○○리츠

대표이사 송 ○○ (인)

한국자산관리공사 조세정리부 공매○팀 귀중

2) 매각결정 후 미처 파악되지 않았던 새로운 유치권이 확인된 경우

대법원 2007. 5. 15.자 2007마128 결정에 따르면 경매의 매각허가 결정 이후에 새로운 유치권신고가 접수되는 경우 그 유치권이 성립하지 않는 것이 명백하지 않는 이상 매각허가결정을 취소하여야 한다고 한다. 다만, 이 판례는 경매에 관한 것이며 공매에 관한 것이 아니라는 점을 유의해야 한다. 그러나 경매나 공매나 주관하는 기관만 다를 뿐이며 본질적으로 다를 것이 없으므로, 이러한 주장을 곁들여 공매에 대한 매각결정의 취소를 신청해 볼 수 있다.

유사한 사안에서 매수인이 행정심판을 제기하면서 매각결정을 취소해 달라고 청구한 바 있었는데, 조세심판원 2013. 1. 17.자 2012중3215 결정은 이러한 청구인의 주장을 받아들인 예가 있다.

서식 2-52 매각결정취소신청서 (낙찰 후 유치권신고가 된 경우)

매각결정취소신청서

물건관리번호　　20○○-○○○○○-001
위 임 기 관　　용인시청
체　납　자　　주식회사 ○○
매　수　인　　홍○○
신　청　인　　홍○○

위 물건관리번호의 '경기도 용인시 ○○구 기흥○로 ○○ 100호' (이하 '이 사건 부동산'이라 합니다)에 관하여 신청인은 다음과 같은 사유로 매각결정의 취소를 구합니다.

다　음

1. 사건의 경위

가. 신청인은 귀 공사가 용인시청으로부터 위임받아 공매를 대행한 이 사건 부동산에 관한 공매절차(물건관리번호 20○○-○○○○○-001)에 참여한 입찰자이자 낙찰자입니다.

나. 귀 공사는 압류재산 공매재산 명세서를 통해 '9층 전체를 ○○병원 병실로 이용 중'이라고 공고하였고, 신청인이 현장을 방문했을 때에도 과연 그러했습니다. 귀 공사의 압류재산 공매재산 명세서에 나온 바와 같이 이 사건 부동산 전체는 병동으로 이용되고 있었던 것으로 보였습니다.

다. 신청인은 이러한 과정을 거쳐 이 사건 부동산에 관한 공매절차에 입찰자로 참여할 결심을 하게 되었고, 결국 신청인은 20○○. 1. 7. 같은 부동산을 낙찰받게 되었습니다. 그런데 신청인은 낙찰 후인 20○○. 1. 18. 무렵 유치권 공고문이 이 사건 부동산의 출입문, 내부 병동 중 한 개 호수에 게시되어 있음을 확인하였습니다. 유치권자라고 주장하는 '주식회사 ○○'(증제1호증 등기사항증명서)는 ① 건물 골조공사할 때부터 이 사건 부동산 중 일부인 1개 호실을 점유해 왔고, ② 공사대금은 총 7억 원가량 되며, ③ 유치권 공고도 여러 차례 붙인 바 있었는데 병원 직원들이 영업에 방해된다고 떼었고, 애초에 유치권 공고문을 붙여놨던 사진은 자신이 사진으로 찍어놨으며, ④ 또한 공사대금 중 일부는 유치권을 행사하던 중에 일부 변제받았다고 주장하였습니다(증 제2호증 녹취록).

2. 매각결정의 취소사유 발생

가. 대법원 2007. 5. 15.자 2007마128 결정은 "부동산 임의경매절차에서 매수신고인이 당해 부동산에 관하여 유치권이 존재하지 않는 것으로 알고 매수신청을 하여 이미 최고가매수신고인으로 정하여졌음에도 그 이후 매각결정기일까지 사이에 유치권의 신고가 있을 뿐만 아니라 그 유치권이 성립될 여지가 없

음이 명백하지 아니한 경우, 집행법원으로서는 장차 매수신고인이 인수할 매각부동산에 관한 권리의 부담이 현저히 증가하여 민사집행법 제121조 제6호가 규정하는 이의 사유가 발생된 것으로 보아 이해관계인의 이의 또는 직권으로 매각을 허가하지 아니하는 결정을 하는 것이 상당하다."는 입장을 취하고 있습니다.

앞서 본 바와 같이, 유치권자는 이 사건 부동산의 낙찰자인 신청인에게 그 유치권의 존재가 진정하다고 주장하고 있고, 특별히 이러한 주장을 탄핵할 만한 사정도 보이지 않습니다. 즉, 현재 상황에 비추어 보면 유치권자의 유치권이 성립될 여지가 없음이 명백하지 않습니다.

나. 이러한 상황이라면 경매에서는 당연히 매각결정이 취소될 것이나, 귀 공사로서는 '공매'인 이 사건에서 위 판례가 적용될 수 없다고 볼 여지도 있습니다.

그러나 이러한 점에 대해서는 조세심판원 2013. 1. 17.자 2012중3215 결정(증 제3호증)에서 이미 다루어진 바 있습니다. 조세심판원의 위 판단 내용을 요약하면, 국세징수법상의 공매와 민사집행법상의 공매를 합리적 이유 없이 차별할 이유가 없고, 민법 제575조 제1항, 제578조의 규정이 공매에서도 적용되어 낙찰자로서는 해제권을 행사할 수 있는 것이므로, 유치권자가 존재하는 사실이 추후 확인될 경우 매각결정은 취소되는 것이 마땅하다는 것입니다.

다. 귀 공사는 압류재산 공매재산 명세서를 통해 '9층 전체를 ○○병원 병실로 이용 중'이라고 공고하였고, 신청인은 이를 신뢰하였습니다. 그러나 실제로는 유치권자가 그 일부를 점유하고 있었으며, 신청인은 낙찰을 받은 뒤에나 이런 사실을 인지할 수 있었기에 신청인은 불측의 손해를 입게 되었습니다. 따라서 귀 공사의 매각결정은 반드시 취소되어야 마땅합니다.

3. 결론
    부디 이러한 신청인의 어려운 사정을 두루 고려하시고 행정심판
    사례를 중히 참고하시어, 이 사건 부동산에 관한 신청인의 매각결
    정에 대한 취소신청을 허가해 주시기를 소망합니다.

입 증 방 법

1. 증 제1호증   등기사항전부증명서
1. 증 제2호증   녹취록
1. 증 제3호증   조세심판원 2013. 1. 17.자 2012중3215 결정

20○○. ○. ○○.

신청인 홍○○ (인)

한국자산관리공사 ○○지역본부 조세정리○팀 귀중

2. 점유자와의 명도를 위한 협상

1) 배분받는 임차인과의 협상을 위한 내용증명

경매에서는 '인도명령' 절차를 이용할 수 있어서 명도가 상대적으로 수월하지만, 공매에서는 인도명령절차를 이용할 수 없고 명도를 위해서는 따로 명도소송을 제기해야 한다. 인도명령절차를 이용할 수 없는 공매에서의 내용증명은 경매절차에서보다 그 중요성이 배가 되므로 이 내용증명을 추후 재판에 증거로 제출할 수도 있다는 생각을 갖고 차분히 작성하는 것이 중요하다.

경매에서 '배당'받는 임차인이 있다면, 공매에서는 '배분'받는 임차

인이 있다. 배분받는 임차인은 경매절차와 유사하게 낙찰자의 명도확
인서가 있어야 배분을 받을 수 있으므로 이러한 점을 강조하여 내용증
명을 작성한다.

서식 2-53 내용증명(공매에서 배분받는 임차인에 대하여)

내 용 증 명

제목 : 낙찰 후 법적 절차 예정 통보

수신인 : 이 ○ ○
주   소 : 인천 남구 ○○로 101호

발신인 : 송 ○ ○
주   소 : 경기 부천시 원미구 ○○로 ○○, ○○○호

본인은 인천 남구 ○○로 101호 빌라를 20○○. 11. 14. 한국자산관
리공사 인천지사(물건관리번호 20○○-○○○○○-001)에서 낙찰
받고 20○○. 1. 6. 잔금을 납부한 위 부동산의 소유자로서 귀하에게
다음과 같이 서신을 보냅니다.

다   음

1. 귀하는 상기 부동산의 소유자인 본인의 요청에도 불구하고 사리
   에 맞지 않는 막대한 이사비 지불을 요청하며 상기 부동산에서의
   퇴거를 거부하고 있습니다. 본인은 귀하의 상식에 맞지 않는 요구
   에 응할 이유가 없으므로 귀하가 내용증명을 수신 후 5일 이내에
   아무런 연락이 없으면 본인과 명도에 관해 협의할 의사가 없는 것
   으로 간주하고 귀하를 상대로 명도소송을 제기할 예정입니다. 그
   리고 위 명도소송에 관한 판결이 있는 즉시 강제집행을 신청하겠
   습니다.

2. 귀하는 상기 부동산을 현재 무단으로 사용하고 있는 것이므로, 본인

의 소유권 취득일(20○○. 1. 6.)부터 상기 부동산을 인도할 때까지 매월 82만 원(감정가 8,200만 원 × 1%)의 금액을 소유자에게 지급할 의무가 있으니 이를 지급하여 주시기 바랍니다.

3. 귀하가 한국자산관리공사에서 돈을 배분받기 위해서는 낙찰자의 명도확인서 및 인감증명서가 반드시 필요합니다. 그런데 귀하는 본인에게 상기 부동산을 인도해 주지 않았기에 본인은 귀하에게 위 서류들을 발급해 줄 수 없습니다. 한편, 본인은 귀하와 협의되지 않을 경우 위의 소송을 제기하기 전에 귀하의 배분금에 가압류신청을 하여 상기 부동산의 임료, 소송비용, 부동산인도집행 등 일체의 비용을 받을 예정입니다.

4. 즉시 상기 부동산을 인도해 주시기를 다시 한번 요청드리며, 무리한 이사비 요구는 받아들일 수 없음을 양지해 주시기 바랍니다.

20○○. ○. ○○.
발신인 송 ○ ○ (인)

2) 명도소송 전 점유자를 압박하기 위한 내용증명

소송을 제기하는 것은 어디까지나 최후의 방법이고, 설령 소송을 제기한다고 하더라도 판결을 받기보다는 그 과정에서 협상을 통해 분쟁을 마무리하는 것을 추천한다. 판결까지 갈 경우 2심, 3심까지 소송이 길어질 가능성을 배제할 수 없고, 상당한 시간을 투자하는 것 자체가 굉장한 스트레스를 동반하기 때문이다. 소송을 제기하기 직전 아래와 같은 내용증명을 통해 원만한 합의를 이끌어 낼 수도 있다.

내 용 증 명

제목 : 명도소송 제기에 관한 통보

수신인 : 이 ○ ○
주 소 : 경기 부천시 원미구 ○○로 ○○, ○○호 (○○동, ○○아파트)

발신인 : 송 ○ ○
주 소 : 경기 부천시 원미구 ○○로 ○○, ○○호

〈부동산의 표시〉

경기 부천시 원미구 ○○로 ○○, ○○○○타워 A동 1○○호

발신인은 상기 부동산(물건관리번호 : 20○○-○○○○○-001)을 낙찰받고, 20○○. 1. 5. 매각결정이 확정된 매수인(낙찰자)입니다. 본인은 상기 부동산에 관해 매각결정이 된 이후 수신인과 면담을 하기 위해 오피스텔에 방문하였으나 폐문이어서 부득이 아래와 같이 서면으로 통보합니다.

아 래

1. 본인은 귀하와 원만한 협의를 통해 명도가 이루어지길 원하며, 이에 대한 귀하의 협조를 구합니다. 만약 귀하가 본 내용증명 수신 후에도 10일 이내에 연락이 없다면 본인으로서는 별다른 방법이 없는 관계로 귀하를 상대로 명도소송을 제기할 것입니다. 명도소송을 진행하게 될 경우 판결문 수령 후 집행관을 통해 부동산인도집행이 실시될 것이고, 본인이 법적 절차에 관하여 지출했던 소송비용 및 부동산인도집행비용 일체에 관해 귀하에게 다시 청구될 것입니다.

2. 법적으로 대항력이 없는 점유자는 소유권 이전일로부터 보증금

없는 임료 상당의 금액을 낙찰자에게 지급할 의무가 있습니다. 그러므로 명도소송 외에도 귀하가 본인의 소유권 이전일로부터 상기 부동산을 인도할 때까지 무상으로 사용한 부분에 관하여 월 사용료 215만 원(부동산의 감정가격×월 1%) 및 지연이자를 부당이득으로 하는 소송도 제기할 것이며 판결이 선고되는 즉시 귀하의 재산을 압류 조치할 예정입니다.

3. 이러한 절차는 고문변호사를 통하여 진행할 것입니다.

4. 위에 기재된 모든 법적 절차는 원만한 합의가 이루어지지 않은 경우에 그리 진행한다는 것이며, 신속한 협의가 이루어질 경우에는 위와 같은 절차를 취하지 않을 것이오니 오해 없으시길 바랍니다.

5. 발신인도 금전이 부족한 이유로 은행으로부터 대출을 받아 상기 부동산을 매입하였기에 매달 막대한 이자를 지출하고 있어 신속하게 업무를 진행할 수밖에 없는 상황입니다. 따라서 발송된 내용증명에 기분 상하지 마시고 원만하게 협의할 의사가 있는 경우 연락주시기 바랍니다.

20○○. ○. ○○.

발신인 송 ○ ○ (인)

3) 명도확인서

한국자산관리공사는 배분받는 임차인의 경우 낙찰자가 서명날인하고 인감증명서를 첨부한 명도확인서를 제출해야만 돈을 배분해 주고 있다.

명도확인서 양식은 온비드 사이트의 '자료실' 게시판에서 찾아볼 수 있다. 아래와 같이 온비드 접속 후 상단 탭 중 '자료실'을 클릭하여 명도확인서 서식을 찾는다.

서식 2-55 명도확인서(공매)

명도확인서			
위임기관	인천남동구청		
관리번호	20○○-○○○○○-001		
체납자	홍○○		
배분기일	20○○. ○○. ○○.		
매각재산의 표시	인천 남동구 구월로 ○○ ○○아파트 1동 130○호		
명도확인내용			
임차인	김○○	주민(법인)등록번호	70○○○○-100○○○○
명도일자	20○○년○○월○○일		

본인이 귀사 공매에서 매입한 부동산에 대하여 임차인 김○○가 위와같이 그 점유 부동산을 본인에게 명도하였음을 확인합니다.

20○○년○○월 ○○일

확인자

성명 : 송 ○ ○ (인)

주소 : 부천시 소사구 심곡로 ○○

주민(법인)등록번호 : 7○○○○○-1○○○○○○

전화번호 : 010-○○○○-○○○○

붙임 : 인감증명(용도 : 부동산명도확인용) 1부

한국자산관리공사귀중

주의: 1. 반드시 낙찰자 본인 명의로 확인서를 작성하여야 함.

    2. 명도일은 임차인이 이사간 날을 기재하여야 하며, 명도확인일자는 명도일자와 같은 날이거나 그 이후이어야 합니다.

    3. 임차인은 명도확인서를 제출하여야만 배분금을 수령할 수 있으며(명도일자가 경과되지 않은 경우는 배분금을 수령할 수 없음), 배분기일로부터 30일이 경과하여 배분금을 위임기관에 인계한 경우라도 배분금을 수령하고자 하는 경우는 위 명도확인서를 임대차계약서와 함께 당사에 제출하여야 배분금을 수령할 수 있습니다.

4) 합의서

낙찰받은 부동산을 명도할 때에 서로의 합의사항을 문서로 남겨놓는 것은 필수적이다. 그렇지 않으면 상대방은 쉽게 합의사항을 파기할 생각을 가질 수 있고, 구두로 한 약정은 그 입증이 쉽지 않기 때문에 일방적으로 약속을 파기한다고 하더라도 법적 절차를 진행하기가 어렵기 때문이다. 따라서 어떠한 상황에서든 점유자와 합의서를 작성하는 습관을 들이도록 하자. 공매에서 쓰이는 합의서 양식도 경매에서 쓰이는 양식과 다르지 않다.

서식 2-56 합의서(공매 임차인과의 합의서)

합 의 서

김○○을 "갑", 송○○을 "을"이라 칭하고, 갑과 을은 상호 협의하여 아래와 같이 합의한다.

〈부동산의 표시〉

경기 부천시 ○○구 ○○로 ○○, ○○○타워 4○○호

다 음

1. "을"은 한국자산관리공사 인천지사에서 진행하는 상기 부동산의 공매절차(물건관리번호 : 20○○-○○○○-001)의 배분기일에 "갑"이 배분을 받을 수 있도록 "갑"이 상기 부동산을 인도하지 않았을지라도 인감이 첨부된 명도확인서 1부를 "갑"에게 교부한다.

2. "갑"과 "을"은 기존의 임차조건과 동일한 조건(보증금 1,000만 원/ 월차임 80만 원, VAT별도)으로 임대차계약을 체결하기로 한다. 단, 임대차계약에 따른 첫 달 월세는 받지 않기로 하고, "갑"은 배분기일 익일에 "을"에게 상기 보증금을 입금하기로 한다. 상기 보증금이 입금되기 전까지는 임대차계약에 관한 합의는 아무런 효력이 없는 것으로 한다.

3. 계약에서 명시하지 않은 사항은 민법 및 상법에 따르기로 하고 "갑"과 "을"은 위 약정 중 어느 하나라도 위반할 시 상대방에게 위약벌로 일금 오백만 원을 1주일 이내에 지급하기로 한다.

20○○. ○. ○○.

"갑"

성   명 : 김 ○ ○ (인)

주민번호 : 7 0 0 0 0 0 - 1 0 0 0 0 0

주   소 : 경기 부천 ○ ○ 구 ○ ○ 로 ○ ○

"을"

성   명 : 송 ○ ○ (인)

주민번호 : 7 0 0 0 0 0 - 1 0 0 0 0 0

주   소 : 경기 부천 ○ ○ 구 ○ ○ 로 ○ ○

3. 점유자에 대한 명도소송

1) 명도소장

공매의 경우 경매와 달리 '인도명령'을 신청할 수 없다. 국세징수법에서는 민사집행법에서 규정하고 있는 '인도명령'과 같은 제도를 전혀 규정하고 있지 않기 때문이다. 따라서 공매절차를 통해 부동산을 낙찰받은 경우에는 점유자를 상대로 명도소송을 제기하여야 한다. 명도소송의 방법에 있어서는 경매든 공매든 별다를 것이 없다.

서식 2-57 **소장(공매 점유자에 대한 부동산명도소송)**

소 장

원 고   송○○

경기 부천시 원미구 ○ ○ 로 ○ ○ , ○ ○ ○ 호

피 고   1. 이○○

2. 손○○

피고들 주소 : 경기 성남시 분당구 이매로 ○○ ○○○동 103호 (○○동, ○○아파트)

건물명도 등 청구의 소

청 구 취 지

1. 피고들은 원고에게,

　가. 별지 목록 기재 부동산을 인도하고,

　나. 20○○. 11. 14.부터 위 가항 부동산 인도 시까지 매월 금 2,500,000원의 비율에 의한 금원을 지급하라.

2. 소송비용은 피고들이 부담한다.

3. 제1항은 가집행할 수 있다.

라는 판결을 구합니다.

청 구 원 인

1. 당사자의 지위

　원고는 20○○. 10. 30. 한국자산관리공사 조세정리부에서 주관·진행한 공매절차에서 별지 목록 기재 부동산(이하 '이 사건 부동산'이라고 합니다)을 낙찰받고 20○○. 11. 14.에 잔금을 완납한 소유자이고, 피고들은 이 사건 부동산을 각 1/2 지분씩 소유하고 있던 자로서 부부 사이이며, 현재 이 사건 부동산의 점유자이기도 합니다(갑 제1호증 매각결정통지서, 갑 제2호증 등기사항전부증명서).

2. 피고들의 이 사건 부동산 무단사용에 대해

　원고는 한국자산관리공사에서 주관·진행한 공매절차에서 이 사건 부동산을 낙찰받고 잔금을 완납한 후 이 사건 부동산에 방문한 바 있습니다. 그래서 전 소유자인 피고 이○○과 대화를 할 수 있었고, 원고는 피고 이○○에게 기존의 전세금액으로 계약을 하거나 그렇지 않다면 이 사건 부동산을 비워 줄 것을 요구했지만 피고들은 원고의 말을 무시하고 명도청구에도 응하지 않고 있습니다.

3. 결론

그렇다면 피고들은 이 사건 부동산에 대해 보증금 없는 월임료 상당의 부당이득을 취하고 있다 할 것이고, 따라서 피고들은 원고가 소유권을 취득한 20○○. 11. 14.부터 이 사건 부동산을 명도할 때까지 보증금 없는 월임료 상당의 금원을 원고에게 지급할 의무가 있다고 할 것인데, 정확한 월임료는 추후 감정을 통해 특정하기로 하고 우선 현 전세 시세 2억 5,000만 원의 보증금에 관하여 월 1%로 계산한 금 2,500,000원의 비율에 의한 금원의 지급을 구합니다.

입 증 방 법

1. 갑 제1호증   매각결정통지서
1. 갑 제2호증   등기사항전부증명서

첨 부 서 류

1. 토지대장
1. 건축물대장
1. 소가산출내역

20○○. ○. ○○.
원고 송 ○○ (인)

수원지방법원 성남지원 귀중

2) 점유이전금지가처분신청서

공매절차에서 부동산을 낙찰받은 경우 곧바로 명도소송을 제기할 수도 있으나, 점유자를 압박하고 다른 사람에게 점유를 이전하는 것을 방비하기 위한 수단으로 먼저 부동산점유이전금지가처분을 신청해 두는 것이 좋다. 점유이전금지가처분이 인용되면 그 취지를 공시하기 위하여 집행관이 해당 부동산을 방문하여 대문을 열고 들어가 그러한 내용을 부동산 내에 공시해 두는데, 이때 점유자는 상당한 압박감을 느끼게 된다. 경매절차와 특별히 다른 점은 없다.

서식 2-58 부동산점유이전금지가처분신청서

부동산점유이전금지가처분신청서

채 권 자   송 ○ ○
　　　　　경기 부천시 원미구 ○○로 ○○, ○○○호
채 무 자   1. 이 ○ ○
　　　　　2. 손 ○ ○
　　　　　채무자들 주소 : 경기 성남시 분당구 이매로 ○○, ○○○
　　　　　동 103호(○○동, ○○아파트)

목적물의 가액 : 금 33,000,000원
피보전권리의 요지 : 소유권에 기한 건물인도청구권
(가처분할 목적물 : 별지 목록 기재 부동산)

신 청 취 지

채무자들은 별지 목록 기재 부동산에 대한 점유를 풀고 채권자가 위임하는 집행관에게 인도하여야 한다.
집행관은 현상을 변경하지 아니할 것을 조건으로 하여 채무자들에게 이를 사용하게 하여야 한다.
채무자들은 그 점유를 타인에게 이전하거나 점유명의를 변경하여서는 아니 된다.

집행관은 위 명령의 취지를 적당한 방법으로 공시하여야 한다.
라는 재판을 구합니다.

신 청 이 유

1. 채권자는 한국자산관리공사 조세정리부에서 집행하는 공매절차 (물건관리번호 : 20○○-○○○○○-001)를 통해 20○○. 10. 30. 별지 목록 기재 부동산(이하 '이 사건 부동산'이라 합니다)을 낙찰받고 20○○. 11. 14.에 잔금을 완납한 상기 부동산의 소유자입니다(첨부서류 부동산 등기사항전부증명서, 소갑 제1호증 매각결정서).

2. 이 사건 부동산의 전 소유자이자 점유자인 채무자들은 이 사건 부동산을 소유자인 채권자에게 인도하여야 할 의무가 있습니다. 채권자는 채무자들에게 이 사건 부동산을 채권자에게 인도하여야 함을 통보하였으나, 채무자들은 대항력이 없는 임차인의 지위에 있음에도 불구하고 현재까지 이러한 요구에 불응하며 이 사건 부동산을 불법적으로 사용·수익하고 있습니다(소갑 제2호증 재산명세서, 소갑 제3호증 내용증명).

3. 이에 채권자는 채무자들을 상대로 명도소송을 귀원에 제기할 예정이나 위 명도소송판결 이전에 채무자들이 점유를 다른 사람에게 넘겨준다면 채권자가 나중에 본안사건에서 승소판결을 받더라도 집행불능이 될 우려가 있으므로 이의 집행보전을 위하여 이 사건 가처분신청에 이른 것입니다.

4. 이 사건 가처분명령에 따른 손해담보를 위한 담보제공은 민사집행법 제19조 제3항, 민사소송법 제122조에 의하여 보증보험회사와 지급보증위탁계약을 맺은 문서를 제출하는 방법으로 담보제공을 할 수 있도록 허가하여 주시기 바랍니다.

소 명 방 법

1. 소갑 제1호증   매각결정서
1. 소갑 제2호증   재산명세서
1. 소갑 제3호증   내용증명

첨 부 서 류

1. 부동산 등기사항전부증명서
1. 토지대장
1. 건축물대장
1. 목적물가액 산출내역

20ㅇㅇ. ㅇ. ㅇㅇ.

채권자 송 ㅇ ㅇ (인)

수원지방법원 성남지원 귀중

한 권으로
끝내는
소송의 기술
(특수물건편)

PART 03

공유지분

1. 공유지분 부동산의 정의

한 개의 부동산을 2명 이상의 사람이 각자 지분의 형태로 공동소유하는 경우 이를 공유라 하며, 그중 일부 공유자의 지분을 지분부동산이라 한다.

경매물건에서 이러한 지분부동산은 심심치 않게 등장한다. 지분부동산은 온전한 물건을 취득하지 못한다는 단점이 있지만, 이런 단점 때문에 일반물건에 비해 낙찰가격이 낮은 편이다. 따라서 지분부동산이라고 회피하기보단 수익이 될 만한 경매물건에는 적극적으로 입찰을 고려해도 된다.

2. 지분물건 손쉽게 낙찰받기 : 공유자우선매수권

1) 공유자우선매수권이란?

경매절차에서 모든 입찰자는 평등하고 그 절차는 공정해야 하므로 입찰자는 다른 입찰자들의 입찰가격을 확인하고 입찰할 수 없음이 원칙이다. 그러나 공유지분 물건에 관해서는 예외를 인정한다. 이것이 바로 '공유자우선매수권'이다.

공유자우선매수권은 경매 및 공매절차에서 부동산의 공유지분을 매각대상으로 하는 경우 같은 부동산의 공유자로 하여금 그 지분을 최고매수신고가격과 동일한 가격으로 우선적으로 매수할 수 있도록 허용하는 권리를 의미한다.

민사집행법 제140조(공유자의 우선매수권)

① 공유자는 매각기일까지 제113조에 따른 보증을 제공하고 최고매수신고가격과 같은 가격으로 채무자의 지분을 우선매수 하겠다는 신고를 할 수 있다.

② 제1항의 경우에 법원은 최고가매수신고가 있더라도 그 공유자에게 매각을 허가하여야 한다.

국세징수법 제73조의2(공유자의 우선매수권)

① 공매재산이 공유물의 지분인 경우 공유자는 매각결정 기일 전까지 공매보증금을 제공하고 매각예정가격 이상인 최고입찰가격과 같은 가격으로 공매재산을 우선매수하겠다는 신고를 할 수 있다.

② 제1항의 경우에 세무서장은 제73조 제3항에도 불구하고 그 공유자에게 매각결정을 하여야 한다.

---

2) 공유자우선매수청구를 허용하는 이유

공유자는 공유물 전체를 사용 및 관리하는 데 있어서 나머지 지분권자와 유대관계를 유지할 필요가 있으므로, 경매 및 공매로 인하여 매각이 될 경우 제3자보다 기존의 지분권자에게 우선권을 부여하여 그 공유지분을 매수할 수 있게 하는 것이 공유물 관리에 대해 합리적이라는 데에 그 입법 취지가 있다.

즉, 최고가로 입찰한 제3자의 권리를 제한하는 결과가 초래되더라도 다른 공유자가 같은 부동산을 낙찰받는 것이 소유관계를 간단히 정리하여 장래의 법적 분쟁을 예방할 수 있는 장점이 있고, 나아가 공유물 관리도 용이하다고 보는 것이다.

3) 공유자우선매수권의 행사요령 및 시한

공유자우선매수권은 입찰 마감 시간이 아니라 해당 부동산에 대한 매각기일의 종결을 고지하기 전까지는 행사할 수 있다. 우선매수권을 행사할 시 입찰보증금을 제공해야 하는데 보증금을 제공하지 않으면

매각물건 명세서

사건	20■타경■■■ 부동산강제경매		매각물건번호	1	담임법관(사법보좌관)	
작성일자	20■.04.11		최선순위 설정일자	목록1:2013.07.02.가압류 목록2:2013.01.04.압류		
부동산 및 감정평가액 최저매각가격의 표시	부동산표시목록 참조		배당요구종기	20■.11.14		

부동산의 점유자와 점유의 권원, 점유할 수 있는 기간, 차임 또는 보증금에 관한 관계인의 진술 및 임차인이 있는 경우 배당요구 여부와 그 일자, 전입신고일자 또는 사업자등록신청일자와 확정일자의 유무와 그 일자

점유자의 성명	점유부분	정보출처 구분	점유의 권원	임대차 기간 (점유기간)	보증금	차임	전입신고 일자.사업자등록 신청일자	확정일자	배당요구 여부 (배당요구 일자)
(주)■■공영	1층 가운데 점포	현황조사	점포 임차인	20■년3월3일-20■년3월2일	2,000만원			2014년 3월 28일	
김■■ (일■가전)	1층 우측 점포	현황조사	점포 임차인		4,500만원				
성■■		현황조사	점포 임차인					2009년 05월 12일	
우■■	1층 좌측 점포 및 2층 주택	현황조사	주거및점포 임차인					2004년 11월 08일	

< 비고 >

※ 최선순위 설정일자보다 대항요건을 먼저 갖춘 주택.상가건물 임차인의 임차보증금은 매수인에게 인수되는 경우가 발생할 수 있고, 대항력과 우선 변제권이 있는 주택,상가건물 임차인이 배당요구를 하였으나 보증금 전액에 관하여 배당을 받지 아니한 경우에는 배당받지 못한 잔액이 매수인에게 인수되게 됨을 주의하시기 바랍니다.

※ 등기된 부동산에 관한 권리 또는 가처분으로서 매각으로 그 효력이 소멸되지 아니하는 것

해당사항 없음

※ 매각에 따라 설정된 것으로 보는 지상권의 개요

해당사항 없음

※ 비고란

일괄매각, 특별매각조건으로 공유자우선매수신고는 1회에 한함.

※ 매각물건명세서에 공유자우선매수권은 1회로 제한한다는 특별매각조건이 명시되어 있다.

우선매수권 행사의 효력이 없으니 주의하자.

경매법원은 실무적으로 공유자우선매수권을 단 1회에 한하여 행사할 수 있도록 제한하고 있는 경우가 많으므로, 공유자우선매수권을 행사할 경우에는 입찰 타이밍이 되었을 때 사용하여야 한다.

 실전TIP 공유자우선매수신고 남발은 경매매각을 방해하는 행위이다.

대법원은 우선매수권제도를 이용하여 채무자의 지분을 저가에 매수하기 위하여 수차례에 걸쳐 우선매수신고만 하여 일반인들이 매수신고를 꺼릴 만한 상황을 만들어 놓은 뒤, 다른 매수신고인이 없는 때에는 매수신청보증금을 납부하지 않는 방법으로 유찰이 되게 하였다가 최저매각가격이 수차례 저감된 매각기일에 다른 매수신고인이 나타나면 그때 비로소 매수신청보증금을 납부하여 법원으로 하여금 공유자에게 매각을 허가하도록 하는 경우에는 민사집행법 제121조, 제108조 제2호의 '최고가매수신고인이 매각의 적정한 실시를 방해한 사람'에 해당한다고 보아 매각불허가 사유라고 보고 있다(대법원 2011. 8. 26.자 2008마637 결정).

다음은 현장에서 입찰할 경우가 아닌, 미리 우편으로 해당 경매법원에 접수하는 경우에 사용하는 서식이다. 이 서식을 사용할 경우 공유자가 입찰하겠다는 것을 미리 다른 경쟁자들에게 알려서 입찰하지 못하게 하는 효과가 있다. 단, 공유자우선매수신고는 실무상 1회만 허용하는 경우가 많으므로 입찰 타이밍에 맞춰 사용하는 것이 좋다.

공유자우선매수신고서

사　　건　　20ㅇㅇ타경ㅇㅇㅇ 부동산임의경매

채 권 자　　ㅇㅇ저축은행

채 무 자　　주식회사 ㅇㅇㅇㅇ

공 유 자　　송 ㅇ ㅇ

■ 매각기일 20ㅇㅇ. 3. 20. 10:00

부동산의 표시 : 별지와 같음

공유자는 민사집행법 제140조 제1항의 규정에 의하여 매각기일까지(집행관이 민사집행법 제115조 제1항에 따라 최고가매수신고인의 성명과 가격을 부르고 매각기일을 종결한다고 고지하기 전까지) 민사집행법 제113조에 따른 매수신청보증을 제공하고 최고매수신고가격과 같은 가격으로 채무자의 지분을 우선매수하겠다는 신고를 합니다.

첨 부 서 류

1. 공유자의 주민등록표등본 또는 초본 1통

20ㅇㅇ. ㅇ. ㅇㅇ.

우선매수신고인(공유자)　송 ㅇ ㅇ　(인)

인천광역시 ㅇㅇ구 ㅇㅇ로 ㅇㅇ

(연락처 : 010-0000-0000)

수원지방법원 여주지원 경매ㅇ계 귀중

≫ 법원경매정보 사이트에서의 '문건처리내역'

사건내역	기일내역	**문건/송달내역**

● 문건처리내역

접수일	접수내역
20▦.01.06	등기소 수원지방법원 성남지원 등기과 등기필증 제출
20▦.01.13	공유자 유▦▦ 공유자우선매수신고서 제출
20▦.01.16	채권자 ▦▦▦▦▦▦자산관리대부 주식회사 주소보정서(이▦▦) 제출
20▦.01.16	감정인 ▦▦ 감정평가법인 감정평가서 제출
20▦.01.19	집행관 권▦▦ 현황조사보고서 제출
20▦.01.19	집행관 권▦▦ 부동산현황조사보고서 제출
20▦.01.23	기타 신▦▦ 감정평가서 제출
20▦.02.03	교부권자 국민건강보험공단 성남북부지사 교부청구서 제출
20▦.02.23	교부권자 성남시중원구 미체납교부청구서 제출
20▦.03.06	배당요구권자 ▦▦▦▦▦▦▦ 주식회사 권리신고 및 배당요구신청서 제출
20▦.03.23	채권자 ▦▦▦▦자산관리대부 주식회사 주소보정서(이▦▦) 제출
20▦.03.29	채권자 ▦▦▦▦자산관리대부 주식회사 주소보정서(이▦▦) 제출
20▦.06.12	집행관 박▦▦ 기일입찰조서 제출
20▦.07.17	집행관 박▦▦ 기일입찰조서 제출
20▦.07.24	차순위매수신고인 송▦▦ 차순위매수신고포기및보증금반환청구 제출

3. 낙찰받은 공유지분에 따른 대응방법의 차이

공유지분을 낙찰받는 경우 보통 그 공유지분 자체를 보유 목적이 아니라 기존의 다른 공유자에게 낙찰받은 지분을 비싸게 매도하기 위함일 것이다.

그런데 지분낙찰자와 원래의 공유자들 간에 공유물분할 또는 지분매입에 관한 합의가 이루어지지 않았다고 하자. 그러면 지분낙찰자는 다른 공유자들에게 어떠한 압박을 통해 유리한 협상을 이끌어낼 수 있을까?

① 내용증명(내용증명을 발송하여 지분 취득한 사실을 고지하고,

지분권자로서 권리행사를 할 것임을 예고한다. 이 단계에서 상
대방이 불편함을 느끼고 매수할 수 있다.)

② 공유물분할청구의 소(현물분할, 대금분할)

③ 부당이득금반환청구의 소(공유물에 관하여 나머지 지분권자가
단독으로 사용하거나 타에 임대한 경우)

④ 건물철거 및 지료청구의 소(토지지분만 낙찰받았는데 지상에 건
물이 있는 경우)

⑤ 인도명령(낙찰받은 지분에 관하여 빠른 기간 내에 명도를 요하
는 경우)

4. 내용증명, 인도명령 및 합의서의 활용

1) 내용증명의 발송(낙찰 후 지분 취득 통보)

부동산의 공유지분을 낙찰받은 뒤 그 부동산을 점유하고 있는 사람
이 있는 경우에는 그 사람으로부터 해당 부동산을 인도받아야 한다.
다음 내용증명은 낙찰자가 '토지의 지분 중 3/10'을 낙찰받은 경우인
데, 7/10의 지분권자가 같은 토지의 지상에 건물을 소유하고 있는 사
안이다. 토지의 과반수 지분권자 또는 그로부터 사용·수익을 허락받
은 점유자에 대하여 소수 지분권자는 그 점유배제를 구하거나 건물의
철거를 구할 수 없으므로(대법원 2002. 5. 14. 선고 2002다9738 판결),
이때는 부당이득만 청구할 수 있다. 다만, 내용증명을 보내는 단계에
서는 압박을 통해 협상을 유도하기 위하여 건물철거를 언급하는 등 다
양한 방법을 고려해 볼 수도 있을 것이다.

내 용 증 명

제목 : 부당이득금(임료)청구 및 법적 절차 예정 통보

수신인 : 박 ○ ○

주　소 : 인천 서구 ○○로 ○○

발신인 : ㈜○○리츠 대표이사 송 ○ ○(010-0000-0000)

주　소 : 경기도 부천시 원미구 ○○로 ○○, ○○아트 3○○호

〈부동산의 표시〉

인천광역시 서구 ○○로 ○○ 대 238.153㎡

본사는 상기 토지 중에서 김○○ 지분에 관하여 한국자산관리공사 인천지사 공매절차에서 낙찰받아 20○○. 10. 8. 잔금 납부를 완료한 토지주(지분권자)입니다. 본사는 상기 토지의 지분권자로서 상기 토지 지상의 건물주인 귀하에게 아래와 같이 통보하오니 협조 부탁드립니다.

아 래

1. 상기 토지의 면적은 총 817㎡인데, 본사가 상기 토지 중에서 72/247 지분(30%)을 공매절차를 통해 소유하게 되었고, 귀하는 175/247(70%)에 관하여 토지지분을 소유하고 있습니다.

2. 상기 토지 지상에는 귀하가 단독으로 소유하고 있는 단독주택이 소재하고 있으며 건축물대장을 확인한바, 상기 토지 대부분이 귀하의 단독주택 부속토지로 사용되고 있는 것을 확인하였습니다.

3. 이에 본인은 귀하에게 본인의 소유권 취득일(20○○. 10. 8.)로부터 본인 토지를 사용하고 있는 부분에 관하여 매월 191만 원의 임

료를 청구할 예정이오니 위 지료를 입금해주시기 바랍니다(계좌
번호 : ㅇㅇ은행 000000-00-000000 예금주 ㈜ㅇㅇ리츠).

4. 만약 본 내용증명을 수신 후 10일 이내에 아무런 연락이 없을 경
우 본사와 협의할 의사가 없는 것으로 간주하여 부득이 법원을 통
해 건물주인 귀하를 상대로 '지료청구의 소'를 제기할 수밖에 없
사오니 현재 상황을 확인하신 후 지분권자의 소유권 행사에 지장
이 없도록 협조 부탁드립니다.

20ㅇㅇ. ㅇ. ㅇㅇ.

발신인 ㈜ㅇㅇ리츠

대표이사 송 ㅇ ㅇ (인)

위와 같은 내용증명을 상대방이 수신할 경우 불쾌하겠지만 반대로
부담도 느끼기에 유리하게 협상을 이끌어낼 수 있다.

2) 공유지분 취득에 기한 인도명령신청

과반수의 공유지분을 가진 자는 그 부동산의 사용·수익방법을 독자
적으로 정할 수 있으므로, 만약 과반수의 공유지분권자로부터 허락을
받은 자가 부동산을 점유하고 있다면 과반수에 이르지 못하는 소수지
분권자는 그 점유자에게 부동산의 인도를 구할 수 없다. 과거에는 과
반수에 이르는 공유지분권자가 없거나 과반수에 이르는 공유지분권
자가 있다고 하더라도 부동산의 점유자가 과반수 공유지분권자로부
터 허락을 받아 부동산을 점유하고 있는 것이 아니라면 소수지분권으
로도 부동산의 '보존행위'의 일환으로 점유자에 대해 부동산의 인도
를 구할 수 있었으나(대법원 2003. 11. 13. 선고 2002다57935 판결),
최근 대법원 판례가 바뀌면서 과반수가 되지 않는 소수지분권자는 부

동산의 인도를 구할 수 없게 되었다(대법원 2020. 5. 21. 선고 2018다 287522 전원합의체 판결).

낙찰받은 지분이 과반수인 경우에만 인도명령을 신청할 수 있음을 유의하자.

서식 3-3 인도명령신청서(공유지분에 기하여)

부동산인도명령신청서

관련사건번호   20○○타경○○○○○○ 부동산임의경매

신 청 인   김 ○ ○
　　　　　　서울 광진구 ○○로 ○○ ○○빌라 3○○호
　　　　　　송달주소 : 인천 남구 ○○로 ○○ ○○빌딩 5층

피 신 청 인   이 ○ ○
　　　　　　경기 연천군 ○○로 ○○

신 청 취 지

피신청인은 신청인에게 별지 목록 기재 부동산을 인도하라.
라는 재판을 구합니다.

신 청 이 유

1. 신청인은 의정부지방법원 20○○타경○○○○○ 부동산임의경매사건의 경매절차에서 별지 목록 기재 부동산(이하 '이 사건 부동산'이라 합니다)의 2/3 지분을 매수한 매수인으로서 20○○. 3. 5. 매각허가결정을 받고, 20○○. 4. 14.에 매각대금을 전부 납부하여 지분에 관한 소유권을 취득하였습니다.

2. 이 사건 부동산은 나머지 1/3 지분권자인 피신청인이 점유하고 있습니다. 공유물은 과반수 지분으로 사용·수익의 방법을 정할 수 있으나 피신청인은 그러한 협의 없이 이 사건 부동산을 홀로 사용·수익하고 있습니다.

3. 그렇다면 피신청인은 이 사건 부동산을 신청인에게 인도하여야 할 의무가 있을 것이나, 피신청인은 신청인의 부동산인도청구에 응하지 않고 있습니다.

4. 따라서 신청인은 피신청인으로부터 이 사건 부동산을 인도받기 위하여 이 사건 인도명령을 신청합니다.

20○○. 4. 21.

신청인 김 ○ ○ (인)

의정부지방법원 경매○계 귀중

[별지]

부동산의 표시

경기도 연천군 ○○동 ○○

(도로명 주소 : 경기도 연천군 ○○로 ○○)

위 지상 철근콘크리트조 콘크리트 평슬래브 지붕 2층 근린생활시설 및 숙박시설

지하1층 135.72㎡

1층 162.0㎡

2층 329.76㎡

끝.

3) 공유물분할합의

공유물인 부동산을 분할하여 나누어 갖는 방법은 다양하다. 지분대로 부동산 현물을 일정 면적만큼 나누어 가지는 방법, 부동산을 지분에 관계없이 적당한 넓이씩 나누어 가지되 지분보다 좁은 면적의 부동

산을 가져가는 사람에게 다른 공유자가 그 가치만큼의 대가를 지급해 주는 방법, 공유물을 공유자 중 한 명이 단독으로 모두 가져가고 다른 공유자에게 그 대가를 지급하는 방법, 부동산을 경매에 부쳐 그 대금을 지분대로 나누는 방법이 있을 수 있다. 우리나라 법원은 앞의 4가지 방법 모두를 공유물분할의 방법으로 인정하고 있는데, 특히 부동산 현물을 나누는 방법을 '현물분할'이라고 하고 부동산을 경매에 부쳐 대금을 나누는 방법을 '대금(경매)분할'이라고 칭한다. 법원에서 판결로 공유물분할이 이루어질 경우 '현물분할'이 원칙이고, '대금(경매)분할'은 예외적으로 허용됨을 기억해 두자.

민법 제269조(분할의 방법)

① 분할의 방법에 관하여 협의가 성립되지 아니한 때에는 공유자는 법원에 그 분할을 청구할 수 있다.
② 현물로 분할할 수 없거나 분할로 인하여 현저히 그 가액이 감손될 염려가 있는 때에는 법원은 물건의 경매를 명할 수 있다.

공유자들은 재판을 거치지 않더라도 자유로운 협의를 통해 공유물 분할방법을 정할 수 있고, 분할방법이 정해지면 그 협의내용에 따라 합의서를 작성하여 측량을 한 뒤 등기소에 공유물분할등기를 신청해야 한다.

서식 3-4 공유물분할합의서

공유물분할합의서

_____와 _____은 공유물의 분할방법을 다음과 같이 합의한다.

제1조 【공유물의 표시】 _____와 _____가 균등한 지분으로 공유하고 있는 부동산은 다음과 같다.

주 소 :

토 지 :

건 물 :

제2조【분할의 표시】위 공유부동산을 기준으로 하여 분할하되 당사자 간에 동일한 면적으로 하며 그 분할선은 별지 도면과 같다.

제3조【분할의 절차】분할로 인한 비용은 쌍방이 균분하여 부담한다. 분필로 인하여 소유권이전등기절차에 필요한 서류는 _____에서 상호 교환하여야 한다.

제4조【분할의 시기】분할절차는 _____까지 완료한다.

제5조【담보책임】분할된 이후 1년 이내에 분할된 부분에 관하여 공유로 인한 권리관계를 주장하는 자가 있을 경우 쌍방은 서로 동일한 책임을 진다.

제6조【계약의 해제와 손해배상】이 공유물의 분할절차를 진행하던 중 당사자 일방이 그가 부담한 의무를 이행치 아니할 경우 손해액은 _____원으로 예정하고 상대방에게 이를 배상하여야 하며 그 이후는 위 공유물을 매매하여 가액으로 분할하기로 한다. 단, 당사자 일방이 공유물을 매수하고자 할 경우는 평가액의 절반을 상대방에게 지급하고 단독명의로 소유권이전등기를 완료하는 데 필요한 의무를 이행하여야 한다.

위 계약의 성립을 증명하기 위하여 본 계약서 2통을 작성하여 각 1통씩 보관한다.

20○○년 ○월 ○○일

성 명 :　　　　　(인)

주 소 :

성 명 :　　　　　(인)

주 소 :

5. 소송절차

공유자들 간에 공유물분할 또는 지분 매입에 관한 아무런 합의가 이루어지지 않는다면 원래의 현상이 유지될 수밖에 없다. 그러나 지분낙찰자로서는 이러한 상황을 전혀 원하지 않을 것이다. 지분을 낙찰받았다면 최소한 매달 지료 내지 임대료는 받아야 수지가 맞기 때문이다. 결국, 지분권자 간에 합의가 이루어지지 않는다면 지분낙찰자로서는 최후의 수단으로 다른 공유자를 상대로 소송을 제기하여야 한다.

1) 소장의 제출

(1) 현물분할을 원할 경우

공유물분할소송에서는 '현물분할'이 원칙이므로 소장을 통해 현물분할을 구할 경우 특별한 사정이 없는 한 현물분할이 승인될 가능성이 높다. 다만, 현물분할이 이루어질 경우 공유자 중 일방이 입는 피해가 막대하다든지, 공유자 간의 얻는 이익이 불균형이 생긴다든지, 부동산이 나누어질 경우 하나의 토지가 너무 작아서 지상에 건축이 불가능하게 된다든지(대법원 1993. 1. 19. 선고 92다30603 판결), 법령상 장애 사유가 있다든지(대법원 2009. 10. 15. 선고 2008두3920 판결[1]) 등의 사유가 있으면 공유자 간의 공평을 위해 대금분할이 명해질 수 있다.

현물분할이 이루어지기 위해서는 '측량감정'이 필수적이다. 부동산의 측량감정자료 없이는 법원으로서도 현물분할을 명하는 내용의 판결문을 작성하기 어렵고, 그러한 판결문이 작성된다고 하더라도 실제 등기가 불가능하기 때문이다. 따라서 현물분할을 원한다면 반드시 소송 진행 중에 측량감정을 신청해야 한다.

---

1) 개발제한구역 내의 임야에 관하여 공유물분할을 하기 위해서는 시장·군수·구청장의 허가를 받고, 분할된 후 각 필지의 면적이 200㎡ 이상이어야 한다고 본 사례

소 장

원 고   이 ○ ○ (590000-1000000)

          인천 서구 ○ ○ 로 ○ ○

피 고   주식회사 ○ ○ 알리츠

          부천시 원미구 ○ ○ 로 ○ ○(부천중동 ○ ○ ○ 엔클라스)

          20 ○ ○ 호

          대표이사 송 ○ ○

공유물분할청구의 소

청 구 취 지

1. 별지 목록 기재 토지 중 별지 도면 표시 1, 2, 3, 4, 5, 1의 각 점을 순차 연결한 선내 (가)부분을 원고의 소유로, 같은 도면 표시 3, 4, 5, 6, 7, 3의 각 점을 순차 연결한 선내 (나)부분을 피고의 소유로 분할한다.
2. 소송비용은 피고가 부담한다.

라는 판결을 구합니다.

청 구 원 인

1. 원고와 소외 이○○는 별지 목록 기재 토지(이하 '이 사건 토지'라 합니다)를 247분의 175, 247분의 72의 각 비율로 공동소유하고 있었습니다. 그런데 피고는 20○○. 10. 12. 공매를 통해 위 이○○의 지분을 취득하였습니다(갑 제1호증 등기사항전부증명서, 갑 제2호증 토지대장).

2. 원고는 피고에게 이 사건 토지를 분할할 것을 요청하였으나, 피고는 원고에게 공유물분할 요청에 협조하지 아니하고 무리한 사용료를 요구하고 있습니다(갑 제3호증 내용증명).

3. 공유물분할은 토지의 이용상황, 공동소유에 이르게 된 경위 등을 종합적으로 고려하여 분할하여야 합니다. 그런데 이 사건 토지의 지상에는 별지 도면과 같이 원고의 건물이 소재하고 있고 또한 진입로가 존재하므로(갑 제4호증 위성사진) 청구취지 제1항과 같이 분할함이 상당하다고 할 것입니다.

4. 이상과 같은 이유로 원고는 이 사건 소송을 제기하기에 이른 것인 바, 원고의 청구를 인용하여 주시기 바랍니다.

입 증 방 법

1. 갑 제1호증   등기사항전부증명서
1. 갑 제2호증   토지대장
1. 갑 제3호증   내용증명
1. 갑 제4호증   위성사진

첨 부 서 류

1. 법인등기사항전부증명서
1. 토지대장
1. 소가 산출내역

20○○. ○. ○○.

원 고   이 ○ ○   (인)

인천지방법원 귀중

[별지]

부동산 목록

인천 서구 ○○동 ○○ 대 662.4㎡
끝.

도 면

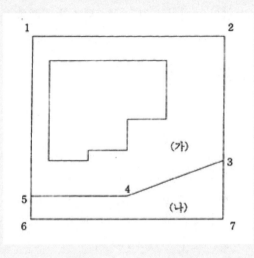

이 서식에서 눈여겨보아야 할 부분은 '별지 도면'이다. 소장을 제출하는 단계에서는 측량감정이 아직 이루어지지 않은 상황이므로 정확한 측량도면을 제출하기 어렵다. 이런 경우에는 우선 임의로 도면을 그려 제출하면 된다. 다만 임의 도면으로는 추후 판결문이 나와도 집행이 불가능하므로, 측량감정을 신청한 후 정확한 측량도면이 나오면 도면을 정정하는 절차를 거쳐 판결문을 받아야 한다.

(2) 대금분할을 원할 경우

경매를 통한 대금분할은 현물분할에 비해 소송 진행이 빠를 수 있다. 경매를 통한 대금분할을 명하는 경우에는 측량감정을 진행할 필요가 없기 때문이다. 다만, 토지를 경매에 부칠 경우 시세보다 저가로 낙찰될 가능성이 높으므로 이러한 사정을 미리 인지하고 대금분할을 신청해야 한다.

아파트와 같이 그 공간이 불가분의 하나의 연결된 공간으로 구성되어 있는 경우에는 그 공간을 공유지분대로 나누어 가지는 것이 사실상 불가능하므로, 법원은 이러한 경우에는 무조건 경매를 통한 대금분할을 명한다.

> **서식 3-6** 소장(공유물의 대금분할)

소 장

원 고   송 ○ ○
　　　　　서울 동작구 ○ ○로 ○ ○ ○ ○빌라 1 ○ ○호
피 고   1. 황 ○ ○ (520000-1000000)
　　　　　인천 남구 ○ ○로 ○ ○ ○ ○아파트 1 ○ ○동 7 ○ ○호
　　　　　2. 황 ◇ ◇ (570000-1000000)
　　　　　인천 남구 ○ ○로 ○ ○ ○ ○4차아파트 ○동 1 ○ ○호

공유물분할청구의 소

청 구 취 지

1. 별지 목록 기재 부동산을 경매에 부쳐 그 매각대금에서 경매비용을 공제한 나머지 금액을 원고 및 피고들에게 각 1/3의 비율로 분배한다.
2. 소송비용은 피고들이 부담한다.
라는 판결을 구합니다.

청 구 원 인

1. 원고는 별지 목록 기재 부동산(이하 '이 사건 부동산'이라 합니다)에 관하여 3분의 1 지분을, 피고들 또한 각 3분의 1씩의 지분을 공동소유하고 있습니다(갑 제1호증 토지등기부등본, 갑 제2호증 토

지대장).

2. 원고는 피고들에게 공유물의 분할을 청구하였으나 피고들은 위 토지는 분할하기 어렵다는 이유로 이에 응하지 않고 있습니다.

3. 피고들의 입장과 같이 이 사건 부동산의 분할에는 많은 난점이 있고, 이를 현물로 분할할 경우 각 토지의 면적이 매우 협소해지고 일부 맹지 토지가 생길 수 있는 등의 이유로 토지의 가치가 큰 폭으로 하락할 우려가 있으므로, 이 사건 부동산 전체를 경매하여 그 대금을 지분에 따라 분배받는 것이 최선의 방법이라 할 것입니다.

4. 피고들이 원고의 공유물분할청구에 응하지 않으므로 원고는 부득이 재판상의 분할청구를 위하여 이 소에 이른 것입니다.

입 증 방 법

1. 갑 제1호증   토지등기부등본
1. 갑 제2호증   토지대장

첨 부 서 류

1. 토지대장
1. 소가 산출내역

20○○. ○. ○○.
원고 송 ○ ○ (인)

인천지방법원 귀중

[별지]

부동산 목록

경기도 안산시 단원구 ○○동 ○○ 전 2,165㎡
끝.

(3) 공유물분할이 아닌 건물철거를 구하는 경우

경매부동산 중에서 위처럼 토지지분만을 매수했을 경우 지상에 법
정지상권이 성립하지 않은 건물이 있다면, 토지지분권자는 건물철거
를 구할 수 있다.

다음의 서식은 토지의 2/3 지분을 가진 자(C)가 건물의 소유자(A)
에 대하여 건물철거, 토지인도 및 부당이득반환소송을 제기하는 경우
를 상정한 사례이다.

서식 3-7 소장(건물철거 및 부당이득반환청구)

소 장

원　　고　주식회사 ○○리츠
　　　　　부천시 원미구 ○○로 ○○ 중동○○○엔클래스 20○○호
　　　　　대표이사 송○○

피 고   박○○(590000-1000000)

　　　　　인천 서구 ○○로 ○○

건물철거 등 청구의 소

청 구 취 지

1. 피고는 원고에게,

　　가. 별지 목록 제2항 기재 건물을 철거하고,

　　나. 별지 목록 제1항 기재 토지를 인도하고,

　　다. 20○○. 10. 9.부터 위 나항 기재 토지를 인도할 때까지 매월
　　　　1,910,000원의 비율에 의한 금원을 지급하라.

2. 소송비용은 피고가 부담한다.

3. 제1항은 가집행할 수 있다.

라는 재판을 구합니다.

청 구 원 인

1. 당사자의 지위

　　원고는 별지 목록 제1항 기재 토지(이하 '이 사건 토지'라 합니다)
　　중에서 2/3 지분을 한국자산관리공사 인천지사의 공매절차에서
　　낙찰받아 20○○. 10. 9.에 그 대금을 전액 납부하여 위 토지 지분
　　에 관한 소유권을 취득한 자이고, 피고는 이 사건 토지의 지상에
　　있는 별지 목록 제2항 기재 건물(이하 '이 사건 건물'이라 합니다)
　　의 소유자입니다(갑 제1호증 토지등기사항증명서, 갑 제2호증 건
　　물등기사항증명서).

2. 피고의 의무

　　가. 건물철거 및 토지인도의무

　　　　대법원 1987. 6. 23. 선고 86다카2188 판결은 토지의 공유자
　　　　중의 1인이 공유토지 위에 건물을 소유하고 있다가 토지지분
　　　　만을 전매함으로써 단순히 토지공유자의 1인에 대하여 관습상

의 법정지상권이 성립된 것으로 볼 사유가 발생하였다고 하더
라도 당해 토지 자체에 관하여 건물의 소유를 위한 관습상의
법정지상권이 성립된 것으로 보게 된다면 이는 마치 토지공유
자의 1인으로 하여금 다른 공유자의 지분에 대하여서까지 지
상권설정의 처분행위를 허용하는 셈이 되어 부당하다 할 것이
므로 위와 같은 경우에 있어서는 당해 토지에 관하여 건물의
소유를 위한 관습상의 법정지상권이 성립될 수 없다고 판시하
고 있습니다.

이러한 법리에 따라 이 사건 건물에 관한 법정지상권의 성립
여부를 살펴보면, 이 사건 토지를 소외 박○○, 박◇◇가 공
유의 형태로 소유하고 있던 중인 1996. 8. 6. 무렵에 소외 박
○○가 이 사건 토지 위에 이 사건 건물을 세워 소외 박○○
의 단독 명의로 소유권보존등기를 경료한 사실이 확인됩니
다. 사실관계가 이러하다면, 원고가 소외 박○○의 지분을 공
매절차로 취득함으로써 토지지분권자가 달라졌기에 이 사건
건물에 관하여는 관습법상 법정지상권이 성립하지 않는다고
할 것입니다.

이 사건 건물에 관해서는 법정지상권이 성립하지 않으므로 이
사건 건물의 소유자인 피고는 이 사건 건물을 철거하고 이 사
건 토지를 원고에게 인도할 의무가 있습니다.

나. 지료 상당의 부당이득반환의무
한편, 피고는 이 사건 토지를 법률상 원인 없이 이 사건 건물
의 대지로 사용하여 차임 상당의 이익을 얻고 동액 상당의 손
해를 원고에게 끼치고 있으므로 원고가 이 사건 토지에 관하
여 잔금 납부를 완료한 20○○. 10. 9.부터 위 토지의 인도완
료일까지 피고는 원고에게 부당이득을 반환할 의무가 있다 할
것입니다. 이에 관한 대법원 1995. 9. 15. 선고 94다61144 판
결, 대법원 1992. 6. 23. 선고 91다40177 판결 등에 따르면 지

상물 등 토지 위에 건물이 있는 경우에도 지료는 나대지 상태
라는 전제 하에 주변 토지의 이용상태, 경제적 가치 등이 종합
적으로 고려되어 결정되어야 하므로 피고는 원고에게 이 사건
토지의 나대지 상태에서의 감정평가금액을 기준으로 매월 금
1,910,000원(= 감정금액 × 1%)을 지급할 의무가 있다고 할 것
입니다(갑 제3호증 감정평가서).

3. 결론

원고는 이 사건 토지의 소유권에 기해 이 사건 건물의 철거·인도
및 지료의 지급을 구하고자 이 사건 소송을 제기하였으므로, 원고
의 이 사건 청구를 인용해 주시기 바랍니다.

입 증 방 법

1. 갑 제1호증   토지등기사항증명서
1. 갑 제2호증   건물등기사항증명서
1. 갑 제3호증   감정평가서

첨 부 서 류

1. 법인등기사항증명서
1. 토지대장
1. 건축물대장
1. 소가 산출내역

20○○. ○. ○○.

원 고 주식회사 ○○리츠

대표이사 송 ○ ○ (인)

인천지방법원 귀중

[별지]

부동산 목록

1. 인천 서구 ○○동 ○○ 대 252㎡
2. 인천 서구 ○○동 ○○
   [도로명주소] 인천 서구 ○○로 ○○
   위 지상 주건축물 제1동
   일반철골구조 경량판넬지붕 2층
   제2종 근린생활시설
   1층 120.56㎡
   2층 115.25㎡. 끝.

민사소송에서 소장을 접수할 때는 임료가 아직 명확하게 산정된 것이 아니므로 판사가 봤을 때 납득할만한 수준에서 가장 큰 금액으로 신청한다. 실무에서 원고가 많은 금액을 청구한다고 해서 불이익이 발생되거나 하지는 않는다. 이에 대해 피고가 대응을 할 경우에는 어차피 법원의 임료감정을 통해 최종 임료금액이 결정되기 때문이다. 따라서 감정이 완료되기 전에 원고나 피고는 청구금액의 높고 낮음에 대해서 목소리를 키울 필요가 전혀 없는 것이다.

임료(월세)를 감정평가금액의 1% 금액으로 청구하는 이유는,

첫 번째, 명도를 하면서 심리적 압박을 하기 위함이다.

만약 공매로 낙찰받고 점유자와 명도 협의를 진행하고 있는 도중에 소장을 접수하였는데, 본래 시세보다 높은 금액이 기재된 소장이 법원에서 도착한다면 상대방에게 심리적으로 큰 압박이 되기 마련이다. 결국, 원만하게 협의를 이끌어내는 것이 수월해진다. 실전에서 소송이 진행되었다고 할지라도 강제집행까지 진행되지 않고 도중에 합의되는 경우도 많은데, 높은 임료청구에 관해 소송 경험이 없는 상대방에게는 큰 부담으로 작용할 것을 활용하는 것이다.

(공매의 경우 명도소송으로 마무리하려면 긴 시간이 소요되므로, 협의를 위해 필자는 일부러 감정가의 1%를 청구한다.)

두 번째, 판사가 귀찮아서 그냥 그대로 판결문(무변론판결)을 작성해주는 경우가 있다. 민사소송에서 피고가 소장부본을 수령한 후 대응하지 않는 경우, 원고의 청구를 인정하는 것으로 간주하여 원고가 작성한 청구취지대로 판결문을 작성해 준다. 필자 역시도 감정가의 1%로 판결받아 그 비용까지 청구한 사례가 여러 번 있었다.

2) 공유물분할청구에 관한 답변서의 작성

공유물분할소송이 진행되면 원고의 청구가 기각되는 경우는 없다. 왜냐하면 재판을 통한 공유물분할청구가 들어온 경우 현물분할이든 대금분할이든 다른 방식의 분할이든 간에 종국적으로 분할은 반드시 이루어지기 때문이다. 따라서 상대방이 구하고 있는 방식의 공유물분할방법에 찬성하는지 또는 반대하는지에 관한 입장을 명확히 하고, 최대한 자신에게 이익이 되는 방법으로 공유물분할이 이루어질 수 있도록 우리 측의 주장을 정리·제출하여야 한다.

만약 원고가 대금분할(경매분할)을 구하는 내용의 소송을 제기하였다면, 피고로서는 방어방법으로 현물분할을 구하는 내용의 답변서를 제출할 수 있을 것이다.

서식 3-8 답변서(원고의 대금분할청구에 대한 피고의 답변서)

답 변 서

사　건　20○○가단○○○○ 공유물분할
원　고　송○○
피　고　황○○ 외 1명

위 사건에 관하여 피고들은 다음과 같이 답변합니다.

청구취지에 대한 답변

별지 목록 기재 부동산에 관하여 별지 도면과 같은 방법의 현물분할을 명하는 재판을 구합니다.

청구원인에 대한 답변

1. 원고는 별지 목록 기재 부동산(이하 '이 사건 토지'라 합니다)을

경매에 부쳐 그 대금을 나눠 갖는 방법으로 이 사건 토지를 분할·정산하여야 한다고 주장합니다.

2. 그러나 대법원은 "재판에 의한 공유물분할은 원칙적으로 현물분할에 의하고 그것이 불가능하거나 또는 그것으로 인하여 분할된 토지 상호 간에 간격의 차이가 생기거나 그 가격을 감소할 염려가 있는 경우에만 예외적으로 경매대금의 분할의 방법에 의할 수 있는 것"(대법원 1980. 9. 9. 선고 79다1131 판결)이라고 판시하여 공유물의 분할은 원칙적으로 현물분할에 의한다는 입장에 있습니다.

3. 이 사건 토지를 보건대, 이 사건 토지의 총면적은 2,165㎡(654.9평)에 이르러 원고와 피고들이 그 지분에 따라 나누어 갖기 용이하고 분할 뒤에도 건축하기에 충분한 면적인 점, 이 사건 토지는 남쪽 면을 따라 길게 도로에 접하고 있어 현물분할이 이루어진다고 하더라도 각 토지에 대한 진입로 확보가 용이해 보이는 점(을 제1호증 지적도등본), 이 사건 토지는 평지이기에 현물 그대로 분할하여도 한쪽 공유자에게 부당하다고 보기 어려운 점을 종합하면, 이 사건 토지에 관하여는 대금분할이 아닌 현물분할이 이루어져야 할 것입니다.

입 증 방 법

1. 을 제1호증   지적도등본

20○○. ○. ○○.
피 고 황 ○ ○ (인)
피 고 황 ○ ○ (인)

인천지방법원 민사○단독 귀중

구분소유적 공유관계란 공유부동산에 관하여 외형적으로는 공유의 형태로 되어 있지만, 실제로는 각각 지분권자가 토지 또는 건물의 위치를 특정하여 소유하고 있는 형태를 말한다. 상호명의신탁관계라 칭하기도 한다.

예를 들어 토지 1필지를 갑과 을이 1/2씩 절반씩 위치를 특정하여 소유하고 있다고 가정해 보자. 이때 토지의 소유관계는 현황과 공부상 기재에 차이가 생기게 된다.

구분 소유자간의 합의	등기사항증명서 기재에 따른 이해
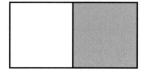	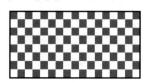
❘ 구분소유적 공유관계 ❘ : 갑과 을의 소유 부분을 명확히 특정할 수 있음	❘ 진정한 공유지분, 단순 공유, 일반 공유관계 ❘ : 갑과 을의 소유 부분이 특정 되지 않음

구분소유적 공유관계는 당사자 간의 합의내용에 따르면 부동산의 특정 부분을 각각 따로 소유하고 있는 것이지만, 등기사항증명서의 기재에 따르면 지분권자가 특정 부분을 각각 소유하는 것으로 파악되지 않아서 공부 및 현황 사이에서 차이가 생기는 법률관계를 의미한다.

대법원은 이러한 구분소유적 공유관계를 당사자들 사이의 합의로써 유효하다고 인정하므로, 매수인에게 그 구속력이 인정될 경우 매수인이 원하는 형태의 공유물분할은 이루어질 수 없게 된다.

다만, 대법원 2008. 2. 15. 선고 2006다68810 판결은 "집행법원이 공유지분이 아닌 특정 구분소유 목적물에 대한 평가를 하게 하고 그에 따라 최저경매가격을 정한 후 경매를 실시하여야 하며, 그러한 사정이 없는 경우에는 1필지에 관한 공유자의 지분에 대한 경매목적물은 원칙적으로 1필지 전체에 대한 공유지분이라고 봄이 상당하다."고 보고 있으므로, 만약 감정 자체가 단순 공유지분을 평가한 것이라면 낙찰자는 단순 공유지분을 취득하게 된다.

3) 준비서면의 작성

원고가 소장을, 피고가 답변서를 제출하면 각 공유자가 원하는 방식의 공유물분할방법이 대략적으로라도 드러나게 된다. 아마 공유자 각자는 자신에게 가장 유리한 공유물분할방법을 고수하고 있을 것이 분명하다. 재판부는 공유자들이 내어놓는 분할안을 대비한 뒤 가장 법리적으로 타당하고 당사자들 간에 공평을 기할 수 있는 분할안을 최종 채택할 가능성이 높다. 따라서 준비서면을 통해 다른 공유자가 제시한 분할안이 채택되어서는 안되는 이유가 무엇인지, 내가 제시하는 분할안이 왜 가장 공평한 분할안인지를 설득력 있게 주장하는 것이 매우 중요하다.

서식 3-9 준비서면(공유물분할안의 제시)

준 비 서 면

사　　건　　20○○가단○○○○ 공유물분할
원　　고　　송○○
피　　고　　황○○ 외 1명

위 사건에 관하여 원고는 다음과 같이 변론을 준비합니다.

다　음

1. 원고가 원하는 현물분할의 방법
  가. 원고는 건설교통부에 등록되어 있는 ○○설계측량사무소에 이 사건 토지의 현황측량을 의뢰하여 20○○. 6. 5.에 현황측량을 하였습니다. 측량을 의뢰할 때 현재 지적도에 의하면 이 사건 토지가 맹지로 되어 있으나 현황상 농로가 형성되어 있으므로 현황도로를 지적도상에 정확하게 표시해 달라고 요청하고, 또한 현황사진도 함께 첨부할 것을 요청하였습니다.

원고가 주장했던 대로 이 사건 토지의 중앙 부분을 가로질러 현황상 콘크리트로 포장된 농로가 형성되어 있습니다(갑 제3호증). 또한, 현황측량을 해보니 원고도 애초에 인지하지 못하였던 농가주택 2채도 위치하고 있음이 파악되었습니다(갑 제4호증).

나. 따라서 원고는 현황측량 전에는 만약 현물분할을 하게 된다면 건물 옆의 땅을 배분받으려 하였으나 건물이 있는 방향 토지의 모양이 세로로 길게 뻗어 있어 원고가 같은 토지를 배분받는다고 하더라도 건축이 어려워 토지를 제대로 이용할 수 없을 것으로 예상되므로 공유자 3인에게 가장 공평한 안은 갑 제5호증의 도면과 같은 안뿐이라고 생각됩니다.

다. 원고가 제출한 지적도와 현황사진을 보시면 현 상황을 감안한 원고의 대금분할청구가 무리한 요구가 아니라는 것을 이해하실 수 있습니다. 원고가 대금분할을 원했던 것은 원고가 원하는 부분을 피고들이 현실적으로 분할해 줄 수 없으며 분할 후에 토지의 모양이 더욱 이상해지기 때문이었습니다.
피고들이 원고가 원하는 부분의 1/3 토지를 분할해 준다면 원고도 현물분할을 원하지만 그렇지 않다면 지분권자 모두에게 공평하게 배분될 수 있도록 대금분할판결을 해주시기 바랍니다. 또한 피고들은 경매분할을 할 경우, 통상 감정가액보다 낮은 가격으로 낙찰된다고 주장하는데 인근 부동산의 경매사건 기록을 살펴보면 이 지역의 농지의 경우 200○년 이후에는 감정가 100%를 상회하여 낙찰이 되고 있으므로 피고들이 지적하는 바와 같이 토지의 가격이 낮게 낙찰될 가능성도 낮습니다(갑 제6호증).

2. 결론
이상과 같이 피고들이 제시하는 안은 피고들에게만 일방적으로 이익이 편중되는 분할안이므로, 원고가 주장하는 분할안을 채택하거나 이것이 어려울 경우 경매에 의한 대금분할을 명해주시기 바랍니다.

입 증 방 법

1. 갑 제3호증   측량지적도
1. 갑 제4호증   현황사진
1. 갑 제5호증·   지적도(현물분할안)
1. 갑 제6호증   경매사건검색

20○○. ○. ○○.

원고 송 ○ ○ (인)

인천지방법원 민사 ○단독 귀중

4) 감정신청

(1) 현물분할을 위한 측량감정

공유부동산의 현물분할을 위해서는 측량감정이 필수적이다. 판결문을 통해 등기가 이루어지게 되는데 측량자료가 없으면 등기가 불가능하기 때문이다. 따라서 현물분할을 하기 위해서는 반드시 측량감정을 신청해야 한다. 경계선 확정을 위한 측량감정을 신청할 때에는 지적도를 첨부하여 원하는 형태의 경계선을 대략적으로라도 그려 표시하여야 한다.

감정신청서

사   건   20ㅇㅇ가단ㅇㅇㅇㅇ 공유물분할
원   고   주식회사 ㅇㅇ리츠
피   고   홍ㅇㅇ

위 사건에 관하여 원고는 주장사실을 입증하기 위하여 다음과 같이 감정을 신청합니다.

다   음

1. 감정의 목적

이 사건 토지를 분할하는 데에 있어 경계선을 확정하기 위함입니다.

2. 감정의 목적물

ㅇㅇ시 ㅇㅇ면 ㅇㅇ리 2038-9 답 2665.3㎡

3. 감정사항

감정목적물 토지 중 별지 도면 표시 ㅇㅇ시 ㅇㅇ면 ㅇㅇ리 2038-8 쪽으로부터 149.1㎡가 되는 직사각형 형태의 토지를 특정하여 원고와 피고가 분할하여 소유할 토지의 경계를 확정

20ㅇㅇ. ㅇ. ㅇㅇ.

원고 주식회사 ㅇㅇ리츠

대표이사 송ㅇㅇ (인)

제주지방법원 민사ㅇ단독 귀중

[별지]

도 면

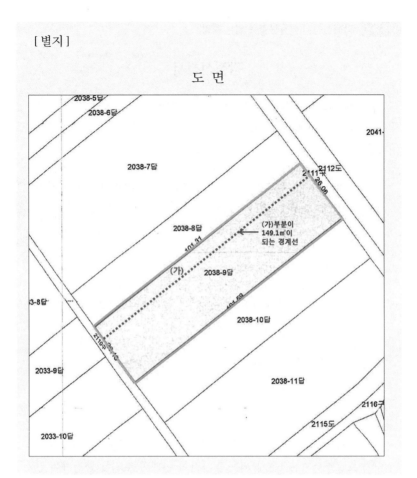

(2) 지료 감정

공유물분할을 청구하면서 전체 공유물에 관하여 상대방 지분권자
만 사용하고 있는 경우 부당이득반환을 청구할 수 있는데, 소장을 제
출하는 단계에서는 지료를 정확히 파악하기 어려우므로 임의로 대략
적인 금액을 특정하면 된다. 무변론판결을 받을 수도 있으므로 토지감
정료의 1% 가량을 월 지료로 청구하기도 한다. 이렇게 지료가 특정되
면 상대방은 지료 산정의 근거가 불명확하다거나 지료가 과다하다고

다툴 것이다. 이러한 경우에는 지료감정을 신청하여 객관적이고 합리적인 지료를 입증해야 한다.

서식 3-11 **감정신청서(지료 입증)**

감정신청서

사　건　20○○가단○○○○ 부당이득
원　고　주식회사 ○○리츠
피　고　홍○○

위 사건에 관하여 원고는 주장사실을 입증하기 위하여 다음과 같이 감정을 신청합니다.

다　음

1. 감정의 목적
　　이 사건 토지 상에 건립되어 있는 이 사건 건물의 적정지료를 파악·산출하기 위함입니다.

2. 감정의 목적물
　　인천 서구 ○○동 ○○ 대 252㎡

3. 감정사항
　　별지 기재와 같습니다.

20○○. ○. ○○.
원고 주식회사 ○○리츠
대표이사　송○○ (인)

인천지방법원 민사○단독　귀중

[별지]

감정할 사항

인천 서구 ○○동 ○○ 대 252㎡ 토지 중 247분의 72 지분에 관하여
원고가 소유권을 취득한 20○○. 10. 9.부터 임대차보증금이 없는
상태로 매달 지료가 얼마인지 여부(임료를 월 단위로 표기해주기 바
랍니다.)

- 주의사항 : 대법원 1995. 9. 15. 선고 94다61144 판결, 대법원 1992.
6. 23. 선고 91다40177 판결에 의하면 지상물 등 토지 위에 건물이
있는 경우에도 지료는 '나대지 상태'라는 전제하에 주변 토지의 이용
상태, 경제적 가치 등이 종합적으로 고려되어 결정되어야 하므로, 위
지상 건물로 인하여 토지소유권이 제한받는 사항은 지료를 산정함
에 있어 고려되어서는 안 되며 토지가 나대지 상태라는 전제하에 지
료가 얼마인지 감정해주시기 바랍니다.
끝.

5) 청구취지의 변경

(1) 도면을 정정하는 경우

현물분할을 구하는 공유물분할소송을 제기하는 경우 최초 제출한
소장에서 첨부한 도면은 임의로 그려서 제출하는 것이 보통이므로 부
정확하게 작성되어 있다. 그래서 측량감정을 통해 정확한 도면이 나오
게 되면 그 측량감정 내용대로 청구취지를 변경하는 절차를 밟아야 한
다. 측량감정이 이루어지고 그 측량감정 결과가 재판부에 제출된 것만
으로는, 원고의 주장이 측량감정 결과에 따라 현물분할을 구하는 것으
로 정리된 것으로 볼 수 없기 때문이다. 따라서 '청구취지 변경'이라는
절차를 통해 소장의 내용을 다시 한번 명확히 정리해야 한다. 청구취

지변경신청서에 측량감정 도면을 첨부하여 제출해야만 판결문이 나와도 집행이 가능하다. 청구취지변경신청서는 변론 종결 전에 제출하여야 한다.

서식 3-12 청구취지변경신청서(도면 정정)

청구취지변경신청서

사 건   20○○가단○○○○ 공유물분할
원 고   주식회사 ○○리츠
피 고   홍○○

위 사건에 관하여 원고는 다음과 같이 청구취지를 변경합니다.

변경된 청구취지

1. 별지 목록 기재 토지 중 별지 도면 표시 1, 2, 3, 7, 6, 1의 각 점을 순차 연결한 선내 (가)부분 149.1㎡를 원고의 소유로, 같은 도면 표시 3, 4, 5, 6, 7, 3의 각 점을 순차 연결한 선내 (나)부분 2516.2 ㎡를 피고의 소유로 분할한다.
2. 소송비용은 피고가 부담한다.
라는 판결을 구합니다.

신 청 이 유

소장에서 첨부한 도면은 수기로 작성하여 첨부한 것이므로, 원고는 지분비율대로 측량감정을 실시하여 그 도면을 정정하는 바입니다.

20○○. ○. ○○.
위 원고 주식회사 ○○리츠
대표이사 송○○ (인)

제주지방법원 민사○단독 귀중

[별지]

부동산 목록

○○시 ○○면 ○○리 2038-9 답 2665.3㎡
끝.

[별지]

도 면²⁾

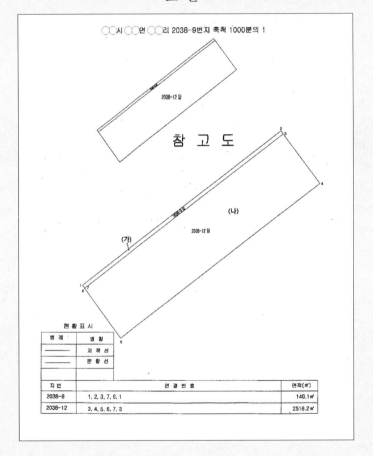

○○시 ○○면 ○○리 2038-9번지 축척 1000분의 1

2038-12 답

참 고 도

(나)

2038-12 답

(가)

현 황 표 시

범 례	명 칭
——	지 적 선
——	분 할 선

지번	연 결 번 호	면적(㎡)
2038-9	1, 2, 3, 7, 6, 1	149.1㎡
2038-12	3, 4, 5, 6, 7, 3	2516.2㎡

2) 소장에는 수기로 그린 다소 투박한 형태의 도면이 첨부되나, 측량감정을 마친 뒤에
는 그 감정서에 나온 도면을 그대로 청구취지변경신청서에 첨부하도록 한다.

(2) 지료를 정정하는 경우

지료감정이 이루어진 경우 감정인이 제시한 지료 금액으로 청구금액을 정정한다는 내용의 신청서를 새로 제출해야 한다. 이러한 절차역시 감정서가 제출된 후에 따로 청구취지변경신청서를 제출하는 방법으로 이루어져야 한다. 원래의 청구취지는 그대로 두고 금액을 수정할 부분이 있으면 그 부분만 수정하면 된다.

서식 3-13 청구취지변경신청서(지료 정정)

청구취지변경신청서

사　　건　　20ㅇㅇ가단ㅇㅇㅇㅇ 건물철거 등
원　　고　　주식회사 ㅇㅇ리츠
피　　고　　박ㅇㅇ

위 사건에 관하여 원고는 다음과 같이 청구취지를 변경합니다.

변경된 청구취지

1. 피고는 원고에게,
    가. 별지 목록 제2항 기재 건물을 철거하고,
    나. 별지 목록 제1항 기재 토지를 인도하고,
    다. 20ㅇㅇ. 10. 9.부터 위 가항 기재 토지를 인도할 때까지 매월 1,500,000원의 비율에 의한 금원을 지급하라.
2. 소송비용은 피고가 부담한다.
3. 제1항은 가집행할 수 있다.
라는 재판을 구합니다.

신 청 이 유

원고는 소장에서 피고에 대하여 월 1,910,000원 상당의 부당이득을 청구하였으나, 감정인이 20○○. ○○. ○○.에 귀원에 제출한 감정서에 따르면 지료를 월 1,500,000원이라고 밝히고 있으므로 그 의견에 따라 부당이득금을 변경합니다.

20○○. ○. ○○.

원고 주식회사 ○○리츠

대표이사 송 ○ ○ (인)

인천지방법원 귀중

6. 실전 사례 판결문 및 화해권고결정문

공유물분할소송에서는 공평한 분배가 이루어지는 것이 중요하고, 공유자들의 의사가 가장 중요하게 취급되므로 법원에 의해 화해 및 조정이 자주 시도된다. 변론 과정에서 당신이 설득력 있는 분배안을 제시하였다면 재판부도 당신이 원하는 결론과 가까운 합의안을 제시하며 합의를 유도할 가능성이 높다.

1) 대금분할을 명한 판결문

형제들이 부모님 재산을 공동으로 상속받아 지분별로 소유하게 되었으나 형제들 간에 처분방법에 대한 의사가 합치하지 않아 결국 경매를 통한 대금분할을 하게 된 사례이다.

서울중앙지방법원
판   결

사   건   20○○가단○○○○ 공유물분할
원   고   김○○
            서울 강남구 남부순환로 ○○, ○동 80○호(○○동, ○
            ○아파트)
피   고   1. 김◇◇
            서울 서초구 서초중앙로 ○○, ○동 80○호(○○동,
            ○○아파트)
            2. 김□□
            서울 강남구 삼성로 ○○, 20○동 130○호(○○동,
            ○○○멘션)
변 론 종 결   20○○. 3. 23.
판 결 선 고   20○○. 4. 6.

주   문

1. 별지 목록 기재 각 부동산을 경매에 부쳐 그 매각대금에서 경매비
   용을 공제한 나머지 금액을 원고 및 피고들에게 각 1/3의 비율로
   분배한다.
2. 소송비용은 각자 부담한다.

청 구 취 지

주문과 같다.

이   유

1. 기초사실

  가. 별지 목록 기재 각 부동산(이하 이 사건 각 부동산)은 김○영이 소유하고 있었고, 원·피고들은 김○영의 자녀들이다.

  나. 김○영이 2001. 2. 28. 사망함으로써 협의분할에 의한 상속을 통해 이 사건 각 부동산은 원고와 피고들이 각 1/3 지분씩 취득하였다.

  다. 원고와 피고 김□□은 이 사건 각 부동산을 분할하는데 동의하고 있다. 하지만 피고 김◇◇은 20○○. 3. 28.경 이 사건 각 부동산 중 건물(○○빌딩)에 화재가 발생하였고, 현재 2층 내지 4층은 복구작업이 완료되지 않아 4억 원의 추가 복구비용이 발생하는데, 화재복구 작업이 완료된 후에 분할절차를 진행하는 것이 원·피고들 모두에게 이익이 된다고 다투고 있다.

[인정증거] 다툼 없는 사실, 갑 각 호증의 각 기재, 변론 전체의 취지

2. 공유물분할청구권의 발생

  위 인정사실에 의하면, 원·피고들 사이에 공유물인 이 사건 각 부동산의 분할방법에 관하여 협의가 성립되지 않고 있으므로, 원고는 피고들을 상대로 민법 제268조, 제269조에 따라 이 사건 각 부동산에 관한 공유물분할을 청구할 수 있다.

3. 공유물분할방법

  가. 관련 법리

    <u>재판에 의한 공유물분할은 각 공유자의 지분에 따른 합리적인 분할을 할 수 있는 한 현물분할을 하는 것이 원칙이고, 현물로 분할할 수 없거나 분할로 인해 현저히 그 가액이 훼손될 염려가 있는 때에는 경매를 통해 그 대금을 분할해야 한다(민법 제269조 제2항). 다만, 대금분할에 있어 '현물로 분할할 수 없다' 는 요건은 이를 물리적으로 엄격하게 해석할 것은 아니고, 공유물의 성질, 위치나 면적, 이용상황, 분할 후의 사용가치 등에</u>

비추어 현물분할을 하는 것이 곤란하거나 부적당한 경우를 포함한다(대법원 2002. 4. 12. 선고 2002다4580 판결 등 참조).

나. 판단

앞서 든 증거들에 변론 전체의 취지를 더하여 인정되는 <u>아래 사정들을 종합해 보면, 이 사건 각 부동산은 현물로 분할할 수 없고 경매를 통해 그 대금을 분할하는 것이 가장 공평하고 합리적</u>이므로, 이 사건 각 부동산을 경매에 부쳐 그 매각대금에서 경매비용을 공제한 나머지 금액을 원고와 피고들에게 각 공유지분 비율에 따라 분배할 것을 명한다.

(1) 이 사건 각 부동산의 분할방법에 대하여 원고와 피고 김□□은 주문 기재방법의 분할에 대하여 의사가 일치하고, 피고 김◇◇ 또한 분할 시기만 다투고 있지 분할방법에 대하여는 별다른 의견이 없는 점

(2) 화재로 인하여 복구작업이 필요하다고 하더라도 공유자들 사이에 공유물 보존행위에 관한 의견일치가 되지 아니하여 언제 복구작업이 종료될 것인지도 예상할 수 없는 점

4. 결론

그렇다면, 원고의 이 사건 청구는 이유 있어 인용한다.

판사 ○ ○ ○ (서명)

[별지]

목 록

1. 서울특별시 종로구 ○○동 ○○ 대 330.6㎡
2. 서울특별시 종로구 ○○동 ○○

  [도로명주소] 서울 종로구 ○○길 ○○

  위 지상 철근콘크리트조 슬라브지붕 4층 점포 및 사무실

  1층 267.21㎡

2층 316.33㎡

3층 316.33㎡

4층 316.33㎡

지하실 198.51㎡ 끝.

2) 현물분할을 명한 화해권고결정문

현물분할을 하기 위해서는 소송 중에 측량감정이 반드시 이루어져야 한다. 이 사건도 소송 중에 측량감정이 이루어졌고, 그 내용대로 화해권고결정을 한 사례이다.

≫ 결정문 예시

서 울 남 부 지 방 법 원
화해권고결정

사   건   20○○가단○○○○ 공유물분할

원   고   황○○ (540000-2000000)

　　　　　　서울 강남구 봉은사로○○길 ○○, ○동 6○○호(○○동, ○○아파트)

피   고   1. 연○○ (380000-1000000)

　　　　　　2. 이○○

　　　　　　3. 연○○ (680000-2000000)

　　　　　　4. 연○○ (690000-1000000)

　　　　　　피고 1~4의 주소 서울 영등포구 ○로 ○, ○층 ○호(여의도동, ○○○)

5. 주식회사 ○○

　　　서귀포시 안덕면 ○○로 ○○(○○리)

　　　대표이사 이○○

　　6. 정○○ (400000-2000000)

　　　파주시 가온로 ○○로 ○○호(목동동, ○○마을○단

　　지 ○○ 아파트)

위 사건의 공평한 해결을 위하여 당사자의 이익, 그 밖의 모든 사정
을 참작하여 다음과 같이 결정한다.

결정사항

1. <u>원고와 피고들은 원고와 피고들의 공유인 서귀포시 ○○면 ○○리
　○○○○ 임야 4537㎡에 관하여 다음과 같이 공유물분할을 한다.</u>

　가. 피고 연○○, 이○○, 연○○, 연○○의 공동소유 부분 : 별지
　　감정도(참고도 포함) 표시 '가'부분 2,268㎡(지분 : 피고 연○
　　○ 10/20, 피고 이○○ 8/20, 피고 연○○, 연○○ : 각 1/20)

　나. 피고 주식회사 ○○의 단독소유 부분 : 같은 도면 표시 '나'부
　　분 908㎡

　다. 원고의 단독소유 부분 : 같은 도면 표시 '다'부분 907㎡

　라. 피고 정○○의 단독소유 부분 : 같은 도면 표시 '라'부분 454㎡

2. 원고와 피고들은 제1항과 같이 분필등기를 한 다음, 각각의 소유
　부분에 관하여 제1항의 공유물분할을 원인으로 한 소유권이전등
　기절차를 이행한다. 그 등기절차비용은 각자 부담한다.

3. 소송비용 중 측량감정비용은 제1항 기재 토지에 관한 원고와 피
　고들 각자의 소유지분 비율(원고 황○○ 8/40, 피고 연○○ 10/40,
　피고 이○○ 8/40, 피고 연○○, 연○○ : 각 1/40, 피고 주식회사
　○○ 8/40, 피고 정 ○○ 4/40)에 따라 부담하고, 나머지 비용은 각
　자 부담한다.

청구의 표시

1. 청구취지
   별지 청구취지 기재와 같다.
2. 청구원인
   별지 청구원인 기재와 같다.

20○○. ○. ○○.
판사   ○ ○ ○   (서명)

참   고   도

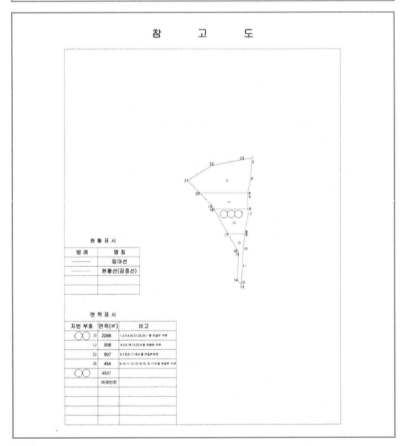

※ '별지 청구취지와 청구원인'은 생략. 화해권고결정문에서는 원고가 제출한 소장을
   그대로 붙여두는 것이 보통임.

3) 가액보상을 명한 화해권고결정문

공유물분할을 하되 그 토지 전체를 공유자 중 1명이 단독소유하고, 그 1명은 다른 공유자로부터 공유지분을 받는 대가로 돈을 지급해 주기로 합의한 사례이다. 법원에 의해 화해권고결정이 났던 사례인데, 당사자들 간에 어느 정도 의견이 좁혀지면 재판부가 당사자들의 의견을 참작하여 직권으로 화해권고결정을 발령하게 된다. 소송당사자 쌍방으로부터 송달받은 때로부터 2주간 이의가 없으면 그대로 확정된다.

≫ 결정문 예시

인 천 지 방 법 원
화해권고결정

사   건   20○○가단○○○○ (본소) 공유물분할

　　　　　　　20○○가단○○○○ (반소) 건물등철거

원고(반소피고) 박○○ (590000-1000000)

　　　　　　　인천 서구 ○○로 ○○

피고(반소원고) 주식회사 ○○리츠

　　　　　　　부천시 ○○구 ○○로 ○○ ○○호

　　　　　　　대표이사 송○○

위 사건의 공평한 해결을 위하여 당사자의 이익, 그 밖의 모든 사정을 참작하여 다음과 같이 결정한다.

결정사항

1. 인천 서구 ○○로 ○○ 대 817㎡를 분할하여 원고(반소피고)의 단

독소유로 한다.

2. 원고(반소피고)는 피고(반소원고)에게 142,500,000원 및 이에 대하여 이 사건 화해권고결정 확정일 다음날부터 다 갚는 날까지 연 5%의 비율에 의한 금원을 지급한다.

3. 원고(반소피고)는 나머지 본소청구를, 피고(반소원고)는 나머지 반소청구를 각 포기한다.

4. 소송비용은 각자 부담한다.

청구의 표시

청구취지
본소 : 별지 청구취지 기재와 같다.
반소 : 별지 청구취지 기재와 같다.

청구원인
본소 : 별지 청구원인 기재와 같다.
반소 : 별지 청구원인 기재와 같다.

20○○. ○○. ○○.

판사　○○○　(서명)

선순위위장임차인

1. 선순위위장임차인의 정의

선순위위장임차인이란 주거 또는 상가에 있는 임차인이 해당 부동산의 최우선권리보다 앞서 주민등록 내지 사업자등록을 하여 외형상 대항력이 있는 것처럼 보이지만 실제로는 임대차계약을 체결하지 않았거나 체결했을지라도 후순위임차인이어서 대항력이 없는 임차인을 말한다. 통상 '가장임차인' 또는 '허위임차인'이라고도 한다. 보통 이런 물건 사례의 경우, 임차인이 법원에서 배당받지 못한 금액만큼 낙찰자가 인수(부담)해야 할 수 있으므로 일반물건보다 유찰이 잘되는 편이다. 저렴하게 낙찰받고 진정한 임차인이 아님을 밝혀내면 큰 수익을 낼 수 있다.

2. 내용증명, 인도명령 및 합의서의 활용

1) 위장임차인에 대한 내용증명의 활용

선순위위장임차인이 허위임대차로 꾸며 금액의 변제를 요구하는 범법행위를 하고 있는 경우 스스로 법을 위반하고 있다는 인식을 명확히 갖고 있지 않는 것이 보통이다. 법에 대해 무지할뿐더러 경매컨설팅업체의 지시에 따라 행동하고 있다는 생각에 상대적으로 죄책감이 덜 하기 때문이다. 그러나 허위임대차계약의 존재를 주장하며 경매법원에 배당을 신청하거나 낙찰자에 대해 임대차보증금의 지급을 요구하는 것은 형법상 경매방해죄 및 사기죄에 해당하여 10년 이하의 징역 및 2,000만 원 이하의 벌금에 처해질 수 있다.

선순위위장임차인은 낙찰자로부터 목돈을 받아낼 수 있다는 꿈에 부풀어 경매컨설팅업체의 지시에 따라 나름대로 대응하고 있으므로 웬만해서는 진실을 자백하지 않는다. 낙찰자는 점유자가 허위임차인이라는 명백한 증거를 확보한 뒤 선순위위장임차인에게 그러한 증거를 제시하며 중한 형사책임을 질 수 있다는 점을 명확히 상기시켜 주는 것이 필요하다. 실제 경매방해로 인해 실형이 선고되는 경우도 간간이 있으므로, 이러한 판결문을 선순위위장임차인에게 직접 제시하면 선순위위장임차인은 자신의 행위가 징역형을 살 수 있는 범죄행위라는 점에 대해 더욱 명확한 인식을 갖게 된다.

다만, 선순위위장임차인을 압박하기 위한 수단으로 내용증명을 보내는 때에 별다른 증거도 없이 단정적이고 자극적인 어투로 작성하는 것은 자제하도록 하자. 아무런 증거도 없이 임차인을 허위임차인으로 몰아갈 경우 반대로 나중에 역공을 당할 우려도 없지 않기 때문이다.

서식 3-14 **내용증명(선순위임차인에게 형사고소 및 인도집행절차 최고)**

부동산 인도집행에 대한 최고서

수신인 : 지 ○ ○
주   소 : 인천 남동구 ○ ○ 로 ○ ○ ○ ○ ○ 타워 5 0 ○ 호

발신인 : (주)○ ○ 리츠 대표이사 송 ○ ○
주   소 : 경기 부천시 원미구 ○ ○ 로 ○ ○ ○ ○ 프라자 2 ○ ○ 호

```
┌─────────────────────────────────────────────┐
│              〈부동산의 표시〉                 │
│   인천 남동구 ○○로 ○○ ○○○타워 5○○호, 42.24㎡  │
└─────────────────────────────────────────────┘
```

발신인은 상기 부동산을 낙찰받고 20○○. 4. 6.에 잔금 납부를 마친 소유자입니다. 본인은 상기 부동산을 점유하고 있는 수신인에게 앞으로 진행될 법적 절차에 관하여 다음과 같이 서면으로 최종 통보를 하오니 현명한 판단을 하시기 바랍니다.

다　음

1. 인도명령, 강제집행신청 및 비용청구

   상기 오피스텔을 점유하고 있는 귀하를 상대로 인천지방법원에 명도소송을 제기했습니다. 본안소송에 관한 판결 후 집행관을 통해 부동산인도집행을 신청할 예정이고, 법적 절차에 관한 소송비용 및 부동산인도집행비용 일체를 귀하에게 청구할 예정입니다.

2. 부당이득반환의무 및 압류

   법적으로 대항력이 없는 임차인은 소유권이전 즉시 임료상당의 부당이득금반환의무가 있습니다. 그래서 명도소송과 별개로 수신인에게 상기 부동산을 인도할 때까지 매월 사용료 110만 원(상기 부동산에 관한 보증금 없는 월임료) 및 지연이자를 부당이득으로 하는 소송 또한 추가로 제기할 것이며 판결 즉시 귀하의 재산을 압류조치할 예정입니다.

3. 고문변호사

   위 모든 절차는 본사의 고문 법률사무소를 통하여 진행할 것입니다.

4. 경매방해죄 처벌사례

   귀하가 본사에게 허위임대차를 원인으로 금전을 요구하는 행위(핸드폰 문자 및 전화통화에 근거)에 관하여 경매방해죄 및 사기죄로 인천지방검찰청에 고소장을 접수할 예정입니다. 현재 귀하가 하는 행동은 명백한 범법행위이고, 이러한 경우 인천지법 부천지원에서 허위임차인에게 징역 10월의 실형을 선고한 사례가 있으니 참고하시기 바랍니다(인천지법 부천지원 2001. 5. 18. 선고 2001고단23 판결).

5. 원만한 합의 가능

귀하가 거주하는 부동산의 경매절차로 인해 정신적인 피해가 있었을 것으로 사료되나, 낙찰 후 무리한 욕심으로 인해 더 힘든 처지가 될 수 있음에 본사는 안타까운 뜻을 전합니다. 내용증명 수신 후 명도합의가 이루어질 경우 모든 절차는 원만하게 마무리할 것이나 그렇지 않을 경우 본사도 단호하게 민·형사상 법적조치를 진행할 수밖에 없음을 미리 고지합니다.

6. 최종 시한

발송된 내용증명에 기분 상하지 마시고 귀하가 현명한 선택을 하기를 바라겠습니다. 만약 내용증명 수신 후 10일이 경과해도 답변이 없을 경우 협의할 의사가 없는 것으로 간주하고 인천지검에 고소장도 접수할 예정이오니 참고하시기 바랍니다.

20○○. ○. ○○.

발신인 주식회사 ○○리츠

대표이사 송 ○ ○ (인)

2) 인도명령신청

외관상 선순위임차인으로 보이는 자에 대해 인도명령을 신청하는 경우 법원은 그 인도명령신청을 기각한다. 선순위임차인의 경우에는 낙찰자에 대해서도 임대차계약의 존재를 주장할 수 있기 때문이다.

그러나 법원으로서도 외관상 선순위임차인으로 보이는 자가 허위임차인임이 명백하다면 보호해주지 않는다. 선순위허위임차인의 행위는 형법상 사기죄, 경매방해죄를 구성하며, 허위의 사실을 신고한 임차인을 보호해 주어야 할 하등의 이유가 없기 때문이다.

낙찰자가 인도명령신청서를 통해 외관상 선순위임차인으로 보이는 자의 신고내용이 허위임을 소명하면 법원은 그 임차인에 대한 인도명령을 발령해 준다. 이때 충실하게 증거를 준비하여 판사가 인도명령신청서를 읽었을 때 십중팔구는 신청인의 주장이 옳다는 생각이 들게 만들어야 한다. 인도명령신청의 성패는 모두 '증거'에 달려있다고 보아도 과언이 아니다.

서식 3-15 부동산인도명령신청서(선순위위장임차인)

부동산인도명령신청서

관련사건번호　20○○타경○○○○○ 부동산임의경매
신　청　인　송○○
　　　　　　서울 송파구 ○○로 ○○
피 신 청 인　이○○
　　　　　　인천광역시 서구 ○○로 ○○ ○○아파트 202동 9○○호

신 청 취 지

피신청인은 신청인에게 별지 목록 기재 부동산을 인도하라.
라는 재판을 구합니다.

신 청 이 유

1. 당사자의 지위
　　신청인은 별지 목록 기재 부동산(이하 '이 사건 부동산'이라 합니

다)을 인천지방법원 20○○타경○○○○○ 부동산임의경매사건
의 경매절차에서 낙찰받고 20○○. 4. 3.에 매각대금을 완납한 소
유자입니다.

피신청인은 이 사건 부동산의 대항력 없는 임차인으로서 이 사건
부동산을 점유하고 있는 자입니다(소갑 제1호증 매각물건명세서).

2. 피신청인은 대항력 없는 임차인입니다.

가. 피신청인은 채무자 겸 소유자의 며느리입니다.

피신청인은 이 사건 부동산의 소유자 겸 채무자인 구○○의
자부(며느리)로서 이 사건 부동산에 채무자와 함께 함께 살고
있습니다(소갑 제2호증 주민등록등본). 그래서 이 사건의 채
무자 겸 소유자 구○○에 관한 경매개시결정정본을 수령한 사
람도 피신청인임이 확인됩니다(소갑 제3호증 문건송달내역).
대법원 1998. 4. 24. 선고 96다30786 판결은 "부동산의 인도명
령의 상대방이 채무자인 경우에 그 인도명령의 집행력은 당해
채무자는 물론 채무자와 한 세대를 구성하며 독립된 생계를
영위하지 아니하는 가족과 같이 그 채무자와 동일시되는 자에
게도 미친다."고 설시하고 있고, 같은 취지의 판례가 다수 있
는바, 따라서 피신청인 역시 인도명령의 대상이라 보는 것이
타당합니다.

나. 피신청인은 이 사건 부동산에 근저당이 설정된 후 임대차계약을 체결하였습니다.

설령 피신청인이 진정한 임차인이라 하여도 피신청인이 제출
한 임대차계약서와 배당요구신청서에 의하면 피신청인은 이
경매사건의 최선순위권리인 ○○저축은행의 2008. 6. 18. 근저
당설정일 이후인 2010. 11. 14.에 이 사건 부동산에 관하여 임
대차계약을 체결하고 이 시점에 인도를 받았음을 확인할 수 있
습니다. 따라서 피신청인은 대항력이 없는 임차인이라 할 것입
니다(소갑 제4호증 임대차계약서, 소갑 제5호증 권리신고 및
배당요구신청서).

3. 결론

따라서 피신청인은 이 사건 부동산의 채무자 겸 소유자의 며느리로서 채무자와 동일시되는 자이며, 설령 진정한 임차인이라 할지라도 대항력 없는 임차인으로서 마땅히 인도명령의 대상이 된다고 할 것입니다.

소 명 방 법

1. 소갑 제1호증   매각물건명세서
1. 소갑 제2호증   주민등록등본
1. 소갑 제3호증   문건송달내역
1. 소갑 제4호증   임대차계약서
1. 소갑 제5호증   권리신고 및 배당요구신청서

20○○. ○. ○○.
신청인 송 ○ ○ (인)

인천지방법원 경매 ○계 귀중

3) 허위임차인과의 합의

허위임차인과 합의를 이끌어 냈다고 하더라도 그러한 합의사항을 명료하게 정리하여 합의서를 작성해 두지 않으면 언제든지 다시 분쟁이 생길 수 있다. 합의서를 작성해 두지 않으면 허위임차인이 합의를 언제 파기할지 알 수 없기 때문이다. 이러한 사람의 이기적인 본성을 억누르기 위해서라도 합의서는 꼭 작성해 두어야 한다. 합의서의 작성을 통해 추후 법적 분쟁이 재발할 수 있는 위험을 최소화하고, 위약금을 정하는 등의 방법으로 서로 계약을 위반하지 못하도록 강제할 수 있다. 합의서 하나만 잘 써도 소송까지 갈 일을 사전에 차단·예방할 수 있음을 잊지 말자.

　합의서는 자유로운 형식으로 작성하되 합의사항에 포함시키기를 원하는 내용이 있다면 상대방과 협상을 통해 포함시키도록 하자.

서식 3-16 허위임차인과의 합의서

합 의 서

〈부동산의 표시〉
서울특별시 은평구 ○○로 ○○, ○○아파트 140○○호(면적:59.99㎡)

　정○○을 "갑", 박○○을 "을"이라 하고, "갑"과 "을"은 상기 부동산의 명도에 관하여 아래와 같이 합의하기로 한다.

- 아 　 래 -

1. "갑"은 상기 부동산의 임차인이 아님을 확인하고 20○○년 ○월 ○○일에 이사한다. "갑"은 이사 전에 상기 부동산의 점유를 제3자에게 이전하여서는 안 된다.

2. "을"은 "갑"에게 이사비로 일금 ＿＿＿만 원을 지급한다. 이사비는 1항에 기재한 이사 약정일에 모든 이삿짐을 상기 부동산에서 반출한 것을 확인하는 즉시 지급한다.

3. "갑"은 상기 부동산을 파손하지 않고 보존해야 하며, 상기 부동산에 관련된 모든 공과금을 정산하여야 한다. 만약 미정산된 공과금이 있는 경우 "을"은 제2항의 이사비에서 미납된 공과금을 공제하고 지급한다.

4. "갑"은 상기 부동산에 남아있는 물건들은 버린 것으로 인정하고 "을"이 남은 이삿짐을 임의로 폐기물로 취급하여 처리하여도 민·형사상 책임을 묻지 않기로 한다.

5. "갑"은 제1항에 기재된 이사 약정일 이후엔 어떠한 경우라도 상기 부동산이 "을"에게 인도집행이 완료된 것으로 인정하고, "을"이 문을 강제로 개문하여 제4항의 행위를 하여도 "을"에게 민·형사상 책임을 묻지 않기로 한다.

6. "을"은 "갑"이 위 1항의 약정일에 이사한 것을 확인하였을 경우, 그 날로부터 일주일 이내에 "갑"을 상대로 제기한 일체의 소송을 취하하며, 아울러 일체의 소송비용, 집행비용 및 이사일까지의 임대료도 청구하지 않는다.

20○○. ○. ○○.

"갑"

성   명 : 정 ○ ○ (인)

주민번호 :   -

주   소 :

"을"

성   명 : 박 ○ ○ (인)

주민번호 :   -

주   소 :

4) 양도세 공제받을 수 있는 영수증 받기

대항력 있는 임차권의 목적부동산의 매수인이 임차인에게 반환한 임대보증금은 양도차익 산정에 있어서 취득가액에 포함된다(대법원 1992. 10. 27. 선고 92누11954 판결). 따라서 임차인으로부터 임대차보증금을 반환하였다는 내용의 영수증을 받아놓으면 추후 부동산을 처분할 때에 그 비용이 필요경비로 산입되어 양도소득세를 절약할 수 있을 것이다.

서식 3-17 양도세 공제받을 수 있는 영수증

영 수 증

금 액: 일금   원(   )

- 내 용 -

본인은 '인천광역시 남동구 ○○로 ○○, ○○힐스테이트 ○○○동 ○○○호'의 경매절차(인천지방법원 본원 20○○타경○○○○호 부동산강제경매사건)에서 대항력 있는 임차인으로서 배당받지 못한 위 임대보증금에 관하여 귀하에게 반환받았기에 본 영수증을 교부합니다.

〈〈첨부서류〉〉
1. 인감증명서 1부
1. 주민등록등본 1부
1. 임대차계약서 1부
1. 법원경매사건검색 1부

20○○년 ○월 ○○일

발행인
이   름: (인)
주민번호:
주   소:

○ ○ ○ 귀하

3. 소송절차

1) 소장의 접수

경매절차에서 인도명령을 신청하였으나 기각될 수 있고, 또는 증거가 부족하여 도저히 인도명령을 통해 허위임차인을 명도하기 어려운 경우가 있다. 추가적으로 증거를 수집할 필요가 있는 경우 또는 공매를 통해 부동산을 낙찰받은 경우에는 선순위위장임차인을 상대로 인도명령신청이 아닌 명도소송을 제기하여야 한다. 임차인과 합의를 통해 원만한 해결을 도모하는 것이 임차인과 낙찰자 서로에게 최고의 방법이겠으나 임차인이 허위의 임대차계약을 체결한 것임이 분명한데도 무리한 요구를 반복할 경우에는 어쩔 수 없이 법적 절차를 동원할 수밖에 없다.

서식 3-18 소장(선순위위장임차인에 대한 명도소송)

소 장

원 고　　주식회사 ○○리츠
　　　　　부천시 ○○구 ○○로 ○○ ○○○○리슈빌 20○○호
　　　　　대표이사 송 ○ ○
피 고　　지 ○ ○
　　　　　인천광역시 ○○구 ○○로 ○○ ○○○타워 5○○호

건물명도청구의 소

청 구 취 지

1. 피고는 원고에게,
　가. 별지 목록 기재 부동산을 인도하고,
　나. 20○○. 4. 6.부터 위 가.항 기재 부동산의 인도완료일까지 매

월 금 1,100,000원의 비율에 의한 돈을 지급하라.

2. 소송비용은 피고가 부담한다.

3. 제1항은 가집행할 수 있다.

라는 판결을 구합니다.

청 구 원 인

1. 원고가 이 사건 부동산을 취득하게 된 경위

원고는 별지 목록 기재 부동산(이하 '이 사건 부동산'이라 합니다)을 인천지방법원 부천지원의 부동산임의경매절차(사건번호 20○○타경3○○○○호 물건번호 3번)에서 낙찰받은 최고가매수인으로서 20○○. 4. 6. 매각대금을 모두 납부하고 소유권을 이전함으로써 이 사건 부동산의 소유권을 취득한 자입니다(갑 제1호증 부동산등기사항전부증명서, 갑 제2호증 경매사건검색표).

2. 피고의 의무

가. 이 사건 부동산의 명도의무

피고는 이 사건 부동산을 '영업' 목적으로 임차하기로 하고 20○○. 7. 20. 전입신고한 임차인입니다. 피고는 이 사건 부동산을 영업을 목적으로 임차하였으므로 상가건물임대차보호법상의 대항력을 주장하려면 사업자등록을 해야 옳았습니다. 그런데 피고는 사업자등록이 아닌 전입신고만을 하고 실제는 영업을 해 왔다는 점에서 주택임대차보호법, 상가건물임대차보호법의 보호를 받을 수 없는 자인바, 경매절차에 따라 이 사건 부동산을 점유할 권원을 상실한 피고는 원고에게 이 사건 부동산을 명도할 의무가 있다고 할 것입니다(갑 제3호증 전입세대열람내역, 갑 제4호증 권리신고 및 배당요구신청서, 갑 제5호증 부동산임대차계약서).

그런데도 피고는 여태껏 이 사건 부동산에서의 퇴거를 요구하는 원고의 요구에 불응하고 있습니다. 원고는 이 사건 부동산을 적법한 절차에 의하여 취득하고 매각대금도 모두 완납하였음에도 불구하고 이 사건 부동산에 대한 사용 · 수익에 있어 막대한 제약을 받고 있습니다.

나. 부당이득금반환의무

피고는 이 사건 부동산을 아무런 법률상 원인 없이 사용 · 수익하여 차임 상당의 이득을 얻고 동액 상당의 손해를 원고에게 끼치고 있으므로, 피고는 원고가 이 사건 부동산에 관하여 소유권을 취득한 20○○. 4. 6.부터 위 부동산의 인도완료일까지 원고에게 부당이득반환의무로써 매월 금 1,100,000원을 지급할 의무가 있다 할 것입니다. 임료는 추후 감정을 통하여 명확히 특정하도록 하겠습니다.

3. 결론

이상과 같이, 원고는 피고로부터 이 사건 부동산을 명도받고, 임료 상당의 부당이득을 반환받기 위하여 이 사건 소송제기에 이른 것입니다.

입 증 방 법

1. 갑 제1호증   부동산등기사항전부증명서
1. 갑 제2호증   경매사건검색표
1. 갑 제3호증   전입세대열람내역
1. 갑 제4호증   권리신고 및 배당요구신청서
1. 갑 제5호증   부동산임대차계약서

첨 부 서 류

1. 법인등기사항전부증명서
1. 토지대장
1. 건축물대장
1. 소가 산출내역

20○○. ○. ○○.

원고 주식회사 ○○리츠

대표이사 송 ○ ○ (인)

인천지방법원 귀중

 실전TIP **법원에서 임차인이 진정한 임차인이라고 판단하는 경우**

소장을 통해 임차인에 대해 건물을 명도하라고 청구하였는데, 법원이 임차인을 진정한 임차인이라고 인정하면 판결의 주문(결론)이 어떻게 나올까?

건물을 인도하라는 내용의 판결을 선고하기는 하나, 법원에서 실제 임차인으로 판단하여 임대차보증금을 지급함과 동시에 건물을 인도하라는 내용의 주문이 선고된다.

〈주문 예시〉

> 피고는 원고로부터 100,000,000원을 지급받음과 동시에 원고에게 별지 목록 기재 부동산을 인도하라.

이러한 주문의 판결이 선고되면 소유자는 임차인에게 돈을 지급하거나 돈을 변제공탁하여야 부동산을 인도받을 수 있다. 물론 임대차계약기간이 남아있다면 청구는 기각된다.

2) 준비서면 작성의 팁

선순위위장임차인은 컨설팅업체의 도움을 받아 진정한 임대차계약의 존재를 뒷받침할 수 있는 자료를 나름대로 준비해 두고 있는 것이 보통이다. 건물명도소송이 시작되어 임차인이 주장하는 임대차계약이 허위라는 점을 조목조목 지적하면 그 임차인은 나름대로 준비한 자료를 증거로 제출하며 자신은 허위임차인이 아니며 진정한 임대차계약이 있었다고 주장하며 억울함을 호소할 것이다.

당신은 컨설팅업체의 조언에 따라 움직이고 있는 임차인이 위장임차인임을 밝혀낼 자신이 있는가? 아마 많은 책에서 성공사례를 다수 접하였기 때문에 할 수 있지 않을까 하는 기대감을 가지면서도 막연한 두려움이 생길 것이다. 임차인이 가지고 있는 패가 무엇인지 알 수 없어 불안한 것도 있겠지만 소송절차도 쉽게 느껴지지 않기 때문이다.

다행히 위장임차인도 증거자료를 완벽하게 준비하기는 어렵다. 바로 '통장거래내역' 때문이다. 임대차보증금 또는 전세금은 고액이기 때문에 통장으로 거래되는 것이 보통이며, 설령 통장으로 계좌이체하지 않았다고 하더라도 최소한 어느 정도의 돈을 입출금한 내역이 통장에 나타나는 것이 상식에 부합한다. 그런데 위장임차인의 경우에는 이러한 입출금내역이 완비되어 있는 경우가 거의 없다. 임대인과 임차인 간에 돈을 거래한 내역이 있다고 하더라도 임대차계약서와 그 금액이 맞지 않는 경우가 대부분이다.

선순위위장임차인은 때때로 조작한 증거를 제출할 수도 있다. 통장거래내역과 같은 것은 조작할 수 없지만, 영수증 및 계약서는 얼마든지 날짜를 소급하여 작성할 수 있기 때문이다. 제출된 영수증 및 계약서가 날짜가 조작되었다는 심증이 들면 어떻게 해야 할까? 필자의 지인 중에는 당장이라도 상대방을 문서위조 혐의로 수사기관에 고소하겠다고 날뛰는 경우도 있었다. 그러나 당사자의 이 정도 추측만으로는 수사기관이 백방으로 뛰어다니면서 제대로 수사해줄 리는 만무하다. 고소인이 결정적인 증거를 스스로 찾아 제출해야만 수사기관에서 좋은 결과를 기대할 수 있기 때문이다.

임차인이 영수증 및 계약서를 조작하여 제출한다면, 낙찰자 측에서는 이러한 사실을 명확하게 밝힐 방법은 거의 없다고 보면 된다. 이러한 경우에는 준비서면을 통해 임차인의 주장과 증거 사이의 모순점, 임차인이 제출한 증거 간의 모순점을 차분히 짚어내면 된다. 재판부도 이러한 증거를 보긴 하겠지만 판사를 설득시키는 것은 소송당사자의 몫이므로 의심되는 사정이 있으면 판사가 이해하기 쉽도록 쉽게 풀어서 적는 것이 중요하다. 필요할 경우 그림이나 표(시간 순서대로 사실관계를 정리)를 적극 활용하는 방법을 추천한다. 판사도 상식 범위 내에서 사안을 판단하기 때문에 우리의 주장이 타당성이 있으면 임차인이 제출한 임대차계약서의 기재를 믿지 않는다.

상대방의 주장에 대해 반박이 필요하다면 변론이 종결하기 이전까지 얼마든지 새로운 증거를 첨부하여 준비서면을 제출해도 좋다. 다만, 상대방의 주장이 같은 취지로 반복되고 있다면 똑같은 내용의 반박을 담은 준비서면을 다시 제출하지 않아도 된다. 판사도 반복되는 주장에 대해서는 충분히 먼저 제출된 준비서면을 보며 그 주장의 당부를 판단하기 때문이다. 변론종결 전 준비서면에서 못 다한 얘기가 있었다면 그 내용을 보충하는 범위에서 변론 종결 후 참고서면을 제출하도록 한다.

준 비 서 면

사   건   20○○가단○○○○○ 건물명도

원   고   주식회사 ○○리츠

피   고   이○○ 외 1명

위 사건에 관하여 원고는 다음과 같이 변론을 준비합니다.

다   음

1. 피고들이 제출한 입증자료에 대한 탄핵

피고들이 제출한 임대차계약서는 실제 등기부상 소유자와 체결한 계약서가 아닌 적법한 임대 권한이 없는 전 소유자와 체결한 계약서입니다.

〈실제 등기부상 소유자와 피고 계약서의 임대인 비교표〉

일 자	비 고	등기부상 소유자 변동현황	피고 계약서의 임대인현황
2014.3.5.	임대차계약 체결	(미등기)	○○건설 주식회사
2015.4.13.	○○건설로 소유권보존 및 동일 구○진으로 소유권이전	구 ○ 진	
2015.6.4.	4,000만 원 → 5,200만 원으로 전세계약 전환		
2015.8.28.	(주)○○신탁으로 소유권이전	(주)○○신탁	○○건설 주식회사

위 표는 이 사건 부동산의 등기부등본에 나타난 실제 소유권자와 피고가 제출한 임대차계약서, 임대료납입영수증 등에 나타난 임대인명을 시기별로 정리한 것입니다. 위 표를 보면 피고들은 이 사건 부동산이 미등기 상태에 있던 2014. 3. 5.에 임대인을 ○○건설 주식회사로 하여 임대차계약을 체결하였습니다. 이후 2015. 4. 13.에 이 사건 부동산은 ○○건설 주식회사로 소유권보존이 되고 동일 바로 소외 구○○에게로 소유권이 이전되었습니다. 그리고 피고들은 2015. 6. 4. 이 사건 부동산에 관한 월세계약을 전세계약으로 전환하면서 새로운 계약서를 작성하였다고 주장하는데, 이 때에도 역시 임대인은 전 소유주인 ○○건설 주식회사로 되어 있었습니다. 즉, 피고들은 등기부등본상 실제 소유자 구○○이 아닌 아무런 법적 권한이 없는 ○○건설 주식회사와 체결한 임대차계약서와 임대료 입금자료들을 제출한 것입니다. 이러한 점을 고려하여도 피고들이 주장하는 임대차계약이 정당하게 체결되었다고 보기 어렵습니다.

2. 결론

따라서 위와 같은 사정을 종합하면 피고들은 명백히 이 사건 부동산의 진정한 임차인이 아니라 할 것이므로, 원고의 청구를 인용하여 주시기 바랍니다.

20○○. ○. ○○.

원고 주식회사 ○○리츠

대표이사 송○○ (인)

인천지방법원 민사 ○단독 귀중

3) 금융기관에 대한 금융거래정보제출명령신청, 사실조회신청

선순위위장임차인을 밝혀내는 데에 있어 금융거래정보제출명령신청은 임차인에 대한 중요한 공격방법으로 이용될 수 있다. 상대방이 제출하는 일부 금융거래내역의 신빙성을 부정하는 수단이 될 수 있기 때문이다. 다만, 금융기관으로부터 금융거래정보제출을 받아보고 싶다면, 최대한 그 조건을 명확하고 좁게 특정하여야 한다. 법원은 기본적으로 어떤 사람의 금융거래정보를 다른 사람이 받아보게 되면 개인정보를 침해할 염려가 있다고 보기 때문에 법원이 가진 그 우려를 불식시키기 위함이다.

서식 3-20 **금융거래정보제출명령신청서(통장거래내역 조회)**

금융거래정보제출명령신청서

사   건 20○○가합○○○○ 건물인도 등

원   고 송 ○ ○

피   고 정 ○ ○

위 사건에 관하여 원고는 주장사실을 입증하기 위하여 다음과 같이 금융거래정보제출명령을 신청합니다.

대상기관의 명칭 및 주소

명칭 : 주식회사 ○ ○ 은행

주소 : 서울특별시 중구 세종대로9길 ○ ○

명의인의 인적사항

성명 : 정 ○ ○

주민등록번호 : 78○○○○-1○○○○○○

요구대상거래기간

2012. 4. 1.부터 현재까지

사용목적

피고는 이 사건 부동산의 전 소유자이자 임대인인 임○○의 ○○은
행 계좌로 매달 월세를 입금하였다고 주장하면서 '을 제5호증 통장
거래내역'을 제출하였습니다. 그런데 피고가 제출한 위 통장거래내
역에서는 피고가 주장하는 월세 중 극히 일부의 월세 이체내역밖에
확인되지 않습니다. 피고가 진정한 임차인이라면 매달 같은 계좌로
월세를 입금하였을 것이 분명하므로, 그 통장거래내역의 조회를 통
해 피고가 매달 월세를 입금한 것이 맞는지 여부, 다른 금융거래는
없었는지 여부를 확인하기 위해 본 신청에 이르렀습니다.

요구하는 거래정보 등의 내용

정○○(주민등록번호 780000-1000000) 명의의 ○○은행 계좌 000-
000-00-000에 관하여 2012. 4. 1.부터 현재까지의 통장거래내역(이
체 상대방에 대한 정보를 반드시 포함하여 회신할 것)

20○○. ○. ○○.

원고 송○○ (인)

의정부지방법원 제○민사부 귀중

금융기관에 대해 사실확인을 요청하거나 문서송부를 요구할 때는
금융거래정보제출명령신청을 통해서 하는 것이 원칙이나, 실무상으
로는 이보다는 '사실조회신청'이라는 제목으로 많이 이용되며, 사실조
회신청서로 제출하여도 법원은 이를 금융거래정보제출명령신청으로
보아 처리해주는 경우가 많다. 이러한 금융거래정보제출명령신청 또
는 사실조회신청을 통해서 무상임차인각서를 확보할 수 있다.

사실조회를 신청할 때 그 문서가 있을 것이라는 막연한 추측만 가지

고 법원에 신청하는 것은 지양해야 한다. 법원에서 법원 명의로 된 문서를 보내 그 문서의 송부를 요청하였는데 그러한 문서가 없다고 회신이 오면 절차에 들인 비용 및 시간 낭비일 뿐만 아니라, 이미 재판부에서 증거신청을 하나 채택하여 준 것이기 때문에 추후 다른 증거신청을 받아들이는 데에 있어 소극적일 수 있기 때문이다. 무상임차인각서를 확보하기 위해 사실조회신청 또는 금융거래정보제출명령신청을 하는 것이라면, 반드시 미리 그 금융기관에 연락을 하여 그러한 문서가 존재하는지 여부를 파악해 두어야 한다. 금융기관을 통해 무상임차인각서가 있는 것으로 정확히 확인된 후에 사실조회를 신청하는 것이 올바른 진행방법이다.

서식 3-21 사실조회신청서(무상임차인각서 유무 확인)

사실조회신청서

사 건 20○○가단○○○○ 건물인도 등
원 고 송○○
피 고 이○○

위 사건에 관하여 원고는 주장사실을 입증하기 위하여 다음과 같이 사실조회를 신청합니다.

다 음

1. 사실조회촉탁의 목적

피고는 이 사건 부동산에 설정된 주식회사 ○○은행 명의의 근저당권보다 먼저 전입신고를 하였기 때문에 대항력이 있다고 주장합니다. 그러나 주식회사 ○○은행이 2010. 2. 12. 같은 부동산의 소유자 정○○에게 돈을 빌려주며 이 사건 부동산에 관하여 설정한 근저당권의 채권최고액을 보면 당시 이 사건 부동산에 관하여 선순위임차인이 없었음을 전제로 하고 있는 것으로 보입니다. 통상적으로 선순위임차인이 있는 경우 금융기관은 대출을 실행하기 전에 그 임차인의 무상임차인각서를 받고 있고, 위 대출이 실행된 것도 피고의 무상임차인각서가 제출되었기 때문인 것으로 추측됩니다. 실제 원고가 해당 금융기관에 연락을 하여 알아보니 피고가 무상임차인각서를 제출하였다고 답하므로, 해당 각서를 확보하기 위해 본 신청에 이르렀습니다. 본 신청서에 첨부하는 자료도 함께 금융기관에 송부해 주시기 바랍니다.

2. 사실조회기관의 명칭 및 주소
   명칭 : 주식회사 ○○은행
   주소 : 서울특별시 중구 을지로 ○○

3. 사실조회사항
   가. 대상자의 인적사항
      성명 : 정 ○ ○
      주민등록번호 : 65○○○○-1○○○○○○

   나. 조회할 내역
      귀 은행이 경기도 동두천시 ○○로 ○○ 소재 부동산에 관하여 2010. 2. 12. 채권최고액 400,000,000원의 근저당권을 설정하고 대출을 실행하면서 정○○(650000-1000000)와 작성한 서류 일체를 사본하여 송부할 것. 무상임차인각서가 있다면 그것도 반드시 함께 첨부하여 송부할 것.

첨 부 서 류

1. 법인등기사항증명서(○○은행)
1. 부동산등기사항증명서

20○○. ○. ○○.

위 원고 송 ○ ○ (인)

의정부지방법원 제○민사부 귀중

4) 증거의 확보 − 주변인에게 확보하는 진술서, 확인서

통상 허위임차인의 경우 크게 두 가지로 나눌 수 있다.

첫 번째는 소유자의 친인척인 경우다. 성이 다른 경우 시어머니, 처남, 처제, 사촌 동생 등 기타의 사유로 소유자의 거주지에 주민등록을 하고 있었는데 도중에 소유자의 부동산이 경매가 진행되어 본인의 의지와 관계없이 선순위위장임차인으로 등재되는 것이다. 이런 경우는 은행에 대출실행 시 '무상임차인각서'가 제출되어 있다.

두 번째는 채무자가 법인이면서 대표이사의 부동산을 담보로 사용한 경우다. 이런 케이스에는 소유자의 친인척 내지 법인의 직원들이 거주하는 경우가 많다. 또한, 법인이 채무자인 경우 기업대출이 실행되는데 기업대출은 기업의 재무제표를 평가하여 대출이 실행되기에 '무상임차인각서'가 없는 경우가 더 많다.

소송을 하게 될 경우 증거는 많으면 많을수록 좋다(다만, 결코 우리 증거가 서로 모순되는 내용을 담고 있으면 안 되므로 증거를 제대로 살펴보지 않고 무작정 다 제출하는 것은 금물이다). 전 소유자와 위장임차인 간의 관계에 대해 어느 정도 잘 아는 사람의 사실확인서가 있으면 어떨까? 최소한 법원에 대해 임차인이 진정한 임차인이 맞는지에 대해 의심을 불러일으킬 수 있다. 옆집에 사는 이웃이나 같은 아파트의 관리소장이 전 소유자와 위장임차인 간의 관계에 대해서 잘 알고 있을 수도 있고, 이들은 사건에 있어 제3자적 입장에 있는 자이기에 웬만해서는 거짓을 진술할 이유도 없어서 법원은 그 진술을 상대적으로 믿는 편이다. 다만, 사건과 아무런 관계가 없는 제3자(임장에 동행한 친구 등)의 진술은 법원이 쉽사리 믿지는 않는다.

실전TIP 사실확인서의 신뢰도를 높이는 방법

사실확인서를 받을 때에는 반드시 작성자의 신분증 양면을 복사한 것 또는 인감증명서를 받아 첨부하도록 하자. 이러한 자료를 첨부하지 못한다면 최소한 명함이라도 첨부하는 것이 좋다. 사실확인서는 얼마든지 조작이 가능하므로, 최소한의 신빙성을 확보하기 위함이다. 더불어 사실확인서를 작성할 때에는 최소한의 근거를 제시하는 방식으로 사실확인서를 작성하는 것이 좋다. 예를 들면, 관리소장이 이사 날짜 등을 기록해 둔 장부가 있으면 이를 첨부한다든지 하는 것이다. 그러면 사실확인서의 신빙성이 훨씬 높아진다.

서식 3-22 사실확인서

사실확인서

본인은 ○○시 ○○로 ○○에 위치한 ○○○○오피스텔의 관리소장으로서 같은 오피스텔 505호의 임대차계약에 관하여 다음과 같이 진술합니다.

다 음

1. 본인은 20○○. ○○. ○○. 무렵부터 ○○○○오피스텔의 관리소장으로 근무해 왔습니다. 그래서 본인은 505호의 임차인이라고 주장하고 있는 김○○을 매우 잘 알고 있습니다.

2. 505호의 임차인이라고 주장하는 김○○은 같은 부동산의 소유자 이○○의 배우자입니다. 본인은 505호의 소유자 이○○를 알고 지내면서 김○○도 소개받은 사실이 있습니다.

3. 관리사무소가 보관하고 있는 입주자현황에도 현재 입주자는 소유자 이○○로 기재되어 있으며, 별도로 김○○을 입주자로 기재하고 있지 않습니다.

위 사항은 모두 사실임을 확인합니다.

※ 첨부 : 주민등록증 사본

20○○년 ○월 ○○일

확인자
성 명 : 최 ○ ○ (인)
주민등록번호 : 57○○○○-1○○○○○○
주 소 : ○○시 ○○로 ○○ ○○○○오피스텔 관리사무소

4. 형사고소

1) 고소장의 접수

선순위위장임차인은 수천만 원의 돈을 받아낼 수 있다는 단꿈에 젖어 낙찰자의 회유 및 경고에도 불구하고 물러서지 않는 경우가 많다. 단번에 수천만 원에서 수억 원의 공돈이 생길 수 있는데 이를 쉽사리 포기할 수는 없기 때문이다. 민사소송이 들어와도 허위자료를 제출하며 자신이 진정한 임차인이라는 주장을 굽히지 않는다.

이때는 민사소송보다 더욱 강력한 대처방법이 있다. 바로 임차인을 '고소'하는 것이다. 민사소송은 '법원'을 통해 이루어지나, 형사고소는 '검찰청', '경찰청'을 통해 이루어진다. 경찰 및 검찰 수사를 거쳐 범죄

행위가 밝혀지면 임차인은 검사에 의해 기소되어 징역형을 선고받을 수도 있다. 민사소송에 비해 형사고소를 당하는 피고소인은 더 큰 압박을 받게 된다. 상황이 잘못 흘러갈 경우 구속되어 징역형을 살 수도 있기 때문이다. 허위임차인의 입장에서 민사소송은 꽃놀이패에 불과하다. 져도 손해 보는 것이 없기 때문이다. 그런데 형사고소는 다르다. 지는 순간 형사처벌을 받을 수 있기 때문이다.

형사고소절차를 이용할 요량이라면 구체적 증거를 최대한 확보한 뒤 수사기관에 형사고소를 하도록 하자. 고소를 한다고 하여 경찰·검찰이 적극적으로 나서서 증거를 찾아주는 것이 아니라, 고소인이 제출하는 증거만을 위주로 살펴본다.

구체적인 증거도 없이 막연히 주장만 늘어놓으면 무혐의처분(증거불충분)이 나올 수 있고, 무혐의처분이 나올 경우 민사소송에까지 악영향을 미칠 수 있다. 따라서 형사고소는 철저한 증거수집을 통해 진행하되, 허위임차인을 감방에 보내겠다는 일념으로 진행하기보다는 허위임차인을 압박하여 협상을 유도하는 수단 정도로 생각하고 임하는 것이 좋다.

서식 3-23 고소장(경매방해, 사기미수)

고 소 장

고 소 인　송 ○ ○
　　　　　부천 원미구 ○ ○ 로 ○ ○
　　　　　(연락처: 010-0000-0000)
피고소인　이 ○ ○ (640000-2000000)
　　　　　인천 남동구 ○ ○ 로 ○ ○, ○ ○ 아파트 ○ 동 ○ ○ 호
　　　　　(연락처: 010-0000-0000)

고 소 취 지

고소인은 피고소인을 경매방해죄 및 사기미수 혐의로 고소하오니 철저히 조사하여 엄중히 처벌하여 주시기 바랍니다.

고 소 사 실

1. 당사자의 지위

   고소인은 인천지방법원 20○○타경○○○○호 부동산임의경매사건의 경매절차(이하 '이 사건 경매절차'라 합니다)에서 인천 남동구 ○○로 ○○, ○○아파트 ○동 ○○호(이하 '이 사건 아파트'라 합니다)를 낙찰받아 20○○. ○. ○.에 매각대금 전부를 납부하여 이 사건 아파트의 소유권을 취득한 소유자이고(증 제1호증 부동산등기사항증명서), 피고소인은 이 사건 아파트의 대항력 없는 임차인임에도 불구하고 대항력 있는 임차인인 것으로 꾸며 고소인에게 허위임대차금액의 변제를 요구하고 있는 자입니다.

2. 피고소인은 자신이 대항력 없는 임차인임에도 대항력 있는 임차인인 것처럼 진실을 호도하고 있습니다.

   가. 피고소인은 이 사건 아파트의 전 소유자와 친인척관계에 있는 사람임이 분명합니다.

   이 사건 아파트를 고소인이 낙찰받기 전, 이 사건 아파트는 박○○이 소유하고 있었습니다. 피고소인은 이 사건 아파트의 전 소유자인 박○○라는 사람과 20○○. ○. ○. 임대차계약을 체결하였다고 주장하고 있고, 이 사건 경매절차에서 박○○과의 임대차계약서(증 제2호증)를 제출한 바 있습니다.

   위 임대차계약서에서 피고소인의 '주소' 부분을 보면, 그 주소가 "서울 송파구 ○○로 ○○, 3층"이라고 기재되어 있음이 확인됩니다. 그런데 이 사건 아파트의 등기사항증명서에 기재된 전 소유자 박○○의 주소지 중 삭제된 예전 주소지 부분을 보면 피고소인의 위 주소와 똑같이 "서울 송파구 ○○로 ○○, 3

층"이라고 기재되어 있음이 확인됩니다. 즉, 이 사건 아파트의 전 소유자 박○○와 임대차계약을 체결하였다고 주장하는 피고소인이 위 박○○와 같은 주소에 살았던 적이 있는 것으로 파악되는 것입니다. 이러한 점에 비추어 보면, 피고소인은 이 사건 아파트의 전 소유자와 친인척관계에 있는 자로 보이며, 피고소인이 주장하는 진정한 임차인이 아니라 박○○와 모의하여 허위의 임대차를 주장하는 가장임차인임이 분명합니다. 고소인은 이 사건 아파트를 낙찰받은 뒤 관리사무소를 방문하여 입주자관리명부에 입주자가 누구로 기재되어 있는지 확인하였는데, 관리사무소에서도 이 사건 아파트가 임대되어 있는 것이 아니라 소유자가 입주하고 있는 것으로 파악하고 있다고도 하였습니다.

나. 집행관의 현황조사 과정에서 피고소인은 박○○로부터 돈을 못 받은 것이 있어 대신 이 사건 아파트를 임차하고 있다고 진술하였는데, 이러한 진술도 그대로 믿기 어렵습니다.

법원의 집행관은 20○○. ○. ○○. 이 사건 아파트 현장을 방문하였고, 피고소인을 만났습니다. 그런데 이때 피고소인은 박○○로부터 돈을 못 받은 것이 있어 이 사건 아파트를 임차하여 사용하고 있다고 진술하였습니다(증 제3호증 현황조사서). 그런데 앞서 본 것처럼 피고소인과 박○○는 가까운 친인척관계에 있는 것으로 보이는데, 이러한 돈거래가 있었다고 쉽게 믿기 어렵습니다.

특히나 피고소인이 박○○로부터 돈을 받지 못하고 있었다면 이 사건 아파트에 근저당을 설정하는 방법을 이용하는 것이 더욱 상식에 부합하는데 무슨 이유에서인지 피고소인은 이러한 방법을 이용하지 않았습니다. 또한, 피고소인이 박○○의 진정한 채권자였다면 이 사건 경매절차에서 배당신청을 하여 채권의 만족을 꾀하는 것이 당연한 데에도 불구하고, 피고소인은 경매법원에 배당신청도 전혀 하지 않았으며 낙찰자인 고소인에게만 대항력을 주장하며 돈을 지급해 줄 것을 요구하고 있습니다. 이러한 점도 피고소인이 박ㅇㅇ의 진정한 채권자라고 보기 어려운 사정입니다.

추측컨대, 피고소인이 이 사건 경매절차에서 제출한 임대차계약서(증 제2호증)는 법원의 집행관이 현황조사를 하고 간 뒤 낙찰자에게 대항력을 주장하기 위해 작출한 허위서류임이 분명합니다.

3. 결론(경매방해죄 및 사기미수 성립)

피고소인은 이 사건 아파트에 관하여 진정한 임대차가 있는 것으로 경매법원에 신고하여 공정한 경매절차를 방해하였고, 그것도 모자라서 이 사건 아파트가 낙찰된 뒤 고소인에게 대항력을 주장하며 고소인으로부터 배당받지 못하는 보증금을 지급받으려고 하였으므로 이는 사기미수에 해당됩니다. 이에 고소인은 피고소인을 경매방해죄 및 사기미수로 고소하오니 피고소인을 엄히 처벌해주시기를 앙망합니다.

증 거 방 법

1. 증 제1호증　　　부동산등기사항증명서
1. 증 제2호증　　　임대차계약서
1. 증 제3호증　　　현황조사서

참 고 자 료

1. 판결문(경매방해죄 인정사례)

20ㅇㅇ. ㅇㅇ. ㅇㅇ.
고소인 송 ㅇ ㅇ (인)

인천지방검찰청 귀중

2) 고소의 취소

　수사가 진행되면 선순위위장임차인은 큰 압박을 느끼게 되고, 덕분에 선순위위장임차인과의 협상은 큰 진전을 이룰 수도 있다. 협상이 이루어져 더 이상 고소를 유지할 필요가 없다면 반드시 곧바로 고소취소장을 수사기관에 제출해야 한다. 어떤 사람을 수사기관에 의해 처벌받게 하는 것은 생각보다 기분이 좋지 않은 일이다. 애초에 선순위임차인에 대한 고소는 그 사람을 처벌받게 하려는 목적으로 하는 것보다는 진실을 밝혀 사안을 협의에 따라 무난히 마무리하기 위함이라고 보아야 한다.

　고소취소장을 수사기관에 제출하면 사건이 종결되는 경우가 대부분이나, 가끔 상당히 일을 열심히 하는 검사, 경찰을 만나면 계속적으로 수사를 하여 피고소인에 대하여 벌금을 부과하거나 기소유예를 할 수도 있다. 경매방해죄나 사기죄는 친고죄가 아니기 때문이다. 다만, 고소인이 수사기관에 고소장을 제출한 뒤 수사기관에서 출석 요청이 와도 이때 출석하지 않으면 고소신청이 각하 처리되어 사건이 종결되므로 참고하도록 하자.

실전TIP　친고죄란?

범죄의 피해자나 피해자 가족의 고소가 있어야 처벌할 수 있는 범죄를 의미한다. 친고죄의 경우에는 피해자나 피해자 가족의 고소가 없으면 죄가 성립하는 것이 명백한 경우라도 처벌할 수 없다. 친족에 대한 사기죄는 친고죄로 분류되나, 아무런 인적 관계없는 사람에 대한 사기죄는 친고죄에 해당하지 않는다.

고소취소장

사　　건　20○○형제○○○○ 경매방해 등

고 소 인　송○○

피고소인　이○○

위 사건에 관하여 고소인은 피고소인과 원만히 합의하여 피고소인에 대한 처벌을 원하지 않으므로 이 사건 고소를 취소합니다.

20○○. ○. ○○.

고소인　송○○ (인)

○○경찰서장 귀중(또는 ○○지방검찰청 귀중)

5. 실전 판결문

선순위위장임차인에 대한 명도소송에서 이기기 위해서는 단순히 '수상'하다는 정황만으로는 부족하고 해당 임차인이 허위임이 '십중팔구'라고 볼 수 있을 만큼 강력한 증거를 확보하여 제출하는 것이 중요하다. 철저한 증거수집의 중요성은 아무리 강조해도 지나치지 않다. 철저한 증거수집을 바탕으로 재판에서 변론을 한다면 명도판결을 받아낼 수 있다.

청 주 지 방 법 원
판 결

사 건 20○○가단○○○○ 임차권부존재 확인의 소
원 고 동○○
　　　　청주시 흥덕구 ○○로 ○○
피 고 1. 신○○
　　　　2. 박○○
　　　　피고들 주소 충북 청원군 ○○로 ○○
변론종결 20○○. 6. 13.
판결선고 20○○. 7. 4.

주 문

1. 피고들은 각자 원고에게
　　가. 별지 목록 기재 부동산을 인도하고,
　　나. 20○○. 5. 17.부터 20○○. 12. 31.까지는 매월 190,000원, 20
　　　　○○. 1. 1.부터 위 부동산 인도완료일까지는 매월 금 187,000
　　　　원의 각 비율에 의한 금전을 지급하라.
2. 소송비용은 피고들이 부담한다.
3. 제1항은 가집행할 수 있다.

청 구 취 지

주문과 같다.

이　유

1. 기초사실

　다음 각 사실은 당사자 사이에 다툼이 없거나 갑 제1호증의 1의 기재에 변론 전체의 취지를 종합하여 이를 인정할 수 있다.

　가. 원고는 2012. 6. 7. 별지 목록 기재 부동산(이하 '이 사건 부동산'이라고 한다)에 관하여 2012. 5. 16. 매각대금을 완납한 뒤 임의경매로 인한 매각을 원인으로 하여 소유권이전등기를 마쳤다.

　나. 피고들은 이 사건 변론 종결일 현재 이 사건 부동산을 점유하고 있다.

2. 원고의 청구원인에 관한 판단

　가. 판단

　　위 인정사실에 의하면, 피고들은 점유 권원 없이 이 사건 부동산을 점유하고 있으므로 각자 소유권자로서 방해배제를 구하는 원고에게 이 사건 부동산을 인도할 의무가 있다.

　나. 피고들의 항변에 관한 판단

　　피고들은 이에 대하여 원고가 이 사건 부동산을 경매를 통하여 매수하기 이전에 이 사건 부동산의 소유자였던 신ㅇㅇ로부터 이 사건 부동산을 임차보증금 70,000,000원으로 하여 임차(이하 '이 사건 임대차'라고 한다)한 뒤 거주하면서 주민등록을 마쳤는바, 원고에게 대항력이 있다고 주장한다.

　　살피건대, 이에 부합하는 듯한 을 제1호증 내지 제5호증(가지번호 있는 것은 각 가지번호 포함, 이하 같다)의 각 기재 및 신ㅇㅇ의 증언만으로는 이를 인정하기 어렵고 달리 이를 인정할 증거가 없으며, 오히려 갑 제3호증, 을 제1호증의 각 기재에 변론 전체의 취지를 종합하여 인정할 수 있는 다음과 같은 사정들 즉, ① 이 사건 임대차계약을 체결함에 있어 임대인인 신ㅇ

○과 임차인인 피고 박○○는 신○○을 기준으로 아주버님과 제수씨인 친밀한 관계로서 임대차계약서에 동일한 주소로 기재되어 있어 실제로 임대차계약서에 기재된 바와 같이 계약을 체결하였는지에 관한 의심을 배제할 수 없는 점, ② 피고들은 2002. 8. 27. 임대차보증금 70,000,000원으로 하여 임차하고 주민등록을 마치고 거주하였다고 주장하면서도 피고 박○○가 매수한 이 사건 부동산의 지상인 충북 청원군 ○○면 대 1,027㎡에 관하여 임의경매에 따른 임대차관계조사서에는 이 사건 임대차계약서의 임차인 피고 박○○가 아닌 피고 신○○이 무상으로 이 사건 부동산을 주거용으로 임차하여 점유하고 있다고 기재되어 있어 피고들이 주장하는 피고 박○○의 대항력을 보유하고 있는지 여부가 불분명할 뿐 아니라 피고들의 주장과 배치되는 점, ③ 피고들은 이 사건 임대차보증금 70,000,000원을 신○○에게 지급한 내역에 대한 직접적이고도 구체적인 자료(예를 들어 계좌이체 자료 등)를 제시하지 못하고 단순히 신○○이 이 사건 부동산을 신축함에 있어 자금이 부족하여 피고들이 신○○ 대신 공사대금을 지급하면서 이를 임대차보증금을 지급한 것에 갈음하기로 하였다고 주장하나 그 대금이 70,000,000원에 이르는지 불분명할 뿐 아니라 위와 같은 사정들로 인하여 위 주장을 그대로 믿기 어려운 점 등을 종합하여 보면, 피고들이 신○○에게 보증금 70,000,000원을 지급하고 그로부터 이 사건 부동산을 임차하였다고 보이지 않으므로 피고들의 위 주장은 이유 없다.

그러므로, 피고들은 각자 원고에게 이 사건 부동산을 인도할 의무가 있음에도 이를 점유하면서 사용하고 있어 이득을 얻고 있고 그로 인하여 원고는 손해를 입고 있어 피고들은 각자 원고에게 그 사용이익 상당의 금전을 지급할 의무가 있고, 통상의 경우 부동산의 사용이익은 차임 상당액이라 할 것이므로,

감정인 조○○의 임료감정 결과에 의하면, 피고들은 각자 원고에게 원고가 이 사건 부동산에 관하여 매각대금을 다 냄으로써 소유권을 취득한 다음날인 20○○. 5. 17.부터 20○○. 12. 31.까지는 매월 190,000원, 20○○. 1. 1.부터 위 부동산 인도완료일까지는 매월 금 187,000원의 각 비율에 의한 임료 상당을 지급할 의무가 있다.

3. 결론

그렇다면 원고의 피고들에 대한 이 사건 청구는 모두 이유 있어 인용하기로 하여 주문과 같이 판결한다.

판사　○○○　(서명)

[별지]

부동산의 표시

충북 청원군 ○○면 ○○리 ○○
위 지상 철근콘크리트구조 슬래브지붕 단독주택 99.54㎡
끝.

3 토지별도등기 / 대지권미등기

1. 토지별도등기의 이해

1) 토지별도등기란?

토지별도등기는 집합건물의 토지 부분에 건물과 별도로 근저당 등 제한물권이 따로 설정되어 있는 경우를 말한다. 건축주는 건물을 짓기 전 땅을 담보로 돈을 빌려 공동주택을 짓고, 분양을 마치면 토지에 설정된 저당권을 말소하고 세대별로 대지권등기를 해 준다. 그런데 만약 건축주가 토지에 관한 채무를 전부 변제하지 못하면 토지에 저당권이 설정된 상태에서 구분건물이 경매에 넘어가게 되어 건물등기사항증명서상에 '토지별도등기 있음'이라고 표기되는 것이다. 즉, 토지에 관하여 근저당권이나 가압류가 있는 상태에서 건물이 완공되고 대지권의 등기를 할 경우 토지등기사항증명서를 폐쇄하지 않은 채로 집합건물등기사항증명서에 토지별도등기가 있다고 기재하게 된다(등기사항증명서 표제부에 '토지별도등기 있음'이라고 기재).

≫ 건물등기사항증명서에 "토지별도등기"가 표시된 사례

토지별도등기가 된 집합건물에 대한 경매가 진행될 경우 일반적으로 토지의 저당권자도 배당에 참여하게 된다. 실무에서는 토지에 대해 이해관계를 가진 채권자로 하여금 채권신고를 하도록 하여 낙찰금액 중 구분건물의 대지권 비율에 해당하는 금액을 토지에 관한 채권자에게 우선 배당하여 주고 토지에 설정된 저당권을 말소시키고 있다(대법원 2008. 3. 13. 선고 2005다15048 판결).

기존에 같은 건물의 다른 호수에 관하여 경매절차가 진행된 바 있다면 토지등기사항증명서에서 근저당이 '일부말소'되어 있다는 내용의 기재를 확인할 수 있을 것이다. 이러한 물건은 이미 경매절차에서 다루어진 바 있었다는 것이므로 사전조사를 통해 법적 위험에 훨씬 철저히 대비할 수 있다.

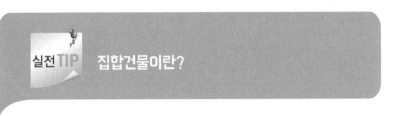

실전TIP 집합건물이란?

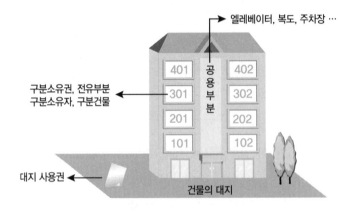

엘레베이터, 복도, 주차장 …

구분소유권, 전유부분
구분소유자, 구분건물

공용부분

401   402
301   302
201   202
101   102

대지 사용권

건물의 대지

(1) 구분소유건물의 의미

집합건물의 소유 및 관리에 관한 법률(집합건물법)은 "1동의 건물 중 구조상 구분된 여러 개의 부분이 독립한 건물로써 사용될 수 있는 때에는 그 각 부분은 이 법이 정하는 바에 따라 각각 소유권의 목적으로 할 수 있다"고 규정하였다. 즉, 1동의 건물을 여러 부분으로 나누어 각 건물 부분(구분건물)을 독립하여 소유권의 객체로 할 수 있는 것이 집합건물이다. 외형상으로 수직적·수평적으로 계층화된 1동의 건물을 집합건물이라 하고, 그중에서 각각의 독립한 소유권의 객체가 되는 건물 부분을 구분건물이라 한다. 이러한 구분건물이 되기 위해서는 구조 및 이용상의 독립성을 갖춰야 하고, 1동의 건물 중 물리적으로 구획된 건물 부분을 각각 구분소유권의 객체로 하려는 구분행위가 있어야한다(대법원 1999. 7. 27. 선고 98다35020 판결). 만약 객관적·물리적 요건을 갖추지 못한 건물의 일부는 이를 구분건물로 등기했다고 할지라도 구분건물이 될 수 없다(대법원 1999. 11. 9. 선고 99다46096 판결).

(2) 전유부분과 공용부분

전유부분이란 1동의 건물 중 타 부분으로부터 구조상·기능상 독립하여 구분소유자의 전속적, 배타적인 사용·수익 및 처분이 가능한 부분을 말한다. 공용부분이란 전유부분의 사용·수익을 원활히 하기 위한 보조적 부분으로 1동의 건물 중 전유부분을 제외한 건물 부분이다. 공용부분만 독립하여 거래의 대상이 되지 않고 전유부분의 처분에 따른다(집합건물법 제13조).

2) 토지별도등기와 관련하여 피해야 할 물건

　매각물건명세서에서 토지별도등기가 존재한다는 기재가 있다고 할 지라도 토지의 근저당권이 배당 후 소멸되는 경우나 토지의 근저당권에 관한 채무가 존재하지 않는 경우에는 안전하다. 다만, 토지별도등기가 있는 물건에 대항력 있는 임차인이 있는 경우 각별한 주의가 필요하다. 왜냐하면 매각대금에서 토지와 건물의 감정가격 비율대로 안분배당이 될 경우 임차인의 보증금이 전액 배당되지 않을 수도 있기 때문이다. 따라서 이러한 경우에는 배당여부를 미리 확인하고 인수하여야 할 금액이 어느 정도인지를 가늠한 뒤 입찰에 참여해야 한다.

 실전 TIP 토지와 건물의 최선순위 설정일자가 다른 경우

　토지에 대하여 1순위 저당권이 설정되고, 그 후 임차인이 대항력을 갖춘 다음 건물에 1순위 저당권이 설정된 경우 임차인이 건물의 매수인에게 대항할 수 있는지의 여부는 건물만을 기준으로 하므로, 이 경우의 임차인은 건물의 매수인에게 대항할 수 있다. 따라서 매각물건명세서에 최선순위 저당권 설정일자를 기재할 때 건물과 토지의 일자가 다를 때에는 모두 기재하고, 매각부동산이 여러 개인 경우에 설정일자가 다르면 모두 기재한다(법원실무제요 민사집행 Ⅱ p.167)

2. 대지권미등기의 이해

1) 대지사용권이란?

　대지사용권이란, 집합건물의 구분소유자가 전유부분을 소유하기 위하여 건물의 대지에 대하여 가지는 권리를 말한다. 대지권등기는 1세대에 관한 집합건물등기 용지의 표제부에 집합건물의 표시와 함께 대지권이 되는 토지의 지번, 지목, 면적을 함께 표시하도록 하고 있어 해당 집합건물과 그 대지와의 상호관계를 건물등기사항증명서만으로도 쉽게 파악이 가능하게 한다. 전유부분에 관한 건물 표시와 함께 구분소유자가 갖는 대지사용권의 종류와 지분비율도 표시가 된다. 건물등기사항증명서에 대지사용권이 등기된 때부터 건물등기사항증명서가 토지등기사항증명서의 역할까지 동시에 수행하게 되므로, 그 이후부터 대지에 관한 권리변동사항도 원칙적으로 건물등기사항증명서에만 표시된다.

대지사용권은 건물의 전유부분과 공용부분에 종속되므로 분리하여 처분할 수 없고, 건물 부분만 처분한다고 해도 그 부분을 취득한 사람은 대지에 관한 권리도 취득하게 된다. 경매절차에서 대지권미등기 상태의 구분소유건물을 낙찰받은 경우에 일반적으로 낙찰자는 대지사용권에 관해서도 유효하게 권리를 취득할 수 있다. 단, 유효하게 취득이 안 되는 대지권미등기의 경우도 있으니 유의하자.

집합건물의 소유 및 관리에 관한 법률 제20조(전유부분과 대지사용권의 일체성)

① 구분소유자의 대지사용권은 그가 가지는 전유부분의 처분에 따른다.
② 구분소유자는 그가 가지는 전유부분과 분리하여 대지사용권을 처분할 수 없다. 다만, 규약으로써 달리 정한 경우에는 그러하지 아니하다.
③ 제2항 본문의 분리처분금지는 그 취지를 등기하지 아니하면 선의(善意)로 물권을 취득한 제3자에게 대항하지 못한다.

---

2) 대지사용권을 취득하는 경우와 그렇지 않은 경우

매수인은 대지권을 취득할 수 있는지 여부를 명확하게 구분할 수 있어야만 대지권미등기가 된 건물도 낙찰받아 수익을 올릴 수 있다. 시중에 나와 있는 일부 서적을 보면 대지권 부분에 관하여 경매절차에서 감정의 대상으로 포함하였는지 여부에 따라 대지권을 취득할 수 있는지를 판단하기도 하는데, 이는 한참 잘못된 기준이다. 결론부터 얘기하면, 경매절차에서 대지권 부분이 감정대상으로 포함되었는지 여부는 대지권 취득 여부와 전혀 관계가 없다.

(1) 대지권을 취득할 수 없는 경우

대지권등기가 없는 구분건물은 두 가지로 분류할 수 있다. 첫째는 사유지 상에 건축된 시민 아파트처럼 본래부터 대지를 사용할 수 있는 권리가 없는 경우이고, 둘째는 토지에 관하여 나대지 상태에서 저당권

≫ 건물등기사항증명서의 "표제부"에 "대지권의 표시"란이 존재하지 않는 경우

등기부 등본 (말소사항 포함) - 집합건물

[집합건물] 인천광역시 ○구 ○○동 7○○ 제1층 제1○호
고유번호 12○-20○-00○○

【 표　제　부 】		(1동의 건물의 표시)		
표시번호	접　수	소재지번, 건물명칭 및 번호	건　물　내　역	등기원인 및 기타사항
1		인천광역시 ○구 ○○동 7○○	철근콘크리트조 평슬래브지붕 4층 다가구주택 지하1층 130.5㎡ 1층 130.5㎡ 2층 130.5㎡ 3층 130.5㎡ 4층 130.5㎡	2009년6월4일 등기
2				건축법상 사용승인 받지 않은 건물임

【 표　제　부 】		(전유부분의 건물의 표시)		
표시번호	접　수	건물번호	건　물　내　역	등기원인 및 기타사항
1		제1층 제1○호	철근콘크리트구조 39.9㎡	2009년6월4일 등기

【 갑　구 】			(소유권에 관한 사항)	
순위번호	등 기 목 적	접　수	등 기 원 인	권 리 자 및 기 타 사 항
1	소유권보존			공유자 지분 2분의 1 이○○ 54○○-2(○○○

1/2

이 설정되고 그 이후에 건물이 건축되었으나 그 저당권이 존속하는 경우이다. 이러한 경우에는 건물의 소유자는 근저당권 실행으로 인하여 토지를 낙찰받은 자의 건물철거청구에 대항할 수 없고, 대지사용권도 주장할 여지가 없다.

그림처럼 표제부에 '1동의 건물의 표시' 부분과 '전유부분의 건물의 표시'만 있고, '대지권의 표시'가 없는 경우엔 반드시 토지등기사항증명서를 따로 발급받아 권리관계를 확인 후 입찰을 검토해야 할 것이다. 토지가 제3자의 소유로 되어 있는 경우에는 대지권을 취득할 수 있을 여지가 없다.

(2) 대지권을 취득할 수 있는 경우

신축 아파트처럼 주택단지의 필지 자체가 대규모이거나 토지구획사업 대상이 되어있던 경우 실제 대지사용권은 있으나 환지 등의 절차지연으로 등기부상 대지권등기가 되지 않은 때에는 대지권을 취득할 수 있다. 이런 경우는 대지권미등기임에도 불구하고 실제로는 대지권까지 경매가액에 포함되어 나오는 경우이므로 낙찰을 받게 되면 대지사용권 역시 낙찰자에게 소유권이 귀속된다(대법원 2000.11.16 선고 98다45652 판결). 그러나 이런 경우 통상 대지권등기는 최초 분양받은 자 명의로 되어 있으므로, 최초수분양자가 대지권등기를 낙찰자에게 이전해 주지 않을 경우 법적 절차를 통해 낙찰자 명의로 이전하여야 하는 번거로움은 감수해야 하며, 최초수분양자가 분양자에게 분양대금을 미납하였다면 그 돈을 대신 변제하여야 대지권등기를 받아올 수 있다(대법원 2006. 9. 22. 선고 2004다58611 판결).

대지권미등기의 경우라도 위와 같은 케이스는 안전한 경우다. 건물 소유자가 토지지분을 보유하고 있어서 매수인이 건물을 낙찰받을 경우 집합건물법 제20조에 의해 토지지분도 함께 취득하기 때문이다.

3. 소송절차

토지별도등기, 대지권미등기 물건은 다른 경우보다 권리관계가 명쾌하게 정리되지 않는 경우가 많다. 그래서 이러한 물건을 낙찰받기 위해서는 입찰 전부터 법률관계가 어떻게 정리되는지, 소송이 필요할 것인지, 소송이 필요하다면 어떠한 형태의 소송을 제기할 것인지 여부에 대해 치밀한 전략을 세우고 접근하는 것이 필요하다.

1) 대지지분의 확보를 위한 소송

집합건물이 경매에 나오면서 매각물건명세서에 '대지권미등기이나 감정가격 포함 감정됨'이라고 기재된 경우가 왕왕 있다. 이때는 대지권미등기 상태인 건물이므로 사후 처리는 알아서 하라는 것이다. 그래서 이러한 물건을 낙찰받게 되면 필요에 따라 소송을 진행해야 할 수 있다.

이때 입찰자는 먼저 대지권을 확보할 수 있는 물건인지 정확한 권리분석을 해야하며, 대지권을 확보할 수 있다고 판단되면 부동산을 낙찰받은 후 토지의 소유자에 대해 등기 경료를 위한 협조를 구하거나 토지의 소유자를 상대로 대지지분의 이전을 구하는 소송을 제기해야 한다.

서식 3-25 소장(대지지분이전등기)

소 장

원 고 박 ○ ○
　　　　서울 구로구 ○ ○로 ○ ○ ○ ○로즈빌 A동 6 ○ ○호
피 고 김 ○ ○
　　　　용인시 수지구 ○ ○로 ○ ○ ○ ○ 5차아파트 104동 2 ○ ○호

소유권이전등기청구의 소

청 구 취 지

1. 피고는 원고에게 용인시 기흥구 ○ ○로 ○ ○ 대 1343.4㎡ 중
　　1343.4분의 14.0163 지분에 관하여 20 ○ ○. 8. 20. 임의경매로 인

한 매각을 원인으로 한 소유권이전등기절차를 이행하라.

2. 소송비용은 피고가 부담한다.

라는 판결을 구합니다.

청 구 원 인

1. 당사자의 지위

원고는 경기도 용인시 기흥구 ○○로 ○○ 대 1343.4㎡(이하 '이 사건 대지'라 합니다) 지상 ○○타워 305호(이하 '이 사건 건물'이라 합니다)를 수원지방법원 20○○타경○○○○호 사건에서 낙찰받아 20○○. 8. 20.자로 매각대금을 완납하고 소유권을 취득한 사람입니다(갑 제1호증 건물등기사항증명서, 갑 제2호증 매각대금완납증명원).

피고는 이 사건 대지를 소유하면서 지상에 ○○타워라는 집합건물을 신축하여 분양한 분양자입니다(갑 제3호증 토지등기사항증명서).

2. 대지사용권의 취득 및 대지권등기이행청구

이 사건 건물에 관하여 소유권보존등기는 2005. 6. 28.에 경료되었는데, 이 소유권보존등기가 경료될 때까지 이 사건 대지는 지적정리가 되지 않아 이 사건 건물에 관하여는 대지권등기가 경료되어 있지 못하였습니다. 이 때문에 이 사건 건물에 관한 최초 수분양자 문○○와 피고 간의 분양계약서를 보면, 제2조 제3항에서 "분양자는 이 사건 대지의 공부정리 완료 후에 공유지분을 이전해 주도록 하되 … (중략) … 건물과 분리하여 처분할 수 없다."고 명시하고 있고, 같은 계약서에서 계약의 목적물에서도 대지 부분을 기재함으로써 이 사건 건물과 함께 이 사건 대지의 지분도 함께 분양하였음을 분명히 하였습니다. 그리고 문○○는 피고에게 분양대금 전액을 지급함으로써 대지사용권을 이미 취득한 상태였습니다(갑 제4호증 분양계약서).

대법원 2004. 7. 8. 선고 2002다40210 판결은 "분양자가 지적정리 등의 지연으로 대지권에 대한 지분이전등기는 지적정리 후 해 주기로 하는 약정하에 우선 전유부분만에 관하여 소유권보존등기를 한 후 수분양자에게 소유권이전등기를 경료하였는데, 그 후 대지에 대한 소유권이전등기가 되지 아니한 상태에서 전유부분에 관한 경매절차가 진행되어 제3자가 전유부분을 경락받은 경우, 그 경락인은 본권으로써 집합건물의소유및관리에관한법률 제2조 제6호 소정의 대지사용권을 취득한다."는 입장을 취하고 있습니다. 이러한 판례의 태도에 의하면, 원고는 피고에 대하여 직접 대지권의 등기절차를 이행할 것을 청구할 수 있다고 할 것입니다.

3. 결론

원고는 경매절차에서 매각대금을 완납하였고, 이 사건 건물에 관한 최초 수분양자는 분양자인 피고에게 대지를 함께 분양받으면서 분양대금을 완납하였으므로 피고는 원고에게 이 사건 대지의 지분을 이전해 줄 의무가 있습니다. 그러나 피고는 지금까지 대지권등기가 경료되지 않았음을 이유로 원고에게 또 다시 돈을 추가로 요구하면서 대지권등기절차를 이행하고 있지 않습니다. 이러한 연유로 원고는 이 사건 소송에 이르게 된 것이니, 원고의 이 사건 청구를 인용하여 주시기 바랍니다.

입 증 방 법

1. 갑 제1호증 건물등기사항증명서
1. 갑 제2호증 매각대금완납증명원
1. 갑 제3호증 토지등기사항증명서
1. 갑 제4호증 분양계약서

첨 부 서 류

1. 토지대장

1. 소가 산출내역

200○. ○. ○○.
원고 박○○ (인)

수원지방법원 귀중

2) 대지지분에 기한 지료청구

대지권미등기 상태인 건물이 경매에 나오는 경우는 물론이고, 반대로 대지권미등기 상태인 건물의 대지 부분만 경매로 매각되는 경우도 있다. 대지지분을 낙찰받는 경우 혹여나 구분소유자에게 낙찰받은 대지지분을 빼앗길 수 있는 것은 아닌지 미리 면밀하게 검토해야 한다. 대지지분을 낙찰받았다고 하더라도 건물과 대지사용권을 분리처분할 수 없도록 하는 집합건물법의 규정 때문에 소유권을 잃을 가능성도 배제할 수 없기 때문이다.

일반적으로 분리처분이 가능한 대지를 낙찰받은 경우에는 나대지 상태에서 설정된 권리(근저당권)에 의해 대지권이 매각되는 경우만 유효하다. 이 경우 대지지분을 낙찰받은 자는 건물소유자를 상대로 지료청구를 할 수 있으며, 대지사용권이 확보되지 않은 것으로 판명되면 건물의 철거까지도 구할 수 있다.

≫ 토지에 설정된 근저당권에 터 잡아 대지지분만을 경매한 사례

20○○타경○○○○ (1) • 인천지방법원 부천지원 • 매각기일 : 20■■.01.08.(火) (10:00) • 경매 ■계(전화:032-320-■■■)

소 재 지	경기도 부천시 오정구 ■■동 ■-8 [도로명주소검색]						

물건종별	대지	감정가	113,184,600원	구분	입찰기일	최저매각가격	결과
토지면적	43.87m²(13.271평)	최저가	(49%) 55,460,000원	1차	20■■-10-25	113,184,600원	유찰
				2차	20■■-11-29	79,229,000원	유찰
건물면적	건물은 매각제외	보증금	(10%) 5,550,000원	3차	20■■-01-08	55,460,000원	
				낙찰 : 61,120,000원 (54%)			
매각물건	토지만 매각이며, 지분 매각임	소유자	황■ 외 2명	(입찰2명,낙찰:이■■ / 차순위금액 58,500,000원)			
				매각결정기일 : 20■■.01.15 - 매각허가결정			
개시결정	2012-04-12	채 무 자	황■■	대금지급기한 : 20■■.02.15			
사 건 명	임의경매	채 권 자	■■농협	대금납부 20■■.01.24 / 배당기일 20■■.03.14			
				배당종결 20■■.03.14			
관련사건	20■■타경■■(중복)						

• 매각토지.건물현황 (감정원 : ■■감정평가 / 가격시점 : 20■■.04.20)

목록	지번	용도/구조/면적/토지이용계획	m²당 단가	감정가	비고
토지	■■동 ■-8	*제2종일반주거지역, 최고고도지구(112.86m이하), 중로2류(폭 15M-20M...)	대 43.87m² (13.271평)	2,580,000원	113,184,600원	표준지공시지가: (m²당)1,490,000원 ☞전체면적 597.1m² 중 황■■ 지분 43.87/597.1 매각 ▶제시외건물감안가격:67,910,000원
감정가	토지:43.87m²(13.271평)		합계	113,184,600원	토지만 매각이며, 지분 매각임

참고사항	*201호 소유자 *소유자 미상의 제시외건물 1동(철근콘크리트조 슬래브지붕 7층 공동주택 18세대)이 소재하나 평가목적 등을 고려하여 이에 구애됨이 없이 토지를 정상 평가하였음

• 임차인현황 (말소기준권리 : 2009.06.30 / 배당요구종기일 : 2012.06.25)

임차인	점유부분	전입/확정/배당	보증금/차임	대항력	배당예상금액	기타
정○숙	주거용 201호	전 입 일: 2011.06.21 확 정 일: 미상 배당요구일: 없음	미상			
정○숙	주거용 201호	전 입 일: 2010.03.20 확 정 일: 미상 배당요구일: 없음	미상			
	임차인수: 2명					

기타사항	▶ 위 임차인(정■■,정■■)은 매각에서 제외되는 건물의 임차인임. ☞현황조사차 현장에 임하였으나, 폐문부재로 이해관계인을 만나지 못하여 상세한 임대차 관계는 미상임 ☞부천시 오정구 ■■동 ■-8 지상에 제시외 ■■아파트 공동주택이 있으며 임대차조사는 소유자 매각지분 201호 301호를 대상으로 조사하였음

소 장

원　고　　홍 ○ ○ (840000-1000000)

　　　　　서울 강남구 ○ ○ 로 ○ ○

피　고　　박 ○ ○ (590000-1000000)

　　　　　인천 서구 ○ ○ 로 ○ ○

부당이득금청구의 소

청 구 취 지

1. 피고는 원고에게 20○○. 10. 1.부터 별지 목록 제1항 기재 토지의
   인도완료 시까지 월 1,000,000원의 비율에 의한 금원을 지급하라.
2. 소송비용은 피고가 부담한다.
3. 제1항은 가집행할 수 있다.
라는 재판을 구합니다.

청 구 원 인

1. 당사자의 지위

   원고는 별지 목록 제1항 기재 토지(이하 '이 사건 토지'라 합니다)
   중에서 247분의 72 지분을 한국자산관리공사가 주관한 공매절차
   에서 낙찰받아 20○○. 10. 1.에 그 대금을 전액 납부하여 위 토지
   지분에 관한 소유권을 취득한 자이고, 피고는 이 사건 토지의 지
   상에 있는 별지 목록 제2항 기재 건물 101호(이하 '이 사건 건물
   부분'이라 합니다)의 소유자입니다(갑 제1호증 부동산등기사항증
   명서(토지), 갑 제2호증 부동산등기사항증명서(건물)).

2. 피고의 대지사용권 미취득

   이 사건 건물 부분은 2010. 2. 5.자로 건축주 김○○ 명의로 소유

권보존등기가 경료되었고, 2009. 12. 3.자 분양계약에 따라 피고 명의로 같은 날 소유권이전등기가 경료되었습니다.

그런데 이 사건 토지는 건축주 김○○의 소유였다가 위 분양계약이 체결되기 이틀 전인 2009. 12. 1. 소외 허○○의 명의로 그 소유권이 이전되었습니다. 그리고 그 뒤 같은 토지에 관하여 ○○세무서의 압류가 있었고 결국 공매절차에 넘겨지게 되었습니다.

사실관계가 이러하다면, 피고가 이 사건 건물 부분에 관하여 분양계약을 체결할 당시에는 이미 이 사건 토지가 건축주 소유가 아닌 제3자(허○○)의 소유였으므로, 피고는 대지를 사용할 권리를 전혀 확보하지 못하였다고 할 것입니다.

3. 피고의 의무 : 지료 상당의 부당이득반환의무

대지사용권이 없는 전유부분의 소유자는 아무런 법률상 원인 없이 전유부분의 대지를 점유하고 있으므로 그 대지 중 그 소유인 전유부분의 대지권으로 등기되어야 할 지분에 상응하는 면적에 대한 임료 상당의 부당이득을 얻고 있고, 위 대지권으로 등기되어야 할 지분의 소유자는 동액 상당의 손해를 입고 있으므로, 다른 특별한 사정이 없는 한 대지사용권이 없는 전유부분의 소유자는 위 지분의 소유자에게 위 부당이득을 반환할 의무가 있습니다(대법원 2011. 1. 27. 선고 2010다72779 판결). 또한, 타인 소유의 토지 위에 소재하는 건물의 소유자가 법률상 원인 없이 토지를 점유함으로 인하여 토지의 소유자에게 반환하여야 할 토지의 임료에 상당하는 부당이득금액을 산정하는 경우에 특별한 사정이 없는 한 토지 위에 건물이 소재함으로써 토지의 사용권이 제한을 받는 사정은 참작할 필요가 없습니다(대법원 1992. 6. 23. 선고 91다40177 판결).

원고는 이 사건 토지에 관하여 잔금 납부를 완료한 20○○. 10. 1.에 그 소유권을 취득하였으므로, 피고는 이 날부터 위 토지의 인도완료일까지 원고에게 부당이득을 반환할 의무가 있다 할 것입니다. 피고는 원고에게 우선 매월 금 1,000,000원(= 감정금액 × 1%)의 비율에 의한 부당이득을 청구하되, 추후 지료 감정을 통해 부당이득금을 명확히 확정하겠습니다.

4. 결론
이처럼 원고는 피고에 대하여 피고가 이 사건 토지를 무단으로 점유함에 따른 지료 상당의 부당이득금의 반환을 구하고자 이 사건 소송을 제기하기에 이른 것입니다.

입 증 방 법

1. 갑 제1호증   부동산등기사항증명서(토지)
1. 갑 제2호증   부동산등기사항증명서(건물)

20○○. ○. ○○.
원고 홍 ○ ○ (인)

서울중앙지방법원 귀중

4. 실전 판결문

소송을 제기하면 피고는 원고의 소장을 받은 날로부터 30일 내에 법원에 답변서를 제출하여야 하고, 만약 피고가 법원에 답변서를 제출하지 않으면 판결선고기일이 지정되고 원고가 주장하는 내용을 피고가 그대로 인정하는 것으로 보아 원고승소 판결을 한다. 이를 의제자백에 의한 판결이라고도 한다.

다만, 피고에게 송달이 되지 않는 경우에는 피고가 소장을 받아볼 수 없으므로 의제자백에 의한 판결을 할 수 없다. 이때는 변론기일을 열어 원고만 출석한 상황에서 재판을 진행한다. 법원은 원고의 주장을 듣고 승패 여부를 판단하여 판결을 선고한다. 이를 공시송달에 의한 판결이라고도 한다.

　다음의 판결문은 피고 중 일부에 대해서는 의제자백에 의한 승소를, 다른 피고 일부에 대해서는 공시송달에 의한 승소를 한 사례이다. 이때는 판결문에서 구체적 내용을 기재하지 않는다.

≫ 판결문 예시

수 원 지 방 법 원
판　결

사　　　건　20○○가단○○○○ 소유권이전등기
원　　　고　박○○
　　　　　　서울 구로구 ○○로 ○○, ○○호(○○동, ○○로즈빌)
피　　　고　1. 김○○
　　　　　　　용인시 수지구 ○○로 ○○, 104동 ○○호
　　　　　　2. 성○○
　　　　　　　최후주소 서울 양천구 ○○로 ○○, 203동 ○○호
　　　　　　3. 김○○
　　　　　　　부천시 원미구 ○○로 ○○, 302동 ○○호
변 론 종 결　20○○. 3. 31.
판 결 선 고　20○○. 4. 28.

주　　문

1. 용인시 기흥구 ○○동 ○○-1 대 1343.4㎡ 중

가. 피고 김○○은 1343.4분의 14.0163 지분에 관하여,

나. 피고 성○○은 1343.4분의 8.1147 지분에 관하여,

다. 피고 김○○은 1343.4분의 2.459 지분에 관하여,

원고에게 20○○. 8. 30. 임의경매로 인한 매각을 원인으로 한 각
소유권이전등기절차를 이행하라.

2. 소송비용은 피고들이 부담한다.

청 구 취 지

주문과 같다.

이 유

1. 청구의 표시 : 별지와 같다.

2. 인정근거

　가. 피고 1, 3 : 의제자백에 의한 판결(민사소송법 제208조 제3항
　　제2호)

　나. 피고 2 : 공시송달에 의한 판결(민사소송법 제208조 제3항 제
　　3호)

판사　○　○　○　　(서명)

법정지상권

경매물건을 검색하다 보면 '제시외 건물 법정지상권 성립여지 있음', '소유자 미상의 건축물 소재함', '제시외 건물 법정지상권 성립여지 불분명' 등의 기재와 함께 감정평가서에 실린 사진으로 봤을 때 토지와 건물이 있는데 그중에서 토지만 경매가 진행되는 경우를 볼 수 있다. 이러한 물건을 법정지상권 부동산이라 하는데 정확한 법리적인 지식을 갖고 해결할 능력이 되면 평이한 일반물건과 비교해볼 때 매우 높은 수익을 얻을 수 있다. 하지만 법정지상권에 관련된 물건은 낙찰 후 건물주와 쉽게 타협이 되지 않으면 법적으로 해결하는 데 약 2~5년 정도의 시간이 소요되므로, 신중한 접근을 요한다.

1. 지상권의 이해

1) 지상권의 정의

지상권이란 타인의 토지에 건물 기타의 공작물이나 수목을 소유하기 위하여 그 토지를 사용할 수 있는 용익물권[3]을 말한다(민법 제279조). 지상권을 가지고 있는 자는 토지소유자의 의사와 관계없이 토지

---

3) 타인의 토지 또는 건물을 일정한 목적을 위하여 사용·수익할 것을 내용으로 한 물권의 총칭이다.

를 자유롭게 사용 · 수익할 수 있는 권리를 갖게 된다. 일반적으로 토지소유자와 건물소유자가 다름에도 불구하고 건물소유자가 타인의 토지 위에 건물을 온전히 가지고 있을 수 있는 것도, 이러한 '지상권'이라는 권리를 갖고 있기 때문인 경우가 많다(이른바 법정지상권).

지상권과 유사한 권리로, '토지임차권'이 있다. 지상권은 물권이어서 대세적 효력이 있는 반면에, 토지임차권은 채권이어서 계약당사자 간에만 그 권리가 유효하다는 점에서 차이가 있을 뿐이다.

지상권을 설정할 때에는 지하 또는 지상 공간의 상하 범위를 정하는 것도 가능하며, 이는 구분지상권이라 칭한다. 지하철이 지하로 통과하는 경우나 지상으로 전선이 통과하는 경우가 토지에 구분지상권이 설정되는 예에 해당한다.

2) 법정지상권의 정의

토지와 지상건물이 동일인에게 귀속하고 있었으나, 저당권의 실행으로 임의경매가 진행되어 토지와 지상건물의 소유자가 달라진 때에 건물 소유자를 보호하기 위해서 법률의 규정에 의해 당연히 인정되는 지상권이 법정지상권이다. 이러한 법정지상권은 법률규정에 의한 취득에 해당하므로 등기를 요하지 않는다.

법정지상권은 법에 정해진 것으로 4가지가 있다(민법 305조, 366조, 입목에 관한 법률 6조, 가등기담보 등에 관한 법률 10조).

3) 관습법상 법정지상권의 정의

토지와 그 지상건물이 저당권의 실행으로 소유자가 각각 달라졌을 경우에는 건물의 소유자에게 법률의 규정에 의하여 법정지상권의 성립을 인정하게 되나(민법 제366조), 저당권의 실행이 아니라 매매나 증여, 국세징수법에 의한 공매, 강제경매 등에 의하여 토지와 지상건물의 소유자가 달라졌을 경우에는 건물소유자가 민법의 보호를 받지 못하므로 이러한 결함을 보완하기 위하여 일정한 요건이 충족되면 판례에 의하여 법정지상권을 인정하게 되는데 이것을 관습법상 법정지상권이라 한다. 관습법상 법정지상권도 법정지상권과 마찬가지로 지상권에 관한 민법의 규정(민법 제279조 내지 290조, 제366조)을 준용한다.

2. 내용증명을 이용한 토지 취득사실의 통보

토지에 관한 경매절차가 진행되는 경우 건물의 소유자는 경매법원으로부터 경매진행사실을 통지받거나 집행관의 현황조사 과정에서 경매진행사실을 인지하게 된다. 그러므로 건물의 소유자는 막연히 언젠가 토지가 새로운 소유자에게 낙찰된 뒤 법적 분쟁이 시작될 것이라는 인식을 갖고 있는 것이 보통이다. 따라서 토지 낙찰자는 토지를 낙찰받은 뒤 그 지상에 있는 건물의 철거를 구할 것인지, 아니면 건물 소유자에 대해 지료만을 지급받을 것인지 여부에 대해 미리 결정하고, 건물의 소유자에게 토지 취득사실을 통보하여 협상을 진행해야 한다.

만약 토지소유자로서 건물소유자로부터 지료를 지급받기로 하는 내용의 '토지임대차계약'을 체결할 때에는 항상 주의를 요한다. 임대차기간 중에는 임대차계약의 존재 때문에 건물철거를 구할 수 없고, 임대차계약이 종료한 뒤에는 민법의 규정에 따라 임차인에게 '건물매수청구권'이라는 권리가 주어지기 때문에 건물철거를 구할 수 없게 되기 때문이다.

협 조 문

수신인 : 임 ○ ○

주　소 : 서울 서초구 잠원로 ○○ 201동 5○○호(잠원동, ○○○○
　　　　○아파트)

발신인 : 박 ○ ○

주　소 : 경기 부천시 원미구 ○○로 ○○ ○○아트 3○○호

〈부동산의 표시〉

경기 양평군 ○○면 ○○리

211-2, 211-3, 211-6, 211-7, 211-8(총 5필지) 1,109㎡

본인은 상기 토지 5필지를 수원지방법원 여주지원 20○○타경○○○
○ 부동산강제경매 사건에서 낙찰받아 20○○. 6. 12. 잔금 납부를 완
료한 토지주입니다. 본인은 토지주로서 상기 토지 지상에 소재한 건물
의 소유자인 귀하에게 다음과 같이 통보하오니 협조 부탁드립니다.

다　음

1. 본인은 잔금 납부 후 법원 기록의 열람 및 현장 확인을 통해, 상기
   토지 지상에는 귀하가 소유하고 있는 단독주택이 소재하고 있으
   며 상기 토지 대부분이 귀하의 단독주택 부속토지로 사용되고 있
   는 것을 확인하였습니다.

2. 이에 본인은 귀하에게 본인의 상기 토지의 소유권 취득일(20○
   ○. 6. 12.)부터 본인 토지를 사용함에 따른 지료를 지급해 주시길
   청구하는 바입니다. 참고로 경매법원의 상기 토지에 관한 감정평
   가금액은 143,400,000원이었으므로, 위 감정금액을 기준으로 하
   여 지료가 산정되어야 할 것입니다. 정확한 지료금액에 관하여는
   추후 협의하여 결정하도록 하고, 다만 당사자 간에 지료 협의가

되지 않는다면 부득이 법원을 통해 지료금액을 확정할 수밖에 없음을 미리 말씀드립니다.

3. 또한, 본인은 상기 토지를 주거형 건물이 아닌 다른 사업상 목적 하에 건축물을 건축하기 위해 매입하였습니다. 따라서 빠른 시일 내에 건물의 철거 일정도 협의를 통해 확정되길 바라며, 본인의 토지소유권 행사에 지장이 없도록 협조 부탁드립니다.

20○○. ○. ○○.
발신인 박 ○ ○ (인)

3. 소송절차

법정지상권 물건의 경우 다른 경매·공매 물건보다 소송절차를 거쳐야 할 가능성이 더 높다. 토지를 낙찰받은 소유자로서는 토지의 지상에 건축되어 있는 건물에 대하여 철거판결을 받는 것이 그 토지의 사용가치를 가장 극대화하는 방법이고, 건물철거판결을 받을 경우 상황에 따라 건물의 소유권도 확보하기 용이해지기 때문이다. 따라서 법정지상권 물건을 낙찰받는 이유가 건물에 대한 철거판결을 받아 토지의 사용가치를 극대화하고자 하는 것이라면, 입찰 전에 치밀한 권리분석을 통해 법정지상권의 성립 여부에 대한 나름의 결론을 내려야 한다. 다만, 법정지상권 성립 여부를 검토할 때는 항상 주의하고 또 주의하라. 법정지상권에 관한 판례는 매우 다양하고 법리도 간단하지 않기 때문에 검토 단계에서 잘못될 결론을 내릴 가능성이 있다. 또한 법원도 건물을 철거하는 것보다는 건물을 그대로 유지하는 것이 사회적 관점에서 이익이 된다고 생각하는 경향이 있기 때문에 조정으로 원만히 소송을 마무리하고자 하는 경우가 많다. 이 때문에 생각보다 철거판결을 받아내는 과정이 쉽지 않을 수 있음을 유의해야 한다.

법정지상권 물건은 ①토지 상에 소재한 건물에 관하여 법정지상권이 성립하는지 여부, ②토지 상의 건물에 건물의 소유자가 아닌 제3자가 살고 있는지 여부에 따라 소송의 방향이 달라진다. 경우의 수는 총 4가지인데, 이때 소송은 다음 표에 따라 제기하는 것이 원칙이다.

≫ 상황에 따른 소송 제기 방향

구분	건물에 제3자가 거주하지 않는 경우	건물에 제3자가 거주하는 경우
법정지상권 성립 ×	건물소유자에 대한 1) 건물철거청구 2) 토지인도청구 3) 부당이득반환청구	건물소유자에 대한 1) 건물철거청구 2) 토지인도청구 3) 부당이득반환청구 + 제3자(유치권자, 임차인 등)에 대한 퇴거청구
법정지상권 성립 ○	건물소유자에 대한 지료청구	건물소유자에 대한 지료청구

다만, 법정지상권이 성립한다고 하더라도 건물소유자에 대한 심리적 압박과 협상을 위해 건물철거청구가 필요할 수 있고, 때로는 건물을 점유하고 있는 유치권자가 있어도 퇴거청구가 불필요할 수 있다. 위 표의 내용을 염두에 두고 상황에 따라 적절한 방향을 설정하여 소송을 제기해야 한다.

1) 소송의 제기 – 법정지상권이 성립하지 않는 경우

(1) 부동산을 쉽게 특정할 수 있는 경우

법정지상권이 성립하지 않는 경우 토지소유자는 '토지소유권에 기한 방해배제청구권'의 행사로써 건물소유자에게 건물철거와 건물소유자 아닌 건물점유자에게 퇴거청구를 구할 수 있고, '토지소유권에 기한 인도청구권'의 행사로써 건물소유자에게 토지의 인도를 구할 수 있다. 나아가 토지소유권에 기하여 건물소유자에 대해 부당이득의 반환을 청구할 수 있다.

　여기서 주의해야 할 점은, 건물을 점유하고 있는 자는 그 건물만 점유하고 있는 것이며, 그 건물 아래의 토지는 점유하지 않고 있다고 보아야 하는 점이다. 상식적으로만 생각하면, 건물을 점유하고 있는 자가 그 토지도 점유하고 있다고 생각할 수도 있다. 그러나 법적으로 건물의 점유자는 그 건물만 점유하고 있는 것으로 보며, 건물의 점유자가 아닌 건물의 소유자가 토지 위에 건물을 세워 그 건물을 소유하는 방법으로 토지를 점유하고 있다고 본다. 따라서 토지소유자는 건물소유자에 대해 '건물철거'와 '토지인도', '부당이득반환'을 구하고, 건물점유자에 대해서는 '퇴거'만 구하는 것이다.

서식 3-28 소장(건물철거 등)

소 장

원　고　정○○
　　　　경기도 안성시 ○○로 ○○ ○○아파트 105동 4○○호
피　고　1. 손○○
　　　　경기도 용인시 수지구 ○○로 ○○ B01호
　　　　2. 이○○
　　　　충청북도 영동군 황간면 ○○로 ○○

건물철거 등 청구의 소

청 구 취 지

1. 피고 손○○은 원고에게,

가. 별지 목록 제2항 기재 건물을 철거하고 별지 목록 제1항 기재 토지를 인도하고,

나. 20○○. 12. 17.부터 별지 목록 제1항 기재 토지를 인도할 때까지 매월 400,000원의 비율에 의한 금원을 지급하라.

2. 피고 이○○은 원고에게 별지 목록 제2항 기재 건물에서 퇴거하라.

3. 소송비용은 피고들이 부담한다.

4. 제1, 2항은 가집행할 수 있다.

라는 재판을 구합니다.

청 구 원 인

1. 당사자의 지위

가. 원고는 별지 목록 제1항 기재 토지(이하 '이 사건 토지'라 함)의 소유자이고, 피고 손○○은 이 사건 토지 지상에 건립된 별지 목록 제2항 기재 건물(이하 '이 사건 건물'이라 함)의 소유자입니다(갑 제1호증의 1, 2 각 부동산등기사항증명서). 한편, 피고 이○○은 이 사건 건물에 관하여 피고 손○○과 임대차계약을 체결한 임차인으로서, 이 사건 건물을 점유하고 있는 자입니다(갑 제2호증 임대차계약서).

나. 원고는 이 사건 토지를 청주지방법원 영동지원 20○○타경○○○○ 강제경매 사건에서 20○○. 11. 11.에 낙찰을 받고 20○○. 12. 17.에 잔금을 전액 납부하여 이 사건 토지의 소유권을 취득하였습니다.

2. 이 사건 건물에 관한 법정지상권의 성립 여부

법정지상권 또는 관습법상의 법정지상권이 인정되려면 동일인의 소유에 속하는 토지와 그 위에 있는 건물이 경매 기타 적법한 원인행위로 인하여 그 소유자를 달리하는 경우라야 합니다(대법원 1988. 9. 27. 선고 88다카4017 판결). 그런데 이 사건 토지와 이 사건 건물은 동일인의 소유에 속하였던 경우가 한 번도 없습니다.

따라서 이 사건 건물에 관해서는 민법에서 정한 법정지상권 및 관습법상의 법정지상권이 성립하지 않습니다.

3. 피고들의 의무

가. 피고 손○○의 의무

(1) 건물철거 및 토지인도의무

피고 손○○은 어떠한 권원도 없이 이 사건 토지 위에 이 사건 건물을 신축하여 소유하는 방법으로 이 사건 토지를 점유하고 있습니다. 원고는 피고 손○○에 대하여 소유권에 기한 방해배제청구권의 행사로써 이 사건 건물의 철거와 아울러, 소유권에 기한 반환청구권의 행사로써 이 사건 토지의 인도를 구합니다.

(2) 지료 상당의 부당이득반환의무

피고 손○○은 원고 소유의 이 사건 토지를 아무런 법률상 원인 없이 무단으로 점유하여 사용·수익하고 있으므로 피고 손○○은 지료 상당의 부당이득을 얻고 있다고 할 것입니다. 우선 이 사건 토지에 관한 경매가 진행될 당시의 감정가격 20,265,000원의 2%인 400,000원을 월차임으로 청구하고 차후 지료 감정을 통해 청구취지를 정리하도록 하겠습니다.

나. 피고 이○○의 의무(퇴거의무)

대법원은 건물철거를 청구할 시 건물점유자에 대해서 퇴거청구가 가능한지 여부에 대해 "건물이 그 존립을 위한 토지사용권을 갖추지 못하여 토지의 소유자가 건물의 소유자에 대하여 당해 건물의 철거 및 그 대지의 인도를 청구할 수 있는 경우, 토지소유자는 자신의 소유권에 기한 방해배제로써 건물점유자에 대하여 건물로부터의 퇴출을 청구할 수 있다. 그리고 이는 건물점유자가 건물소유자로부터의 임차인으로서 그 건물임차권이 이른바 대항력을 가진다고 해서 달라지지 아니한다."는 입장을 취하고 있습니다(대법원 2010. 8. 19. 선고 2010다43801 판결).

따라서 피고 이○○은 이 사건 건물의 임차인으로서 이 사건 건물을 점유하고 있으므로, 원고는 토지소유권에 기한 방해배제청구권의 행사로써 피고 이○○에게 이 사건 건물에서의 퇴거를 구할 수 있습니다.

4. 결론

원고는 피고 손○○에 대해서는 이 사건 건물을 철거하고 같은 건물의 토지를 인도하고 또한 지료 상당의 부당이득을 반환할 것을, 피고 이○○에 대해서는 이 사건 건물에서의 퇴거를 구하고자 이 사건 청구에 이른 것입니다.

입 증 방 법

1. 갑 제1호증의 1   부동산등기사항증명서(토지)
1. 갑 제1호증의 2   부동산등기사항증명서(건물)
1. 갑 제2호증   임대차계약서

첨 부 서 류

1. 토지대장
1. 소가 산출내역

20○○. ○. ○○.

원고 정○○ (인)

청주지방법원 영동지원 귀중

[별지]

부동산 목록

1. 충청북도 영동군 황간면 ○○동 ○○ 대 579㎡
2. 충청북도 영동군 황간면 ○○동 ○○
   [도로명주소] 충청북도 영동군 황간면 ○○로 ○○
   위 지상 경량철골구조 경량철골지붕 단층 단독주택 109㎡
   끝.

(2) 부동산을 쉽게 특정하기 어려운 경우(미등기건물)

법정지상권 물건을 찾다 보면, 지상에 미등기건물이나 무허가건물이 세워져 있는 경우를 빈번히 볼 수 있다. 이러한 경우는 등기사항증명서를 발급받을 수 없기 때문에 건물을 특정하기가 어려워 문제가 된다(토지 주소를 안다고 하더라도 그 건물의 현황, 즉 몇 층 건물이고 각 층의 면적 및 용도가 무엇인지가 특정이 되지 않는다면 그 건물은 특정되었다고 볼 수 없다. 같은 주소의 토지에도 몇 개의 건축물이 있을 수 있고, 지상 건물이 1개만이라 하더라도 멸실 후 새로 다시 지은 경우도 있기 때문이다). 철거판결을 받아 집행하기 위해서는 건물을 명확하게 특정해야 하는데, 만약 건물을 명확하게 특정하지 않은 채로 판결을 받는다면 집행이 불가능할 수 있다.

미등기건물, 무허가건물의 경우에는 토지의 주소를 기재하는 것만으로는 그 건물이 특정된 것으로 보지 않으며, 건축허가 내용을 파악하여 건물현황을 기재하거나 재판 과정에서 측량감정을 통해 해당 건물의 현황을 정확히 파악하는 절차를 거쳐야 한다. 감정신청은 소송이 시작된 이후에나 가능하므로 소장을 제출하는 단계에서는 지적도에 대략적인 그림을 그려서 제출하는 정도로 충분하다.

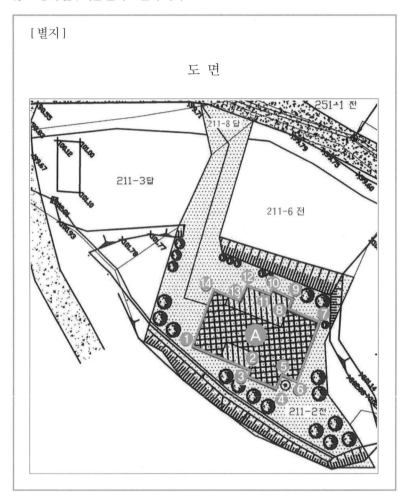

[별지]

도 면

위 도면은 지적도에 컴퓨터를 이용해 건물의 대략적인 위치를 표시한 것이다. 소장에 첨부하는 도면을 그릴 때는 대략적인 취지만 나타나면 족하므로 손으로 그려도 상관없다. 다만, 건물의 꼭짓점마다 번호를 매겨 그 형태는 최대한 나타나도록 하자.

이렇게 건물의 도면을 표시하였으면, 소장의 청구취지도 그에 맞게 기재해야 한다. 앞 도면에 표시된 건물의 철거를 구하기 위해서는 청구취지를 다음과 같이 기재하면 된다.

> 청 구 취 지
>
> 1. 피고 손○○은 원고에게,
>   가. 별지 목록 기재 토지 지상의 별지 도면 1, 2, 3, 4, 5, 6, 7, 8, 9, 10, 11, 12, 13, 14, 1의 각 점을 순차로 연결한 선내 (A)부분 100㎡을 철거하고 별지 목록 기재 토지를 인도하고,
>   나. 20○○. 12. 17.부터 별지 목록 기재 토지를 인도할 때까지 매월 400,000원의 비율에 의한 금원을 지급하라.
> 2. 피고 이○○은 원고에게 위 제1의 가항 건물에서 퇴거하라.
> 3. 소송비용은 피고들이 부담한다.
> 4. 제1, 2항은 가집행할 수 있다.
> 라는 재판을 구합니다.

도면을 대략적으로 그렸다면 소송 중에 법원에 측량감정을 신청하여 감정인으로 하여금 건물의 위치와 면적을 정확히 특정하도록 해야 한다. 감정신청서에서는 감정인이 어떠한 사항을 감정해야 하는지, 확인하고자 하는 사항이 무엇인지를 자세히 기재한다.

서식 3-29 감정신청서(건물 특정을 위한 측량감정)

> # 측량감정신청서
>
> 사　　건　20○○가단○○○○○ 건물철거 등
> 원　　고　박○○
> 피　　고　임○○
>
> 위 사건에 관하여 원고는 다음과 같이 측량감정을 신청합니다.

다 음

1. 감정의 목적

　원고는 피고가 소유한 건물의 철거를 구하기 위하는 데에 있어, 건물이 무허가건축물인 까닭에 건물을 명확하게 특정하기 위해 본 감정신청에 이른 것입니다.

2. 감정의 목적물

　경기 양평군 ○○면 ○○리 211-2, 211-7, 211-8 위 지상 건물

3. 측량감정사항 : 별지 기재와 같음

20○○. ○. ○○.

원고 박○○ (인)

인천지방법원 부천지원 민사○단독 귀중

[별지]

측량감정사항

경기 양평군 ○○면 ○○리 211-2, 211-7, 211-8 토지 중 별지 도면 표시 ①,②,③,④,⑤,⑥,⑦,⑧,⑨,⑩,⑪,⑫,⑬,⑭,①의 각 점을 순차로 연결한 선내 Ⓐ부분의 건물의 위치, 면적, 구조(건축재질, 지붕재질, 층수, 건축물의 종류 등)을 특정해 주시기 바랍니다.

2) 소송의 제기 – 법정지상권이 성립하는 경우

　건물을 위한 법정지상권이 성립하는 경우 토지소유자로서는 건물의 철거를 구할 수 없고, 오직 건물이 토지를 점유하고 있음에 따른 지

료의 지급만을 구할 수 있다. 그런데 토지소유자와 건물소유자 간에 지료에 대한 협의가 이루어지지 않는다면 소송을 통해 객관적인 금액의 지료를 확정할 수밖에 없다. 지료 역시 감정을 통해 금액이 확정되며, 대부분의 경우에는 감정인의 의견대로 지료지급판결이 선고되나, 감정인의 의견이 부당하다는 등의 사정이 있다면 법원이 감정인의 의견을 참작하여 적절한 지료 금액을 결정할 수도 있다.

소장을 제출하는 단계에서는 지료 금액을 정확히 알 수 없으므로, 금액을 임의로 정해 일단 청구하면 된다. 다만, 금액을 최초부터 너무 높게 기재하면 소장을 제출하면서 지출되는 인지액이 높아지므로 이를 고려하여 적정히 지료청구금액을 정해야 한다. 이때는 건물의 철거를 구하는 것이 아니기 때문에 건물 특정을 위한 측량감정을 따로 진행할 필요는 없다.

서식 3-30 **소장(지료청구)**

소 장

원　고　　정 ○ ○(470000-2000000)
　　　　　　경기도 안성시 ○○로 ○○ ○○아파트 105동 4○○호
피　고　　손 ○ ○(730000-2000000)
　　　　　　경기도 용인시 수지구 ○○로 ○○ B01호

지료청구의 소

청 구 취 지

1. 피고는 원고에게 20○○. 12. 17.부터 별지 목록 기재 토지를 인도할 때까지 매월 400,000원의 비율에 의한 금원을 지급하라.
2. 소송비용은 피고가 부담한다.
3. 제1항은 가집행할 수 있다.
라는 재판을 구합니다.

청 구 원 인

1. 원고는 별지 목록 기재 토지(이하 '이 사건 토지'라 함)의 소유자이고, 피고는 이 사건 토지 지상에 건립된 미등기건물(이하 '이 사건 건물'이라 함)의 소유자입니다(갑 제1호증 등기사항전부증명서, 갑 제2호증 건물사진). 원고는 이 사건 토지를 청주지방법원 영동지원 20ㅇㅇ타경ㅇㅇㅇㅇ 강제경매사건에서 20ㅇㅇ. 11. 11.에 낙찰을 받고 20ㅇㅇ. 12. 17.에 잔금을 전액 납부하여 이 사건 토지의 소유권을 취득하였습니다(갑 제3호증 매각대금완납증명원).

2. 이 사건 건물에 관하여는 법정지상권이 성립하므로, 민법 제366조 단서 규정에 따라 원고는 피고에 대하여 지료 지급을 구할 수 있습니다. 우선, 이 사건 토지에 관한 경매가 진행될 당시의 감정가격 20,265,000원의 2%인 400,000원을 월차임으로 청구하고 차후 지료 감정을 통해 지급을 구하는 지료액을 확정하도록 하겠습니다.

3. 원고는 피고에 대하여 청구취지와 같이 지료의 지급을 구하는 것이니, 원고의 이 사건 청구를 인용하여 주시기 바랍니다.

입 증 방 법

1. 갑 제1호증   등기사항전부증명서
1. 갑 제2호증   건물사진
1. 갑 제3호증   매각대금완납증명원

20ㅇㅇ. 1. 6.
원 고 정 ㅇ ㅇ (인)

청주지방법원 영동지원 귀중

소장을 제출하면서 월 지료를 임의로 주장하는 경우 상대방이 이 금액에 동의하지 않으면 적절한 월 지료액은 얼마인지 알 수 없는 것이 되므로, 토지의 소유자는 법원에 감정신청을 통해 지료를 입증해야 한다. 따라서 감정신청 이전에 건물소유자에게 토지소유자 측이 제시하는 지료에 동의하는지에 관한 의사를 먼저 확인하는 것도 좋다. 소송에서는 패소한 쪽이 감정비용을 부담하기 때문에 상대방도 지료가 적정하다고 판단되면 감정 없이 토지소유자 측이 주장하는 지료액에 동의해 줄 가능성도 있기 때문이다. 양 당사자의 지료액에 대한 의사일치가 있다면 굳이 지료액 입증을 위한 감정은 진행하지 않아도 무방하다.

서식 3-31 감정신청서(지료 입증)

감정신청서

사　건　20○○가단○○○○○ 지료
원　고　박○○
피　고　임○○

위 사건에 관하여 원고는 그 주장사실을 입증하기 위하여 다음과 같이 임료감정을 신청합니다.

　　　　　　　다　음

1. 감정의 목적
   이 사건 토지 위에 소재하고 있는 건물의 지료를 입증하기 위함입니다.

2. 감정의 대상
   경기도 양평군 ○○면 ○○리 211-2 전 498㎡
   경기도 양평군 ○○면 ○○리 211-7 전 42㎡
   경기도 양평군 ○○면 ○○리 211-8 답 18㎡

3. 감정할 사항 : 별지 기재와 같습니다.

20○○. ○. ○○.

위 원고 박 ○ ○ (인)

인천지방법원 부천지원 민사○단독 귀중

[별지]

감정할 사항

1) 경기도 양평군 ○○면 ○○리 211-2 전 498㎡

2) 경기도 양평군 ○○면 ○○리 211-7 전 42㎡

3) 경기도 양평군 ○○면 ○○리 211-8 답 18㎡

에 관하여 원고가 소유권을 취득한 20○○. 6. 12.부터 현재까지 보증금이 없는 것을 전제로 적정한 지료 상당액이 얼마인지 여부(지료 상당액을 지가상승률 등을 반영하여 월 단위로 표기해 주시기 바랍니다.)

〈주의사항〉

- 경기도 양평군 지평면 ○○리 211-2 전 498㎡ 및 211-8 답 18㎡는 공부상 농지이나 현황상 대지로 이용되고 있으므로, 이를 감안하여 평가해 주시기 바랍니다.

- 이 사건 지료를 판단함에 있어서는 대법원 1995. 9. 15. 선고 94다61144 판결, 대법원 1992. 6. 23. 선고 91다40177 판결 등 대법원 판결에 따라 "지상물 등 토지 위에 건물이 있는 경우에도 지료는 나대지 상태라는 전제하에 주변 토지의 이용상태, 경제적 가치 등이 종합적으로 고려되어 결정"되어야 하므로, 위 지상 건물로 인하여 토지소유권이 제한받는 사항은 감안하지 마시고 토지가 나대지 상태라는 전제하에 지료가 얼마인지 감정해주시기 바랍니다. 끝.

현장검증신청이라 함은, 판사로 하여금 직접 현장을 방문하여 직접 보고 확인한 내용을 증거로 반영해 달라는 취지의 증거신청이다. 주로 토지 및 건물의 현장상황을 확인해야 하는 경우에 이용되며, 그 외로 교통사고로 인한 손해배상사건이나 일조권 침해를 원인으로 한 손해 배상사건에서도 이용될 수 있다.

다만, 현장검증신청은 일반적인 경우에는 거의 신청할 필요가 없으 며 사진과 같은 서증을 제출하는 것으로 충분한 경우가 많다. 재판 중 에 재판부가 현장을 방문하고 싶다는 뜻을 내비치기도 하는데, 이때 현장검증신청서를 제출하면 된다.

서식 3-32 **현장검증신청서**

현장검증신청서

사　건　20○○가단○○○○○ 부당이득
원　고　박○○
피　고　임○○

위 사건에 관하여 원고는 다음과 같이 현장검증을 신청합니다.

다 음

1. 검증의 목적
　피고는 이 사건 건물을 사용 · 수익하고는 있지만, 이 사건 토지 중 극히 일부만 점유하고 있다고 주장하고 있습니다. 그러나 피 고는 이 사건 건물을 사용하면서 이 사건 토지의 경계에 걸쳐 경 계석을 쌓고 잡기를 쌓아두는 등의 방법으로 이 사건 토지 전체를 이용하고 있습니다. 이러한 피고의 점유 상태를 입증하기 위함입 니다.

2. 검증의 목적물

경기도 양평군 ○○면 ○○리 211-2, 전 498㎡

경기도 양평군 ○○면 ○○리 211-7, 전 42㎡

경기도 양평군 ○○면 ○○리 211-8, 답 18㎡

3. 검증할 사항

피고가 검증의 목적물 토지 전부를 점유 및 사용하는 사실

20○○. ○. ○○.

위 원고 박 ○ ○ (인)

인천지방법원 부천지원 민사○단독 귀중

3) 감정 결과가 나온 후 청구취지의 정리

측량감정이 완료되면 건물의 위치를 명확히 특정할 수 있고, 지료감정이 완료되면 지료로 청구할 금액을 명확히 정리할 수 있다. 감정 결과가 나왔다고 하여 그 내용이 재판에 곧바로 반영되는 것이 아니다. 소장을 제출하면서 임시적으로 기재한 청구취지의 내용을 변경하는데, 이때 '청구취지변경신청서'를 제출하는 방법을 이용한다. 측량감정 결과가 나오면 감정인은 '감정서'를 법원에 제출하는데, 이 자료를 입수해서 감정서에 나와 있는 도면을 발췌하여 청구취지변경신청서의 별지로 붙여야 한다.

청구취지변경신청서

사　건　20○○가단○○○○ 건물철거 등
원　고　문○○
피　고　정○○

위 사건에 관하여 원고는 다음과 같이 청구취지를 변경합니다.

변경된 청구취지

1. 피고는 원고에게,
   가. 경기도 의정부시 ○○○동 427-○○ 대 126.5㎡ 중 별지 도면
   　표시 ①, ②, ③, ④, ⑤, ⑥, ⑦, ⑧, ⑨, ⑩, ①의 각 점을 차례로
   　연결한 선내 (가)부분 105㎡ 지상 철근콘크리트조 5층 건물을
   　철거하고, 위 토지를 인도하라.
   나. 20○○. 8. 5.부터 위 가항 기재 토지를 인도할 때까지 매월
   　796,950원의 비율에 의한 금원을 지급하라.
2. 소송비용은 피고가 부담한다.
3. 제1항은 가집행할 수 있다.
라는 재판을 구합니다.

신 청 이 유

원고는 지료감정 및 측량감정의 결과에 따라 청구취지 및 별지 도면
을 정정·보충합니다.

첨 부 서 류

1. 별지도면　　　1부

20○○. ○. ○○.
위 원고　문○○ (인)

의정부지방법원 민사 ○단독 귀중

4) 준비서면 작성의 팁

건물철거소송에서 건물소유자가 할 수 있는 주장은 사실 뻔히 정해져 있다. 첫째로는 토지 위에서 정정당당히 건물을 소유할 수 있는 권원(법정지상권, 임차권 등 포함)이 있다는 주장이며, 둘째로는 건물의 철거를 구하는 것은 경제적 손실이 막대하고 사회적 관점에서 보아도 바람직하지 않다는 주장이다. 하지만 법원은 건물을 위한 법정지상권 또는 임차권이 성립하지 않는다고 판단되면 웬만해서는 철거판결을 내리므로, 철거소송에서는 법정지상권이 성립하거나 임대차관계가 있지 않는 이상 사실상 건물소유자는 건물을 철거할 수밖에 없다.

준비서면에서는 법정지상권이 성립하지 않는다는 점을 주되게 강조하면서, 부가적으로 건물이 철거되어야 하는 당위성에 대해 언급하는 것이 좋다. 판사로 하여금 우리 측이 소위 '갑질'을 한다는 인상을 주면 판결에 좋지 않은 영향을 미칠 수도 있으며, 실제 적지 않은 판결에서 토지소유자의 건물철거청구를 '권리남용'이라고 보아 건물철거를 구한 토지소유자의 청구를 기각한 바 있다.

`서식 3-34` 준비서면(법정지상권이 성립하지 않는 부분 반박)

준 비 서 면

사　건　20○○가단○○○○ 건물철거 등
원　고　정○○
피　고　손○○ 외 1명

위 사건에 관하여 원고는 다음과 같이 변론을 준비합니다.

다　음

1. 경제적 손실이 막대하다는 주장 관련

피고들은 이 사건 건물에 대한 철거가 명해지게 된다면 피고 손○
○에게 막대한 손해가 발생하고, 사회·경제적으로 큰 손실이라
는 취지로 주장하고 있습니다. 그러나 민법 제366조에서는 법정
지상권에 관한 법리를 명확하게 규정하고 있으므로, 토지주와 건
물주 간의 법률관계는 이 규정에 따라 규율되면 충분합니다. 대법
원은 건물소유자의 경제적 손실이 막대하다는 점만을 이유로 토
지소유자의 권리를 부정하지 않고 있으며, 오히려 무단으로 건축
된 건물을 그대로 보존하게 되면 토지소유자는 그 권리행사에 막
대한 제약을 받게 되므로 철거청구를 특단의 사정이 없는 한 인정
하고 있습니다.

실제 원고는 이 사건 건물을 위한 법정지상권이 성립하지 않음을
명확히 인식하고 이 사건 토지를 낙찰받은 것인데, '경제적 손실'
이 있다는 이유만으로 토지소유자의 권리행사를 제약하게 된다
면, 토지소유자로서는 예상치 못한 권리행사의 제약을 받게 되어
그 손해가 더욱 막심하다는 점을 덧붙여 두는 바입니다.

2. 이 사건 토지는 원고의 생업을 위한 토지입니다.

원고는 현재 무직 상태에 있습니다. 원고는 경험을 살려 사업을
해 보기 위해 젊었던 시절에 경험한 바 있는 곶감사업을 계획하였
고, 컨설팅을 받아 이 사건 토지를 취득하게 된 것입니다. 즉, 원고
는 건시(곶감)와 반건시를 보관하기 위한 저온저장창고와 건조장
을 짓기 위해 이 사건 토지를 낙찰받았습니다. 이 사건 토지는 마
을에 인접하여 있어 원활하게 인력을 채용할 수 있고, 곶감의 주
재료인 감 생산지와 근거리에 위치해 있으며, 더군다나 고속도로
및 지방도로의 접근성도 우수합니다.

원고는 이 지역에 위치한 토지를 매입하기 위해 수개월 동안 부동
산을 돌아다녔는데 이 사건 토지와 비슷한 조건의 토지는 매매가
격이 ㎡당 250,000원 정도로 상당히 부담되어 경매절차를 이용하
여 이 사건 토지를 낙찰받은 것이었습니다. 따라서 이 사건 토지

는 원고가 앞으로 생업을 위해 반드시 필요한 토지입니다.

3. 결론

원고는 20○○. 12. 17.에 이 사건 토지의 매각대금 잔금을 납부했지만 이 사건 토지를 원고의 뜻대로 전혀 이용하지 못하고 있습니다. 피고의 항변은 어느 모로 보나 이유가 없으므로, 조속히 판결을 선고해 주시기를 앙망합니다.

20○○. ○. ○○.

원고 정○○ (인)

청주지방법원 영동지원 민사단독 귀중

4. 법정지상권을 소멸시키는 방법

1) 지료연체를 이유로 한 지상권 소멸청구

법정지상권자가 2년분 이상의 지료를 지급하지 아니한 때에는 토지소유자는 법정지상권의 소멸을 청구할 수 있다(민법 제287조). 다만, 지상권자의 지료 지급 연체가 토지소유권의 양도 전후에 걸쳐 이루어진 경우 토지양수인에 대한 연체기간이 2년이 되지 않는다면 양수인은 지상권 소멸청구를 할 수 없다(대법원 2001. 3. 13. 선고 99다17142 판결).

또한, 법정지상권에 관한 지료가 합의 또는 법원의 판결로 결정된 바 없다면, 법정지상권자가 토지소유자에게 지료를 지급하지 아니하였다고 하더라도 지료의 지급을 지체한 것으로 볼 수는 없다. 그러나 합의를 통해 지료액이 정해졌거나 객관적인 지료액이 판결에 의하여 정해진 경우 지료의 청구를 받고도 책임 있는 사유로 상당한 기간 지료의 지급을 지체한 때에는 지체된 지료가 판결 확정의 전후에 걸쳐 2년분 이상일 경우에도 토지소유자는 지상권의 소멸을 청구할 수 있다(대법원 1993. 3. 12. 선고 92다44749 판결, 대법원 2005. 10. 13. 선고 2005다37208 판결).

2) 실전 사례

이 사안은 토지의 전 소유자가 법정지상권이 성립하는 건물의 소유자에 대해 지료를 지급하라는 판결을 받아놓았으나, 건물의 소유자로부터 지료를 2년이 넘는 시간 동안 받지 못한 사안이다. 이러한 사정을 미리 알고, 전 소유자로 하여금 법정지상권의 소멸 통고를 요청하고, 그 다음 토지를 매수하여 토지의 소유권을 취득한 뒤 건물철거소송을 제기하였다.

(1) 내용증명을 통한 지료 납부 독촉 및 법정지상권 소멸청구

2년분의 지료 연체를 이유로 법정지상권의 소멸을 청구하려면 적어도 건물소유자가 토지소유자에게 어떤 방식으로 돈을 지급해야 하는지 정도는 알고 있어야 나중에 건물소유자의 책임을 물을 수 있을 것이다. 토지소유자와 연락도 안 되고 토지소유자의 계좌번호도 모르는데 건물소유자에게 2년 치의 지료를 내지 않았음을 탓하는 것은 상식에도 맞지 않는다. 따라서 지상권 소멸청구를 하려면 먼저 건물소유자에게 내용증명을 보내어 지료를 입금할 계좌번호를 알려주면서 지료를 지급해 줄 것을 독촉해야 한다.

내 용 증 명

제목 : 지료 납부 독촉

수신인 : 정 ○ ○
주   소 : 경기 의정부시 ○ ○ 로 ○ ○

발신인 : 배 ○ ○
주   소 : 서울 중랑구 ○ ○ 로 ○ ○ ○ ○ 아파트 104동 25○ ○호

〈부동산의 표시〉

경기도 의정부시 ○ ○ 로 ○ ○ 대 126.5㎡ 지상 3층 다가구주택

상기 토지의 소유자 배○○은 상기 건물의 소유자 정○○에게 체납된 지료에 관해 다음과 같이 통보드리오니 협조 부탁드립니다.

다 음

1. 귀하가 현재까지 연체한 지료금액은 총 31개월분에 이릅니다. 의정부지방법원 20○○가단○○○○○ 건물 등 철거판결에 의하면 귀하는 매월 353,673원을 본인에게 지급해야 합니다. 그럼에도 불구하고 귀하는 지료를 제대로 납부하지 않고 상당 기간 연체하고 있습니다. 따라서 본인의 계좌(○ ○ 은행 000-000-000 예금주 : 배 ○ ○)로 체납지료 전부를 조속히 납부해주시기 바랍니다.

2. 본인은 민법 제286조에 의거하여 추후 지료를 상향해 줄 것을 청구하는 내용의 소를 제기할 예정입니다. 민법 제286조에 의하면 "지료가 토지에 관한 조세 기타 부담의 증감이나 지가의 변동으로 인하여 상당하지 아니하게 된 때에는 당사자는 그 증감을 청구할 수 있다."고 규정되어 있는데, 현재 상기 토지의 공시지가를

감안한 적정 지료는 매월 1,100,000원 정도로 추정됩니다. 따라서 귀하가 본인이 제시한 금액에 관하여 동의하지 않을 경우 부득이 법원에 소를 제기하여 지료를 상향할 예정이오니 서면으로 답변을 해주시면 좋겠습니다.

3. 본인은 토지의 소유권 행사도 제대로 하지 못하는 상태에서 지료 마저 체납되어 금전적·정신적으로 힘든 상태이므로 밀린 지료를 일시불로 지급해 주시길 바라며, 또한 본인의 의사를 서면으로 통보드리는 것에 대해 너그러이 이해해주시길 바랍니다.

20○○. ○. ○○.

발신자 배 ○ ○ (인)

토지소유자의 계좌번호를 알게 되었는데도 불구하고 건물소유자가 토지소유자에게 2년 동안의 지료를 지급하지 않는다면, 이는 온전히 건물소유자의 책임이라고 볼 수 있다. 이러한 경우라면 훨씬 안전하게 법정지상권의 소멸을 청구할 수 있다.

서식 3-36 내용증명(법정지상권 소멸청구)

내 용 증 명

제목 : 법정지상권 소멸 통보

수신인 : 정 ○ ○
주　소 : 경기 의정부시 ○○로 ○○

발신인 : 배 ○ ○
주　소 : 서울 중랑구 ○○로 ○○ ○○아파트 104동 25○○호

<부동산의 표시>
경기도 의정부시 ○○로 ○○ 대 126.5㎡ 지상 3층 다가구주택

상기 토지의 소유자 배○○은 상기 건물의 소유자 정○○에게 지료 체납을 이유로 다음과 같이 지상권의 소멸을 통보합니다.

다 음

1. 의정부지방법원 200○가단○○○○○ 건물 등 철거판결에 따르면 귀하는 본인에게 매월 353,673원을 본인에게 지급해야 합니다. 그럼에도 불구하고 귀하는 지료를 제대로 납부하지 않고 현재까지 총 32개월분에 해당하는 지료를 연체하고 있습니다.

2. 이에 본인은 민법 제287조에 의거하여 지상권의 소멸을 통보합니다. 민법 제287조에서는 "지상권자가 2년 이상의 지료를 지급하지 아니한 때에는 지상권설정자는 지상권의 소멸을 청구할 수 있다."고 규정하고 있습니다.

3. 본인은 토지의 소유권 행사도 제대로 하지 못하는 상태에서 지료 마저 체납되어 금전적 · 정신적으로 힘든 상태입니다. 서면으로 이 같은 내용을 통보드리는 것에 대해 너그러이 이해해주시길 바랍니다.

200○. ○. ○○.
발신인 배 ○ ○ (인)

(2) 소송을 통한 건물철거

토지의 전 소유자의 법정지상권 소멸 통보로 인해 법정지상권이 소멸되었다면, 그 뒤에 토지의 소유자가 된 매수인은 법정지상권이 성립

하지 않음을 이유로 건물의 철거를 구할 수 있게 된다.

서식 3-37 소장(법정지상권 소멸을 이유로 한 건물철거)

소 장

원   고   문 ○ ○(650000-1000000)
           용인시 기흥구 ○○로 ○○ ○○포스홈타운 2○○동 11
           ○○호
피   고   정 ○ ○(380000-2000000)
           의정부시 ○○로 ○○

건물철거 등 청구의 소

청 구 취 지

1. 피고는 원고에게,
   가. 경기도 의정부시 ○○로 ○○ 대 126.5㎡ 중 별지 도면 표시
       ①, ②, ③, ④, ⑤, ⑥, ⑦, ⑧, ⑨, ⑩, ①의 각 점을 차례로 연결
       한 선내 (가)부분 105㎡ 지상 철근콘크리트조 5층 건물을 철거
       하고, 위 토지를 인도하라.
   나. 20○○. 8. 5.부터 위 가항 기재 토지를 인도할 때까지 매월
       807,070원의 비율에 의한 금원을 지급하라.
2. 소송비용은 피고가 부담한다.
3. 제1항은 가집행할 수 있다.
라는 재판을 구합니다.

청 구 원 인

1. 당사자의 지위
   원고는 경기도 의정부시 ○○로 ○○ 대 126.5㎡(이하 '이 사건 토
   지'라 합니다)를 소외 배○○으로부터 매수하여 20○○. 8. 5. 소

유권이전등기를 완료한 토지주이고, 피고는 이 사건 토지 지상의 벽돌콘크리트조 지하 1층 지상 3층 옥상건물(이하 '이 사건 건물'이라 합니다)의 소유자입니다(갑 제1호증의 1, 2 각 부동산등기사항증명서).

2. 이 사건 건물에 관한 지료채권 발생 경위

본래 이 사건 토지는 피고의 소유였으나 의정부지방법원 20○○타경○○○○○ 부동산강제경매사건에서 배○○이 낙찰받아 잔금을 완납하고 20○○. 6. 20. 소유권을 이전받았습니다. 그 시점에도 피고는 이 사건 토지 지상에 소재한 이 사건 건물을 소유하고 있었습니다(갑 제2호증 경매사건검색표). 배○○은 피고를 상대로 건물 등 철거청구의 소(사건번호 의정부지방법원 20○○가단○○○○○)를 제기하여 20○○. 8. 13.에 "이 사건 건물에는 법정지상권이 성립하므로 철거를 구하는 배○○의 주장은 이유 없고, 다만 피고 정○○은 배○○에게 이 사건 토지를 인도할 때까지 월 353,673원을 지급하라."는 내용의 판결을 받았습니다. 따라서 피고는 매월 금 353,673원의 지료를 배○○에게 지급할 의무를 지게 되었습니다(갑 제3호증 판결문 사본).

3. 피고의 의무

가. 건물철거의무

피고는 지료판결이 확정되었음에도 불구하고 성실히 지료를 납부하지 않았고, 배○○의 지료지급독촉에도 불구하고 총 32개월의 지료를 연체하였습니다. 그래서 "2년 이상의 지료를 지급하지 아니한 때에는 지상권설정자는 지상권의 소멸을 청구할 수 있다."는 민법 제287조 규정에 근거하여 배○○은 피고를 상대로 20○○. 7. 20. 지상권 소멸청구를 하였고, 그러한 의사가 담긴 내용증명은 20○○. 7. 22. 피고에게 송달이 되었습니다(갑 제4호증 내용증명). 이로써 이 사건 건물의 법정지상권은 소멸되었습니다. 그리고 원고는 배○○으로부터 이 사건 토지를 매수하면서 위와 같은 배○○의 모든 권리를 승계취득하였습니다.

이와 같이 배○○의 지상권 소멸청구로 인해 이 사건 건물에 관한 법정지상권은 소멸하였으므로, 피고는 원고에게 이 사건 건물을 철거하고 이 사건 토지를 인도할 의무가 있습니다.

나. 지료지급의무

과거 소송에 의해 지료판결이 확정되었을지라도 그 금액이 현시세에 상당하지 아니할 경우 민법 제286조에 의해 토지주는 지상권자에게 지료증액을 청구할 수 있습니다.

한편 이 사건 토지의 전 소유주인 배○○이 피고에 대하여 판결로 선고받은 지료는 매월 금 353,673원으로, 현재의 시세와 비교하면 매우 적은 금액입니다. 따라서 원고는 민법 제286조에 의하여 증가된 지료를 청구할 것이나 일단 원고가 이 사건 토지의 소유권을 취득한 날부터 피고가 원고에게 이 사건 토지를 인도할 때까지 매월 금 807,070원(= 공시지가 × 1%)을 청구하고, 추후 지료감정을 통하여 청구취지를 변경하도록 하겠습니다.

4. 결론

이 사건 건물은 2년분 이상의 지료연체로 인해 전 토지주에 의해 지상권 소멸청구가 이루어져 법정지상권이 소멸되었습니다. 따라서 이러한 전 토지주의 지위를 승계취득한 원고는 이 사건 토지의 소유권에 기해 그 방해배제 및 인도청구로써 이 사건 건물의 철거, 인도 및 부당이득의 반환을 구하고자 이 사건 소송을 제기하기에 이른 것입니다.

입 증 방 법

1. 갑 제1호증의 1, 2 각 부동산등기사항증명서
1. 갑 제2호증   경매사건검색표
1. 갑 제3호증   판결문 사본
1. 갑 제4호증   내용증명

첨 부 서 류

1. 토지대장
1. 건축물대장
1. 소가 산출내역

20○○. ○. ○○.

원고 문○○ (인)

의정부지방법원 귀중

5. 실전 판결문

의 정 부 지 방 법 원
판   결

사   건   20○○가단○○○○ 건물철거 등
원   고   사회복지법인 ○○○○
           서울 영등포구 ○○로 ○○
           대표자 이사 박○○

피　　고　1. A

서울 서초구 ○○로 ○○

2. B

3. C

서울 서초구 ○○로 ○○

4. D

과천시 ○○로 ○○

5. E

6. F

피고 2, 5, 6의 주소　서울 관악구 ○○로 ○○

변론종결　20○○. 1. 27.

판결선고　20○○. 3. 3.

주　문

1. 원고에게,

가. 피고 A은 별지 제1, 2도면 표시 26, 27, 28, 29, 30, 31, 32, 33, 26의 각 점을 차례로 이은 선 안의 '라'부분 토지 63㎡ 위의 건물을 철거하고, 위 토지를 인도하고,

나. 피고 C은 7/11 지분에 관하여, 피고 B, D, E, F는 각 1/11 지분에 관하여,

1) 별지 제1, 2도면 표시 6, 7, 8, 9, 10, 11, 12, 6의 각 점을 차례로 이은 선 안의 '가(ㄴ)'부분 토지 60㎡,

2) 위 각 도면 표시 18, 19, 20, 31, 18의 각 점을 차례로 이은 선 안의 '나'부분 토지 42㎡,

3) 위 각 도면 표시 22, 23, 24, 25, 22의 각 점을 차례로 이은 선 안의 '다'부분 토지 21㎡

위의 각 건물을 철거하고, 위 각 토지를 각 인도하라.

2. 소송비용은 피고들이 부담한다.

3. 제1항은 가집행할 수 있다.

청 구 취 지

주문과 같다.

이   유

1. 기초사실

　가. 원고는 서초구 ○○동 ○○ 임야 34,281㎡(이하 '이 사건 토지'라 한다)의 소유자이다.

　나. 피고 A는 주문 제1.가.항 기재 무허가건물(이하 '이 사건 제1 건물'이라 한다)을 매수하여 거주하고 있고, 피고 B, C, D, E, F는 주문 제1.나.항 기재 각 건물(이하 '이 사건 제2 건물'이라 한다)을 피고 C는 7/11 지분, 피고 B, D, E, F는 각 1/11 지분으로 소유하고 있다.

[인정근거 : 다툼 없는 사실, 갑 제1호증의 기재, 감정인 정○○의 측량감정 결과, 변론 전체의 취지]

2. 주장 및 판단

　가. 원고의 청구에 관한 판단

　　위 인정사실을 종합하면, 이 사건 토지의 소유자인 원고에게, 피고 A는 이 사건 제1 건물을 사용, 수익, 처분권을 갖는 점유자로서, 나머지 피고들은 이 사건 제2 건물의 소유자로서 각 이 사건 각 건물을 철거하고 건물이 점유하는 부분의 토지를 인도할 의무가 있다.

　나. 피고 A의 주장에 관한 판단

　　피고 A는 종전 소유자들의 허락하에 이 사건 제1 건물의 사용, 수익, 처분권자로서 점유하고 있다고 하여, <u>위 피고에게 토지를 점유할 권리가 있거나 원고의 철거청구가 권리남용에 해당한다는 취지로 주장하나, 위 피고의 주장을 입증할 증거가 없고</u>, 종전 소유자들과의 채권적 권리를 원고에게 주장할 수 없

으며, 위 피고가 주장하는 사유만으로는 원고의 철거청구가
권리남용에 해당한다고 보기 어렵다.

다. 나머지 피고들의 주장에 관한 판단
나머지 피고들은 주문 제1.나.2)항 기재 건물을 철거하면 위
건물의 나머지 부분도 사용할 수 없으므로 원고의 철거청구가
권리남용에 해당한다고 주장하나, 위 건물이 원고의 토지를
침범한 면적이 상당하다는 점, 위 건물은 30~40년이 경과한 건
물이라는 점 등을 종합하여 보면, 원고의 철거청구가 권리남
용에 해당한다고 보기 어렵다.

3. 결론
그렇다면, 원고의 청구는 모두 이유 있으므로 이를 인용하기로 하
여 주문과 같이 판결한다.

판사　○　○　○　　(서명)

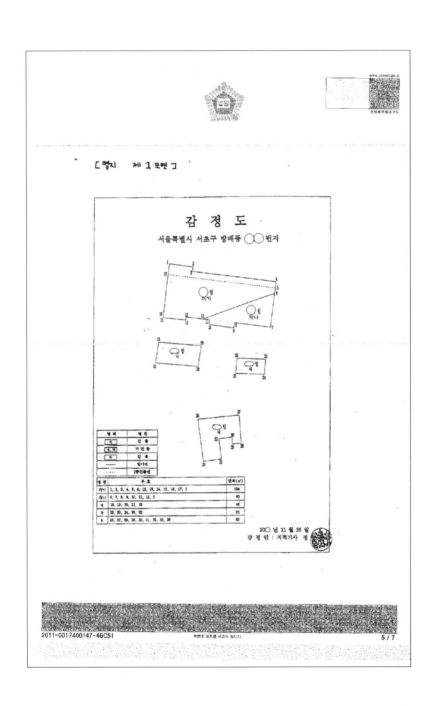

[별지 제2도면]

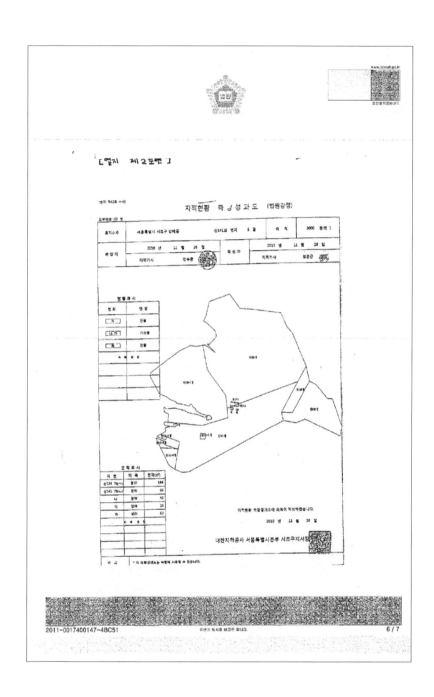

4. 법정지상권 ●●● 645

5 유치권

1. 유치권의 정의

　유치권은 타인의 물건 또는 유가증권을 점유하는 자가 그 물건 또는 유가증권에 관하여 생긴 채권을 가지는 경우에, 그 채권을 변제받을 때까지 그 목적물을 유치할 수 있는 권리로서 채무자의 변제를 간접적으로 강제하고 당사자의 의사와는 관계없이 법률상 당연히 인정되는 담보물권이다(민법 320조 1항). 유치권은 물권이므로 대세적 효력을 갖기 때문에 채무자가 아닌 제3자가 유치물의 소유자일지라도 제3자에게 대항이 가능하고 경매절차에서 경락을 받은 매수인에게도 대항할 수 있다. 경매법원에 접수된 유치권 신고서의 금액이 정당한 공사대금이라면 낙찰자는 유치권자의 공사대금을 변제해야만 경매부동산을 인도를 받을 수 있으므로 입찰 전 현장조사를 철저하게 해야 한다(유치권은 경매법원에 신고하지 않아도 인정됨). 즉, 유치권은 인도거절권뿐 아니라 목적물을 점유할 수 있는 독립한 물권이다.

2. 내용증명, 인도명령 및 합의서의 활용

1) 유치권 해결을 위한 첫걸음 : 내용증명

경매, 공매 물건을 검색하다 보면 유치권 신고가 접수된 물건이 매우 많다는 생각이 자연히 든다. 건물을 짓는 중에 시행사가 부도가 나서 경매에 나온 물건이라면 상식적으로도 쉽게 이해가 가지만, 준공된 지 한참 된 아파트에 임차인이 있음에도 불구하고 유치권 신고가 되어 있는 것을 보면 고개가 갸우뚱해진다. 유치권이 성립하기 위해서는 그 부동산을 '점유'하는 것이 필요한데, 임차인이 있는 집에 다른 공사업자가 일부를 점유하고 있다고 생각하기는 어렵기 때문이다. 이는 모두 '경매컨설팅업체'의 덕택(?)인데, 근래 경매가 나온 집이 있으면 경매컨설팅업체는 낙찰자로부터 돈을 받아내 주겠다고 꾀어 온갖 불법적인 일을 많이 저지른다. 물론 그중에서는 진짜 유치권이 있을 수도 있으므로, 미리 정확한 분석을 통해 입찰에 들어가는 것이 중요하다.

유치권자는 어느 정도의 법적 공방을 예상하고 있으므로, 유치권자 주장의 취약점을 철저히 파악하여 내용증명을 통해 먼저 압박을 진행하여 상대방의 약점을 파악해 나가야 한다.

서식 3-38 내용증명(낙찰 후 유치권 포기 최고)

내 용 증 명

제목 : 민·형사상 법적 절차 예정 통보

수신인 : ○○조경 대표 박 ○ ○
주 소 : 경기도 평택시 ○○로 ○○

발신인 : 박 ○ ○
주 소 : 경기도 부천시 원미구 ○○로 ○○

> 〈부동산의 표시〉
>
> 경기도 양평군 ○○면 ○○로 211-2, 211-3, 211-6, 211-7, 211-8

본인은 상기 토지에 대해 20○○. 6. 12.에 매각대금을 완납한 소유자로서, 상기 토지에 관하여 경매법원에 유치권신고서를 제출한 귀하에게 아래와 같이 최고합니다.

아 래

1. 유치권의 불성립에 따른 '유치권포기서' 제출 최고

   귀하는 공사대금채권이 있음을 전제로 상기 토지를 점유하고 있습니다. 그러나 귀하는 법적으로 '상기 토지'에 관하여 유치권을 행사할 수 없습니다. 왜냐하면 귀하가 주장하는 공사대금채권은 '토지'가 아닌 '건물'에 관한 것이기 때문입니다. 따라서 본 내용증명을 수신 후 1주일 이내에 위 토지 상 설치한 컨테이너를 제거함은 물론, 경매법원에 유치권 포기서를 제출하시기 바랍니다. 귀하는 상기 토지 지상의 단독주택 소유자인 "임○○"와 민간건설도급계약을 체결 후 공사비를 받지 못한 것이므로 임○○에게 민·형사상 조치를 취하여 채권회수를 하는 것이 옳습니다. 따라서 내용증명 수신 후에도 위 요청사항을 이행하지 않을 경우 다음과 같이 민·형사상 법적 절차가 착수될 수밖에 없음을 양지하시기 바랍니다.

2. 무단점유에 대한 임료청구

   상기 토지 지상에 컨테이너가 제거되지 않을 경우 귀하를 상대로 20○○. 6. 12.부터 토지의 인도시점까지 매월 1,217,280원(본 부동산 감정가의 1%로 보증금 없는 월임료)에 해당되는 금액을 청구하는 부당이득금반환청구소송을 제기할 것입니다. 그리고 위 판결이 확정되는 즉시 귀하의 재산에 압류조치가 될 것이며, 해당 금액이 변제되기 전까지 연 12%의 지연이자 또한 청구될 것입니다(본인의 잔금 납부일로부터 위 금액은 기산됩니다).

3. 경매방해죄로 검찰에 형사고소

만약 귀하에게 진정으로 공사대금 채권이 있다면 지금이라도 "임
○○"에게 충분히 채권회수가 가능할 것인데 귀하는 "임○○"에게
는 가압류, 공사대금청구소송 등 채권회수를 위한 조치를 전혀 취
하지 않으면서 이 사건 경매절차에 유치권신고서를 제출한 귀하의
행위는 명백한 경매방해 행위로 형사처벌 대상이 될 수 있습니다.
따라서 귀하를 피고소인으로 하여 수원지방검찰청 여주지청에 '경
매방해죄 등' 혐의로 고소장을 접수할 예정입니다. 귀하와 동일한
행위를 했던 사안에 대하여 징역 10개월의 실형을 선고받은 사례가
있습니다(인천지방법원 2008. 6. 20. 선고 2007고단4235 판결).

4. 고문 법률사무소

위 2, 3항에 대한 업무는 본인의 고문변호사를 통해 진행될 것입
니다.

5. 이행시한

귀하가 이 사건 경매절차에서 허위유치권을 신고하면서 경매를
방해하고, 간접적으로 낙찰자에게 금전을 요구하는 행위는 중대
한 범죄에 해당됩니다. 이런 불법행위는 아무런 이해관계가 없는
본인에게 손해를 끼치는 행위이며, 명백하게 형사처벌이 될 수 있
는 행위입니다. 최근 검찰에서는 전국적으로 허위유치권에 관하
여 엄정하게 수사하고 있고, 가담자에게 실형을 내리고 있는 추세
입니다. 마지막으로 내용증명 수신 후 1주일 이내에 1항에 대한
모든 사항을 이행할 것을 최고합니다. 만약 이행하지 않는다면 2,
3항의 내용대로 민·형사상 모든 법적 절차를 고문변호사를 통해
신속히 진행될 것이오니 부디 현명한 판단을 하시기 바랍니다.

20○○. ○. ○○.

낙찰자 박 ○ ○ (인)

2) 내용증명을 이용한 유치권 소멸 통보

유치권은 본래 정당한 채권자의 이익을 보호해주기 위해 그 물건을 점유하는 방법으로 채무자에 대한 채무 변제를 압박하기 위해 인정되는 권리이므로, 그러한 본래 목적에 부합하는 방향으로 정당하게 행사되어야 한다. 유치권자는 부동산을 점유하면서 소유자에 대해 인도 거절만을 할 수 있으며, 마치 그 부동산을 자신이 소유자인 것처럼 사용할 수는 없다. 이 때문에 민법 제324조 제2항은 "유치권자는 채무자의 승낙 없이 유치물의 사용, 대여 또는 담보제공을 하지 못한다."고 규정하고 있고, 유치권자가 이러한 의무를 위반한 때에는 채무자가 유치권자에 대하여 유치권의 소멸청구를 할 수 있게 규정하고 있다.

따라서 유치권자가 부동산을 제3자에게 임대하는 등 방법으로 사용·수익하고 있는 사정이 밝혀진다면 이를 이유로 유치권을 소멸시킬 수 있음을 기억하자.

서식 3-39 내용증명(유치권 소멸 통보)

내 용 증 명

제목 : 유치권 소멸 통보

수신인 : ○○조경 대표 박○○
주　소 : 경기도 평택시 ○○로 ○○

발신인 : 박○○(010-0000-0000)
주　소 : 경기도 부천시 원미구 ○○로 ○○

〈부동산의 표시〉
경기도 양평군 ○○면 ○○로 211-2, 211-3, 211-6, 211-7, 211-8

본인은 상기 토지에 대해 20○○. 6. 12.에 매각대금을 완납한 소유자로서, 상기 토지에 관하여 경매법원에 유치권신고서를 제출한 귀하에게 아래와 같이 통보합니다.

아 래

1. 귀하는 상기 토지에 유치권을 행사하고 있다는 플래카드를 걸어두고 있으며, 이에 본인은 20○○. 6. 12., 20○○. 6. 14., 20○○. 6. 15. 세 차례에 걸쳐 현장을 방문한 사실이 있습니다. 그런데 이때 본인은 귀하가 걸어둔 플래카드를 제외하고 귀하의 점유사실을 확인할 수 있는 어떠한 것도 확인할 수 없었습니다. 귀하나 귀하의 직원을 만나본 사실이 없음도 물론입니다. 이러한 경우 점유상실로 인하여 유치권은 소멸됩니다.

2. 나아가 상기 토지 전반에 걸쳐 각종 농작물이 심어져 있었으며, 이에 본인은 농작물의 주인이라는 문○○이라는 사람을 만나보니 귀하에게 돈을 지급하면서 상기 토지를 이용하고 있다고 답변하였습니다.
대법원 2011. 2. 10. 선고 2010다94700 판결은 "유치권자는 채무자 또는 소유자의 승낙이 없는 이상 그 목적물을 타에 임대할 수 있는 권한이 없으므로(민법 제324조 제2항), 유치권자의 그러한 임대행위는 소유자의 처분권한을 침해하는 것으로서 소유자에게 그 임대의 효력을 주장할 수 없다."고 판시하여 그러한 점유를 근거로 유치권을 주장할 수 없는 것으로 보고 있습니다. 따라서 귀하가 상기 토지를 제3자에게 무단으로 임대한 이상 유치권의 효력은 유지될 수 없습니다.

3. 귀하는 유치권자임에도 불구하고 상기 토지를 문○○에게 임대하고 그 임료를 지급받았으므로, 이 돈을 소유자인 본인에게 반환해 주시기 바라며, 또한 경매사건에 제출한 유치권신고서 때문에 본

인은 대출을 실행받기 어려운 등의 어려움이 있으므로 하루빨리 경매법원에 유치권포기신고서를 제출하시기를 최고합니다.

4. 귀하가 경매절차에서 허위유치권을 신고하면서 경매를 방해하고, 간접적으로 낙찰자에게 금전을 요구하는 행위는 중대한 범죄에 해당함을 양지하시고, 부당한 요구를 할 시 강력한 법적 대응에 임할 수밖에 없음을 이해해 주시기 바랍니다.

20○○. ○. ○○.

낙찰자 박 ○ ○ (인)

3) 유치권자에 관한 인도명령신청

부동산에 관하여 유치권이 성립하기 위해서는 ①타인의 부동산을 ②적법하게 점유하여야 하며, ③채권은 그 부동산(토지나 건물)에 관하여 생긴 채권이어야 한다. ④또한, 그 채권은 변제기에 있어야 하며 ⑤유치권 성립을 배제하는 내용의 특약이 없어야 한다. 따라서 이러한 유치권 성립 요건을 명확히 알고, 위 요건이 갖추어지지 못하였음을 조목조목 잘 지적해야 한다. 위의 요건 중 단 하나의 요건만 성립하지 않아도 유치권은 성립하지 않는다.

서식 3-40 부동산인도명령신청서(유치권자가 경매기입등기 이후 점유를 시작하였고, 공사대금채권의 소멸시효도 완성된 경우)

부동산인도명령신청서

관련사건번호 20○○타경○○○○○ 부동산임의경매

신　청　인 김○○

　　　　　　서울 광진구 ○○로 ○○ ○○빌라 302호

피 신 청 인　이○○

　　　　　　경기도 동두천시 ○○로 ○○

신 청 취 지

피신청인은 신청인에게 별지 목록 기재 부동산을 인도하라.

라는 재판을 구합니다.

신 청 이 유

1. 당사자의 지위

신청인은 의정부지방법원 20○○타경○○○○○ 부동산임의경

매사건에서 별지 목록 기재 부동산(이하 '이 사건 건물'이라 합니

다)을 낙찰받아 매각대금을 완납함으로써 같은 부동산의 소유권

을 취득한 소유자이고, 피신청인은 귀원에 위 경매사건에서 유치

권을 신고한 자입니다(소갑 제1호증의 1 유치권신고서).

2. 피신청인이 주장하는 유치권은 성립하지 않습니다.

　가. 피신청인은 채무자 겸 소유자인 임○○와 공모하여 허위유치

　　　권 관련 서류를 작출한 것이 분명합니다.

　　　피신청인이 귀원에 제출한 20○○. ○○. ○○.자 유치권신고

　　　서에는 2000. 7. 8.자 전기공사도급계약서와 2001. 7. 9.자 건

　　　설공사표준하도급계약서가 있습니다(소갑 제1호증의 2, 3).

　　　그런데 위 두 개의 서류는 완벽히 글씨체가 동일하며 아울러

　　　작성하는 데에 사용한 필기도구까지 동일한 사실을 확인할 수

　　　있습니다. 즉, 육안으로만 보아도 위 두 개의 서류가 같은 시간

　　　에 한목에 작성한 것임이 확연히 확인됩니다.

　　　나아가 공사에 관련된 아무런 입증서류도 구비되어 있지 않습

　　　니다. 즉, 실제로 공사를 하였다면 갖추고 있어야 할 최소한의

　　　증빙자료인 공사비지출내역서, 거래명세서 및 세금계산서, 세

무서에 부가가치세를 신고하면서 제출하였을 매출처별 세금계산서합계표 등 증빙자료가 있어야 할 것인데, 이러한 서류를 제출한 바가 없을뿐더러 피신청인에게 위 서류에 대해 물어보니 그러한 서류가 없다고 발뺌하기도 하였습니다.

참고로, 소갑 제1호증의 2 전기공사도급계약서 맨 아랫부분을 살펴보면 '미수금액 ₩57,000,000'이란 글씨가 동일한 펜과 글씨체로 기재되어 있는데, 공사를 모두 마친 후에 공사대금 미납이 있을 시에 발생할 미수금액 ₩57,000,000을 전기공사도급계약서를 작성하면서 도대체 어떻게 같은 펜과 글씨체로 곧바로 기재할 수 있는지 모를 일이며, 이는 채무자와 피신청인이 위 서류를 작출하면서 허위유치권신고금액을 적절히 맞추기 위하여 일부러 맨 밑에 기재를 추가한 것으로 보입니다.

나. 공사대금채권에 관한 소멸시효 완성

만약 피신청인이 진정한 유치권자라면 공사대금을 1억 1,900만 원이나 못 받고 7년이 가까운 세월 동안 별다른 조치를 취하지 않았을 리 만무합니다. 신청인은 피신청인에게 혹여나 공사대금채권에 관하여 받은 판결이 있는지 여부를 물어보기도 하였는데, 피신청인은 공사대금채권에 관하여 받아둔 판결은 없다고 하였는바, 이 사건 건물이 준공된 지 7년이 지났다는 사실에 비추어 보면 공사대금채권에 관한 소멸시효도 완성하여 피신청인은 더 이상 유치권을 주장할 수 없다고 할 것입니다.

다. 피신청인은 경매기입등기 후에 점유를 개시하였습니다.

무릇 채무자 소유의 부동산에 경매개시결정의 기입등기가 경료되어 압류의 효력이 발생한 이후에 채권자가 채무자로부터 위 부동산의 점유를 이전받고 이에 관한 공사 등을 시행함으로써 채무자에 대한 공사대금채권 및 이를 피담보채권으로 한 유치권을 취득한 경우, 이러한 점유의 이전은 목적물의 교환가치를 감소시킬 우려가 있는 처분행위에 해당하여 민사집행법 제

92조 제1항, 제83조 제4항에 따른 압류의 처분금지효에 저촉되므로, 위와 같은 경위로 부동산을 점유한 채권자로서는 위 유치권을 내세워 그 부동산에 관한 경매절차의 매수인에게 대항할 수 없습니다(대법원 2006. 8. 25. 선고 2006다22050 판결).

이 사건 경매절차에서 집행관 최○○가 20○○. 4. 11. 16시 25분에 조사한 부동산현황조사보고서를 살펴보면 채무자 겸 소유자 임○○와 그 남편 박○○을 참여시키고 현장에서 이 건 부동산의 현황을 조사하였는데 조사 당시에 유치권자 이○○이 점유를 한다거나 유치권을 주장하고 있다는 내용이 전혀 없으며 채무자 겸 소유자 부부만 점유하고 있다는 사실이 명백히 기재되어 있습니다. 만약 유치권자가 위와 같이 유치권을 주장하면서 이 사건 건물을 점유하고 있었다면 집행관은 당연히 유치권자 이○○에 대하여 기재를 하였을 것입니다(소갑 제2호증 현황조사서).

그렇다면 채무자 소유의 부동산에 경매개시결정의 기입등기가 경료되어 압류의 효력이 발생한 이후에 이○○이 채무자로부터 위 부동산의 점유를 이전받고 유치권을 취득하였다고 할 것이므로, 이러한 점유의 이전에 터 잡은 유치권 주장은 앞서 본 대법원 판례의 입장에 따라 경매절차의 매수인인 신청인에게 대항할 수 없습니다.

3. 결론

따라서 피신청인이 주장하는 유치권은 성립하지 아니함이 명백하다고 할 것이므로, 이에 신청인은 조속히 이 사건 부동산을 인도받고자 이 사건 신청을 하기에 이른 것입니다.

소 명 방 법

1. 소갑 제1호증의 1   유치권신고서
1. 소갑 제1호증의 2   전기공사도급계약서

1. 소갑 제1호증의 3   건설공사표준하도급계약서
1. 소갑 제2호증   현황조사서

20○○. ○. ○○.
신청인 김 ○ ○ (인)

의정부지방법원 경매○계 귀중

[별지]

부동산 목록

1. 경기도 연천군 신서면 ○○리 ○○ 대 995㎡
2. 경기도 연천군 신서면 ○○리 ○○
   [도로명주소] 경기도 연천군 ○○로 ○○
   위 지상 철근콘크리트조 콘크리트 평슬래브지붕 2층 근린생활시
   설 및 숙박시설
    1층 162.0㎡(제2종 근린생활시설) 162.0㎡(숙박시설)
    2층 329.76㎡(숙박시설)
    지하1층 135.72㎡(기계실)
3. 경기도 연천군 신서면 ○○리 ○○ 전 284㎡ 끝.

4) 유치권자와의 합의서 및 영수증 작성요령

부동산을 점유하고 있는 자가 진정한 유치권자인 경우, 유치권자로부터 합의서 및 영수증을 받아두면 유치권 합의비용도 필요경비에 산입되어 양도소득세를 절감할 수 있으므로, 영수증을 받아두도록 하자.

합의서와 영수증을 따로 작성할 수도 있겠지만, 영수증 양식 내에서 합의사항을 정리해도 무방하다. 필요경비로 인정받기 위해서는 이러한 영수증만으로는 부족할 수 있고, 합의금의 계좌이체내역 및 인도명령기각결정문과 같은 유치권이 인정되는 법률적 증빙을 함께 구비하는 것이 추후 필요경비 산입을 인정받음에 있어 유리하다.

서식 3-41 양도세 공제받을 수 있는 영수증

영 수 증
[내용: 유치권합의비용]

금 액 : 일금 오백만원정 (₩5,000,000원)

사건번호 : 부천지원 20○○타경○○○○ 부동산임의경매
채 권 자 : ○○저축은행
채 무 자 : 홍○○
유치권자 : 김○○

〈부동산의 표시〉
경기 부천 원미구 정주로 ○○, ○○클래식 B동 101호

영수인은 다음과 같은 사유로 위 금액을 영수하였습니다.

- 다 음 -

1. 본인은 임대인의 동의를 얻어 위 주택에 본인의 자본과 노력으로 필요비를 투입 후 위 주택의 가치를 증가시킨 다음 현재까지 점유를 하며 임대인을 상대로 필요비 · 유익비상환청구권을 가지고 있는 자입니다.

2. 하지만 임대인으로부터 3,800만 원의 필요비 · 유익비를 변제받지 못하여 위 주택이 경매가 진행되면서 필요비 · 유익비상환청구

권에 기한 유치권권리신고를 인천지방법원 부천지원에 접수하였습니다.

3. 그런데 상기 부동산이 낙찰되고 낙찰자 송○○과 공사대금 3,800만 원에 관하여 위 금액으로 원만하게 합의하였습니다.

4. 따라서 위 금액을 수령함과 동시에 낙찰자에게 유치권자로서 일체의 권리를 주장하지 않을 것임을 확인합니다.

20○○. ○. ○○.

〈첨부서류〉
유치권신고서(필요비지출내역서) 1부
유치권자 인감증명서 1부
경매사건검색 1부

〈위 수령인(유치권자)〉
이   름 : 김 ○ ○ (인)
주민번호 : 630000-1000000
점유장소 : 경기 부천 원미구 ○○로 ○○ ○○클래식 B동 101호

낙찰자 송○○ 귀하

서식 3-42 합의서(유치권 포기 및 부동산 인도에 관한 합의)

합 의 서

> 〈부동산의 표시〉
> 경기 부천 원미구 ○○로 ○○, ○○클래식 B동 101호

김철수를 "갑", 송○○을 "을"이라 하고, "갑"과 "을"은 상기 부동산의 명도에 관하여 아래와 같이 합의하기로 한다.

아　래

1. "갑"은 20○○년 ○월 ○○일까지 상기 부동산의 점유를 풀고 유치권 행사를 포기한다. "갑"은 상기 부동산의 점유를 제3자에게 이전하여서는 안 된다.

2. "을"은 "갑"에게 ○○○에 대한 공사대금채권금액 중 일부인 일금 _____만 원을 지급한다. 위 금액은 1항에 기재한 점유 해제 즉시 지급한다.

3. "갑"은 상기 부동산 및 내부에 비치된 집기를 파손하지 않고 보존해야 한다.

4. "갑"은 상기 부동산에 남아있는 물건들은 버린 것으로 인정하고, "을"이 남은 이삿짐을 임의로 폐기물로 취급하여 처리하여도 민·형사상 책임을 묻지 않기로 한다.

5. "갑"은 제1항에 기재된 이사 약정일 이후엔 어떠한 경우라도 상기 부동산이 "을"에게 인도집행이 완료된 것으로 인정하고, "을"이 문을 강제로 개문하여 제4항의 행위를 하여도 "을"에게 민·형사상 책임을 묻지 않기로 한다.

6. "을"은 "갑"이 위 1항의 약정일에 점유를 푼 것을 확인하였을 경우, 그 날로부터 일주일 이내에 "갑"을 상대로 제기한 일체의 소송을 취하하며, 아울러 일체의 소송비용, 집행비용 및 점유해제일까지의 손해배상금도 청구하지 않는다.

7. 이 계약을 위반할 시 일방당사자는 상대방에게 일금 3천만 원을 위약벌 명목으로 지급한다.

20○○. ○. ○○.

"갑"

성   명 : 김 ○ ○ (인)

주민번호 :

주   소 :

"을"

성   명 : 송 ○ ○ (인)

주민번호 :

주   소 :

3. 형사고소

부동산을 낙찰받은 뒤 유치권자와 협의를 통해 원만히 부동산을 인도받으면 좋겠지만, 유치권자는 무작정 상식에 맞지 않는 무리한 요구를 하는 경우가 많다. 이러한 때는 협상에 성실히 임하되 필요하다면 단호하게 칼을 빼어들 필요가 있다. 유치권자를 경매방해죄 등으로 형사고소를 하는 것이다.

형사고소를 할 때에는 상대방이 허위유치권자라는 점에 대하여 충분한 소명자료를 준비해야 하고, 녹음한 파일이 있다면 녹취서를 만들어 제출해야 한다. 만약 별다른 증거도 없이 고소를 하면 역으로 무고죄의 죄책을 질 수 있음을 주의해야 한다.

참고로, 인도명령, 명도소장, 고소장의 내용은 거의 비슷하며 작성하는 형식만 다를 뿐이다. 다음의 고소장도 앞에 소개한 인도명령 내용을 바탕으로 작성된 것이다.

고 소 장

고 소 인   김 ○ ○
　　　　　서울 광진구 ○○로 ○○빌라 302호
　　　　　(연락처: 010-0000-0000)

피고소인   1. 임 ○ ○
　　　　　　경기도 연천군 신서면 ○○로 ○○
　　　　　　(연락처: 010-0000-0000)
　　　　　2. 이 ○ ○(630000-1000000)
　　　　　　경기도 동두천시 ○○로 ○○
　　　　　　(연락처: 010-0000-0000)

고 소 취 지

피고소인들을 형법 제315조 경매방해죄 혐의로 고소하오니 철저히 조사하시어 엄벌에 처해 주시기 바랍니다.

고 소 이 유

1. 당사자의 관계

　　고소인은 의정부지방법원 20○○타경○○○○○ 부동산임의경매사건에서 연천군 신서면 ○○리 ○○(이하 '이 사건 부동산'이라 합니다)을 낙찰받아 매각대금을 납부완료한 같은 부동산의 소유자이고, 피고소인들은 공모하여 의정부지방법원에 허위유치권을 신고한 자들입니다(증 제1호증의 1, 2 각 경매사건검색, 제2호증 의정부지방법원 매각허가결정, 제3호증 등기사항증명서).

2. 피고소인 이○○은 허위유치권자입니다.

　　가. 피고소인 이○○은 채무자 겸 소유자인 피고소인 임○○와 공모하여 허위유치권 관련 서류를 작출한 것이 분명합니다.

피고소인 이○○이 의정부지방법원에 제출한 20○○. ○○. ○
○.자 유치권신고서에는 2000. 7. 8.자 전기공사도급계약서와
2001. 7. 9.자 건설공사표준하도급계약서가 있습니다(증 제4호
증의 1~3). 그런데 위 두 개의 서류는 완벽히 글씨체가 동일하
며 아울러 작성하는 데에 사용한 필기도구까지 동일한 사실을
확인할 수 있습니다. 즉, 육안으로만 보아도 위 두 개의 서류가
같은 시간에 한목에 작성한 것임이 확연히 확인됩니다.
나아가 유치권신고서에는 공사에 관련된 아무런 입증서류도
구비되어 있지 않습니다. 즉, 실제로 공사를 하였다면 갖추고
있어야 할 최소한의 증빙자료인 공사비지출내역서, 거래명세
서 및 세금계산서, 세무서에 부가가치세를 신고하면서 제출하
였을 매출처별 세금계산서합계표 등 증빙자료가 있어야 할 것
인데, 이러한 서류를 제출한 바 없을뿐더러 피고소인 이○○
에게 위 서류에 대해 물어보니 그러한 서류가 없다고 발뺌하
기도 하였습니다.
참고로, 증 제4호증의 2 전기공사도급계약서 맨 아랫부분을
살펴보면 '미수금액 ₩57,000,000'이란 글씨가 동일한 펜과 글
씨체로 기재되어 있는데, 공사를 모두 마친 후에 공사대금미
납이 있을 시에 발생할 미수금액 ₩57,000,000을 전기공사도
급계약서를 작성하면서 도대체 어떻게 같은 펜과 글씨체로 곧
바로 기재할 수 있는지 모를 일이며, 이는 채무자와 피고소인
이 위 서류를 작출하면서 허위유치권신고금액을 적절히 맞추
기 위하여 일부러 맨 밑에 기재를 추가한 것으로 보입니다.

나. 피고소인 이○○의 공사대금채권의 존부도 명확하지 않을뿐
   더러 피고소인 이○○은 경매개시 후 낙찰자에게 돈을 받아
   내기 위한 수단으로써 이 사건 부동산을 점유하기 시작한 것
   으로 보입니다.
   만약 피고소인이 진정한 유치권자라면 공사대금을 1억 1,900

만 원이나 못 받고 7년이 가까운 세월 동안 별다른 조치를 취하지 않았을 리 만무합니다. 고소인은 피고소인에게 혹여나 공사대금채권에 관하여 받은 판결이 있는지 여부를 물어보기도 하였는데, 피고소인은 공사대금채권에 관하여 받아둔 판결은 없다고 하였는바, 이 사건 건물이 준공된 지 7년이 지났다는 사실에 비추어 보면 공사대금채권에 관한 소멸시효도 완성하였을 뿐만 아니라 피고소인 이○○이 진정한 유치권자라면 이렇게 채권 회수를 해태하였을 리도 없습니다.

또한, 이 사건 경매절차에서 집행관 최○○가 20○○. 4. 11. 16시 25분에 조사한 부동산현황조사보고서를 살펴보면 채무자 겸 소유자 임○○와 그 남편 박○○을 참여시키고 현장에서 이 건 부동산의 현황을 조사하였는데 조사 당시에 유치권자 이○○이 점유를 한다거나 유치권을 주장하고 있다는 내용이 전혀 없으며 채무자 겸 소유자 부부만 점유하고 있다는 사실이 명백히 기재되어 있습니다. 만약 유치권자가 위와 같이 유치권을 주장하면서 이 사건 건물을 점유하고 있었다면 집행관은 당연히 유치권자 이○○에 대하여 기재를 하였을 것입니다(증 제5호증 현황조사서).

그렇다면 채무자 소유의 부동산에 경매개시결정의 기입등기가 경료되어 압류의 효력이 발생한 이후에 이○○이 채무자로부터 위 부동산의 점유를 이전받고 유치권을 취득하였다고 할 것이므로, 피고소인 이○○은 낙찰자에게 돈을 받아내기 위한 수단으로 유치권을 주장하고 있는 것이라고 볼 수밖에 없습니다.

3. 결론

그렇다면 피고소인 이○○은 이 사건 부동산에 관하여 진정한 수급인으로서 공사를 진행한 뒤 실제로 공사비를 지급받지 못한 자가 아니라 낙찰자에게 부당한 이득을 취하고자 허위의 유치권을 주장하는 자라고 할 것이며, 피고소인 임○○는 이를 공모한 자라고 할 것입니다. 따라서 피고소인들의 행위는 형법 제315조(경매방해죄)에 해당함이 명백하므로 철저히 조사하시어 엄히 처벌하여 주시기 바랍니다.

증 거 자 료

1. 증 제1호증의 1, 2   각 경매사건검색
1. 증 제2호증   의정부지방법원 매각허가결정
1. 증 제3호증   등기사항증명서
1. 증 제4호증의 1   유치권신고서
            2   전기공사도급계약서
            3   건설공사표준하도급계약서
1. 증 제5호증   현황조사서

첨 부 서 류

1. 인천지법 부천지원 2001. 5. 18. 선고 2001고단23 판결

20○○. ○. ○○.
고소인 김 ○ ○ (인)

의정부지방검찰청 귀중

4. 소송절차

1) 소유자가 아닌 자가 유치권을 다투는 경우
- 유치권부존재확인청구소송

유치권이 성립하는지 여부가 문제 될 때, 유치권자를 상대로 '건물명도소송'을 제기해야 할까, 아니면 '유치권부존재확인청구소송'을 제

기해야 할까? 소송에 익숙지 않은 사람이 보았을 때는 어느 소송이나 가능할 것처럼 보일 수 있다. 그러나 아무런 소송이나 제기하여서는 안 된다.

부동산의 소유자는 부동산명도소송을 제기해야 한다. 소유권에는 그 물건을 인도할 것을 청구할 수 있는 권리가 포함되어 있으므로, 소유권자는 부동산의 인도를 직접 청구할 수 있기 때문이다. 그러나 부동산의 소유자가 아닌 사람은 유치권이 성립하지 않는다고 하더라도 그 부동산을 자신에게 인도해 달라고 할 수 없다. 부동산의 소유자가 아닌 사람이 다른 사람의 부동산을 자신에게 인도해 달라고 요청할 수는 없기 때문이다. 그래서 이때는 '유치권부존재확인청구소송'을 제기해야 한다. 그러나 유치권자와 아무런 관계가 없는 사람이 자유롭게 소송을 제기할 수 있는 것은 아니고, 1순위 근저당권자처럼 유치권자의 존재 때문에 배당금이 적어질 위험을 겪을 수 있는 사람만이 제기할 수 있다. 따라서 소유자 아닌 자가 유치권의 성립 여부를 다투기 위해서는 유치권부존재확인청구소송을 제기해야 한다.

서식 3-44 소장(유치권부존재확인의 소)

소 장

원   고   주식회사 ○○은행
             서울 중구 을지로 ○○
             대표이사 양 ○ ○
피   고   최 ○ ○
             남양주시 화도읍 ○○길 ○○

유치권부존재확인의 소

청 구 취 지

1. 별지 목록 기재 각 부동산에 관하여 피고의 유치권이 존재하지 아니함을 확인한다.
2. 소송비용은 피고가 부담한다.
라는 판결을 구합니다.

청 구 원 인

1. 당사자들의 관계

　가. 원고는 20○○. 10. 11. 이○○ 소유인 별지 목록 기재 각 부동산(이하 '이 사건 부동산'이라 합니다)에 관하여 채무자를 이○○, 채권최고액을 780,000,000원으로 하는 근저당권설정계약을 체결하고, 같은 날 근저당권설정등기를 경료한 채권자입니다. 원고의 신청에 따라 이 사건 부동산에 관하여 의정부지방법원 20○○타경○○○○○호(이하 '이 사건 경매절차'라 합니다)로 20○○. 8. 18. 임의경매절차가 개시되었습니다(갑 제1호증).

　나. 피고는 전 소유자로부터 이 사건 부동산을 임차한 자인데, 이 사건 경매절차가 계속 중이던 20○○. 11. 3. 이 사건 부동산에 관한 유익비 85,000,000원을 주장하면서 유치권신고서를 경매법원에 제출한 자입니다(갑 제2호증의 1 유치권신고서, 갑 제2호증의 2 임대차계약서).

2. 피고의 유치권 주장에 관하여

　가. 피고가 주장하는 유익비 내역을 살펴보면, 이 사건 부동산을 임차한 뒤 영업을 개시하기 전 인테리어 비용으로 85,000,000원 상당의 돈을 지출한 바 있으므로 그 돈이 유익비에 해당한다는 것입니다. 그러나 이러한 피고의 주장은 타당하지 않습니다.

　나. 대법원 1995. 6. 30. 선고 95다12927 판결은 "임대차계약에서

「임차인은 임대인의 승인하에 개축 또는 변조할 수 있으나 부동산의 반환기일 전에 임차인의 부담으로 원상복구키로 한 다」라고 약정한 경우, 이는 임차인이 임차 목적물에 지출한 각종 유익비의 상환청구권을 미리 포기하기로 한 취지의 특약이라고 봄이 상당하다."는 입장을 취하고 있습니다.

다. 그런데 피고가 제출한 유치권신고서에 첨부된 임대차계약서 (갑 제2호증의 2) 제5조를 보면 "임대차계약이 종료한 뒤 임차인은 부동산을 원상복구하여 임대인에게 인도한다."고 규정되어 있는바, 이 규정 및 위 판례의 태도에 따르면 피고는 이 사건 부동산에 관한 유익비상환청구권을 이미 포기하였다고 볼 수 있습니다.

라. 따라서 피고가 주장하는 유치권은 피담보채권인 유익비상환청구권이 부정되므로 부존재함이 분명합니다.

3. 결론

이상과 같은 점을 고려하시어 원고의 이 사건 청구를 인용하여 주시기 바랍니다.

입 증 방 법

1. 갑 제1호증　　　　　부동산등기사항증명서
1. 갑 제2호증의 1　　　유치권신고서
1. 갑 제2호증의 2　　　임대차계약서

첨 부 서 류

1. 법인등기사항증명서
1. 토지대장
1. 건축물대장
1. 소가 산출내역

20○○. 12. 29.

원고   주식회사 ○○은행

대표이사 양 ○ ○ (인)

의정부지방법원 귀중

2) 소유자가 유치권을 다투는 경우 – 건물명도소송

유치권자를 명도하고자 하는 경우에는 치밀한 준비를 통해 가급적이면 인도명령신청으로 끝내는 것을 추천한다. 인도명령사건은 상대적으로 신속하게 진행되는 데에 반해 건물명도소송은 빨라도 반년 정도 걸리며, 오래 걸리면 수년 동안도 진행될 수 있기 때문이다. 이러한 재판의 맹점을 아는 사람들은 일부러 소송을 길게 끌면서 부동산을 멋대로 사용·수익하고 집행도 못 하게 서류를 조작해 두는 경우가 있는데, 이러한 사람들을 만나면 참으로 속이 타들어 간다.

유치권자에 대해서는 건물명도는 물론이고 부당이득금반환청구도 함께 병행하도록 하자. 다만 부당이득금반환청구를 함께 하는 경우 임료감정을 거쳐야 해서 시일이 더 걸릴 수 있으므로, 전략상 빨리 판결을 받으려고 할 때에는 부당이득반환청구를 생략하는 방법도 생각해 볼 수 있다.

나아가 유치권자에 대해 건물명도소송을 제기할 때에는 먼저 우리 패를 보여주지 않는 것을 추천한다. 증명책임의 분배 법리[4]에 따르면

---

4) 재판 또는 소송 과정에서 자신의 주장이 사실임을 증명해야 할 책임을 의미하며, 입증책임이라고도 한다. 보통 자신에게 유리한 사실을 주장하는 쪽에서 그 사실을 증명할 책임을 부담하는데, 소유자가 명도소송을 제기한 경우 점유자는 소유자의 소유권에 대항할 수 있는 유치권의 존재를 주장하는 것이므로, 그 유치권의 존재에 대한 증명책임은 점유자가 부담하게 된다.

소유자가 건물명도를 청구할 경우 유치권자가 유치권의 존재를 입증해야 한다. 유치권자가 피고로서 유치권에 관한 주장과 증거를 제출하면, 소유자로서는 그 증거와 경매절차에서 획득한 증거를 비교·분석하여 허점을 찾아내도록 한다. 즉, 유치권을 공격할 때에 자세한 내용은 처음 제출하는 소장보다는 나중에 제출하는 준비서면에서 다루는 것이 좋다. 만약 첫 소장에서부터 유치권에 대해 주저리주저리 언급을 한다면 상대방은 더욱 철저한 준비를 거쳐 답변서를 보내올 것이다. 이렇게 될 경우 재판이 더 어려워질 것임은 당연하다(물론 인도명령을 신청할 때에는 유치권이 부존재한다는 내용을 같이 다루는 것이 낫다).

서식 3-45 소장(유치권자에 대한 건물명도소송)

소 장

원　고　　송 ○ ○
　　　　　　경기 부천시 원미구 길주로 ○ ○ 102호

피　고　　1. 이 ○ ○
　　　　　　2. 김 ○ ○
　　　　　　피고들 주소 : 남양주시 화도읍 ○ ○ 로 ○ ○

건물명도 등 청구의 소

청 구 취 지

1. 원고에게,
　가. 피고들은 별지 목록 기재 부동산을 인도하고,
　나. 피고들은 공동하여 20○○. 1. 2.부터 위 가항 부동산 인도 시까지 매월 금 2,000,000원의 비율에 의한 금원을 지급하라.
2. 소송비용은 피고들이 부담한다.

3. 제1항은 가집행할 수 있다.

라는 판결을 구합니다.

청 구 원 인

1. 당사자의 지위

원고는 의정부지방법원 20○○타경○○○○○ 부동산임의경매
사건에서 별지 목록 기재 부동산(이하 '이 사건 건물'이라 합니다)
을 낙찰받아 20○○. 1. 2. 매각대금을 완납하고 같은 건물의 소유
권을 취득한 소유자입니다(갑 제1호증 등기사항증명서, 갑 제2호
증 매각대금완납증명원).

피고 이○○는 이 사건 건물에서 식당시설을 운영하고 있는 임차
인이며, 피고 김○○은 공사대금 56,700,000원을 피담보채권으로
하는 유치권이 있다는 내용의 유치권신고서를 위 경매절차 중에
경매법원에 제출한 뒤 이 사건 건물을 점유하고 있는 사람입니다.

2. 피고들의 의무

가. 건물인도의무

이 사건 건물은 원고의 소유이며, 피고 이○○는 대항력이 없
는 임차인이고 피고 김○○은 허위유치권을 주장하며 이 사건
건물을 점유하고 있으므로, 피고들은 이 사건 건물을 원고에
게 인도할 의무가 있습니다.

나. 부당이득반환의무

원고가 소유한 이 사건 부동산을 어떠한 권원도 없이 피고들
이 공동하여 점유하고 있으므로, 피고들은 공동하여 원고에게
월 2,000,000원의 비율에 의한 임료 상당의 부당이득을 지급할
의무가 있습니다. 이 사건 건물의 임료가 얼마인지 여부는 추
후 증거신청을 통해 정리하도록 하겠습니다.

3. 결론

이상과 같이 원고의 청구는 정당하므로 신속히 이 사건 청구를 모두 인용하여 주시기 바랍니다.

입 증 방 법

1. 갑 제1호증   등기사항증명서
1. 갑 제2호증   매각대금완납증명원

첨 부 서 류

1. 토지대장
1. 건축물대장
1. 소가 산출내역

20○○. ○. ○○.

원 고 송 ○ ○ (인)

인천지방법원 부천지원 귀중

3) 증거의 확보 – 진술서, 확인서, 사실확인서

유치권을 깨기 위해서는 부지런히 증거를 확보해야 한다. 이때 '사실확인서'가 하나의 증거가 될 수 있다. 어떤 사람이 자신이 알고 있는 어떠한 사실을 확인해 주는 의미의 문서이므로, 그 제목을 '사실확인서', '진술서', '확인서' 등 어떻게 써도 무방하다. 사실확인서를 작성할 때에는 아무런 근거 없이 우리 측에 유리한 사실만을 늘어놓는 것보다는 최소한의 근거를 제시하는 방식으로 사실확인서를 작성하는 것이 좋다. 예를 들어 관리소장이 사실확인서를 작성해 줄 경우, 공사 내용이 기록된 관리소 보관 장부를 복사하여 첨부한다면 사실확인서에 대한 신뢰성이 매우 높아질 수 있다.

유치권자의 상황에 대해 어느 정도 알고 있다고 보이는 객관적인 사람의 사실확인서를 받는 것이 중요하다. 낙찰자와 같이 임장간 친구의 사실확인서와 같은 서류는 하등의 증거가치가 없으므로 제출하지 않는 것이 낫다. 그리고 명의도용의 문제가 있을 수도 있으므로 작성자의 신분증 또는 인감증명서를 첨부한다.

다음의 사실확인서는 부동산의 습식공사를 한 공사업자가 써 준 사실확인서인데, 이러한 경우 최소한 사실확인서를 작성해 준 해당 공사업자의 명함 정도는 첨부하는 것이 좋다. 막연히 이름만 나와 있으면, 법원으로서도 그 사람이 누구인지 전혀 알 수가 없기 때문이다. 이러한 사소한 자료를 첨부하는 것만으로도 사실확인서는 훨씬 더 가치 있는 증거로 거듭나게 된다.

서식 3-46 사실확인서

사실확인서

진술인 : 주식회사 ○○ 대표이사 정○○
주　소 : 경기도 ○○시 ○○구 ○○로 ○○

인천지방법원 부천지원 20○○타경○○○○호 부동산임의경매사건에 관하여 진술인은 다음과 같이 사실을 확인합니다.

다　음

1. 진술인은 이 사건 공장의 임차인 (주)○○의 대표이사로서 위 건물의 공사를 진행한 내역에 관하여 잘 알고 있습니다.

2. 진술인은 위 사건의 채무자인 (주)○○프리컨시 대표이사 이○○ 사장과 20○○.○.○○. 12개월간의 임대차계약을 체결하고 이○○의 권유로 이○○의 집안 동생인 이◇◇를 (주)○○의 이사로

등재시키고 사업을 시작하였습니다(법인등기부등본 참조).

3. 본인 회사의 이사로 등재된 이◇◇은 이 사건 부동산에 대하여 유치권신고를 하였으나, 리모델링 공사를 한 것을 본 적이 없으며 위 건물은 공사를 전혀 하지 않았습니다.

4. 이상은 모두 사실임을 확인합니다.

※ 첨부 : 인감증명서, 법인등기부등본

20○○. ○. ○○.

진술인 주식회사 ○○

대표이사 정 ○ ○ (인)

5. 실전 판결문

유치권은 지키는 것보다 깨는 것이 더 쉽다는 말이 있다. 유치권은 강력한 권리이기에 법률에서 까다로운 요건을 정하고 있고, 법률 비전문가들은 미리부터 이러한 모든 요건을 검토하기도 어렵기 때문이다. 유치권의 요건을 하나씩 차례대로 살피면서 유치권자의 주장을 분석한다면, 약점 하나쯤은 보통 쉽게 보인다. 그 약점을 중점적으로 공략하라.

다음 판결은 인테리어비용 중 일부 비용에 대한 유치권이 인정된 사례이다.

춘천지방법원 속초지원
판 결

사 건 2007가단1601 건물명도
원 고 김○○
　　　　서울 ○○구 ○○로 ○○
피 고 최○○
　　　　춘천시 ○○로 ○○
변 론 종 결 2008. 3. 26.
판 결 선 고 2008. 4. 16.

주 문

1. 피고는 원고로부터 6,235,000원을 지급받음과 동시에 원고에게
　별지 목록 기재 건물을 명도하라.
2. 원고의 나머지 청구를 기각한다.
3. 소송비용은 각자 부담한다.
4. 제1항은 가집행할 수 있다.

청 구 취 지

피고는 원고에게 별지 목록 기재 건물을 명도하라.

이 유

1. 기초사실
　가. 원고는 20○○. 12. 15. 춘천지방법원 속초지원 20○○타경
　　　○○○○호 임의경매절차에서 ○○시 ○○동 ○-○○, ○-○

○○ 지상 5층 집합건물(이하 이 사건 집합건물이라 한다) 중 제301호(별지 목록 기재 건물, 이하 이 사건 건물이라 한다)를 낙찰받아 소유권이전등기를 마쳤다.

나. 피고는 2003. 3. 14. 전소유자인 이○○로부터 보증금 25,000,000원, 기간 36개월로 정하여 이 사건 건물을 임차하고 그 무렵 위 건물과 이 사건 집합건물 제302호와의 경계를 구분하기 위한 칸막이공사 및 이 사건 건물에 대한 실내장식공사를 한 다음 그로부터 현재까지 이 사건 건물을 단란주점으로 사용하고 있다.

다. 한편, 이 사건 건물에 대하여는 근저당권자 주식회사 ○○○ ○, 채무자 이○○로 된 2002. 6. 14.자 근저당권설정등기가 마쳐져 있었는데, 앞서 본 임의경매는 근저당권자인 위 ○○ 은행의 임의경매신청에 의해 진행된 것이다.

[인정근거] 갑 1호증, 을 1호증의 각 기재, 이 법원의 현장검증 결과 및 변론 전체의 취지

2. 판단

가. 청구원인에 대한 판단

앞서 본 기초사실에 의하면, 특별한 사정이 없는 한 피고는 원고에게 이 사건 건물을 명도할 의무가 있다.

나. 피고의 항변에 대한 판단

(중략)

이 사건의 경우 피고가 유치권을 취득하였는지 여부에 대하여 살피건대, 앞서 본 각 증거 및 감정인 송○○의 감정 결과에 변론 전체의 취지를 모아보면, 피고가 이 사건 건물을 임차할 당시에는 옆 건물인 이 사건 집합건물 제302호와의 경계벽도 설치되지 않은 상태였고, 그에 따라 피고는 경계 구분을

위해 반드시 요구되는 칸막이공사를 시행하였던 사실, 이로써 이 사건 건물의 객관적 가치가 증대되었는데, 증대된 가액의 현존가치는 6,235,000원에 이르는 사실을 인정할 수 있고, 앞서 본 바와 같이 피고는 이 사건 건물에 대한 임의경매절차 이전부터 위 건물을 점유하고 있었으므로 피고는 위 유익비 6,235,000원을 지급받을 때까지는 위 건물을 유치할 권리가 있다 할 것이다.

나아가 피고는 실내장식공사로 인해 지출한 비용에 대해서도 유치권이 있다고 주장하나, 위 실내장식공사는 피고의 단란주점 영업을 위한 지출비용으로 이 사건 건물의 객관적 가치를 증가시키기 위한 것으로 보기는 어려울 뿐만 아니라, 임대차계약 당시 작성된 임대차계약서(을 1호증) 제4조에 의하면, 임차인은 임대인의 승인하에 개축 또는 변조할 수 있으나 부동산의 반환기일 전에 임차인이 원상으로 복구하기로 약정하였음을 알 수 있고, 이는 임차 후 피고가 자신의 필요에 의해 이 사건 건물 내부에서 시행한 공사 부분에 대하여는 그 반환청구를 포기하기로 한 취지의 특약으로 봄이 상당하므로 피고의 위 항변은 받아들일 수 없다.

다. 소결

따라서 피고는 원고로부터 6,235,000원을 지급받음과 동시에 원고에게 이 사건 건물을 명도할 의무가 있다.

3. 결론

그렇다면, 원고의 이 사건 청구는 위 인정범위 내에서 이유 있어 이를 인용하고 나머지 청구는 이유 없어 이를 기각하기로 한다.

판사   ○ ○ ○   (서명)

MEMO ✏️

MEMO

MEMO

MEMO

부록

셀프등기하는 방법

1단계 필요한 서류 준비

매수인	매도인	공인중개사
매수인 주민등록등본 토지대장 건축물대장 매매계약서 원본, 사본 (각 1부) 등기신청서 위임장 등기소 제출용 취득세 영수필확인서 전자수입인지 납부서 등기신청수수료 영수필 확인서	등기필증 부동산 매도용 인감증명서 매도인 주민등록초본	부동산거래계약 신고필증 [공인중개사를 통해 매매를 한 경우가 아니라면 관할 시군구청을 방문하거나 또는 국토교통부 부동산거래관리시스템(https://rtms.molit.go.kr)을 이용하여 접수 후 출력]

1) 토지대장, 건축물대장은 정부24 사이트(http://www.gov.kr)에서 발급받는다.

2) 등기신청서 및 위임장은 인터넷등기소(http://www.iros.go.kr)에서 내려받을 수 있다.

● 인터넷등기소(http://www.iros.go.kr)에 접속한다.

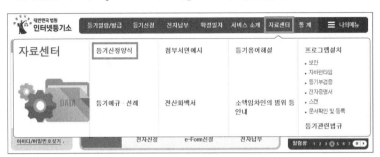

● 등기신청양식 중 '위임장', '매매로 인한 소유권이전등기신청서'를 내려받는다. 매매로 인한 소유권이전등기신청서는, 토지·일반건물을 매매한 경우에는 04-1번 서식을, 아파트·오피스텔과 같은 집합건물을 매매한 경우에는 04-2번 서식을 이용한다.

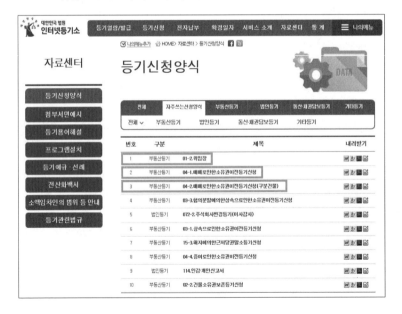

● 소유권이전등기신청서 및 위임장은 작성예시를 참조하여 작성한다. 위임장과 소유권이전등기신청서 양식을 내려받으면, 작성예시와 작성방법이 비교적 상세하게 기재되어 있다. 매도인과 매수인이 공동으로 등기소를 방문하면 굳이 위임장을 받을 필요가 없지만, 매수인 일방이 신청하는 경우에는 반드시 위임장을 받아야 한다.

서식 01-1 매매 시 소유권이전등기신청서 작성의 예시

소유권이전등기신청(매매)

접 수	년 월 일	처 리 인	등기관 확인	각종 통지
	제 호			

부동산의 표시
1동의 건물의 표시   ✔ 등기사항증명서를 참조하여 기재 　　　서울특별시 서초구 서초동 100 　　　서울특별시 서초구 서초동 101　　샛별아파트 가동 　　　[도로명주소] 서울특별시 서초구 서초대로88길 10 전유부분의 건물의 표시 　　　건물의 번호 1-101 　　　구　　　　조 철근콘크리트조 　　　면　　　　적 1층 101호 86.03㎡ 대지권의 표시 　　　토지의 표시 　　　　1. 서울특별시 서초구 서초동 100　　　　대 1,400㎡ 　　　　2. 서울특별시 서초구 서초동 101　　　　대 1,600㎡ 　　　대지권의 종류 소유권 　　　대지권의 비율 1,2 : 3,000분의 500 거래신고일련번호 : ✔ 부동산거래계약　　　　거래가액 : 350,000,000원 　　　　신고필증의 번호 기재 　　　　　　　이　　　　　　상

등기원인과 그 연월일	20○○년 4월 3일 매매 ✔ 계약일자 + 등기원인
등 기 의 목 적	소유권이전

이전할 지분				
구분	성 명 (상호 · 명칭)	주민등록번호 (등기용등록번호)	주 소 (소 재 지)	지 분 (개인별)
등기의무자	이대백 ✔ 매도인	700101-1234567	서울특별시 서초구 서초대로88길 20(서초동)	
등기권리자	김갑동 ✔ 매수인	801231-1234567	서울특별시 서초구 서초대로88길 10, 가동 101호 (서초동, 샛별아파트)	

시가표준액 및 국민주택채권매입금액 ✔ 시·군·구청에서 취득세 신고, 은행에서 취득세 납부 및 국민주택채권 매입, 수수료 납부 완료 후 기재		
부동산 표시	부동산별 시가표준액 ✔ 취득세납부고지서 참조	부동산별 국민주택채권매입금액
1. 주택	금 300,000,000원	금 7,800,000원
2.	금 원	금 원
3.	금 원	금 원
국 민 주 택 채 권 매 입 총 액		금 7,800,000원
국 민 주 택 채 권 발 행 번 호 ✔ 매입 후 기재		1234-12-1234-1234

취득세(등록면허세) 금 5,000,000원	지방교육세 금 500,000원
	농어촌특별세 금 원

세 액 합 계	금 5,500,000원
등 기 신 청 수 수 료 ✔ 건당 15,000원	금 15,000원
	납부번호 : 12-12-12345678-0
	일괄납부 : 건 원

등기의무자의 등기필정보[1]		
✔ 등기필증을 제출하는 경우에는 미기재해도 됨		
부동산고유번호	1102-2006-002095	
성명(명칭)	일련번호	비밀번호
이대백	A77C-LO71-35J5	40-4636

첨 부 서 면	
· 매매계약서 1통 · 취득세(등록면허세)영수필확인서 1통 · 등기신청수수료 영수필확인서 1통 · 등기필증 1통 · 토지대장등본 2통 · 집합건축물대장등본 1통	· 주민등록표초본(또는 등본) 각 1통 · 부동산거래계약신고필증 1통 · 인감증명서나 본인서명사실확인서 또는 전자본인서명확인서 발급증 1통 〈기 타〉

2000년 5월 26일

위 신청인   이 대 백 (인) (전화 : 010-1234-5678) ✔ 매도인
김 갑 동 (인) (전화 : 010-5678-1234) ✔ 매수인
(또는)위 대리인   (전화 :   ) ✔ 대리인

서울중앙 지방법원   등기국 귀중

- 신청서 작성요령 -

1. 부동산표시란에 2개 이상의 부동산을 기재하는 경우에는 부동산의 일련번호를 기재하여야 합니다.
2. 신청인란 등 해당란에 기재할 여백이 없을 경우에는 별지를 이용합니다.
3. 담당 등기관이 판단하여 위의 첨부서면 외에 추가적인 서면을 요구할 수 있습니다.

---

1) 등기필증에 있는 '등기필정보 보안스티커'를 떼어내면 부동산고유번호, 일련번호, 비밀번호를 확인할 수 있다. 이 정보를 기재할 경우 등기필증은 첨부하지 않아도 된다.

위　임　장	
부동산의표시	1. 서울특별시 서초구 서초동 100 ✔ 등기사항증명서를 참고하여 　　대 100m² 　　　　　　　　　　기재 　2. 서울특별시 서초구 서초동 100 　　[도로명주소] 서울특별시 서초구 서초대로88길 10 　　　시멘트 벽돌조 슬래브지붕 2층 주택 　　　　　1층 100m² 　　　　　2층 100m² 　　　　　　　　　이　　　　상

등기원인과 그 연월일	20○○년 4월 3일 매매 ✔ 계약일자 + 등기원인
등 기 의 목 적	소유권이전
이 전 할 지 분	
대리인	김 갑 돌 ✔일반적으로 매수인이 대리인이 되는 서울특별시 중구 다동길 96(다동) 　　경우가 많음

위 사람을 대리인으로 정하고 위 부동산 등기신청 및 취하에 관한 모든 권한을 위임한다. 또한 복대리인 선임을 허락한다.

　　　　　　　　　　　　　　20○○년 5월 26일

위임인	이 대 백 ✔매도인 서울특별시 서초구 서초대로88길 10(서초동) 홍 길 동 ✔매수인 서울특별시 서초구 서초대로88길 20, 101동 101호(서초동, 서초아파트)	날 인

- 소유권이전등기신청서 및 위임장의 매도인 이름 옆에 매도인의 인감도장을 날인하고, 간인도 하도록 한다.

3) 전자수입인지는 대한민국 정부수입인지사이트(https://www.e-revenuestamp.or.kr)를 통해 납부한다.

- 인지세는 부동산의 금액이 1천만 원 초과 3천만 원 이하인 경우에는 2만 원, 3천만 원 초과 5천만 원 이하인 경우에는 4만 원, 5천만 원 초과 1억 원 이하인 경우에는 7만 원, 1억 원 초과 10억 원 이하인 경우에는 15만 원, 기재금액이 10억 원을 초과하는 경우에는 35만 원이다(인지세법 제3조). 등기소 상담센터(1544-0770)에 전화할 때 전자수입인지도 얼마인지 물어보자.

- 전자계약시스템을 이용하였다는 등의 특별한 경우가 아니라면 일반적으로 '종이문서용 전자수입인지'를 구입한다.

● 좌측의 '구매' 버튼을 클릭하고 회원가입을 한다.

● 용도는 '인지세 납부', 인지세 금액은 부동산의 금액에 따라 기재
한다.

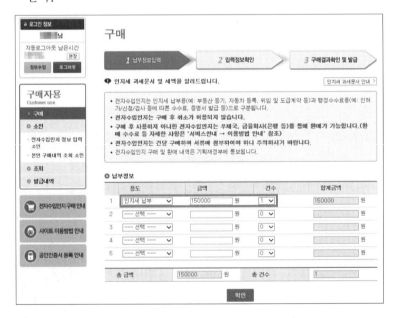

- 계좌이체 또는 신용카드를 이용해 결제가 가능하고, 결제가 완료 되면 프린트를 이용해 발급받는다.

- 전자수입인지는 인터넷으로 구입하는 것이 가장 간편하고, 우체 국을 직접 방문하여 구입할 수도 있다.

2단계 부동산 소재지 시군구청을 방문하여 취득세 신고하기

- 부동산 소재지 시군구청을 방문하여 취득세신고서를 작성한다. 매매계약서 사본을 준비해가고, 납세자는 '매수인'으로 기재한 다. 여기서 취득세납부고지서를 받을 수 있다.

- 취득세납부고지서에는 '시가표준액'이 기재되어 있는데, 이 시가 표준액을 소유권이전등기신청서의 '부동산별 시가표준액'란에 기재해야 한다. 취득세, 지방교육세, 농어촌특별세 각 금액과 합 계액도 소유권이전등기신청서에 기재한다.

3단계 은행을 방문하여 취득세 납부, 국민주택채권 매입하기

- 취득세 납부 : 시군구청에서 발행한 취득세납부고지서를 갖고 은 행을 방문하여 취득세를 납부한 뒤 '등기소 제출용 취득세 영수 필확인서'를 받는다. 위택스(www.wetax.go.kr)를 통해서도 납 부할 수 있다.

- 국민주택채권 매입 : 은행 창구에서는 국민주택채권 매입액을 계 산해 주지 않기 때문에 스스로 계산을 해야 한다. 등기소 상담센

터(1544-0770)에 문의하면 국민주택채권 매입액을 계산하는 방법을 알려주니 참고해서 계산한다. 주택도시기금(http://nhuf.molit.go.kr) 사이트에서도 자동으로 계산할 수 있다. 국민주택채권은 매입 후 즉시 매도가 가능한데, 할인율이 있어 그 금액을 공제한 만큼만 납입하면 된다.

채권 매입금액 = 시가표준액 × 채권요율

- 등기신청수수료 : 등기신청수수료는 은행 및 등기소에서도 납부할 수 있다. 이 금액 역시 등기소 상담센터(1544-0770)에 문의한다.

● 이 과정에서 확인한 국민주택채권 매입액, 국민주택채권발행
번호, 등기신청수수료 등도 소유권이전등기신청서에 기재해
야 한다.

4단계 관할등기소 방문

● 관할등기소는 등기사항증명서를 뽑으면 갑구, 을구 아래쪽에 기
재되어 있으며, 인터넷등기소 사이트에서도 확인 가능하다. 관
할법원과 등기소 위치가 다른 경우도 있는데, 이때는 관할법원이
아닌 관할등기소로 가야 함을 잊지 말자.

● 등기서류를 접수한다. 접수증 번호를 이용해 인터넷 대법원등기
소에서 등기 진행현황을 조회할 수 있다.

● 서류에 잘못된 점이 있으면 등기소에서 연락을 주고 보정을 요청
하기도 한다.

● 일반적으로 3~4일이 지나면 등기가 완료된다. 접수 시 미리 신
청하면 소정의 비용을 내고 등기서류를 우편을 통해 받을 수도
있다.

TIP

- 모르는 것이 있으면 그때그때 등기소 고객센터(1544-0770)에 전화해
서 물어보는 방법을 추천한다.
- 애매한 사항은 등기소, 은행에서도 그때그때 물어가면서 처리해도 충분
하다.
- 잘못된 것이 있어도 등기소에 서류를 제출한 후에 보완이 가능하니 겁
먹지 말자.

전자소송으로 쉽게 따라하는
점유이전금지가처분

1단계 회원가입

대법원 전자소송 사이트(http://ecfs.scourt.go.kr)에서 사용자등록을 한다. 사용자등록 시 공인인증서가 필요한데, 일반적으로 많이 사용하는 은행용 공인인증서로도 등록이 가능하다.

2단계 민사가처분신청서 선택

'민사 서류' 버튼을 클릭하면 다음과 같이 '민사 본안', '민사 신청', '지급명령(독촉) 신청', '전체 서류' 탭이 나온다. 점유이전금지가처분신청은 '민사 신청'사건에 해당하므로 해당 버튼을 클릭하고 '자주 찾는 민사신청 서류' 중 '민사가처분신청서'를 선택한다.

제기한 본안소송이 있는지 여부를 확인하는 절차이다. 제기한 본안 사건이 없으면 '본안사건 없음'에 체크를 하고, 이미 제기한 본안사건 이 있으면 그 사건번호를 기재한 뒤 '확인' 버튼을 누른다.

4단계 사건기본정보의 입력

사건명은 '부동산점유이전금지'를 선택한다. 그리고 소가를 계산해서 입력해야 하는데, 셀프소송에서 초보자가 가장 어려워하는 절차 중 하나가 소가를 계산하는 방법이다. 1장에서 소가계산방법을 자세히 설명해 두었으니 이를 참고하여 소가를 입력한다. 피보전권리는 '소유권에 기한 인도청구권'이라고 기재한다.

당사자목록 입력

채권자의 정보를 먼저 입력하고, 그 뒤에 채무자의 정보를 입력한다. 채권자(신청인)는 회원가입 당시의 정보를 불러올 수 있으므로, '당사자 구분'란의 '채권자' 버튼을 선택한 뒤 '내정보 가져오기' 버튼을 누르면 빈칸에 채권자의 인적사항이 저절로 입력된다. 그리고 하단의 '저장' 버튼을 누르면 채권자 입력이 완료된다. 위와 같은 절차로 '채무자'의 정보도 차례대로 입력한다.

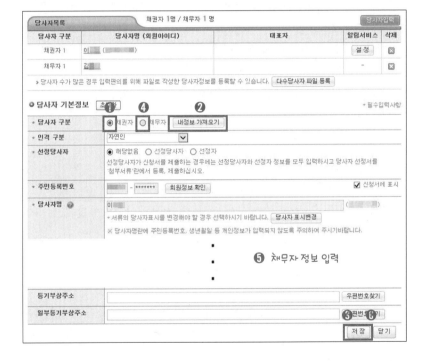

신청취지는 '작성 예시' 버튼 누르면 부동산점유이전금지가처분의 전형적인 신청취지 문구 불러오기를 할 수 있다.

》》 부동산점유이전금지가처분의 전형적인 신청취지 문구

채무자는 별지 목록 기재 부동산에 대한 점유를 풀고 이를 채권자가 위임하는 집행관에게 인도하여야 한다.
집행관은 현상을 변경하지 아니할 것을 조건으로 하여 채무자에게 이를 사용하게 하여야 한다.
채무자는 그 점유를 타인에게 이전하거나 또는 점유 명의를 변경하여서는 아니 된다.
집행관은 위 명령의 취지를 적당한 방법으로 공시하여야 한다.
라는 결정을 구합니다.

원래는 신청취지 작성을 완료하면 바로 아래에 있는 '신청취지별지 첨부하기' 버튼을 눌러 부동산의 표시를 첨부해야 하는 것이 원칙이다. 그러나 뒤의 8단계를 보면 알 수 있듯이 '목적물' 입력란에서 등기사항증명서를 첨부하면 저절로 신청취지 별지가 첨부되므로 이 버튼은 이용하지 않도록 한다.

신청이유도 본문의 서식을 이용하여 적절히 작성한다. 브라우저에 직접 입력할 수도 있고, 신청이유만 따로 작성한 파일을 첨부할 수도 있다.

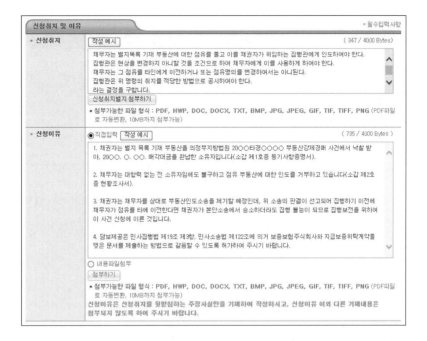

목적물 입력을 위한 인터넷등기소 방문

전자소송에서 부동산목적물을 입력하려면 인터넷등기소에서 등기사항증명서를 발급받아야 한다. 그러므로 목적물 입력을 위해 잠시 인터넷등기소 사이트(http://www.iros.go.kr)에 접속한다. 인터넷등기소 첫 화면에서 '등기열람/발급' 버튼에 커서를 올려두면 '집행 등 전자제출용 발급' 버튼을 찾을 수 있고, 이 메뉴를 이용하면 '민사집행, 비송, 보전처분 전자소송 제출용'으로 등기사항증명서를 발급받을 수 있다.

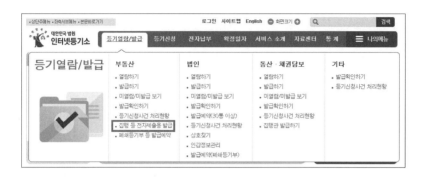

결제까지 마친 뒤 '발급' 버튼을 누르면 전자소송 회원 ID를 입력하라는 물음이 뜨며, 전자소송 회원 ID를 입력하면 발급절차는 마무리된다.

8단계 목적물 입력

인터넷등기소에서 등기사항증명서를 발급받지 않으면 목적물에서 '발급내역' 버튼을 눌러도 아무것도 뜨지 않지만, 앞에서와 같이 인터넷등기소에서의 절차를 거친 후 '발급내역' 버튼을 누르면 선택할 수 있는 부동산 목록이 나타난다.

해당 부동산을 선택한 뒤 하단의 '저장' 버튼을 누르면 목적물 정보 입력이 완료되며, 이 절차를 거치면 신청취지 별지는 저절로 입력된 것이다.

9단계 소명서류 입력

화면 상단의 '파일첨부' 버튼을 누른 뒤 소명서류로 첨부할 파일을 선택한 후 하단부에 있는 '등록' 버튼을 클릭한다. 그러면 최하단부에 소갑 제1호증으로 현황조사서가 첨부된 것을 확인할 수 있다. 이러한 방법으로 여러 개의 소명서류도 첨부할 수 있다.

부동산점유이전금지가처분의 경우 소명서류에 등기사항증명서를 첨부하는 것이 타당하나, 전자소송시스템을 이용하여 앞의 단계에서처럼 등기사항증명서를 발급받으면 소명서류가 아닌 첨부서류에 등기사항증명서가 저절로 첨부되기 때문에 소명서류에는 등기사항증명서를 따로 첨부하지 않아도 된다.

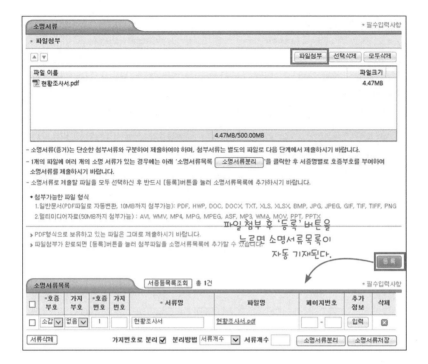

10단계 │ 첨부서류 입력

첨부서류를 입력한다. 첨부서류는 소명서류처럼 재판의 증거는 아니지만, 그 외 필요한 서류를 함께 제출하는 것이다. 당사자 중 법인이 있다면 법인등기사항증명서도 이곳에 첨부를 해야 한다.

부동산처분금지가처분의 경우 소가를 계산하기 위해서는 토지대장, 건축물대장이 필요하다. 토지대장, 건축물대장도 열람 · 발급받아 첨부하고, 재판부가 참고할 수 있도록 소가 계산표도 작성해서 첨부한다.

11단계 문서제출

작성한 문서를 확인하는 단계를 거쳐 소송비용까지 납부하면 마지막으로 문서제출 단계가 남는다. 최종적으로 파일 목록을 확인하고 하단부의 '제출' 버튼을 누른다.

12단계 신청서 제출 완료

신청서 제출이 완료되면 곧바로 사건번호가 부여된다. '접수증 출력' 버튼을 누르면 사건 접수증을 확인할 수 있으므로, 이를 출력해서 보관해 두면 사건번호를 잊지 않고 기억해 둘 수 있다.

서 울 남 부 지 방 법 원

결   정

사   건   20█카단█████   부동산점유이전금지가처분

채 권 자   이██ (██████-███████)
            서울 동작구 국사봉길 ██-3, 4█호(███동, ██████빌)

채 무 자   주식회사 █████엔터테인먼트 (██████-███████)
            서울 금천구 두산로 █, 6█호(███동, ██████산업센터)
            대표이사 황██

주   문

채무자는 별지목록기재 부동산에 대한 점유를 풀고 채권자가 위임하는 집행관에게
인도하여야 한다.

집행관은 현상을 변경하지 아니할 것을 조건으로 하여 채무자에게 이를 사용하게 하여
야 한다.

채무자는 그 점유를 타인에게 이전하거나 또는 점유명의를 변경하여서는 아니된다.

집행관은 위 명령의 취지를 적당한 방법으로 공시하여야 한다.

피보전권리의 내용 20█.4.1. 임대차계약 해지를 원인으로 한 건물인도청구권

이   유

이 사건 부동산점유이전금지가처분 신청은 이유 있으므로 담보로 공탁보증보험증권(서
울보증보험주식회사 증권번호 제 100-000-20████████호)을 제출받고 주문과 같이
결정한다.

20█. 8. 25.

판   사   최██

전자소송으로 쉽게 따라하는 지급명령신청

1단계 회원가입

대법원 전자소송 사이트(http://ecfs.scourt.go.kr)에서 회원가입을 한다. 이때 공인인증서가 필요한데, 일반적으로 널리 사용하는 은행용 공인인증서로도 등록이 가능하다. 회원가입절차가 완료되면 로그인을 하고, 화면 상단의 '서류제출' 탭에서 '민사서류' 버튼을 누른다.

2단계 지급명령신청서 선택

'민사서류' 버튼을 클릭하면 다음과 같이 상단에 '민사본안', '민사신청', '지급명령(독촉) 신청', '전체서류' 탭이 나온다. 여기서 '지급명령(독촉) 신청' 탭을 클릭한 뒤 '자주 찾는 민사신청 서류' 중 '지급명령신청서'를 선택한다.

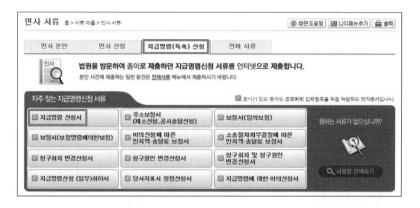

3단계 전자소송 진행 동의

전자소송 진행에 동의를 하는 절차이다. 셀프소송의 경우 당사자가 직접 작성하여 제출하는 것이므로 동의 후 '당사자 작성' 버튼을 클릭한다.

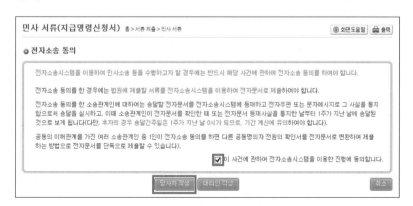

4단계 문서작성절차의 시작

본격적인 문서작성 및 제출절차가 시작된다. 화면의 상단부를 보면 '문서작성', '전자서명', '소송비용납부', '문서제출' 단계로 진행한다는 표시가 확인된다. 먼저 '문서작성' 단계이다. 당연한 말이지만 전체 절차 중에 이 단계가 가장 까다롭다.

문서작성 화면을 전체적으로 살펴보면 '사건기본정보 → 제출법원 → 당사자목록 → 청구취지 입력 → 청구원인 입력' 순서로 구성되어 있음을 알 수 있다.

- 사건기본정보 : 사건명, 소가, 청구금액을 입력한다.
- 제출법원 : 신청서를 제출할 법원을 입력한다.
- 당사자목록 : 채권자, 채무자의 인적사항을 입력한다.
- 청구취지 입력 : 채권자가 원하는 재판의 결론을 입력한다.
- 청구원인 입력 : 사실관계 및 법률적 주장을 자세히 정리한다.

5단계 사건기본정보 입력

사건명은 지급명령을 신청하는 이유에 근거하여 적당히 선택하면 된다. 사건명은 그리 중요한 것은 아니니 자신의 생각에 딱 맞는 사건명이 선택목록에 없다고 걱정하지 않아도 된다. 일반적으로는 '손해배상(기)', '공사대금', '관리비', '대여금', '약정금', '매매대금', '양수금' 등의 사건명이 많이 사용된다.

소가는 상대방에게 지급을 구하는 금액을 그대로 기재하면 된다. 이때 이자까지 계산할 필요는 없고 원금만을 기준으로 한다.

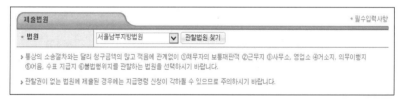

사건기본정보			* 필수입력사항
* 사건명	대여금 ▼	대여금	
* 소가	20,000,000 원	소가 산정 안내	
	(이천만 원)		
* 청구금액	20,000,000 원		
	(이천만 원)		

6단계 제출법원 입력

사건을 관할하는 법원을 선택한다. 피고의 주소지를 관할하는 법원에 신청하는 것이 원칙이나, 금전의 지급을 구하는 경우 원고의 주소지를 관할하는 법원에도 제출할 수 있다.

제출법원		* 필수입력사항
* 법원	서울남부지방법원 ▼	관할법원 찾기

› 통상의 소송절차와는 달리 청구금액의 많고 적음에 관계없이 ①채무자의 보통재판적 ②근무지 ③사무소, 영업소 ④거소지, 의무이행지 ⑤어음, 수표 지급지 ⑥불법행위지를 관할하는 법원을 선택하시기 바랍니다.
› 관할권이 없는 법원에 제출된 경우에는 지급명령 신청이 각하될 수 있으므로 주의하시기 바랍니다.

7단계 당사자목록 입력

소송당사자 정보를 정확히 입력해야 한다. 지급명령을 신청하는 자는 '채권자', 상대방은 '채무자'가 된다.

채권자의 정보를 먼저 입력하고, 그 뒤에 채무자의 정보를 입력한다. 채권자는 회원가입 당시의 정보를 불러올 수 있으므로, '당사자 구분'란의 '채권자' 버튼을 선택한 뒤 '내정보 가져오기' 버튼을 누르면 빈칸에 채권자의 인적사항이 저절로 입력된다. 그리고 하단의 저장 버튼을 누르면 채권자 입력이 완료된다. 채권자에 대한 정보 입력을 완료한 뒤 채무자의 정보도 자세히 입력하고 저장한다. 채무자의 정보에서는 이름과 주소가 가장 중요하고, 전화번호와 이메일과 같은 정보는 입력하지 않아도 무방하다.

8단계 청구취지 입력

청구취지란 채권자가 원하는 재판의 결론을 의미한다. '금액'만을 정확히 기재하여야 하고 그 금액이 어떤 성격(대여금인지, 공사대금인지 등)의 금액인지는 기재하지 않는 것이 원칙이다. 청구취지 주문란에는 "채무자는 채권자에게 아래 청구금액 및 독촉절차비용을 지급하라는 명령을 구함"이라고 자동으로 기재가 되고, 청구취지란에는 '원금' 및 '이자'를 정확히 기재한다. 독촉절차비용(인지대, 송달료)도 같이 청구되는데 하단부에 저절로 계산되어 나타나므로 이 부분은 신경쓰지 않아도 된다.

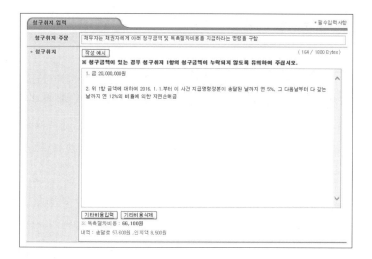

9단계 청구원인 입력

청구원인에서는 채권자와 채무자의 관계, 돈을 받아야 하는 이유에 대해 자세히 적는다. 지급명령 송달일 다음날부터 연 12%의 지연손해금을 청구하는 것도 잊지 말자.

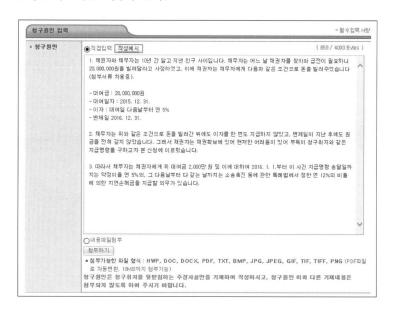

당사자 중 법인이 있는 경우에는 법인등기사항증명서를 꼭 첨부한다. 그리고 대여금사건의 경우 차용증과 같은 자료도 함께 첨부하도록 한다. 일반적으로 차용증과 같은 자료는 '소명서류'로 제출해야 하나 전자소송시스템을 이용하여 지급명령을 신청하는 경우에는 따로 소명서류를 제출하는 절차가 없다.

상단의 '파일첨부' 버튼을 누른 뒤 첨부서류로 첨부할 파일을 선택한다. 그리고 상단에 해당 파일의 서류명을 적고 하단부에 있는 '등록' 버튼을 클릭한다. 그러면 최하단부에 첨부서류가 등록된 것을 확인할 수 있다. 이러한 방법으로 첨부서류를 여러 개 첨부할 수 있다.

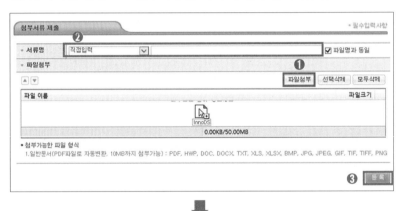

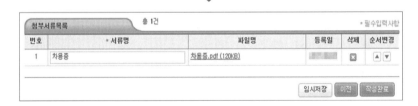

전자소송시스템을 이용해 작성한 신청서 및 첨부한 서류를 전부 확인할 수 있다. 신청서 및 서류를 꼼꼼히 확인한 뒤 하단의 '모든 문서의 내용에 이상이 없음을 확인합니다.' 버튼에 체크를 하고 하단의 '확인' 버튼을 누른다.

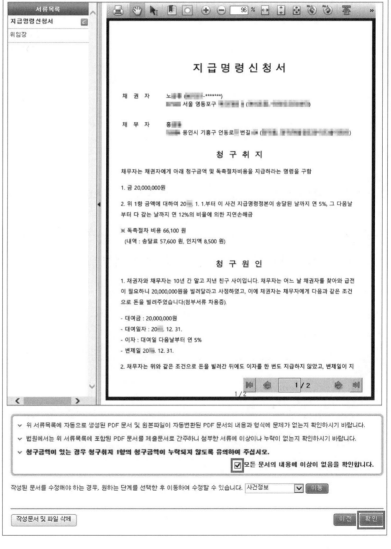

제출하는 서류 목록이 다시 한번 게시된다. 서류 목록을 확인한 후
에 '전자서명' 버튼을 누른다. 이 버튼을 누르면 공인인증서 서명단계
를 거치게 된다. 서명 완료 후 하단의 '다음' 버튼을 클릭한다.

번호	구분	서류명	파일명	크기	서명일시
1	소송문서	지급명령신청서	지급명령신청서(머여금).pdf	89.2KB	서명안함
2	첨부서류	차용증	차용증.pdf	120KB	서명안함

● 전자서명 대상서류   총 2 건

[접수증명신청서 생성]

▶ 전자소송홈페이지에 등록된 인증서로만 전자서명이 가능합니다.   [전자서명]

전자서명 취소 후 원하는 문서 수정 단계를 선택하여 이동할 수 있습니다. [사건정보 ▼] [이동]

[이전] [다음]

13단계 소송비용 납부

신청서 작성단계에서 청구금액을 입력하였으므로 소송비용은 저절
로 계산되어 화면에 나타난다. 신청서 접수단계에서 납부하여야 할 소
송비용은 인지대와 송달료다. 결제방법은 편한 것으로 선택한다. 납
부당사자의 결제정보를 입력한 뒤 하단의 '납부' 버튼을 클릭하여 납
부절차를 진행한다.

● 소송비용

인 지 액	8,500원(팔천오백 원)	[인지액 산정기준]
송 달 료	57,600원(오만칠천육백 원)	[송달료 산정기준]

14단계 **문서제출**

　소송비용까지 납부하였으면 문서제출단계만이 남았다. 마지막으로 파일 목록을 확인하고 하단부의 '제출' 버튼을 누른다.

15단계 **신청서 제출 완료**

　신청서가 제출이 완료되면 곧바로 사건번호가 부여된다(ex. 20ㅇㅇ 차전ㅇㅇㅇㅇ). 법원은 제출한 서류를 검토하여 하자가 없으면 채무자의 주장을 듣지 않고 곧바로 지급명령을 발령해 준다.

》》 지급명령 예시

서울중앙지방법원

지 급 명 령

사　　건　　20▆차전 ▆▆▆▆　부당이득반환청구

채 권 자　　▆▆▆유동화전문 ▆▆회사　(110114-▆▆▆▆▆)
　　　　　　서울 중구 서소문로 ▆▆, 4층~6층(서소문동, ▆빌딩)
　　　　　　대표자 이사 하▆▆▆▆

채 무 자　　▆▆화학 주식회사 (110111-▆▆▆▆)
　　　　　　용인시 기흥구 중부대로 ▆▆▆ (상하동)
　　　　　　대표이사 김▆▆▆

청구취지와 원인　별지와 같다.

채무자는 채권자에게 별지 청구취지 기재의 금액을 지급하라.
별지 독촉절차비용은 채무자가 부담한다.
채무자는 이 명령이 송달된 날부터 2주일 이내에 이의신청을 할 수 있다.

20▆. 10. 23.

사법보좌관 한▆▆▆

청 구 취 지

채무자는 채권자에게 아래 청구금액 및 독촉절차비용을 지급하라는 명령을 구합니다.

1. 금 136,300,000 원
2. 위 1항 금액에 대하여 20▆. 12. 31.부터 지급명령정본 송달일까지는 연 5%의, 지급명령정본 송달일 다음날부터 다 갚는 날까지 연 15%의 각 비율에 의한 지연손해금
※ 독촉절차 비용 98,400 원
　(내역 : 송달료 44,400 원, 인지액 54,000 원)

전자소송으로 쉽게 따라하는 지급명령신청 ●●● **715**

04
부록

법원으로부터 담보제공명령을 받고
담보를 제공하는 방법

※ 가압류, 가처분절차를 이용하면 '담보제공명령'이라는 문서를 받게 되고, 해당 담보제공명령에 따라 상대방이 입을 수 있는 손해를 담보하기 위하여 금전이나 공탁보증보험증권을 제공해야 한다.

1. 공탁보증보험증권 제출

법원의 담보제공명령을 보면 담보를 현금으로 제공하라고 하면서 '지급보증위탁계약을 체결한 문서'를 제출할 수 있다는 기재가 있는 경우가 있다. 이는 보증보험회사로부터 공탁보증보험증권을 발급받아 그 증권을 제출하라는 뜻이다. 보증보험회사가 여럿 있지만, 일반적으로 법원 근처의 서울보증보험 지점을 가장 많이 이용한다.

먼저 보증보험회사 지점에 전화를 해서 법원으로부터 담보제공명령을 받은 사실을 이야기한다. 그러면 법원으로부터 받은 담보제공명령 및 가압류, 가처분신청서 등의 서류를 이메일이나 팩스로 보내줄 것을 요구할 것이다. 이 서류를 보내주면 보증보험회사는 공탁보증보험증권 발급비용을 계산하여 회신해 준다. 그러면 보증보험회사에서 안내하는 절차대로 공탁보증보험증권을 발급받으면 된다.

공탁보증보험증권을 발급받으면 보증보험회사에서 법원에 그 서류를 직접 제출해 준다.

2. 현금공탁

1) 법원을 방문하여 현금공탁을 하는 방법

현금공탁의 경우 돈을 준비한 뒤 법원을 방문한다. 법원을 방문하면 공탁사무를 담당하는 공탁계가 있는데 여기에 담보제공명령에서의 현금공탁을 위한 '금전 공탁서(재판상의 보증)' 서류가 비치되어 있다. 또한 이 서류는 '전자공탁 사이트'(http://ekt.scourt.go.kr)의 상단 '이용안내' 메뉴 중 '공탁용어/양식' 게시판에서도 제공하고 있다. 아래를 참고하여 금전 공탁서를 작성한 후 제출하면 된다.

공탁서류를 작성하는 방법은 크게 어렵지 않다.

- 법령조항 : 가압류의 경우에는 '민사집행법 제280조, 제19조 제3항, 민사소송법 제122조'를 기재(가처분의 경우에는 위 규정에 '민사집행법 제301조'를 추가)

- 공탁자 : 채권자의 인적사항 기재

- 피공탁자 : 채무자의 인적사항 기재

- 공탁금액 : 법원이 명한 금액

- 법원의 명칭과 사건 : 법원 명칭 및 사건번호, 사건명을 기재

- 공탁원인사실 : 담보제공을 하는 목적에 맞게 선택

- 비고(첨부서류 등) : '담보제공명령'이라 기재하고, 해당 서류 첨부

서식 04-1 금전 공탁서(재판상의 보증) 작성 예시

금전 공탁서(재판상의 보증)

공 탁 번 호	년금제 호		년 월 일 신청	법령조항	민사집행법 제280조, 제19조 제3항, 민사소송법 제122조
공 탁 자	성 명 (상호, 명칭)	이 ○ ○	피 공 탁 자	성 명 (상호, 명칭)	조 ○ ○
	주민등록번호 (법인등록번호)	800000-0000000		주민등록번호 (법인등록번호)	600000-0000000
	주 소 (본점, 주사무소)	서울 ○○구 ○○길 ○		주 소 (본점, 주사무소)	서울 ○○구 ○○길 ○○
	전화번호	010-0000-0000		전화번호	010-0000-0000
공 탁 금 액		한글 금 칠백만원정	보 관 은 행		○ ○ 은행 ○ ○ 지점
		숫자 ₩7,000,000원			

법원의 명칭과 사 건	서울○○지방법원 20○○카단○○○○ 부동산가압류사건				
	당사자	원고 신청인 채권자	이 ○ ○	피고 피신청인 채무자	조 ○ ○

공탁 원인 사실	① 가압류보증　　　　6. 강제집행 취소의 보증　　11. 기타(　　) 2. 가처분보증　　　　7. 강제집행 속행의 보증 3. 가압류 취소보증　　8. 소송비용 담보 4. 가처분 취소보증　　9. 가집행 담보 5. 강제집행 정지의 보증　10. 가집행을 면하기 위한 담보

비고(첨부서류 등)	담보제공명령	□ 계좌납입신청

위와 같이 신청합니다. 　　　　　 대리인 주소

　　　　　　　　　　　　　 전화번호

공탁자 성명　 이 ○ ○　 인(서명)　　　 성명　　　 인(서명)

위 공탁을 수리합니다.

공탁금을　 년　 월　 일까지 위 보관은행의 공탁관 계좌에 납입하시기 바랍니다.

위 납입기일까지 공탁금을 납입하지 않을 때는 이 공탁 수리결정의 효력이 상실됩니다.

　　　　　　　　　　　 년　　 월　　 일

　　　　　　　　　　　　 법원　　　 지원 공탁관　　　 (인)

(영수증) 위 공탁금이 납입되었음을 증명합니다.

　　　　　　　　　　　 년　　 월　　 일

　　　　　　　　　　　　 공탁금 보관은행(공탁관)　　　 (인)

2) 전자공탁시스템을 이용하여 현금공탁을 하는 방법

법원을 직접 방문하여 현금공탁을 해도 되지만, '전자공탁시스템' (http://ekt.scourt.go.kr)을 이용하면 더욱 간편하며 그 사용방법도 매우 쉽다.

1단계　전자공탁 사이트 접속

대한민국법원 전자공탁 사이트(http://ekt.scourt.go.kr)에 접속하여 회원가입 후 로그인을 하고, 홈페이지 좌측 하단에 있는 '공탁신청'란에서 '신청서작성' 탭을 클릭한다. 공탁신청서는 언제든지 작성 가능하지만, 제출은 평일 9시부터 18시까지만 가능하다.

신청인의 이메일, 휴대전화번호, 공탁유형, 법원, 법령조항, 공탁금
액을 입력한다.

- 공탁유형 : 가압류, 가처분에서 담보제공명령을 받은 상황이라면
  '재판상 보증'을 선택
- 법원 : 공탁을 명한 법원을 선택
- 법령조항 : 가압류의 경우에는 '민사집행법 제280조, 제19조 제3
  항, 민사소송법 제122조'를 선택(가처분의 경우에는 위
  규정에 '민사집행법 제301조'를 추가)
- 공탁금액 : 법원이 명한 공탁금액을 기재

3단계 당사자정보 입력

공탁자, 피공탁자의 정보를 각각 입력한다. 공탁자는 법원으로부터 공탁할 것을 지시받은 사람(채권자), 피공탁자는 그 상대방(채무자)을 의미한다. 즉, 채권자가 공탁자, 채무자가 피공탁자가 된다. 담보를 제공할 자가 여러 명이라고 하더라도 전자공탁은 각자가 따로 신청해야 한다.

4단계 관련 사건정보 입력

공탁금을 납부할 은행을 선택하고, 공탁을 명한 법원 및 사건번호
정보를 입력한다.

5단계 첨부서류 등록

법원으로부터 받은 담보제공명령 문서를 첨부문서로 첨부한다.

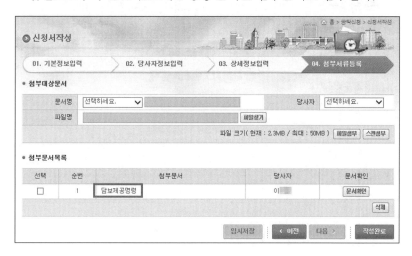

6단계 신청서 제출 전 확인절차

입력한 정보를 바탕으로 전자적으로 작성된 공탁신청서 및 첨부된 문서인 담보제공명령을 확인할 수 있다. 신청서를 제출하기 전에 내용을 꼼꼼히 확인한 뒤 문제가 없으면 제출한다.

7단계   공탁신청서 수리절차

공탁신청서를 제출하면 사건번호가 부여되나, 이것이 끝이 아니다.
전자적으로 제출된 공탁신청서 내용을 공탁실무관이 검토하여 그 내
용에 문제가 없다고 판단하면, 공탁신청서를 수리하고 공탁금을 납입
할 수 있는 계좌번호를 알려준다.

공탁금 납입 및 공탁서 발급

공탁신청서가 수리된 후 '신청현황'을 확인해 보면 납입은행 및 납입계좌를 확인할 수 있다. 이 계좌에 공탁금을 입금하면 모든 절차가 마무리된다. 납입 후 같은 메뉴에서 공탁서를 발급받을 수 있다.

공탁서 예시

금전 공탁서(재판상의 보증)

1. 공탁신청 및 수리

공 탁 번 호	20⬛년 금 제⬛호	20⬛년 08월 29일 신청	법령조항	별지 기재와 같음

공탁자	성 명 (상호, 명칭)	별지 기재와 같음	피공탁자	성 명 (상호, 명칭)	별지 기재와 같음
	주민등록번호 (법인등록번호)	별지 기재와 같음		주민등록번호 (법인등록번호)	별지 기재와 같음
	주 소 (본점, 주사무소)	별지 기재와 같음		주 소 (본점, 주사무소)	별지 기재와 같음
	전화번호	별지 기재와 같음		전화번호	별지 기재와 같음

공 탁 금 액	한글 이백만 원정 숫자 2,000,000 원	보 관 은 행	농협은행(농협중앙회) 서울북부지방법원지점

법원의 명칭과 사 건	서울북부지방법원 20⬛년 카단 제⬛호			
	당사자	채권자	이⬛	채무자	이⬛

공탁 원인 사실	가압류보증

비고(첨부서류 등)	담보제공명령 1통	☑ 계좌납입신청

위와 같이 신청합니다.

공탁자 성명 이⬛

대리인 주소

전화번호

성명

위 공탁을 수리합니다.
공탁금을 20⬛년 08월 30일까지 위 보관은행의 공탁관 계좌에 납입하시기 바랍니다.
위 납입기일까지 공탁금을 납입하지 않을 때는 이 공탁 수리결정의 효력이 상실됩니다.

20⬛년 08월 29일

서울북부지방법원 공탁관 이⬛

05
부록

인터넷을 이용한 등록면허세 및 등기신청 수수료 납부방법

※ 부동산가압류, 부동산등기에 대한 처분금지가처분의 경우 법원의 결정이 있게 되면 그 가압류등기, 가처분등기를 등기사항증명서에 기입하게 된다. 그런데 이러한 등기는 무료로 해 주는 것이 아니라 보통의 등기처럼 등록면허세 및 등기신청수수료를 납부하여야 법원이 그 등기를 촉탁해 준다. 가압류, 가처분신청서 제출 당시부터 이 비용을 미리 낼 필요는 없고, 법원에서 담보제공명령이 나오면 담보를 제공하면서 등록면허세 및 등기신청수수료도 납부를 완료하고 그 서류를 법원에 제출하면 된다. 보증보험회사에 요청하면 소정의 비용을 받고 대신하여 등록면허세 및 등기신청수수료를 납부해 주기도 한다.

등기신청이 아닌 등기말소를 위해서도 똑같이 등기가 필요하므로, 이때에도 등록면허세와 등기신청수수료를 납부해야 한다.

1. 등록면허세 납부방법

1단계 위택스 접속하기

위택스(https://www.wetax.go.kr)에서 로그인한 뒤 상단 메뉴 중 '신고하기'의 하부 메뉴인 '등록면허세(등록분)'을 선택한다.

2단계 등록면허세(등록분) 신고하기

등록면허세(등록분) 신고를 위해 개인의 인적사항, 주소, 물건지주소, 신고납부관할지, 등록원인(가압류, 가처분 포함), 결정과표 등을 입력한다. 결정과표를 기재하는 부분에서는, 가압류의 경우 가압류신청서에서의 청구금액을 입력하고 해당 서류를 첨부해야 하며, 가처분의 경우에는 시가표준액을 입력하고 해당 가처분신청서 서류를 첨부해야 한다. 말소등기의 경우에는 정액이다.

납세의무자 인적사항 [주의사항(예시)]

개인/법인구분	개인(내국인) ▼		
주민/법인번호	840512 - ●●●●●●	성명/법인명	이▨▨ 공동매수 신고시 입력 : 외 1 명
사업자번호	- -	상호	
전화번호	[　　　] - 없이 입력	휴대폰번호	010 ▨▨ - 없이 입력
주소	[우편번호검색] 01125　서울특별시 강북구 솔매로▨길 (미아동)		

물건정보 [주의사항(예시)]

물건종류	부동산 ▼	
물건지주소	[우편번호검색] 139-200 서울특별시 노원구 ▨동 - □ 산번지 체크 695 - [　] 기타주소 ▨아파트 3 동 ▨호	
신고납부관할지	서울특별시 ▼ 노원구 ▼ ▨10동(▨▨동) ▼	

과세정보 [주의사항(예시)]

등록원인	말소등기 ▼ 정액	등록물건수	1 건
과세물건	서울특별시 노원구 ▨▨동 695 ▨아파트 3동 ▨호		

※ 과세물건 : 납부서 및 납부확인서에 기재되는 내용이므로 과세대상 물건을 정확하게 입력해주세요.
일부 특수기호(@, 〈, 〉, & 등)는 입력할 수 없습니다.

등록면허세(등록분) 세액정보 [주의사항(예시)]

결정과표	6,000 원	등록면허세율	0 / 1000
등록면허세	6,000 원	지방교육세	1,200 원
납부세액			7,200 원

[🏠 신 고]　[📑 취 소]

납세번호 및 전자납부번호 부여

입력사항을 다시 한번 확인하고 신고절차를 완료하면, 납세번호, 전자납부번호가 부여된다. 법원에서는 이 번호를 통해 등록면허세 납부여부를 확인한다. 최종적으로 하단의 '인터넷 납부' 버튼을 선택한다.

등록면허세(등록분)

> 신고하기 > 등록면허세 > 등록면허세(등록분)

신고가 정상적으로 완료되었습니다.
신고확인 및 납부안내서를 출력하여 은행에 납부하거나
전자납부를 통해 인터넷 납부하여 주십시요.

상세도움말

● 납세번호 / 전자납부번호

| 납세번호 | 350-7-20-750114-002201-■-093-■■■ |
| 전자납부번호 | 11350-1-3017-■■■■ |

● 세액정보

결정과표	6,000 원	세율	0 / 1000
등록면허세	6,000 원	지방교육세	1,200 원
납부세액			7,200 원

🖨 납부서 출력   💳 인터넷 납부   🔍 신고목록 조회   ❌ 신고취소

4단계 **등록면허세 납부확인서 발급**

인터넷 결제를 통해 신고한 등록면허세를 납부한다. 납부절차를 완료하면 등록면허세 납부확인서를 받을 수 있는데, 법원에는 이 서류를 제출하거나 납세번호를 제공해야 한다.

등록면허세(등록분) 납부확인서

납세번호	기관	동	검	회계	과목	세목	년도	월	기분	과세번호	검
	350	720	7	50	114	002		09	3		1

전자납부번호	1135013017

납세자 성명(법인명) : 이   주민(법인,외국인)등록번호 :   8   -17*****

주소(영업소) :   서울특별시 강북구 솔매로 길   (미아동)

등기 또는 등록 원인 :   말소등기   과세표준액 :6,000

등기 또는 등록 물건 :   서울특별시 노원구   동 695,   아파트 3동   호

세 목	지방세액	가산금	납 부 일
등록면허세	6,000	0	
(지방)교육세	1,200	0	20 .09.15
농특세	0	0	
계	7,200	0	7,200

위금액의 납부를 확인합니다.

20 .09.15

서울시 노원구청장

2. 등기신청수수료 납부방법

1단계 인터넷등기소에 접속하기

인터넷등기소(http://www.iros.go.kr)에 접속하여 상단의 '전자납부' 탭에서 '등기신청수수료 전자납부'를 선택한다.

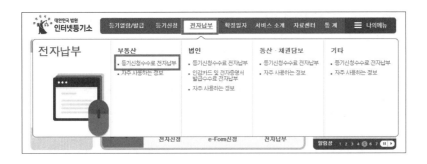

납부정보의 작성 시작

'납부정보 작성 및 영수필확인서 출력' 화면이 나오면, 우측 하단부에 있는 '신규' 버튼을 클릭한다.

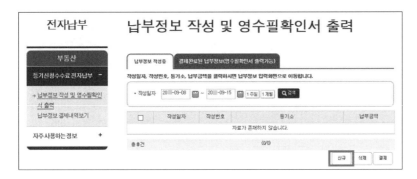

3단계 용도에 따른 정보 입력

가압류등기 및 가처분등기를 위한 것이라면 상단의 '집행법원 제출용' 탭을 선택한 뒤 ① 관할등기소, ② 납부금액(1건당 3,000원), ③ 납부의무자를 입력한다. 작성을 완료한 뒤 하단의 '저장 후 결제' 버튼을 누른다.

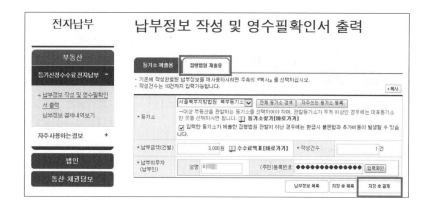

4단계 등기신청수수료 결제

결제수단을 선택하여 등기신청수수료를 결제한다. 만약 이 비용을 결제하였는데도 불구하고 2주 동안 그 영수필확인서를 사용하지 않으면 결제한 돈은 저절로 환불된다.

5단계 영수필확인서 저장 및 출력

등기신청수수료 납부절차가 완료되면 영수필확인서를 출력하여 법원 등 필요한 곳에 제출하면 된다.

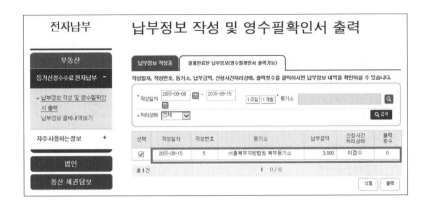

〉〉 등기신청수수료 영수필확인서 예시

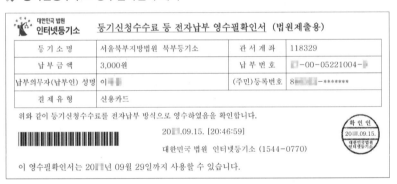

MEMO

MEMO ✏️

MEMO ✏️

MEMO ✏